CONGSHIQIUZHI
MENGXINZHIZUO

BEIJING GONGYE DAXUE SHEHUIGONGZUOXI
YOUXIU BENKE BIYE LUNWEN XUANBIAN

从实求知
萌新之作

北京工业大学社会工作系
优秀本科毕业论文选编

（2013—2020届）

北京工业大学文法学部社会工作系　组织编写
陈　锋　邢宇宙　主编

中国社会出版社
国家一级出版社 · 全国百佳图书出版单位

图书在版编目（CIP）数据

从实求知，萌新之作：北京工业大学社会工作系优秀本科毕业论文选编：2013-2020届 / 陈锋，邢宇宙主编；北京工业大学文法学部社会工作系组织编写 . -- 北京：中国社会出版社，2022.12

ISBN 978-7-5087-6600-3

Ⅰ . ①从 …　Ⅱ . ①陈 … ②邢 … ③北 …　Ⅲ . ①社会工作—文集　Ⅳ . ① C916-53

中国版本图书馆 CIP 数据核字（2022）第 199252 号

出 版 人：程　伟
终 审 人：李　浩
责任编辑：姜婷婷
封面设计：时　捷
责任校对：李林凤

出版发行：中国社会出版社
地　　址：北京市西城区二龙路甲 33 号
邮政编码：100032
编 辑 部：(010)58124853
网　　址：shcbs.mca.gov.cn
发 行 部：(010)58124864；58124848
经　　销：新华书店

印刷装订：北京九州迅驰传媒文化有限公司
开　　本：170 mm×240 mm　/16
印　　张：26
字　　数：390 千字
版　　次：2022 年 12 月第 1 版
印　　次：2022 年 12 月第 1 次印刷
定　　价：78.00 元

中国社会出版社微信公众号　　社工图书专营店　　中国社会出版社天猫旗舰店

前　言

北京工业大学社会工作专业是2000年人文学院组建以来，在著名社会学家、中国社会科学院荣誉学部委员、人文学院首任院长陆学艺教授的指导下筹办的，并于2002年开始招收本科生，2011年开始采用社会学大类招生，学生在1年后进行专业分流，探索“宽口径、厚基础、强能力、高素质”的人才培养模式。截至2022年已经有20余年的办学历史，共有17届本科毕业生。20年来，社会工作专业的建设与发展紧扣时代发展脉搏与社会现实需求，与中国社会工作教育的发展同向同行，也是在契合学校办学理念与发展定位的基础上，不断探索专业自身的建设理念和特色。

在国家层面，壮大社会工作人才队伍是推进社会建设的迫切需求。21世纪以来，我国从过去的以经济建设为中心，到社会建设逐步被提上党和国家的重要议程。尤其是党的十八大以来，在习近平新时代中国特色社会主义思想的指导下，新时代社会建设明确以民生和社会事业的发展、加强和创新社会治理为两大重点。党的二十大报告进一步强调贯彻以人民为中心的发展思想，坚持在发展中保障和改善民生，完善社会治理体系。民生保障和社会治理的专业性要求明显增强。

在地方层面，社会工作专业的发展契合首都经济社会高质量发展的需求。北京作为超大城市，在养老、教育、医疗、就业、社区等民生与社会治理领域，对社会工作人才有着较大需求。近年来，北京社会工作的发展走在前列，有一批扎根一线的社会工作机构，在社区社会工作、青少年社会工作、医务社会工作等领域，面向城市低收入群体、残障群体、流动人口、困境青少年等开展服务，形成了富有特色的实务模式。

北京工业大学作为市属“双一流”建设高校，坚持“立足北京，服务北京，辐射全国，面向世界”的办学理念。而社会工作专业的建设与发展，一方面充分利用了首都的区位优势，尤其是优质的实习实践资源。学生在认知实习、服务实习、专业实习和毕业实习各个环节，采用学校督导和机构督导的“双督导”模式，深入服务现场一线，开展需求调研、项目设计与策划、服务实施与评估等，毕业论文也主要基于实习实践进行选题，校内外同步进行指导，形成了较好的“基础理论+实践经验”的训练模式。另一方面是从研究到人才培养，积极为首都社会建设贡献力量。教师将研究与实践相结合，围绕社会工作者人才队伍建设、社区治理等提供决策咨询，并将成果反哺到理论和实务教学，推动学生实务能力培养和研究能力提升，已经初显成效。主要表现在以下几个方面：一是学生个人发展较好，用人单位反馈评价较高，学生境内外深造率提升；二是学生科研能力提升，在挑战杯、全国大学生社会工作论坛等校内外科技竞赛中屡获佳绩，并在核心期刊发表论文。代表性成果有：荣获第八届高等学校科学研究优秀成果奖（人文社会科学）青年成果奖、2021 年北京市高等教育教学成果奖二等奖、林护杰出社会工作学生奖，主编了“优秀社会工作案例”丛书等。

总之，20 年来社会工作专业坚持从学生需求出发，以实验、实习、实训等“三实一体”的综合实践为导向，秉持提升学生综合素养为目标的办学理念，积极响应政府和社会对社会工作专业人才的需求，呈现出良好的发展势头和鲜明的专业特色，因此也获批了 2021 年度国家级一流本科专业建设点，专业建设迈上了新台阶。

本论文集的编选，正是这些年来师生共同努力的成果结晶之一。2020 年，恰逢北京工业大学建校 60 周年、社会学学科建设 20 周年，在学校和学部领导支持下，社会工作系启动了优秀毕业论文选编工作。这也是 2014 年系内同人精选 2006—2013 届优秀毕业论文，形成《北京工业大学社会工作优秀论文选编》（上下两册）的延续。如前所述，近年来在学校支持和多方努力之下，社会工作专业又有新的发展，这本论文集虽然不能代表全部，但是它却是非常重要而有温度的部分。这些从数百篇论文中评选出的校级和院级优秀论文，尽管文字读来还显稚嫩，但是不乏智慧的灵光，每位作者都有强烈的现实关怀、明确的问题意识，以及较为深入的理论阐发或是实务探讨。当然，这之中既饱含着指导老师和学生的情感和心血，也蕴含着全体教师和实习机构的努力和支持，尤其是校外导师李涛、李真、孙忠凯、王艳蕊、宋卫等老师的指导和支持。

在编选过程中，限于篇幅，编者约请指导教师联络学生，对文字作了压缩，并最终为论文把关。在此基础上，综合论文选题和研究取向，划分为四个板块，简要介绍如下：一是青少年与儿童研究，张洁和赵丽波的论文都是以大学生的心理发展为研究对象，分别探讨了择业心理和自我同一性发展的问题；罗怡选择了再婚再育家庭中的原生子女为对象，探讨了子女适应不良的情况；刘雅静和杜果儿关注家庭养育中父亲的角色，分别探讨了对亲子互动与人格塑造的影响。二是流动人口研究，杨云渊和梁伟的论文都聚焦于流动人口的社会融入问题。三是社区治理研究，杜鹏以社会动员和公益参与为切入点；侯同佳则聚焦于项目制和社会工作的嵌入性。四是社会工作实务研究，李歌诗的论文关注肿瘤患者的心理支持服务；蒋凌和康娅都采用了小组工作的干预方法，分别针对大学生共情能力与抗逆力的提升；杨芮琪则聚焦于困境儿童的社会支持网络构建；刘宛昀探讨了民众戏剧在流动儿童社会工作服务中的应用。

回顾过去，是为了更好地谋划未来。在国家和学校的“双一流”建设的背景下，新时代社会工作的发展面临着更多的机遇和更大的挑战，也为人才培养提出了更高的要求。北京工业大学的社会工作专业，也将继续在追求一流的道路上砥砺前行。

编者

2022 年 11 月

目录

青年社会工作

流动人口社会工作

社区社会工作

儿童社会工作

医务社会工作

青年社会工作

QINGNIAN SHEHUI GONGZUO

社会工作专业应届生择业心理的研究

——以北京市六所高校为例

学生：张　洁　指导教师：蔡扬眉

【摘要】本研究采用定量研究的方法，以在京六所高校社会工作专业应届生为主要研究对象。研究者在查阅大量相关文献的基础上，编制了《社会工作专业学生择业心理影响因素》的调查问卷，并对研究对象进行网络问卷调查。基于此，结合专业调查机构的调研报告，综合分析社会工作专业应届生择业心理情况和影响择业心理的因素。通过分析研究对象当前的择业心理，帮助对自己的个性心理、择业能力有一个正确的评价和认识，从而树立正确的择业心态。同时也为学校对大学生进行就业指导在理论上提供一定的参考依据。

研究结果表明，当前社会工作专业应届生在择业过程中会出现择业依赖、自负、焦虑、不自信四种消极的择业心理状态和直面困难、求职目标明确两种积极的择业心理状态。同时，通过对社会工作专业应届生择业心理的影响因素进行分析，得出家庭因素对择业心理的影响最大，其次是社会因素、个人因素和学校因素。

关键词：社会工作　应届生　择业心理　因素分析

一、问题的提出

随着社会的变迁与发展，在经济飞速发展过程中，社会文化的发展并没有跟上脚步，而导致当前社会面临越来越多的危机与挑战。面对工业化进程带来的社会挑战，发达国家高度重视专业社会工作人才队伍的建设与发展。

当前，我国就处在社会转型时期，一波波的社会矛盾与问题，正影响着社会主义和谐社会的建设，因此我国社会对于专业社会工作者的需求量相当大。《国家中长期人才发展规划纲要（2010—2020年）》中提及，到2015年，我国需要培养社会工作人才200万，到2020年则要培养300万[①]。由此可见，国家对社会工作专业人才的培养十分重视。

其实从20世纪80年代中后期起，党中央与地方各级政府就十分重视社会工作专业人才队伍的建设。在当时，国内众多高校开设组建社会工作系，社会工作专业教育得到了快速的发展。至2014年，全国已有250多所院校设立了社会工作专业，形成了专科、本科、硕士三个梯队的办学层次，每年毕业生近万余人。这为社会工作者职业化建设奠定了坚实的人才基础，为建立一个健全的培养体系积累了丰富的经验，给我国社会主义现代化建设提供了一个很好的保障。

在国家高度重视、高校积极发展的时候，社会工作专业的招生情况和就业情况却令人担忧。上海市教委发布的2012[②]、2013[③]和2014年本科专业预警名单[④]中，社会工作专业榜上有名。上海市教委称，这些预警专业从全市层面看，在本市高校中重复设置较多，连续多年招生第一志愿录取率偏低，调剂和征求志愿录取率偏高，且毕业生签约率偏低[⑤]。

调查中显示上海市社会工作专业本科生就业率低，然而，我国专业社会工作人才队伍却存在着巨大的缺口。民政部部长在十二届全国人大一次会议新闻中心答记者问时提出："虽然我国社会工作在近年来已经取得了较大发展，从事专业社工的人员已经超过30万，但是跟国际社会社工发展

---

① 中共中央、国务院．国家中长期人才发展规划纲要（2010—2020年）[EB/OL]．http：//www.most.gov.cn/yw/201006/t20100607_77850.htm.

② 上海市人民政府．市教委关于2012年度对部分本科专业实施预警的意见[EB/OL]．http：//www.shanghai.gov.cn/shanghai/node2314/node2319/node12344/u26ai30645.html.

③ 上海市人民政府．市教委披露对本市高校15个本科专业实施预警［EB/OL］．http：//www.shanghai.gov.cn/shanghai/node2314/node2315/node4411/u21ai736793.html.

④ 上海市人民政府．上海市教育委员会关于公布2014年度本科预警专业名单的通知［EB/OL］．http：//www.shanghai.gov.cn/shanghai/node2314/node2319/node12344/u26ai38679.html.

⑤ 上海市人民政府．7个专业吃黄牌市教委发布今年就业预警专业［EB/OL］．http：//www.shanghai.gov.cn/shanghai/node2314/node2315/node17239/node17245/u21ai861027.html.

的比例、社工作用的范围和程度，我们还处于起步发展的阶段，差距还比较大。”这个相互矛盾的社会现象，究竟是上海当地的问题，还是全国都有类似的情况，是十分值得探究的。

上海市教委将从宏观层面上调整高校的专业招生结构，减少预警专业的招生总量。原则上，高校如拟增设已列入预警范围的专业，教委将不予受理其备案申请，这样就使得上海市社会工作专业学生培养人数大大减少①。然而当今社会工作专业毕业生数量明显不属于饱和阶段，如果社会工作专业招生量开始减少的话，社会工作专业人才队伍的缺口就更难填满。

正是由于当前社会工作专业人才队伍的建设遇到了重重的机遇与挑战，因此，分析社会工作专业大学应届生择业心理显得十分重要。

二、文献综述

研究者在进行文献综述工作的过程中，选择了文献检索方法中的直接法，并使用了计算机检索工具，所查阅的文献来源于中国知网（CNKI. net），所有文献的具体信息请参考本论文的“参考文献”部分。在文献的选择上，研究者查阅了有关大学生择业心理现状、原因、解决方案等方面的研究，以及社会工作专业学生就业问题、解决方案等方面的研究，对其进行归纳整理，并提出了自己的反思。

（一）大学生的择业心理情况

大学生择业心理是一个涉及多个层面的复杂心理活动，大学生由于受社会、学校、家庭及自身心理与生理素质等诸多因素的限制和影响，在择业过程中心理会形成积极和消极两个方面。在众多专家学者们的调查与研究中，笔墨较多放在了当代大学生择业过程中所存在的消极心理。

---

① 上海市人民政府.7个专业吃黄牌市教委发布今年就业预警专业［EB/OL］.http://www.shanghai.gov.cn/shanghai/node2314/node2315/node17239/node17245/u21ai861027.html.

1. 择业消极心理

从多位学者的研究中，我们可以简单得出大学生们几种较为突出的负面心理：“缺乏自主”的依赖心理、“盲目相随”的从众心理、“不甘人后”的攀比心理、“高自期许”的自负心理、“瞻前顾后”的自卑心理和“寤寐不宁”的焦虑心理。

（1）依赖心理。在“统包统分”的制度影响下，不少大学生缺乏良好的就业心理准备。在择业的渠道上虽然能进行自主择业，但依赖他人的情况依旧不少[8]，有的大学生不敢通过竞争的方式去争取职位，而消极等待“理想单位”相中自己；有的期盼国家、学校给自己分配一个好的工作岗位[4]。这种依赖心理使得大学生们在择业过程中变得十分被动。

（2）从众心理。大学生处于人格逐步完善和成熟的时期，容易受到社会思潮、社会观念的影响，一味追求所谓的热门单位、热门职业，没有从职业发展、自身特点、能力和社会需求去考虑，盲目从众心理严重[20]。有些大学生还因受社会不良思潮的影响，过分高估自己的能力，导致自己的就业目标与现实需求相差甚远[16]。

（3）攀比心理。在就业过程中，由于每个人的个人条件和机遇不尽相同，因此在择业目标与择业选择上不具备可比性。但是，大学生们争强好胜，虚荣心比较强，容易引发攀比心理。择业过程中表现为：忽视自身特点，一心寻找十全十美的工作[20]；一味地强调高福利、高待遇，缺乏奉献的精神；鄙视体力劳动，不愿意从基层做起[4]，过高地追求个人成就，过早地考虑自我实现，过分地期望稳定与安全，不能理智地认清现实[16]，不掂量自己的才学，不给自己合理定位而盲目求告，最终导致不少大学生与适合自己的用人单位失之交臂。

（4）自负心理。一些大学生以“天之骄子”自居，不能正确认识自我，过高估计自己的知识和能力水平；有的学生具有择业意愿定位不准，眼高手低，睥睨一切的极端自负心理，给用人单位留下浮躁、不踏实的印象，不受用人单位的欢迎；还有的学生总觉得凭自己的实力迟早能找到满意的工作，错过适合自己发展的用人单位[20,8,13]。

（5）自卑心理。在激烈竞争的求职场上，一些大学生因为自己所学专业不景气，或因自己专业知识、专业技能及综合素质不如其他同学，或因求职屡次受挫，而产生不同程度的自卑感，从而转化为自卑心理[6]。这类大学生常常将自己的不足与他人的优势相比，对竞争者产生畏惧，没有信心和勇气面对用人单位，甚至有时还将自己的长处也看成了不足，怯于竞争，而错失了择业良机[2]。

（6）焦虑心理。大学生们在择业心理方面虽然有自信，但也很焦虑，有部分大学生择业的动机过强，制定的目标过高而给自己带来很大压力；而部分大学生择业动机过弱，目标不明确而在现实中深深受挫[8,16]。在择业过程中思虑过多，从而导致精神负担加重、紧张烦躁、心神不宁，甚至影响到日常生活。

2. 择业积极心理

当然，大学生们的择业心理也并非都是不良的。在一些学者的论文中也提到了大学生择业过程中的良性心理。

（1）“先就业后择业”心理。对于一些非名牌大学应届毕业生和非紧俏热门专业的应届毕业生们，因受到专业、工作经验、户口等多方因素的限制，为得到一份理想的工作，先选择就业，经过一段时间的工作经验累积、获得较好市场附加值、提高自身素质之后，实行第二次择业从而找到理想的工作[18]。“先就业后择业”的心理是从理想趋于理智、从幻想趋于现实的最基本的心理反映之一[6]。

（2）继续学习心理。现代社会是知识经济型社会，知识更新速度很快，一旦不及时更新所学知识，就可能被社会淘汰。为了提升个人的认识价值，越来越多的大学生选择读研深造[6]。继续教育能够使大学生在日后有一个更高的起点来发展自己，提升自己的人生质量。这种继续学习意识的强化，无疑是和现代社会的要求合拍的[18]。

（3）自主创业心理。随着教育体制改革的深入、素质教育的推进和社会的大力鼓动，部分创业意识强、综合素质高、专业技能突出、不甘为他人打工的大学生们，通过自身掌握的专业知识和技能优势，开始步入自主创业的新浪潮[18]。自主创业很适合当今大学生追求个性自由的普遍心理，既增加了大学生的劳动就业机会，更有利于大学生的自身成才及人生价值体现[6]。

（4）“重在将来”的发展心理。随着社会竞争加剧和人们社会水平的提高，大学生择业心理普遍表现为同时关注社会及个人、同时兼顾理想和求真务实的价值取向[6]。大学生们的关注点开始指向事业发展，看重工作前景甚于工作待遇和报酬[18]。这种兼顾长远的择业方式，使得大学生自主择业有了大大的进步。

（二）择业心理的影响因素

对影响择业心理的因素分析上，学者们的观念基本上都是从客观、主观两个方面来进行讨论的。其中客观因素可分为社会因素、家庭因素、学校因素，而主观因素，则从大学生本身情况出发进行分析。在众多以客观因素分析的文章中，我们可以看出学者们的观点多从社会、家庭、学校等大环境出现的矛盾出发，讲述这些交叉复杂的因素给大学生们择业带来的影响。

1. 社会因素

经济发展，国内外文化碰撞，市场经济的淘汰与竞争，以及社会上的不良风气使得涉世未深的大学生们的理想被现实打败，思维方式、价值取向和行为准则开始发生变化。受经济利益驱动和各类不良社会思潮影响，大学生在就业过程中开始注重经济效益、地域范围和社会效果，忽视了才能发挥、事业成就和社会需求等[3,17]。

2. 家庭因素

家庭是个人接受社会化教育的第一所学校，因此家庭对子女的就业会有直接的影响。受传统思想与观念影响，父母认为子女一旦考上大学，就可能“跳出寒门”，在毕业的城市找到一个待遇高又体面的工作，这无形中给子女们带来了较大的心理压力。而一些有能力的父母，千方百计地为子女安排工作，但却没考虑到子女的主观意愿、个性特点及个人能力，导致父母与子女的想法不统一，使得学生们在择业过程中产生了矛盾心理[7,12]。

3. 学校因素

高校就业制度的改革使得就业责任主体从国家变成毕业生本人。虽然看似大学生择业自由化，但制度改革并不完善，给大学生们带来了更大困难。学校的人才培养体系跟不上时代的发展，在人生观、价值观方面的教育却又很薄弱，缺乏相应指导，使得培养出的毕业生难以应对当前社会对人才的需求。同时也缺乏对大学生就业的正确指导，使得学生不能作出正确的就业抉择[3,17]。

4. 个人因素

在客观条件都确定的情况下，应届生择业心理是由其自身素质所决定的。大学生择业心理受到个人兴趣、爱好和特长的影响，这些因素会对职业的选择产生积极或消极影响；同时社会对个人的影响也同样受这些因素的制约。个人性格、气质对从事行业上需要一定的匹配，不同的性格、气质会适应不同职业，而不同职业对从业者的性格、气质也有不同的要求。大学生自身的心态、能力等多方因素，也影响大学生们的择业心理[17,7,3]。

性别在择业心理中也存在重要影响。不少女大学生容易在“女大学生就业难于男大学生”这一观念上产生自卑心理和示弱心态，不敢和男生竞争，使其缺乏竞争的勇气和获胜的信心。同时在社会观念的影响下，男性往往被要求勇敢、自立、有主见，而女性往往被要求做到温柔、顺从、听话。因此，女大学生往往易于产生依赖心理，寄谋取工作的希望于家人或某种社会关系的帮助，从而放松对自身完善、自身发展的标准和要求[10]。

综上所述，在理论上，国内学者对大学生择业心理的研究非常多，但具体到某一特定专业应届生择业心理研究就非常有限。大多数学者都是从宏观层面以文献研究为主分析、解释社会工作专业毕业生就业难的现状、原因以及解决措施[19]。而从微观层面以实际调查分析为基础，对社会工作专业毕业生择业心理进行研究的成果则非常缺乏。在现有的研究中，通过实际调查来分析、研究社会工作专业学生就业情况的文章主要集中在就业率、就业地区、就业去向、对专业的认同度、对专业课程设置的看法等方面[1,11]。因此这一探索性问题的研究，有助于构建社会工作专业学生择业心理的模型，对开展社会工作专业学生择业心理的研究有一定参考价值。

从实践上看，本文通过对在京高校社会工作专业应届生择业心理的研究，了解在京社会工作专业应届生不同的择业心理状态，帮助他们了解自己的个性心理，对自己的择业能力有一个正确的评价和认识，帮助大学生树立正确的择业心态，为学校对大学生进行就业指导在理论性上提供一定的参考依据。

三、研究设计

（一）研究方法的选择

本研究以社会工作专业为例采用的研究方法是定量研究，资料收集的方法为问卷法和文献法（二手资料①）。

问卷调查方面：在2014届社会工作专业毕业生中开展择业心理影响因素的网络问卷调查，调查时间为2014年4—5月，共回收有效问卷102份。调查主要包括：毕业生个人情况、择业心理、影响择业的因素、就业后的回顾等内容。问卷收集完成后，将相关数据转为SPSS格式数据，并使用SPSS软件对问卷数据进行研究与分析，且在分析之前对数据作了必要的缺失值、异常值处理。

（二）研究对象的选择

本文研究的对象为在京六所高校社会工作专业应届毕业生。

通过对在京开办社会工作专业的高校进行分类、对比，结合主管部门、学校类型、学校属性等因素，最终选择中国人民大学、北京师范大学、北京理工大学、中国青年政治学院、北京工业大学和首都师范大学这六所高校的社会工作专业应届生作为研究对象。

① 二手资料方面：文中部分数据来自智联招聘2014年应届毕业生就业力调研报告和2014年高校应届毕业生就业形势报告。

表1　研究对象的选择

学校	主管部门	学校类型	属性
中国人民大学	教育部	综合性	985工程
北京师范大学	教育部	师范院校	985工程
北京理工大学	国防科学技术工业委员会	工科院校	985工程
中国青年政治学院	中国共产主义青年团中央	政法院校	无
北京工业大学	北京市教育委员会	工科院校	211工程
首都师范大学	北京市教育委员会	师范院校	无

（三）操作化

1. 择业心理的概念

根据《现代劳动关系辞典》里对择业心理的定义，这是劳动者在选择职业过程中的主观心理活动，包括对职业的社会评价，对职业前景的预测，对工薪福利待遇、工作条件、专业的要求，对自身条件的评价等①。

2. 大学生择业心理的内涵

大学生择业心理是应届大学生在步入社会之前进行职业选择的过程中所表现出来的各种心理特征的总和，是指大学生在实现角色转换的过程中遇到各种择业问题和准备择业的过程中所表现出来的各种心理状态[9]。临近毕业，大学生们的择业心理因受到各类因素交叉影响，会出现矛盾和冲突，因此会呈现出一个十分复杂的结果。它与社会环境、学校教育、家庭影响和大学生认知等多方面因素紧密相关。

3. 调查概念框架

本调查研究的社会工作专业应届生择业心理是由社会工作专业应届生在择业过程中所表现出来各种心理的总和。影响社会工作专业应届生择业心理的因素有客观因素和主观因素。

（1）择业心理。本文将从以下几个方面来描述择业消极心理：择业依赖心理、择业自负心理、择业自卑心理、择业焦虑心理。

① CNKI学问：择业心理［EB/OL］. http：//xuewen. cnki. net/r2006072050000479. html.

这四种择业心理进行具体测量指标选取如表2所示。

表2　择业心理定义

<table>
<tr><th colspan="2">研究变量</th><th>测量指标</th><th>赋值</th></tr>
<tr><td rowspan="6">择业心理</td><td>依赖程度</td><td>实现就业的最好途径</td><td>网上求职=1　人才市场=2　学校推荐=3　凭借关系=4</td></tr>
<tr><td>自负程度</td><td>期望毕业后的月收入</td><td>低于2000元=1　2000~4000元=2　4000~6000元=3　6000元以上=4</td></tr>
<tr><td>焦虑程度</td><td>对自己毕业形势的态度</td><td>很轻松=1　轻松=2　一般=3　严峻=4　很严峻=5</td></tr>
<tr><td>自信程度</td><td>即将步入社会前的心理</td><td>很自信=1　自信=2　一般=3　不自信=4　很不自信=5</td></tr>
<tr><td>面对困难</td><td>在求职中被拒时的反应</td><td>其他=1　无所谓=2　能冷静面对=3　缓慢调整低落情绪=4　很沮丧=5</td></tr>
<tr><td>求职目标明确程度</td><td>理想职业形成时间</td><td>小学之前=1　小学=2　初中=3　高中=4　大学=5　尚未形成=6</td></tr>
</table>

注：择业心理赋值越高，表示择业心理越消极，下文保持一致。

（2）影响因素。本文将从以下几个方面来描述影响择业心理的因素：社会因素，学校因素，家庭因素，个人因素。

表3　影响择业心理的因素

<table>
<tr><th colspan="2">研究变量</th><th>测量指标</th><th>赋值</th></tr>
<tr><td rowspan="6">影响择业心理的因素</td><td rowspan="6">社会因素</td><td>认为用人单位规范程度</td><td>规范=1　比较规范=2　一般=3　比较不规范=4　不规范=5</td></tr>
<tr><td>认为用人单位招聘透明程度</td><td>透明=1　比较透明=2　一般=3　比较不透明=4　不透明=5</td></tr>
<tr><td>择业时受求稳定、保终身等观念的影响程度</td><td>很小=1　较小=2　说不清=3　较大=4　很大=5</td></tr>
<tr><td>择业时受社会习俗或传统文化的影响程度</td><td>很小=1　较小=2　说不清=3　较大=4　很大=5</td></tr>
<tr><td>择业时受工作所在地的影响程度</td><td>很小=1　较小=2　说不清=3　较大=4　很大=5</td></tr>
<tr><td>择业时受男（女）朋友或配偶居住地的影响程度</td><td>很小=1　较小=2　说不清=3　较大=4　很大=5</td></tr>
</table>

续表

研究变量		测量指标	赋值
影响择业心理的因素	学校因素	入学前对专业了解程度	完全了解=1　比较了解=2　一般=3 比较不了解=4　完全不了解=5
		经过专业教育后，对专业了解程度	完全了解=1　比较了解=2　一般=3 比较不了解=4　完全不了解=5
		认为社会工作专业发展情况	很乐观=1　比较乐观=2　无感=3 比较不乐观=4　完全不乐观=5
		认为社会工作专业能满足目标岗位的技能要求	肯定可以=1　应该可以=2　不太清楚=3 应该不行=4　肯定不行=5
		对社会工作专业心态	不后悔=1　说不清=2　后悔=3
		择业时受社会工作专业教育的影响程度	很小=1　较小=2　说不清=3 较大=4　很大=5
		是否参加过就业指导	有=1　没有=2
		对学校就业指导满意程度	很满意=1　满意=2　一般=3 不满意=4　很不满意=5
	家庭因素	择业时受父母的影响程度	很小=1　较小=2　说不清=3 较大=4　很大=5
		择业时受生活环境影响程度	很小=1　较小=2　说不清=3 较大=4　很大=5
		因父母干预而放弃希望从事行业	否=1　是=2
	个人因素	性别	男=1　女=2
		生源地	京外生源=1　京内生源=2
		对自己能力、素质的了解程度	很了解=1　比较了解=2　说不清=3 比较不了解=4　很不了解=5
		对自己的兴趣、爱好的了解程度	很了解=1　比较了解=2　说不清=3 比较不了解=4　很不了解=5
		对自己的气质、性格的了解程度	很了解=1　比较了解=2　说不清=3 比较不了解=4　很不了解=5
		对自己的职业生涯规划的了解程度	很了解=1　比较了解=2　说不清=3 比较不了解=4　很不了解=5

（四）研究假设

如果仅仅研究社会工作专业应届生择业心理，文章的意义并没有很大。本文希望通过分析当前社会工作专业应届生的择业心理，了解他们的心理现状。同时通过对影响择业心理的因素进行分析，提出改善消极心理的建议，缓解大学生们消极的心理状态。本文将从社会、学校、家庭和个人四个方面对大学生择业心理进行研究分析。

1. 社会方面

假设一：社会工作专业应届生受社会因素影响越大，择业心理越消极。

2. 学校方面

假设二：通过四年专业教育，社会工作专业应届生对专业认可度有提高。

假设三：社会工作专业应届生因对专业就业前景乐观而选择社会工作方向就业。

假设四：社会工作专业应届生选择社会工作相关岗位会促进就业。

假设五：社会工作专业应届生是否参加就业指导对择业心理无影响。

假设六：社会工作专业应届生受学校因素影响越大，择业心理越消极。

3. 家庭方面

假设七：社会工作专业应届生是否接受父母干预对择业心理无影响。

假设八：社会工作专业应届生受家庭因素影响越大，择业心理越消极。

4. 个人方面

假设九：社会工作专业男应届生的择业心理比女应届生更积极。

假设十：生源地不同的社会工作专业应届生在择业心理上无差异。

假设十一：社会工作专业应届生受个人因素影响越大，择业心理越消极。

四、结果与发现

（一）基本信息

表 4　基本信息统计（n=102）

变量	值	频数	频率（%）
性别	男	34	33.3
	女	68	66.7
生源地	京内生源	18	17.6
	京外生源	84	82.4
学校	中国人民大学	7	6.9
	北京理工大学	18	17.6
	北京师范大学	15	14.7
	北京工业大学	19	18.6
	中国青年政治学院	35	34.3
	首都师范大学	8	7.8
就业情况	已签约	25	24.5
	求职阶段	38	37.3
	继续教育	38	37.3
	暂无就业意向	1	1.0

注：n 为有效问卷 102 份，下文一致。

本调查时间为 2014 年 4—5 月，共回收有效问卷 102 份。其中男生 34 份占 33.3%，女生 68 份占 66.7%；北京生源 18 份占 17.6%，外地生源 84 份占 82.4%；中国人民大学 7 份占 6.9%，北京理工大学 18 份占 17.6%，北京师范大学 15 份占 14.7%，北京工业大学 19 份占 18.6%，中国青年政治学院 35 份占 34.3%，首都师范大学 8 份占 7.8%（见表 4）。

表5　社会工作专业应届生的就业基本情况（n=102）（100%）

		择业情况				合计
		已签约	求职阶段	继续教育	暂无就业意向	
择业对口	完全相同	2（2.0%）	1（1.0%）		—	3（2.9%）
	比较接近	9（8.8%）	19（18.6%）			28（27.4%）
	比较不接近	8（7.8%）	13（12.7%）			21（20.6%）
	完全不相同	6（5.9%）	5（4.9%）			11（10.8%）
考研专业	社会工作方向	—	—	12（11.8%）	—	12（11.8%）
	社会学方向			9（8.8%）		9（8.8%）
	心理学方向			4（3.9%）		4（3.9%）
	其他			13（12.7%）		13（12.7%）
暂无就业意向		—	—	无	1（1.0%）	1（1.0%）
合计		25（24.5%）	38（37.3%）	38（37.3%）	1（1.0%）	102（100%）

由表5可知，当前已经签约25人，处于找工作状态的38人，共占总人数61.8%。所找工作与社会工作完全相同3人，比较相似28人，共占找工作阶段人数的30.3%。这说明了当前有一多半学生择业时并不是仅关注“专业对口”的职位。

当前有38人选择继续读研或出国，占37.3%。说明当前社会工作专业超过三分之一的毕业生选择继续深造学习。但是在继续学习中只有11.8%的学生选择社会工作专业研究生，有25.4%的学生选择了其他专业，其中有包括法学类、马克思主义理论类、艺术类和管理类。可以说明社会工作专业学生在学习其他专业领域上有很好的适应能力，同时也可以说明社会工作专业学生希望转向其他专业的学习。

（二）社会工作专业应届生择业心理现状分析

在对社会工作专业学生择业心理现状进行分析时，将心理现状分为消极心理与积极心理两方面进行分析。

1. 社会工作专业应届生择业消极心理

在社会工作专业应届生择业消极心理方面，本文分为择业依赖心理、择业自负心理、择业焦虑心理和择业不自信心理四个方面来阐述。

（1）择业依赖心理。在实现就业途径的调查中发现，35.3%的学生认为凭借关系是实现就业的最佳途径，28.4%的学生选择了学校推荐，19.6%的学生通过网上求职来实现就业，只有15.7%的学生选择人才市场。从大家的选择上来看，接近63.7%的学生认为依赖他人的关系和被推荐是实现就业的最佳方式（见表6）。根据调查分析可知，当今大学生们在择业方面的依赖心理比较强。过多地依赖他人容易产生一种惰性，久而久之成为一种不良的习惯。如果不能及时制止这种心理习惯，他们会很难面对以后的生活与工作。

表6 社会工作专业应届生择业依赖心理（n=102）

变量	值	有效频率（%）
实现就业途径	网上求职	19.6
	人才市场	15.7
	学校推荐	28.4
	凭借关系	35.3
	其他	1
	合计	100

（2）择业自负心理。在21世纪教育研究院、社科院共同发布的2014年《教育蓝皮书》中指出2013年高校毕业生平均起薪为3378元，其中本科毕业生为3278元，而重点高校毕业生为3157元①。在对大学生们期望薪资的调查中发现，有53.9%的学生选择4000~6000元的薪资要求，还有17.6%的学生希望能拿到6000元以上的薪资（见表7）。综合分析，当前社会工作专业学生期望薪资还是普遍高于现实的。在求职过程中，应届生对职位、行业没有进行一个合理的分析，过高估计的报酬，可能远高出一些企业所能提供的范围，因而错失了一些本应很合适的工作。同时，大学生们的这些高期望值并没有同自身能力进行匹配，会使得企业觉得大学生过于自负。

① 2013年高校毕业生平均起薪3378元［EB/OL］. http：//news. sina. com. cn/o/2014-05-14/090430132472. shtml.

表7　社会工作专业应届生择业自负心理（n=102）

变量	值	有效频率（%）
期望薪资	低于2000元	1
	2000~4000元	27.5
	4000~6000元	53.9
	6000元及以上	17.6
	合计	100

（3）择业焦虑心理。据人力资源和社会保障部数据显示，2014年全国高校毕业生人数727万人，相比2013年的699万毕业生增长了28万人次，被冠以“更难就业季”称号①。在对当前就业形势的看法上，仅23.6%的学生表示轻松、很轻松，32.4%的学生认为就业形势严峻，还有22.5%的学生认为就业形势很严峻（见表8）。这说明当前大学生对于未来的就业形势不是很看好。由于就业形势十分严峻，应届生在求职过程中的压力会加大。当长时间处于一种紧张、担忧而又不安的状态时，就会产生一定的焦虑心理。当大学生们长时间处于一种焦虑的状态时，他们可能会出现一些生理上的反应，如出汗、颤抖、尿频尿急、恶心呕吐等，严重的甚至会出现虚脱的现象。严重的焦虑症对应届生择业甚至是对应届生们的个人生活，都有很严重的影响。

表8　社会工作专业应届生择业焦虑心理（n=102）

变量	值	有效频率（%）
对就业形势看法	很轻松	6.9
	轻松	16.7
	一般	21.6
	严峻	32.4
	很严峻	22.5
	合计	100

① 智联招聘.2014高校应届毕业生就业形势报告［EB/OL］.http://article.zhaopin.com/pub/view/213846.html.

（4）择业不自信心理。在对当前学生自信心方面的调查，大学生对未来的自信心尚且不足。在调查中，仅 39.3%的学生表示自信、很自信，29.4%的学生处于自信与不自信中间阶段，23.5%的学生处于不自信的阶段，7.8%的学生很不自信（见表 9）。可见当前学生对于自己即将步入社会感到不够自信。在当今这个充满竞争的社会中，自信是十分必要的。在面对某个机遇或某次展示的时候，当应届生们缺乏足够的自信，不能及时把握这些机遇，是非常可惜的。

表 9　社会工作专业应届生择业不自信心理（n=102）

变量	值	有效频率（%）
步入社会的心态	很自信	11.8
	自信	27.5
	一般	29.4
	不自信	23.5
	很不自信	7.8
	合计	100

2. 社会工作专业应届生择业积极心理

（1）直面困难的心理。在当前严峻的就业形势下，求职被拒的情况多少会有发生。在调查中发现，有 3.9%的学生求职被拒时觉得沮丧、情绪低落，有 31.4%的学生表示能缓慢调整低落情绪；有 55.9%的学生面对这种情况都能冷静面对，准备再找，甚至还有 7.8%的学生觉得无所谓（见表 10）。在择业中受挫是必不可少的，应届生应该要做到不逃避和敢于面对失败。现实中的恐惧，其实远比不上想象中的恐惧那么令人害怕。应届生不仅要敢于面对挑战、鼓气再战，同时也要从失败中总结经验、继续学习，将每一次的挫折转变成通向成功的阶梯。

表 10 社会工作专业应届生直面困难的心理（n=102）

变量	值	频率（%）
求职被拒心态	很沮丧，情绪低落	3.9
	缓慢调整低落情绪	31.4
	能冷静面对，准备再找	55.9
	无所谓	7.8
	其他	1
	合计	100

（2）求职目标明确。有一个明确的求职目标是应届毕业生获得工作的一个重要原因①。在理想职业的形成时间上，大学是一个高速发展的时期，有50%的学生在这个时期形成理想职业。良好职业价值观对人生的发展有很好的指导作用，能引导学生们将来有一个良好的职业生涯。但仍有25.5%的学生到现在尚未形成理想职业（见表11）。在儿时，不少学生都有成为科学家的梦想，但是在成长的过程中，那些理想的职业慢慢被现实给推翻。而那些从小就能坚定梦想，并且在之后的学习生活中不停为梦想奋斗的大学生们，他们的职业信念是十分坚定的，并且已经为从事理想职业准备得十分充分。

表 11 社会工作专业应届生求职心理（n=102）

变量	值	频率（%）	有效频率（%）
理想职业形成时间	小学之前	1	1
	小学	3.9	3.9
	初中	4.9	4.9
	高中	14.7	14.7
	大学	50	50
	尚未形成	25.5	25.5
	合计	100	100

① 智联招聘．2014年应届毕业生就业力调研报告［EB/OL］．http：//article.zhaopin.com/pub/view/214009.html.

续表

变量	值	频率（%）	有效频率（%）
影响理想职业形成因素	父母家庭	25.5	33.8
	学校熏陶教育	19.6	26
	区位因素	6.9	9.1
	社会舆论	14.7	19.5
	其他	8.8	11.7
	合计	75.5	100

在理想职业形成过程中，家庭教育和学校熏陶教育影响程度最大，分别占33.8%和26%。无论是家庭还是学校，都是紧紧地占据着学生们的生活圈，对理想职业形成的影响比较大。

3. 社会工作专业应届生择业心理

本文对择业心理从依赖程度、自负程度、自信程度、焦虑程度、面对困难的反应和求职目标明确程度这六个方面进行定义并赋值，对择业心理赋值越高，表示择业心理越消极。

表12　社会工作专业应届生择业心理操作化

依赖心理	实现就业的最好途径	网上求职=1　人才市场=2　学校推荐=3　凭借关系=4
自负程度	期望毕业后的月收入	低于2000元=1　2000~4000元=2　4000~6000元=3　6000元以上=4
自信程度	即将步入社会前的心理	很自信=1　自信=2　一般=3　不自信=4　很不自信=5
焦虑程度	对自己毕业形势的态度	很轻松=1　轻松=2　一般=3　严峻=4　很严峻=5
面对困难的反应	在求职中被拒时的反应	其他=1　无所谓=2　能冷静面对=3　缓慢调整低落情绪=4　很沮丧=5
求职目标明确程度	理想职业形成时间	小学之前=1　小学=2　初中=3　高中=4　大学=5　尚未形成=6

注：择业心理赋值越高，表示择业心理越消极，下文保持一致。

通过赋值后得到以下结果（见表13）。择业心理最小值为10，最大值为27，平均数为20.2。由于择业心理越大表示择业心理越消极，因此总的来说，当前社会工作专业应届生的择业心理比较消极。

表13 社会工作专业应届生择业心理情况

	样本量	最小值	最大值	平均值	标准差
择业心理	102	10.00	27.00	20.2059	3.20068

（三）影响社会工作专业应届生择业心理的因素分析

1. 社会因素

（1）社会工作专业应届生对社会因素影响的认识。

在择业过程中，对用人单位规范程度的调查中发现，12.7%的学生认为非常规范，33.3%的学生认为比较规范。29.4%的学生表示一般，16.7%的学生表示比较不规范，还有7.8%的学生认为很不规范（见表14）。这说明当前学生对于用人单位的规范程度的评价不高。

而在对用人单位透明度的调查中发现，10.8%的学生认为非常透明，35.3%的学生认为比较透明，25.5%的学生认为透明程度一般，20.6%的学生认为比较不透明，还有7.8%的学生认为非常不透明（见表14）。这说明大学生们对当前用人单位选人过程中的透明程度不大满意。

在表15中可以看出，31.4%的社会工作专业应届生们在择业过程中受求稳定、保终身的观念影响比较大，46.1%的应届生受到工作地的影响程度也比较大，23.5%的应届生受男（女）朋友所在地的影响程度比较大，而关于受社会习俗观念的影响程度会较前面几个轻一些，但是社会习俗观念对应届生择业也有一定的影响。

表 14　社会工作专业应届生对用人单位的态度（n=102）

变量	值	频率（%）
用人单位规范程度	规范	12.7
	比较规范	33.3
	一般	29.4
	比较不规范	16.7
	不规范	7.8
	合计	100.0
用人单位透明程度	透明	10.8
	比较透明	35.3
	一般	25.5
	比较不透明	20.6
	不透明	7.8
	合计	100.0

表 15　社会工作专业应届生受其他社会因素影响（%）（n=102）

变量	值					合计
	很小	较小	说不清	较大	很大	
择业受社会习俗观念影响程度	9.8	26.5	35.3	20.6	7.8	100
择业受求稳定、保终身观念影响程度	6.9	18.6	29.4	31.4	13.7	100
择业受工作地影响程度	7.8	13.7	25.5	46.1	6.9	100
择业受男（女）朋友所在地影响程度	15.7	19.6	40.2	23.5	1.0	100

在分析用人单位招聘时所看重的因素的排序题时，通过计算得出选项的综合排名情况，得分越高表示综合排序越靠前。计算方法为：选项平均综合得分=（Σ 频数×权值）/本题填写人次。由于本题共有 6 个因素，假设第一个因素权值为 6，第二个因素权值为 5，第三个因素权值为 4，以此类推，第六个因素权值为 1。

表 16　社会工作专业应届生认为用人单位招聘时所看重的因素

	第一因素	第二因素	第三因素	第四因素	第五因素	第六因素	平均综合得分
文凭、证书	26	23	14	19	8	5	3. 970588
能力水平和专业技能	17	18	22	24	8	8	3. 686275
实习经历和工作经验	35	28	19	6	12	0	4. 588235
外貌风度与人际交往能力	4	8	22	21	26	8	2. 696078
家庭背景和经济实力	4	6	6	4	12	50	1. 607843
学校实力和名声	16	19	16	16	18	6	3. 382353

通过计算得出，学生们认为用人单位最看重选聘大学生的实习经历和工作经验，其次是文凭、证书和能力水平、专业技能（见表 16）。

表 17　社会工作专业应届生在求职中的最大优势（%）（n=102）

文凭证书	能力水平和专业技能	实习经历和工作经验	外貌风度与人际交往能力	家庭背景和经济实力	学校实力和名声	其他
24. 5	50	71. 6	40. 2	6. 9	44. 1	4. 9

而在对大学生在求职中最大优势的调查中发现，有 71. 6%的学生认为成功就业的优势是实习经历和工作经验，50%的学生认为是能力水平和专业技能（见表 17）。通过两张表格的对比，能发现当前大学生的求职优势与大学生认为的公司重视的条件是一致的。但是这个一致性毕竟是学生本人认为的，在实际求职中是否有现实意义呢？智联调研的结果肯定了这个观点。

智联调研在关于“毕业生成功获得 offer 的原因分析”中显示，有 22. 5%的毕业生认为成功获得 offer 要归功于有相关的实习经历，且这一原因的所占比例最高。可见，实习经历对于应届生获得 offer 有着非常重要的促进作用。很多高校都要求学生必须要有实习经历才能毕业，这在一定程度上促进了学生成功获得工作机会。值得注意的是，专业成绩、名校毕业对毕业生成功获得 offer 所起的作用并不明显。这一现象与企业选拔应届毕业生时的标准有关。企业在选拔人才时更加关注学生是否有与岗位相关的工作经验，而不再将专业成绩、学校等级作为选择人才的硬性规定①。

(2) 社会工作专业应届生受社会因素影响的程度。

本文对社会因素从以下六个方面进行定义并赋值，赋值越高，表示该因素的影响程度越大。

表 18　社会因素操作化

认为用人单位规范程度	规范=1　比较规范=2　一般=3　比较不规范=4　不规范=5
认为用人单位招聘透明程度	透明=1　比较透明=2　一般=3　比较不透明=4　不透明=5
择业时受求稳定、保终身等观念的影响程度	很小=1　较小=2　说不清=3　较大=4　很大=5
择业时受社会习俗或传统文化的影响程度	很小=1　较小=2　说不清=3　较大=4　很大=5
择业时受工作所在地的影响程度	很小=1　较小=2　说不清=3　较大=4　很大=5
择业时受男（女）朋友或配偶居住地的影响程度	很小=1　较小=2　说不清=3　较大=4　很大=5

通过赋值后得到以下结果（见表 19），社会因素最小值为 7，最大值为 26，平均数为 17.8。由于社会因素分值越高表示社会因素影响程度越高。因此来看，当前社会因素对于社会工作专业应届生影响较大。

表 19　社会工作专业应届生受社会因素影响程度

	样本量	最小值	最大值	平均值	标准差
社会因素	102	7.00	26.00	17.8235	3.84196

(3) 社会因素对择业心理的影响。

假设一：社会工作专业应届生受社会因素影响越大，择业心理越消极。

① 智联招聘.2014 年应届毕业生就业力调研报告［EB/OL］.http://article.zhaopin.com/pub/view/214009.html.

表 20　社会工作专业应届生择业心理受社会因素影响程度

		社会因素																			Total
		7.0	8.0	10.0	11.0	12.0	13.0	14.0	15.0	16.0	17.0	18.0	19.0	20.0	21.0	22.0	23.0	24.0	25.0	26.0	
择业心理	10.00	1.0																			1.0
	11.0					1.0															1.0
	12.0		1.0																		1.0
	13.0				1.0																1.0
	15.0							1.0				2.0									2.9
	16.0				1.0		2.9	1.0	1.0												5.9
	17.0					1.0		1.0		1.0							1.0				3.9
	18.0						2.0	2.0	1.0	1.0		1.0	1.0								7.8
	19.0							2.0	1.0	2.0	2.0	1.0	2.0	1.0	2.0		1.0				13.7
	20.0							2.9		1.0	1.0		2.9	2.0		1.0	2.0				12.7
	21.0							1.0	1.0			2.9	3.9	1.0	1.0						10.8
	22.0			1.0						2.0		1.0	1.0	1.0	2.0	2.9	2.0			1.0	13.7
	23.0							1.0	1.0		3.9	1.0	2.9	2.0		2.0	1.0		1.0		15.7
	24.0										1.0					1.0		1.0			2.9
	25.0											1.0						1.0			2.0
	26.0															1.0					1.0
	27.0										1.0					1.0			1.0		2.9
合计		1.0	1.0	1.0	2.0	2.0	4.9	11.8	4.9	6.9	8.8	9.8	13.7	6.9	4.9	8.8	6.9	2.0	2.0	1.0	100.0

Pearson 系数 = 0.615，P = 0.000***

从表20看出，择业心理与社会因素的相关系数为0.615，显著性水平为0.000，小于0.001，说明总体中两个变量的相关是显著的。同时，择业心理与社会因素影响程度呈正相关的关系。因此，社会工作专业应届生受社会因素影响越大，择业心理越消极。接受原假设。

2. 学校因素

以下将从专业教育和就业指导两个方面对大学生择业心理的学校因素影响程度进行阐述。

（1）对专业教育的认识。

社会工作专业最早产生于欧美国家，是从一般性的助人活动发展起来的。如果从一般性助人活动角度来看，我国古代其实就有救贫济困的历史。但是从专业标准看，社会工作在我国的发展历史还是很短暂的。1949年之前社会工作专业教育曾获得较高水平，但后来因政策改革而没落。直到1987年社会工作的学科地位确立；1988年北大设立社会工作专业；1989年北大招收第一批社会工作专业学生[14]。一步一步地摸着石头过河，现在将近有250所院校开始招收社会工作专业学生。

表21　社会工作专业学生高考填报专业情况（%）（n=102）

<table>
<tr><td colspan="2" rowspan="2"></td><td colspan="3">选择社会工作专业的原因</td><td rowspan="2">被调剂的志愿</td><td rowspan="2">合计</td></tr>
<tr><td>他人推荐</td><td>自愿选择</td><td>其他</td></tr>
<tr><td rowspan="3">社会工作专业在高考志愿中的情况</td><td>第一志愿</td><td>6.9</td><td>15.7</td><td>5.9</td><td>—</td><td>28.5</td></tr>
<tr><td>非第一志愿，但选过此专业</td><td>7.8</td><td>36.2</td><td>1</td><td>—</td><td>45</td></tr>
<tr><td>被调剂的志愿</td><td>—</td><td>—</td><td>—</td><td>26.5</td><td>26.5</td></tr>
<tr><td></td><td>合计</td><td>14.7</td><td>51.9</td><td>6.9</td><td>26.5</td><td>100</td></tr>
</table>

2010年，社会工作专业在学生中的认可度其实已经不算很低了。在对学生们高考填报志愿的调查中发现，仅26.5%的学生是被调剂的，而28.5%的学生则把社会工作专业作为第一志愿。而在关于填报社会工作专业的原因调查时发现，有51.9%的学生是自愿选择的（见表21）。

假设二：通过四年专业教育，社会工作专业应届生对专业认可度有提高。

表 22　四年前后，社会工作专业应届生对专业认可程度的对比

	平均值	样本量	标准差	标准误
入学前对社会工作专业了解程度	3.82	102	1.057	0.105
如今对社会工作专业认知程度	2.10	102	0.802	0.079
r=0.301　p=0.002**				
Mean=1.725　p=0.000***				

通过分析可以看到学生们入学前对社会工作专业了解程度和经过四年学习对社会工作专业的认可度相关系数为0.301，p值为0.002。由于显著性水平远小于0.05，所以总体的相关是很显著的（见表22）。

配对个案“入学前对社会工作专业了解程度”与“四年专业学习后对社会工作专业认知程度”相减得到差值的平均值为1.725。即经过四年的专业教育，学生们对社会工作专业的了解程度提高了1.725。也就是说，通过四年专业教育，社会工作专业学生对专业认知上有很大提高。

在专业的认同度上，调查表明有28.4%的学生表示不后悔学习社会工作专业，而有14.7%的学生后悔了，还有56.9%的学生感觉说不清（见图1）。看样子大学四年所学的社会工作专业应该让很多学生又爱又恨。

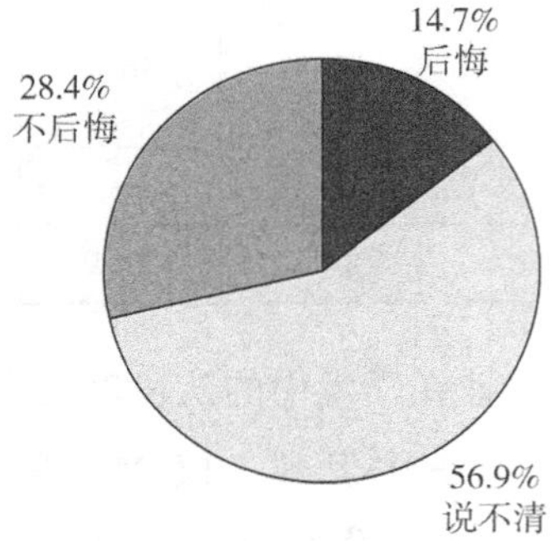

图1　社会工作专业应届生对专业认同感

本文从社会工作专业的发展前景和社会工作专业课程设置的满意程度两方面来分析社会工作专业应届生对于专业的爱恨程度。

第一，在就业前景方面，虽然当前就业形势十分严峻，但社会工作专业学生们对所学的专业的心态还是十分积极、乐观的。其中4.9%的学生非常乐观，44.1%的学生比较乐观，27.5%的学生处于中立状态（见图2）。

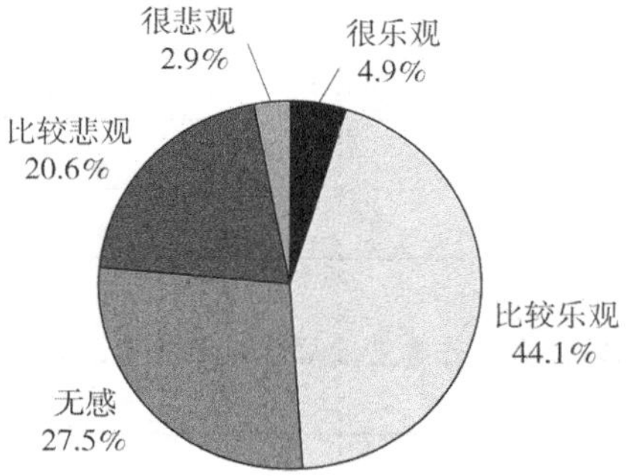

图2　社会工作专业应届生对专业前景看法

假设三：社会工作专业应届生因对专业就业前景乐观而选择社会工作方向就业。

将“择业方向与社会工作的相关性”与“对社会工作专业前景的认识”用Gamma等级相关系数进行检验。得出的等级相关分析结果表明，“择业方向的社会工作相关性”与“社会工作专业前景的认识”的显著性水平是0.021，小于0.05（见表23）。因此表明“择业方向的社会工作相关性”和“社会工作专业前景的认识”具有相关性。从调查结果中发现，觉得社会工作就业前景乐观和比较乐观的多选择与社会工作相关的工作。因此可以得出社会工作专业应届生因对专业就业前景乐观而选择社会工作方向就业。支持原假设。

表 23　社会工作专业应届生择业方向和社会工作专业就业前景的相关性检验（%）

（n=102）

		社会工作专业就业前景					合计
		很乐观	比较乐观	无感	比较悲观	很悲观	
择业方向与社会工作的相关性	完全相同	0.0	3.2	1.6	0.0	0.0	4.8
	比较接近	1.6	20.6	17.5	4.8	0.0	44.5
	比较不接近	1.6	17.5	4.8	9.5	0.0	33.4
	完全不接近	0.0	3.2	4.8	6.3	3.2	17.5
	合计	3.2	44.5	28.7	20.6	3.2	100.0
G=0.357　P=0.021*							

表 24　影响社会工作专业应届生从事社会工作岗位的原因（%）

（n=102）

影响因素	否	是	合计
政府重视力度不够	48.1	51.9	100.0
用人单位对社会工作专业不了解	38.5	61.5	100.0
社会工作专业岗位少	76.9	23.1	100.0
社会工作专业理论知识缺乏	76.9	23.1	100.0
社会工作不适应中国国情	65.4	34.6	100.0
社会工作者薪资太低	48.1	51.9	100.0
毕业生的专业意识薄弱	84.6	15.4	100.0
其他	98.1	1.9	100.0

而在对那些处于中立状态或者对就业前景表示担忧的学生进行调查时发现：61.5%的学生认为当前用人单位对社会工作专业不了解；51.9%的学生认为政府重视力度不够；51.9%的学生认为社会工作者薪资太低；34.6%的学生认为社会工作不适应中国国情；23.1%的学生认为当前社会工作专业岗位少；23.1%的学生认为社会工作专业理论知识缺乏；15.4%的毕业生专业意识薄弱（见表 24）。从结果中可以看出，无论是在国家方面的宣传推广，还是在社会上的影响力，或是在社会工作者应拿到的报酬

上，社会工作专业学生对就业的担忧主要来源于社会工作专业的受重视程度不够。

不过，社会工作专业的“春天”应该是不远了。民政部部长在十二届全国人大一次会议新闻中心答记者问时提到“我们要通过开发社工工作岗位、建立社工薪酬保障制度、建立评价和激励措施来推进专业社工的发展和社会作用的发挥①”。当这一天到来，社会工作者的社会地位提高、薪资得到提升，社会工作专业学生大幅度转行的情况应该会得到改善。

表 25　社会工作专业应届生对课程设计的看法（n=102）

		频率（%）
社会工作课程缺乏培养的方面	社会工作专业课程培养	7.8
	其他相关专业课程培养	16.7
	社会工作实践能力培养	38.2
	明确的专业方向培养	37.3
	合计	100
社会工作专业课程是否满足目标岗位	肯定可以	3.9
	应该可以	41.2
	不太清楚	30.4
	应该不行	17.6
	肯定不行	6.9
	合计	100

第二，在社会工作专业课程设置方面，3.9%的学生很肯定地认为能够满足目标岗位，41.2%的学生认为应该可以满足要求，30.4%的学生不太清楚。而对于课程设置的缺陷上，38.2%的学生认为缺乏社会工作实践能力的培养，37.3%的学生认为缺乏明确的专业方向培养（见表25）。

当前高等教学教育中，大学生普遍都出现所学专业知识结构不合理、专业面过窄和实际动手能力较弱等问题，而高校的实习工作开展往往也不够到位，甚至教师本身缺乏足够的实践经验[15]。而社会工作作为一门偏向

① 民政部．保障基本民生，发展社会服务［EB/OL］．http：//live.people.com.cn/note.php?id=965130312102101_ ctdzb_ 001.

实践的专业，在社会实践方面的能力培养更应该得到重视。同时，高校在对大学生进行培养的过程中还存在一定的盲目性，虽然不少学校设置社会工作专业时制定了专业研究方向，但是真正到教学时，还是只教授一些基本的专业知识、专业技能，缺乏对一个明确的专业培养方向。

不过，也许正是这样的开放性教学，使得社会工作专业学生能接触到各类知识。在关于社会工作专业可以从事行业的调查中，54.9%的学生认为“包罗万象，在哪个行业都用得上”，27.45%的学生觉得应该从事“一些非营利、非政府的机构”。从这里也能看出当前社会工作专业学生们并不是只局限在“专业对口”这一传统观念上（见图3）。

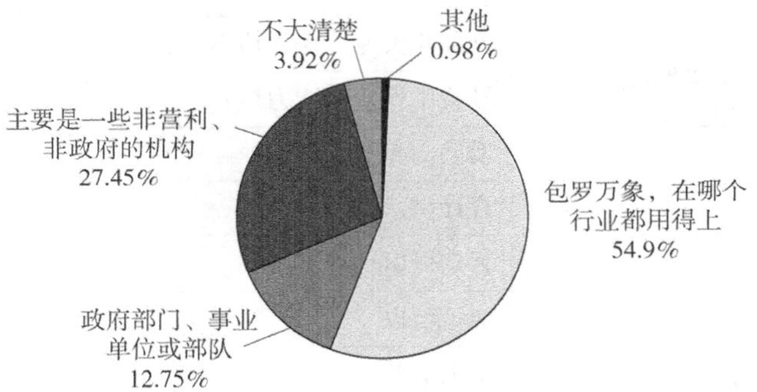

图3　社会工作专业可以从事行业

假设四：社会工作专业应届生选择社会工作相关岗位会促进就业。

表26　社会工作专业应届生选择成功就业与寻找专业对口岗位的相关性检查（%）

（n=63）

		与社会工作的相关性				合计
		完全相同	比较接近	比较不接近	完全不相同	
择业情况	已签约	3.2	14.3	12.7	9.5	39.7
	求职阶段	1.6	30.2	20.6	7.9	60.3
	合计	4.8	44.5	33.3	17.4	100.0
G=−0.142　P=0.504						

在通过对社会工作专业学生目前“签约情况”与“所找工作与社会工作相关性”的等级相关分析中表明，“是否签约”与“所找工作与社会工作相关”的显著性水平为0.504，大于0.05（见表26）。这说明“是否签约”和“所找工作与专业相关性”并没有相关关系，否定原假设。这个结果也表明专业不对口并不影响就业。因此，社会工作专业学生不要把择业观念局限在只找社会工作方向的职业，可以采取“宽口径”就业的方式。

（2）对就业指导的认识。

从校园到职场，大学生需要一个走出校园、走进社会的过程，而就业指导就是一个连接校园和职场的桥梁。有学者认为职业生涯规划对大学生就业有积极的影响。最好在入学的时候学校就给予指导，有了清晰的认识和明确的目标之后，将求职活动付诸现实，能让学生赢在起跑线上[5]。

假设五：社会工作专业应届生是否参加就业指导对择业心理无影响。

表27　社会工作专业应届生参加就业指导与择业心理的关系（n=102）

	是否参加过就业指导	样本量	平均值	标准差	标准误
择业心理	有	34	20.7353	2.30031	.39450
	没有	68	19.9412	3.55294	.43086
F=3.301　P=0.072					

在通过对是否参加过就业指导与择业心理独立样本检验时发现（见表27），F值为3.301，P值为0.072，大于0.05，说明可以接受量总体为等方差的假设。因此说明是否参加就业指导对择业消极心理无影响。接受原假设。

由于得出的结果同其他学者们的观点有些冲突，对此进行进一步研究。通过对所获得结果的详细分析，得出可能导致上述结果的两个原因。

第一，在对学生参加就业指导的调查中发现，仅三分之一的学生参加过校内外的专业就业指导。可能由于参加的人数太少，因此得出的数据差异性太大，而无法很好地统计说明。

第二，有55.9%的学生对学校提供的就业指导满意程度表示一般（表28）。这在一定程度上说明了学校就业指导做得不够好，不够专业，因此无法给学生在择业方面带来很好的指导作用。

表28　社会工作专业应届生对学校就业指导的满意度（n=34）

值	不满意	一般	满意	很满意	合计
频率（%）	17.6	55.9	23.5	2.9	100

在就业指导方式上，67.6%的学生喜欢经验分享，59.8%的学生希望能够有一个面对面的咨询，55.9%的学生需要被提供职业生涯规划，51%的学生喜欢案例分析，23.5%的学生认为集体活动很重要，22.5%的学生选择专题讲座，22.5%的学生选择角色扮演（见表29）。因此学校的就业指导中心可以多开展一些学生们喜欢的就业指导方式，帮助学生们在择业上获得一个很好的帮助。

表29　社会工作专业应届生比较感兴趣的就业指导方式

值	经验分享	案例分析	集体活动	专题讲座	角色扮演	面对面咨询	职业生涯规划	其他
频率（%）	67.6	51.0	23.5	22.5	22.5	59.8	55.9	1.0

（3）社会工作专业应届生受学校因素影响程度。

本文对学校因素从以下七个方面进行定义并赋值，赋值越高，表示该因素的影响程度越大（见表30）。

表30　学校因素操作化

入学前对专业了解程度	完全了解=1　比较了解=2　一般=3　比较不了解=4 完全不了解=5
经过专业教育后，对专业了解程度	完全了解=1　比较了解=2　一般=3　比较不了解=4 完全不了解=5

续表

认为社会工作专业发展情况	很乐观=1　比较乐观=2　无感=3　比较不乐观=4　完全不乐观=5
认为社会工作专业能满足目标岗位的技能要求	肯定可以=1　应该可以=2　不太清楚=3　应该不行=4　肯定不行=5
对社会工作专业心态	不后悔=1　说不清=2　后悔=3
择业时受社会工作专业教育的影响程度	很小=1　较小=2　说不清=3　较大=4　很大=5
对学校就业指导满意程度	很满意=1　满意=2　一般=3　不满意=4　很不满意=5

通过赋值后得到以下结果（见表31）。学校最小值为10，最大值为25，平均数为17.6。由于学校因素分值越高表示学校因素影响程度越高。因此来看，当前学校因素对于社会工作专业应届生影响较大。

表31　社会工作专业应届生受学校因素影响程度

	样本量	最小值	最大值	平均数	标准差
学校因素	102	10.00	25.00	17.5686	2.97351

（4）学校因素对择业心理的影响。

假设六：社会工作专业应届生受学校因素影响越大，择业心理越消极。

表32　社会工作专业应届生择业心理受学校因素影响程度（%）（n=102）

		学校因素															合计
		10	12	13	14	15	16	17	18	19	20	21	22	23	24	25	
择业心理	10.0			1.0													1.0
	11.0							1.0									1.0
	12.0									1.0							1.0
	13.0									1.0							1.0
	15.0				1.0			2.0									2.9

续表

		学校因素															合计
		10	12	13	14	15	16	17	18	19	20	21	22	23	24	25	
择业心理	16.0				1.0	1.0		1.0	2.0					1.0			5.9
	17.0							2.9	1.0								3.9
	18.0		1.0			1.0	2.0	1.0		1.0	1.0	1.0					7.8
	19.0				1.0	3.9		3.9	2.0	1.0	1.0	1.0					13.7
	20.0		1.0	1.0			2.9	5.9		1.0	1.0						12.7
	21.0			1.0	2.0	2.0	1.0	1.0	2.9		1.0						10.8
	22.0	2.0		1.0		1.0	1.0	1.0	2.0	1.0	2.0	2.0				1.0	13.7
	23.0						2.9	3.9	1.0	1.0	1.0	2.0	2.0		2.0		15.7
	24.0								1.0		1.0				1.0		2.9
	25.0								1.0		1.0						2.0
	26.0														1.0		1.0
	27.0								1.0		1.0				1.0		2.9
合计		2.0	2.0	4	5	8.8	9.8	23.5	13.7	6.9	9.8	5.9	2.0	1.0	4.9	1.0	100.0
Pearson 系数=0.299　P=0.002**																	

从表32看出，择业心理与学校因素的相关系数为0.299，显著性水平为0.002，小于0.01，说明总体中两个变量的相关是显著的。同时，择业心理与学校因素影响程度呈正相关的关系。因此，社会工作专业应届生受学校因素影响越大，择业心理越消极。接受原假设。

3. 家庭因素

（1）社会工作专业应届生对家庭影响因素的认识。

家庭在人生的发展过程中起到一个至关重要的地位。无论是人生发展走向，还是个人性格、气质，家庭因素或多或少都会有所影响。在择业观念受父母影响程度的调查中有发现，16.7%的学生认为受父母影响很大，25.5%的学生认为比较大，43.1%的学生认为受生活环境的影响较大（见表33）。

表 33　社会工作专业应届生受家庭影响程度（%）（n=102）

	很小	较小	说不清	较大	很大	合计
择业受父母影响程度	6.9	16.7	34.3	25.5	16.7	100.0
择业受生活环境影响程度	5.9	12.7	23.5	43.1	14.7	100.0

在对父亲、母亲和学生就业期望公司性质的调查中发现，父亲、母亲的观念差距不大，83.3%的父亲、母亲都期望孩子能够到党政机关或是事业单位中工作（见表 34）。无论是党政机关还是事业单位，父母都是希望孩子能到环境好、社会地位高、无风险又比较稳定的单位。

在学生方面，他们对各类企业的青睐都差不多，但是有 40.2%的学生表示想去事业单位、党政机关（见表 34）。不过在调查中发现，大学生对各类企业以及自主创业的热情还是挺高的。在智联调研的数据中显示，传统“精英”企业如国企、外企、上市公司、明星企业的竞争力居高不下，而市场需求量大的中小企业、民营企业鲜有人问津。长期以来，毕业生对民营企业存在薪酬福利待遇低、工作环境差、发展空间小等错误认知。而事实上，经过多年发展，多数民营企业已经走过创业阶段，其资本积累和业务基础都在不断地提高。针对人才荒的这种情况，民营企业也在不断提升自身管理组织水平及薪酬福利待遇①。因此，毕业生选择民营企业就业，那么在就业竞争力方面的压力不会太大。

表 34　父亲、母亲及子女希望的工作单位（%）（n=102）

	党政机关	事业单位	国有企业	民营企业	三资企业	自主创业	其他	合计
个人	19.6	20.6	17.6	16.7	10.8	9.8	4.9	100.0
父亲	58.8	24.5	4.9	2.0	1.0	1.0	7.8	100.0
母亲	50.0	33.3	8.8	2.9	2.0	0.0	2.9	100.0

在选择希望工作单位方面，大学生们与父母所期望的工作单位并不完全相符。在遇到不相符的情况下，大学生们的择业信念还是比较坚定的。在调查中显示，有 71.57%的学生表示并不会因为父母干预而放弃所希望

① 智联招聘．2014 高校应届毕业生就业形势报告［EB/OL］．http：//article.zhaopin.com/pub/view/213846.html.

从事的行业。而在调查中也发现有很多家长尊重孩子的选择，并不做强制安排。

总的来说，当今家庭对于女子的择业问题不再是强制的家长制度。虽然，家长观念会对子女的择业观产生影响，但是也会尊重子女的选择，子女也有说“不”的权利。

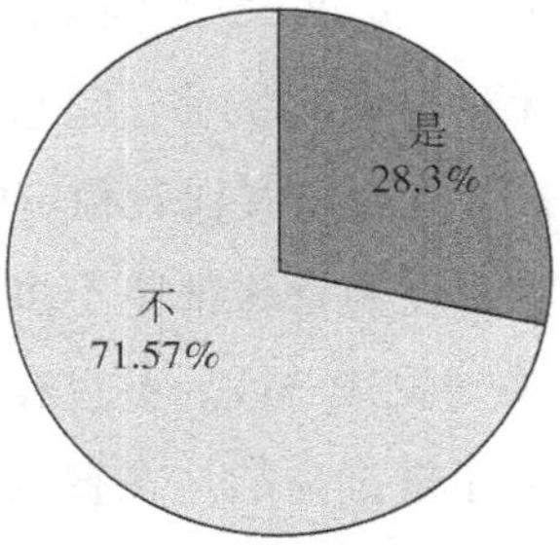

图 4　择业时是否因父母要求而放弃

假设七：社会工作专业应届生是否接受父母的干预对择业心理无影响。

表 35　社会工作专业应届生受父母干预与择业心理的关系（n=102）

	是否受父母影响	样本量	平均值	标准差	标准误
择业心理	是	29	20.2414	3.70959	.68885
	否	73	20.1918	3.00304	.35148
F=1.014　P=0.316					

在通过对择业时是否接受父母的干预与择业心理进行独立样本检验，结果表明，F 值为 1.014，P 值为 0.316，大于 0.05，说明可以接受量总体为等方差的假设（见表 35）。因此说明是否接受父母的干预对择业心理无影响。接受原假设。

（2）社会工作专业应届生受家庭因素影响程度。

本文对家庭因素从以下两个方面进行定义并赋值，赋值越高，表示该因素的影响程度越大（见表36）。

表36 家庭因素操作化

择业时受父母的影响程度	很小=1　较小=2　说不清=3　较大=4　很大=5
择业时受生活环境影响程度	很小=1　较小=2　说不清=3　较大=4　很大=5

通过赋值后得到以下结果（见表37）。家庭因素最小值为2，最大值为10，平均数为6.76。由于家庭因素分值越高表示家庭因素影响程度越高。因此来看，当前家庭因素对于社会工作专业应届生影响较大。

表37 社会工作专业应届生受家庭因素影响程度

	样本量	最小值	最大值	平均值	标准差
家庭因素	102	2.00	10.00	6.7647	1.84647

（3）家庭因素对择业心理的影响。

假设八：社会工作专业应届生受家庭因素影响越大，择业心理越消极。

从表38看出，择业心理与家庭因素的相关系数为0.608，显著性水平为0.000，小于0.001，说明总体中两个变量的相关是显著的。同时，择业心理与家庭因素影响程度呈正相关的关系。因此，社会工作专业应届生受家庭因素影响越大，择业心理越消极。接受原假设。

表38 社会工作专业应届生择业心理受家庭因素影响程度（%）（n=102）

		家庭因素									合计
		2.0	3.0	4.0	5.0	6.0	7.0	8.0	9.0	10.0	
择业心理	10.0				1.0						1.0
	11.0	1.0									1.0
	12.0	1.0									1.0
	13.0					1.0					1.0
	15.0			1.0	2.0						3

续表

		家庭因素									合计
		2.0	3.0	4.0	5.0	6.0	7.0	8.0	9.0	10.0	
择业心理	16.0		2.0	1.0	1.0	1.0	1.0				6
	17.0				1.0	2.0			1.0		4
	18.0		1.0	1.0		2.9	1.0	1.0	1.0		7.9
	19.0		1.0	2.0	2.9	1.0	2.9	2.0	2.0		13.8
	20.0			1.0	1.0	1.0	4.9	1.0	2.9	1.0	12.8
	21.0			1.0	1.0	1.0	3.9	2.9		1.0	10.8
	22.0					2.9	3.9	3.9	1.0	2.0	13.7
	23.0				1.0	1.0	5.9	4.9	2.9		15.7
	24.0						2.9				2.9
	25.0							1.0	1.0		2.0
	26.0								1.0		1.0
	27.0						1.0	1.0		1.0	3
合计		2.0	4	7	10.9	13.8	27.4	17.7	12.8	5	100.0
Pearson 系数 = 0.608　P = 0.000***											

4. 个人因素

(1) 社会工作专业应届生对个人因素的看法。

无论外界社会、学校因素还是家庭因素的影响如何，最终作出决定的还是个人。因此，个人因素对社会工作专业应届生择业心理的影响，是值得考虑的。

假设九：社会工作专业男应届生的择业心理比女应届生更积极。

表 39　社会工作专业应届生性别与择业心理的关系（n=102）

	性别	样本量	平均值	标准差	标准误
择业心理	男	34	19.5294	3.35058	.57462
	女	68	20.5441	3.09276	.37505
F = 0.498　P = 0.482					

在通过对社会工作专业应届生性别与择业心理的独立样本检验时发现（见表39），F值为0.498，P值为0.482，大于0.05，说明可以接受量总体为等方差的假设。因此说明社会工作男女应届生在择业心理上无差异。拒绝原假设。

假设十：生源地不同的社会工作专业应届生在择业心理上有差异。

表40　社会工作专业应届生生源地与择业心理的关系（n=102）

	生源地	样本量	平均值	标准差	标准误
择业心理	京外生源	84	20.1190	2.97542	.32464
	京内生源	18	20.6111	4.17470	.98399
F=2.590　P=0.111					

在通过对社会工作专业应届生生源地与择业心理的独立样本检验时发现（见表40），F值为2.590，P值为0.111，大于0.05，说明可以接受量总体为等方差的假设。因此说明不同生源地的社会工作专业应届生在择业心理上无差异。接受原假设。

表41　社会工作专业应届生对自我的认识程度（%）（n=102）

	很了解	比较了解	说不清	比较不了解	合计
对自己能力、素质的了解程度	19.6	72.5	5.9	2.0	100
对自己兴趣、爱好的了解程度	21.6	65.7	9.8	2.9	100
对自己气质、性格的了解程度	20.6	72.6	3.9	2.9	100
对自己职业生涯规划的了解程度	10.8	48.0	29.4	11.8	100

在调查中显示，大学生们对其个人情况都是偏向于比较了解，其中对个人的能力、素质比较了解的占72.5%，对兴趣、爱好比较了解的占65.7%，对气质、性格比较了解的占72.6%。但是在对职业生涯规划的

了解程度没有前几项高，比较了解的占48.0%，说不清的占29.4%（见表41）。

（2）社会工作专业应届生受个人因素影响程度。

本文对个人因素从以下四个方面进行定义并赋值，赋值越高，表示该因素的影响程度越大（见表42）。

表42　个人因素操作化

对自己能力、素质的了解程度	很了解=1　比较了解=2　说不清=3　比较不了解=4　很不了解=5
对自己的兴趣、爱好的了解程度	很了解=1　比较了解=2　说不清=3　比较不了解=4　很不了解=5
对自己的气质、性格的了解程度	很了解=1　比较了解=2　说不清=3　比较不了解=4　很不了解=5
对自己的职业生涯规划的了解程度	很了解=1　比较了解=2　说不清=3　比较不了解=4　很不了解=5

通过赋值后得到以下结果（见表43）。个人因素最小值为4，最大值为16，平均数为8.17。由于个人因素分值越高表示个人因素影响程度越高。因此，当前个人因素对社会工作专业应届生影响并不大。

表43　社会工作专业应届生受个人因素影响程度

	样本量	最小值	最大值	平均值	标准差
个人因素	102	4.00	16.00	8.1667	2.02824

（3）个人因素对择业心理的影响。

假设十一：社会工作专业应届生受个人因素影响越大，择业心理越消极。

表 44　社会工作专业应届生择业心理受个人因素影响程度（%）（n=102）

		个人因素												合计
		4.0	5.0	6.0	7.0	8.0	9.0	10.0	11.0	12.0	13.0	14.0	16.0	
择业心理	10.0	1.0												1.0
	11.0			1.0										1.0
	12.0					1.0								1.0
	13.0					1.0								1.0
	15.0	1.0				1.0	1.0							3
	16.0		2.0	1.0	1.0	2.0								6
	17.0			1.0	1.0		2.0							4
	18.0				1.0	1.0	3.9	2.0						7.9
	19.0		1.0	1.0		4.9	2.9	2.9	1.0					13.7
	20.0		4.9		1.0	2.0	2.0	2.9						12.8
	21.0			1.0		3.9	3.9	1.0			1.0			10.8
	22.0	2.0		2.9		2.9	2.0	3.9						13.7
	23.0			2.0		7.8	3.9	1.0		1.0				15.7
	24.0					2.0	1.0							3
	25.0					2.0								2.0
	26.0											1.0		1.0
	27.0					1.0			1.0				1.0	3
合计		4	7.9	9.9	4	32.5	22.6	13.7	2.0	1.0	1.0	1.0	1.0	100.0
Pearson 系数=0.341　P=0.000***														

从表 44 看出，择业心理与个人因素的相关系数为 0.341，显著性水平为 0.000，小于 0.001，说明总体中两个变量的相关是显著的。同时，择业心理与个人因素影响程度呈正相关的关系。因此，社会工作专业应届生受个人因素影响越大，择业心理越消极。接受原假设。

（四）社会工作应届生择业心理的多因素分析

为了进一步研究和验证社会、学校、家庭和个人四个因素对择业心理的影响，本研究决定通过建立以择业心理为因变量，社会、学校、家庭和个人四个因素为自变量的多元线性回归，回归模型如下：

择业心理=a×社会因素+b×学校因素+c×家庭因素+d×个人因素+w+e

其中a、b、c、d、w为回归参数，e为误差项。

表45　模型基本统计量

模型	R	决定系数	估计标准差	杜宾·沃森值	F	显著性水平
1	0.727	0.528	2.24358	1.460	27.138	0.00

从表45和表46可以看出模型整体情况效果较好，决定系数高达0.528，估计标准差为2.24358，杜宾·沃森值为1.460。由于容限度大于0.1，说明各指标之间不存在多重共线性。F统计量高达27.138，P为0.00，小于0.001，说明模型在置信水平0.05情况下显著。

表46　各参数的拟合情况

模型	非标准化系数		t	显著性水平	共线性诊断	
	B	Std. Error			容忍度	方差膨胀因子
常数项	5.147	1.704	3.021	0.003		
社会因素	0.327	0.069	4.723	0.000	0.706	1.417
学校因素	0.183	0.077	2.383	0.019	0.957	1.045
家庭因素	0.527	0.143	3.694	0.000	0.719	1.391
个人因素	0.301	0.114	2.654	0.009	0.939	1.065

从表46可以看出，择业心理与社会、学校、家庭、个人四个因素在置信水平0.05情况下均有显著影响，其中受家庭因素的影响大于社会、个人和学校因素的影响。择业心理与各个因素均呈正相关，说明择业心理与其他因素的变化趋势相一致。由于择业心理受家庭、社会、学校这些外部因素影响较大，说明当前大学生们的择业心理独立性还是比较弱的，容易受外界影响。

五、结论与建议

（一）结论

本文通过对问卷调查所得数据进行分析，从社会工作专业应届生择业心理与择业心理影响因素两方面进行研究，得到以下结论。

1. 社会工作专业应届生择业心理

社会工作专业应届生择业心理比较偏向负面的心态。在择业过程中应届生存在着较强的依赖心理。同时，严峻的就业形势使得应届生承受较大的就业压力，容易导致焦虑心理。有部分学生因为不够自信而错失良机，也有学生因为过于自负而找不到工作。那些职业信念坚定的学生往往择业准备比较充分。

2. 影响社会工作专业应届生择业心理的因素

在对社会工作专业应届生择业心理的各个影响因素进行分析之后发现，家庭因素对于社会工作专业应届生择业心理的影响程度最明显，其次是社会因素、个人因素和学校因素。家庭环境、父母的态度是家庭因素中对学生择业心理影响较大的部分；社会的风气和企业的态度，对学生择业心理也有很大的影响；个人的自我认识程度会影响大学生择业心理，但是值得一提的是性别与生源地对大学生择业心理没有影响；在学校方面，四年的专业教育对学生在专业认识上有很大的提高，但是专业的发展局限性促使社会工作专业应届生选择不对口专业就业，专业设置不合理、就业指导工作不完善对大学生择业心理都产生了一定影响。

（二）建议

1. 对社会政策而言

首先，在社会观念方面，政府应该要较为广泛地传播一些积极的正能量，宣扬一个自主择业的观念。同时企业要客观而真实地记录应届生们的专业能力和知识水平，促进大学生平等就业，避免给即将步入社会的应届生们带来过大的求职压力。

其次，国家需要加大对社会工作专业的政策支持力度。虽然《国家中长期人才发展规划纲要（2010—2020年）》中提及要大力发展社会工作专业人才队伍，民政部部长也曾说过国家会完善社会工作者薪酬保障制度、建立评价和激励措施来推进专业社会工作的发展和社会作用的发挥，但是当前政策扶持力度还不够强，社会工作专业的制度化发展还需要一段时间。

2. 对学校教育而言

首先，在专业教育方面，学校应当提升社会工作专业教育水平。在综合分析本校学科专业发展定位规划、专业办学条件以及专业人才供需情况等基础上，加大对师资力量的培训力度，完善课程设置，确立一个较为明确的培养方向。同时，作为一门偏向于社会实践方面的专业，学校应该高度重视专业的社会实践能力培养，将课堂上所学的理论灵活地运用到社会实践上，同时也应该做好社会工作专业学生的职业素质和专业技能教育。

其次，高校应该对学生的职业生涯提供适当的指导。根据学生们对于就业指导的喜恶，制定适合学生的、受学生欢迎的就业指导形式，促进学生就业。

与此同时，大学教育已从精英教育转向为大众教育，“专业对口”已经不再是专业学生求职的重点。大学期间学校应该多给学生提供一些职业基本技能的培训机会，如人际交往能力培养、外语培训、基础办公软件培训、公关礼仪的培训等。

3. 对家庭而言

父母对自己的孩子都是给予无限的关爱，往往都希望给子女设计一个理想的就业蓝图，抑或是为子女们安排工作，安排未来。虽然父母的初衷是好的，但是这些传统思想和观念已经不适合当今的社会发展。大学生们现在有很强的自主择业意识，而且一个超现实的就业蓝图反而会给子女带来很大的就业压力。因此，父母应该给予子女们更多的自主择业空间，即使那些有能力帮助子女实现就业的，也应该根据子女的能力水平和兴趣、爱好来进行安排。

4. 对大学生而言

首先是大学生们在就业前应该对自己的能力、兴趣做一个全方位的了解，然后根据自身的能力和个性做一个较为明确的职业生涯规划。利用大学期间的空闲时间，多多参加一些与构想职业生涯相关的实习工作。相关的实习经历和能力水平对实现就业会有很大的帮助。同时，有一定的实践经历和实习经验，也能减缓大学生在择业过程中产生的心理压力，促进择业过程中的心理健康。

其次是大学生们应该要树立一个正确的就业观念。“求稳定”的传统观念正在慢慢地被现实所改变。就连传统观念中“铁饭碗”的典型代表——公务员，现在都有合同制的①。所以，大学生们不应该把观念局限在寻找一份稳定的工作上。现在从事基层工作，选择中小型企业，到一些偏远地区工作已经是大势所趋了。同时，大学生们减低一些择业期望值，也能促进就业。

最后，大学生们应该要提高自身的整体心理素质。随着就业形势的严峻，择业心理的压力增大，大学生们应该适当地使用一些自我疗法，合理宣泄负面情绪，增加正能量，从失败中总结经验，为再次择业提供宝贵的经验。

六、反思

（一）样本量不足

由于本课题研究的对象是大四毕业的学生，尽管研究者已经借助一些方式与他们取得联系，但鉴于应届生都处于找工作、忙实习、做调查等事情上，很难召集起来。由于时间、空间等因素的限制，无法获得更多的面对面交流的机会，从而使得在信息收集上容易造成缺漏。同时由于回收率较低，样本总数少，在一些结果分析上误差比较大。

（二）样本差距较大

在前期选择样本的时候，仅考虑到学校类型、属性、主管部门等外部因素，而缺乏对学校内部因素的考虑，如招生规模等。直到问卷发放之后

① 百度百科．聘任制公务员［EB/OL］．http：//baike. baidu. com/view/2803443. htm？ fr = aladdin.

才了解有些学校社会工作专业的学生总量是其他学校的三四倍。因此，获得的结果在代表性上会差一些。

（三）样本代表性不足

由于社会工作专业学生择业心理的影响因素是由多种原因造成的，本文只试图从调查问卷上的资料分析在京高校社会工作专业应届生择业心理是有所不足的。由于样本量不足，样本差距偏大，因此所得结果只有部分代表性，无法推论整体。

参考文献：

［1］常魏，茅馨丹．社会工作毕业生就业状况调查报告：以N学院社工系毕业生为例［J］．社会工作下半月（理论），2009（5）：39-41.

［2］范凯．大学生职业自我概念与择业心理［J］．沈阳教育学院学报，2006（3）：58-60.

［3］郭宁安．大学生择业心理误区分析及对策研究［J］．延安大学学报（社会科学版），2008（3）：115-117.

［4］洪磊．探析大学生的择业心理和就业观念［J］．教育与职业，2006（21）：117-118.

［5］贾勇，职丽娟．生涯规划与社会实践对于大学生就业的意义［J］．西安欧亚学院学报，2009（03）：38-41+56.

［6］金崇芳．大学生的择业心理及其调适［J］．经济师，2004（9）：100-165.

［7］金怡，姚本先．大学生择业心理问题研究与展望［J］．安徽师范大学学报（人文社会科学版），2006（2）：232-234.

［8］李龙秀，郑爱美，胡至深，等．福建省大学生择业心理调查报告［J］．广东青年干部学院学报，2011（3）：52-59.

［9］刘家特．大学生择业心理探析［D］．渤海大学硕士学位论文，2012.

［10］龙女．男女大学生择业心理差异分析［J］．魅力中国，2009（22）：16-17.

［11］栾文敬，刘长青，付双乐．社会工作专业本科毕业生的就业去向及原因探析：以保定市×大学社会工作专业为例［J］．社会工作，2013（4）：79-85.

［12］慕祎．当代大学生择业心理问题及对策研究［D］．西安科技大学硕士学位论文，2010.

［13］王军旺，王烨，李亚宁．新形势下大学生择业心理剖析及对策研究［J］．

中国大学生就业，2003（4）：53-54.

［14］王思斌．社会工作导论［M］．北京：高等教育出版社，2004：26-49，244-250.

［15］吴东义．大学生就业经验缺乏的问题与对策［J］．中国教育技术装备，2009（18）：82-83.

［16］吴慧．大学生择业心理倾向性误区分析及调适［J］．黑龙江高教研究，2007（8）：58-60.

［17］谢斌斌．当前大学生择业心理调查及调适［J］．河南教育（高校版），2008（4）：70-71.

［18］杨琴．大学生就业择业心理分析［J］．湖南医科大学学报（社会科学版），2007（2）：91-92.

［19］张保罗．从毕业生的就业分析新兴专业社会工作就业难的原因［J］．才智，2013（18）：221-222.

［20］周艳萍．大学生求职择业心理分析与对策［J］．中国大学生就业，2005（16）：81-82.

大学生自我同一性发展状况调查研究

——以北京工业大学为例

学生：赵丽波　指导教师：赵丽琴

【摘要】 自我同一性是个体在特定环境中的自我整合，是个体寻求内在一致性和连续性的能力，是人格完善的标志。大学阶段处于青少年后期，是自我同一性形成的关键时期。在这一时期，大学生刚刚脱离父母的庇护，心理发展尚未完全成熟，需要独自面对各种来自自身和社会的认同危机，正处于埃里克森所说的同一性形成对同一性混乱阶段，难免会出现各种各样的心理矛盾和困惑。这种情况下，拥有良好的社会支持将有助于提高个体的社会适应能力和问题解决能力，有助于大学生自我同一性的发展。

本研究以北京工业大学本科生为例，共收到238份有效问卷，旨在了解大学生自我同一性发展状况及其与社会支持的关系。通过对北京工业大学本科生在自我同一性地位（过程性的探索和承诺）情况、自我同一性危机（探索和承诺结果的内容表现）和社会支持水平的分析比较，发现：(1) 北京工业大学本科生自我同一性发展情况整体较好。(2) 大学生自我同一性发展群体间整体差异不显著，但大三年级学生的自我同一性危机水平较高，工作、实习的经历有助于提高大学生的自我同一性发展水平。(3) 自我同一性地位与自我同一性危机水平呈显著负相关。大学生越积极的探索和承诺，自我危机水平就越低。(4) 社会支持，特别是主观支持和对支持的利用度与大学生自我同一性发展显著相关，客观支持对大学生自我同一性发展影响较小。

基于研究结果，本文建议大学生需要进一步提高现在的自我投入水平和对支持的利用度；学生个人应当积极参与学生工作和实习，在工作中不断提高自我同一性发展的水平；学校心理健康教育需要特别关注大三年级学生在自我同一性发展上面临的自我同一性危机；家庭、学校和社会还要提高对大学生的社会支持，特别是主观方面的支持。

关键词：大学生　自我同一性　社会支持

一、问题的提出

（一）研究背景

依据埃里克森的心理社会性发展阶段理论，自我同一性的形成伴随生命全过程，但是最容易在青春期出现危机。大学阶段为青少年的“心理社会延缓偿付期”，是个体从青少年期向成年期过渡的重要时期。在这一阶段，大学生各项生理指标已达到成人水平，但心理发育尚未完全成熟，由于缺乏经验和能力，在面临心理和社会性发展的各项选择和挑战时会表现为各种冲突和不适应。具体表现在以下两个方面。

1. 心理发展的危机

在国内应试教育体制下，学生在初、高中阶段主要将精力集中在文化知识的学习上，对于自我的认知和探索机会相对较少；进入大学后，个体有更多的时间去思考与探索自我各方面的可能，对自我个性发展、价值观确立、自我认同有着强烈的需要。这种需要不能及时、合理实现，将出现人格发展的不适应。

2. 社会性发展危机

多元化的价值选择，学业、就业的双重压力，原生家庭负担，个人情感挫折，以及师生、宿舍的不良人际关系等现实危机增加了在校大学生对个人发展的困惑和担忧，给大学生带来了强烈的心理压力。这些问题如果处理不当，很容易出现消极避世的人生态度和社会适应不良的危机。

心理发展危机与社会性发展危机交织在一起形成了更大的发展危机，必然给大学生心理健康和心态平衡带来严重挑战。大学生在日常学习、交友和生活中会出现或多或少的烦恼和百思不得其解的困惑。并且，近年来，大学生自残、自杀以及伤害他人的新闻屡见报端，这都是自我整合的失败。这种情况下，从整体上了解当下大学生自我同一性的发展状况，给予大学生必要的社会支持，引导和帮助大学生及早尝试各种人生的可能性，探索适合自己的人生发展方向，构建自己的信念价值体系，增强对自我的合理认知与定位，以便解决遇到的各种有关心理、社会的发展问题，就变得十分必要。

（二）研究意义

本研究通过了解当下大学生自我同一性的发展状况，一方面，可以为大学生自我同一性发展提供指导，为学校培养人才、教育教学和心理健康服务提供信息支持和工作建议，研究结果对大学生的心理健康指导以及职业生涯规划等课程具有较高的参考价值。另一方面，从实证研究的角度出发，本研究可以验证在不同群体大学生中的自我同一性发展情况的差异，对于进一步深化社会支持与大学生自我同一性发展关系的研究具有重要意义。

二、文献综述

（一）自我同一性理论

1. 自我同一性概念的界定

自我同一性是新精神分析学派的主要代表人物埃里克森（Erikson）在其人格理论中提出的一个重要概念。埃里克森认为自我同一性概念包括四个基本含义：个别性、一致性和连续性、整体性和综合性，以及社会凝聚力。玛西亚在埃里克森的基础上提出了“同一性状态”理论，认为同一性是一种经过深思熟虑而形成的自我结构，是对自己的动机、能力、信仰和成长史等方面内化了的自我结构组织[26]。Waterman（1971）提出应该关注特定领域中同一性的发展状态和具体表现。Josselson 提出了自我同一性的性别差异，将联系作为女性自我同一性的第三个维度[24]。Blasi（1988）认为埃里克森自我同一性概念应该从作为主观的自我的角度来理解，自我同一性相当于体验一个人作为主观的自己的模式。Kroger（1996）明确地将同一性定义为自我与客体之间的平衡。Grotevant 提出，对同一性的理解应该关注人格发展的连续性和跨时间的一致性，将同一性视为个体与外界相互作用的框架，该框架是个体知觉信息、组织经验和指导行为的基础；而 Berzonsky 则在建构主义的角度上对 Grotevant 的概念进行了进一步的完善，提出自我同一性的形成是个体主动追求关于自我的理论的过程[24]。

国内学者也对自我同一性的概念作了界定。在国内，自我同一性目前有三种译法：①张春兴教授在《教育心理学》（1998）中译为自我统合；②车文博教授在《人本主义心理学》（1998）中译为自我认同；③孙名之教授在《儿童心理发展的理论》（1983）、《弗洛伊德主义论评》（1992）、《青少年：同一性与危机》（1998）中，黄希庭在《人格心理学》（1998）中，阎巩固在《心理学——一条整合的途径》（2000）中，译为自我同一性。黄希庭认为自我同一性包括社会与个人的统合、个人的主体方面与客体方面的统合、自己的历史任务的认识与个人愿望的统合等[19]。张日昇则强调自我同一性包含两个方面：是指在过去、现在和未来这一时空中对自我同一性的主观感觉和意识和以社会性存在的自我[18]。张春兴则把“I-dentity”译为统合，认为统合（统合感）代表人格成熟的一种状态，此种状态的形成乃是个体综合当前自我、生理特征、社会期待、以往经验、现实环境、未来希望六个层面，统而合之成为一个整体的人格结构[15]。郭金山则将自我同一性的概念归纳为历史性、社会性、集体性和现实性四个方面的有机结合[5]。

通过上述对自我同一性概念的界定，本研究认为，自我同一性是指个体在寻求自我的发展中，对自我的确认和对有关自我发展的一些重大问题的思考和选择，认清和接纳自己的内外部处境、找到自己在自我理想和现实社会中的位置，并适时调整。自我同一性首先是个体的自我认同，是自己对自己的选择和承诺作以积极肯定和评价并付诸实践，这是自我同一性的内部机制；其次是社会认同，是指个体在社会生活过程中社会环境对个体所呈现的人格特征、价值观念和生活方式等的承认，而个体要根据外部环境对自身的反馈，依据自身的需求和价值判断，对自身的选择作出取舍，使自己融入社会和集体中，这是个体自我同一性的外部机制。在这一过程中必然要涉及个体的过去、现在和将来这一发展的时间维度。

2. 埃里克森的自我同一性理论

埃里克森在其心理社会性发展理论中将自我同一性视为个体发展的终生的过程，是生物的、心理的、社会的三方面因素相互作用的统一体，将自我同一性概念化为一系列包含两相对立的发展危机的阶段。根据生物发展渐成论原则，埃里克森将个体从出生到临终的生命周期划分为八个发展阶段。每个阶段都有独特的发展课题，他称之为“心理-社会的危机”。形成自我同一性正是第五阶段的主要课题（见图1）。

成熟期								自我整合对失望
成年期							创造力对停滞	
成年早期						亲密对孤独		
					认同对角色混乱			
青少年期				勤勉对自卑感				
潜伏期			主动对内疚					
生殖器期		自立对羞怯						
肛门期	信任对不信任							
口唇期	1	2	3	4	5	6	7	8

*资料来源：摘自E.H.Erikson, Childhood and Society: 2nd ed. New York: Norton, 1963.

图1 埃里克森个体人格发展阶段图

埃里克森认为，自我同一性是个体在特定环境中的自我整合，是个体寻求内在一致性和连续性的能力，也就是对“我是谁”“我将来的发展方向”以及“我如何适应社会”等问题的坚定而连贯的意识。它是个体对自身的本质、信仰和一生前后一致的、比较完善的意识，是一种不再惶惑迷失的感受[25]。

埃里克森将形成心理冲突导致同一危机的情况分为七个生活层面：时间透视对时间混淆、自我确信对自我意识、角色尝试对角色固着、职业意愿对工作不力、性别分化对性别混淆、主从分际对权威混淆、价值定向对价值混淆。

3. 玛西亚的自我同一性理论

玛西亚是埃里克森之后自我同一性研究的集大成者。玛西亚（1993）认为，同一性作为一种内在的、自我建构的结构以及主观体验不能被直接观察到。因此，他从同一性概念的行为层面出发，根据埃里克森同一性理论中的两个主要的过程变量——探索和承诺来对同一性加以操作化，假定这些行为变量隐含了同一性结构的存在或缺乏。玛西亚认为通过对多个生活领域进行探索以及作出适合自己的选择，青少年就可以解决同一性危机。其中的“探索”最初称为“危机”，指个体在同一性发展过程中努力寻找适合自己的目标、价值观和理想等，这时个体需要考虑多个选择，以便作出有意义的抉择。“承诺”指个体对于特定的目标、价值观和理想等作出的精力、毅力和时间等方面的个人投入。玛西亚根据探索和承诺的程度高低划分出四种同一性状态，即同一性获得者、同一性延缓者、同一性早闭者和同一性扩散者[26]。

日本心理学家加藤厚（1983）在玛西亚所设定的两个维度上又追加上“将来自我投入的愿望”这一维度，构成三维度、12 项目的同一性地位测定量表，又补充了两个中间地位，分别是：同一性形成地位（A 地位），权威接纳地位（F 地位），同一性形成——权威接纳的中间地位（A—F 中间地位），同一性扩散地位（D 地位），积极的延缓地位（M 中间地位）和同一性扩散——积极的延缓中间地位（D—M 中间地位）。

（二）大学生自我同一性的相关研究

自我同一性的发展始于婴儿依恋的出现、自我感的发展、独立倾向的出现，而止于老年阶段对人生的回顾与自我整合。同一性形成是持续个体一生的过程，但青少年期是建立自我同一性的关键时期，关于同一性发展的研究也主要是针对青少年期和成年早期的个体展开的。关于大学生自我同一性的研究主要集中在考察大学生自我同一性发展的趋势，以及比较年级、领域、性别等特征上的差异，关于在大学生社会支持与自我同一性相关研究仍然比较少。

在关于大学生自我同一性总的发展趋势方面，国外已经得出了一致的结论，50%的大学生的自我同一性状态从一年级至四年级发生了改变，一般都转向较高级的同一性状态。Marcia J E. , Waterman A. , Sheldon Stryker, Peter Jurker, Meilman, P. W. , Cramer P. 等人的研究均发现个体的自我同一性状态有一条发展路径，即由同一性扩散状态发展到早闭或延缓状态，最后达到同一性获得状态。通过对青年早期的自我同一性研究发现，个体大部分处于同一性扩散、早闭和延缓状态，而很少有人达到同一性获得状态。[24]

在关于大学生各领域的自我同一性的发展方面，国外也得出统一的结论，大学生自我同一性的发展与领域有关，存在一定的差异。国内王树青、张日昇、郭金山、车文博和叶景山等人分别围绕性别、家庭、文化社会以及人格因素对大学生自我同一性发展影响进行了研究，而关于社会支持对自我同一性的影响研究很少，目前只有霍艳青从家庭支持、朋友支持的角度和阎国良从主观支持、客观支持方面对大学生“现在的自我投入”和“将来自我投入的愿望”进行研究。

依据社会支持理论的观点，一个人所拥有的社会支持网络越强大，就能够越好地应对各种来自环境的挑战。社会支持理论取向的社会工作强调通过干预个人的社会网络来改变其在个人生活中的作用。在自我同一性的发展过程中，大学生不仅需要良好的自我功能，还需要从自身的社会网络中寻求社会资源，获得良好的社会支持。因此，研究社会支持及其利用程度对自我同一性发展的影响就变得很有意义。

三、研究设计

（一）研究对象

本次研究选取北京工业大学大一至大四本科学生作为研究对象。这些学生全部为“90后”大学生。

（二）研究方法

1. 抽样方法

本次研究采用空间抽样的方法。研究者随机在学校第一教学楼、第二教学楼、旧图书馆、新图书馆、经管楼、中蓝自习室、本科生宿舍楼以及教学课堂上发放二维码问卷。被试通过扫描二维码进入网上问卷填答环节，填答完毕后提交即可。

2. 测量工具

（1）《自我同一性地位量表》。

《自我同一性地位量表》是由北京师范大学教授张日昇在日本心理学家加藤厚所编制的同一性状态量表的基础上修订完成的。该量表的信效度良好，分半信度处于0.88~0.91，重测信度为0.78~0.85，稳定性较高。

该量表一共由12个项目组成，采用6点计分法。量表项目可分为3个维度，根据3个量表尺度的得分组合可划分出6种同一性地位类型。量表的3个维度分别是“现在的自我投入”“过去经历的危机”和“将来自我投入的愿望”。“现在的自我投入”，是指为认识自己、实现自我以及为达到某一目标而倾注全力的努力；“将来自我投入的愿望”，是指将对自己的认识、意欲实现的某一愿望均放到未来这一时空中，对将来的自己抱有一定的承诺；“过去经历的危机”，也有译为“探索”，是指个体对与自己有密切联系的问题如社会角色、理想、信念等感到茫然并且致力于探求的状态。

依据a~l共12题的得分，算出“现在的自我投入”“过去经历的危机”“将来自我投入的愿望”的得分，计算方法是：“现在的自我投入”=(a)-(b)+(c)-(d)+14；“过去经历的危机”=(h)-(g)+(f)-(e)+14；“将来自我投入的愿望”=(i)-(j)+(k)-(l)+14。

由3个尺度上的得分总和所得出的6种类型的同一性地位分别是“同一性形成地位（A地位）”“同一性形成——权威接纳的中间地位（A—F中间地位）”“权威接纳地位（F地位）”“积极的延缓地位（M地位）”“同一性扩散——积极的延缓中间地位（D—M地位）”“同一性扩散地位（D地位）”。各同一性地位与所对应得分见表1：

表 1　自我同一性地位计分规则参照表

	现在的自我投入	过去经历的危机	将来自我投入的愿望
同一性形成地位（A 地位）	[20，+∞）	[20，+∞）	——
同一性形成——权威接纳的中间地位（A—F 中间地位）	[20，+∞）	[15，19]	——
权威接纳地位（F 地位）	[20，+∞）	（0，14]	——
积极的延缓地位（M 地位）	（0，19]	——	[20，+∞）
同一性扩散——积极的延缓中间地位（D—M 地位）	（0，19]	——	（0，19]
同一性扩散地位（D 地位）	（0，12]	——	（0，14]

（2）《青少年自我同一危机量表》（AEICS）。

本研究所采用的是《青少年自我同一危机量表》，该量表的理论基础是 Erikson 的自我同一性理论，具体关系到自我同一性危机层面的 7 个维度和同一性发展的理论逻辑。该量表的形成基础是 SpmisS、Byrd 和 Speisman 等人先前所编制的相关问卷，中国台湾学者江南发在收集、总结和修订这些量表项目的基础上形成了“青少年同一性危机量表”，量表主要用来测定青少年同一性发展形成的过程中所需要面临和解决的各种危机。该问卷的信效度情况均达到良好，内部一致性系数达到 0.85，重测信度达到 0.86。

该量表共有 28 个项目，其中消极层面危机和积极层面危机分别是 13 个和 15 个。量表经因素分析可得出 7 个维度，分别是：时间混淆——时间透视，自我疑虑——自我确信，角色固着——角色尝试，工作无力——职业意愿，性别混淆——性别分化，权威混淆——主从分际，价值混淆——价值定向。具体情况见表 2：

表 2　自我同一危机计分规则参照表

测试维度	题号	题数	测试维度	题号	题数	共计
时间混淆	2，9，13，17	4	时间透视	15，20	2	6
自我疑虑	3，6，16	3	自我确信	21，26	2	5
角色固着	4	1	角色尝试	8，28	2	3
工作无力	12，23	2	职业意愿	7，11	2	4
性别混淆	——	0	性别分化	5	1	1
权威混淆	18，22，27	3	主从分际	——	0	3
价值混淆	10，25	2	价值定向	1，14，19，24	4	6
积极危机	如上	15	消极危机	如上	13	28

量表的计分方式为 5 点计分法，“特别符合”计 5 分，“比较符合”计 4 分，“无法确定”计 3 分，“比较不符合”计 2 分，“特别不符合”计 1 分，处在消极层面上的项目计分时与积极层面的计分相反，需要反转后进行相加得出量表总分。其中，第 1、5、7、8、11、14、15、19、20、21、24、26 和 28 题需要反向计分。各维度得分越高，表示其危机程度越高。危机总分均分全国常模为 84 分。研究对象在相关层面的项目上所得分数越高，表示个体在该层面上的危机程度就越高，相反，分数低就表明相关层面危机混淆程度低。

（3）《社会支持评定量表》（SSRS）。

《社会支持评定量表》是肖水源于 1986—1993 年设计的，具有较好的信度和效度。重测信度为 0. 92，一致性系数为 0. 89 ~ 0. 94。通过该量表可以了解个体的社会支持水平，能更好地帮助人们适应社会和环境，提高个体的身心健康水平。

该量表共 10 个条目，用于测量个体社会关系的 3 个维度：客观支持（即患者所接受到的实际支持）、主观支持（即患者所能体验到的或情感上的支持）和对支持的利用度（反映个体对各种社会支持的主动利用，包括倾诉方式、求助方式和参加活动的情况）。总得分和各维度得分越高，说明社会支持程度越好。

本次研究根据我校学生的实际情况对量表问题叙述修改为适用于学生填答的形式，并根据实际情况增加了一题，对题目的前后顺序也稍作改变。其中，1、2、3、4、5题测量主观支持情况，6、7、8题测量客观支持情况，9、10、11题测量对支持的利用度情况。

量表记分规则如下：总分即11个条目评分之和。主观支持得分为1、2、3、4、5条评分之和，客观支持得分为6、7、8条评分之和，对支持的利用度得分为9、10、11条评分之和。

3. 研究程序

本次调查使用网络电子版问卷，问卷通过在“问卷星”软件上制作而成。研究者将生成的问卷链接地址和二维码打印成问卷宣传单，随机抽取被试发放。具体研究过程如下：

（1）将电子版《个人基本信息调查表》《自我同一性地位量表》《青少年自我同一危机量表》《社会支持评定量表》依序排版形成《北京工业大学本科生自我同一性发展状况调查研究问卷》。

（2）将电子版问卷导入“问卷星”软件，进行编辑和修改，形成网络版问卷。

（3）将生成的问卷链接地址和二维码打印制作成纸质版，抽取被试进行发放。

（4）被试通过扫描二维码进入答题界面，按照指导语进行作答，回答完毕提交即可，做题时间约10分钟。

（5）下载答卷和数据，导入数据统计软件SPSS21.0，对所有的数据进行整理和分析。

（三）样本构成

此次调查共收回有效问卷238份。样本的具体情况如下表所示：

表 3　样本分布情况一览表

年级	大一	大二	大三	大四
频率	35	88	64	51
百分比（%）	14.7	37.0	26.9	21.4

表 4　样本分布情况一览表

	性别		专业		
	男	女	文科类	理科类	工科类
频率	120	118	95	24	119
百分比（%）	50.4	49.6	39.9	10.1	50.0

表 5　样本分布情况一览表

生源地	城市			农村		
	东部城市	中部城市	西部城市	东部农村	中部农村	西部农村
频率	124	31	25	25	16	17
百分比（%）	52.1	13.0	10.5	10.5	6.7	7.1
共计	180（75.6%）			58（24.3%）		

表 6　样本分布情况一览表

	经济状况		是否为独生子女		是否有工作经历	
	在校注册贫困生	在校非贫困生	是	否	是	否
频率	52	186	161	77	186	52
百分比（%）	21.8	78.2	67.6	32.4	78.2	21.8

通过对样本和学校学生总体分布情况对比发现，除学生性别比例分布之外，样本在其余变量上的分布具有良好的代表性。

（四）研究内容

1. 拟解决的问题

（1）了解目前北京工业大学学生自我同一性地位、自我同一性危机及其各维度得分的分布特点。

（2）考察不同性别、年级、学科、生源地和不同经济状况的大学生自我同一性地位分布和各维度得分上是否具有显著差异，考察独生子女与非独生子女的大学生在自我同一性地位分布和各维度得分上是否具有显著差异，考察有过工作、实习以及学干经历的学生与没有工作、实习以及学干经历的学生在自我同一性地位分布和各维度得分上是否具有显著差异。

（3）考察不同性别、年级、学科、生源地和经济状况的大学生自我同一性危机总分和各维度得分是否具有显著差异，考察独生子女与非独生子女的大学生在自我同一性危机总分和各维度得分是否具有显著差异，考察有过工作、实习以及学干经历的学生与没有工作、实习以及学干经历的学生在自我同一性危机总分和各维度得分是否具有显著差异。

（4）考察大学生自我同一性地位和自我同一性危机各维度间存在怎样的关系。

（5）探讨大学生社会支持情况与自我同一性发展是否具有显著的相关，社会支持对大学生自我同一性的发展是否有显著影响。

2. 研究假设

（1）不同性别、年级、学科、生源地和不同经济状况的大学生自我同一性地位分布和各维度得分上具有显著差异；独生子女的大学生与非独生子女的大学生在自我同一性地位分布和各维度得分上具有显著差异；有过工作、实习以及学干经历的学生与没有工作、实习以及学干经历的学生在自我同一性地位分布和各维度得分上具有显著差异。

（2）不同性别、年级、学科、生源地和经济状况的大学生自我同一性危机总分和各维度得分具有显著差异；独生子女的大学生与非独生子女的大学生在自我同一性危机总分和各维度得分具有显著差异；有过工作、实习以及学干经历的学生与没有工作、实习以及学干经历的学生在自我同一性危机总分和各维度得分具有显著差异。

(3) 大学生自我同一性地位与大学生自我同一性危机总分、各维度得分有显著相关关系。

(4) 大学生社会支持情况与大学生自我同一性的发展具有显著相关关系，社会支持对大学生自我同一性的发展有显著影响。

四、分析讨论

(一) 大学生自我同一性发展的整体状况

1. 自我同一性地位的分布情况

表 7　自我同一性地位各维度得分分布表

	过去经历的危机	现在的自我投入	将来自我投入的愿望
N（有效/缺失）	238/0	238/0	238/0
均值	18.542	16.7311	18.7059
标准差	3.69347	3.04037	3.08215
极小值	5	4	7
极大值	24	24	24

上表是对自我同一性地位中过去经历的危机、现在的自我投入和将来自我投入的愿望三个维度得分的描述统计。各维度得分越高，表明在该维度上的认同程度越高。从表中可以看到，北京工业大学本科生的自我同一性地位各维度均分为 18.54 分、16.73 分和 18.70 分。根据《自我同一性地位量表》可以估计出，北京工业大学本科生自我同一性的发展总体处于同一性扩散——积极的延缓中间地位（D—M 地位）。但这只是对总体情况的描述。如果将各维度分数按照《自我同一性地位量表》的评分标准转化为定序变量，则可以有以下发现：

表 8　自我同一性地位（状态）分布表（%）

	频率	百分比	有效百分比	累计百分比
同一性形成地位（A 地位）	29	12.2	12.2	12.2
同一性形成——权威接纳中间地位（A—F 地位）	64	26.9	26.9	39.1
权威接纳地位（F 地位）	10	4.2	4.2	43.3
积极的延缓地位（M 地位）	31	13	13	56.3
同一性扩散——积极延缓中间地位（D—M 地位）	98	41.2	41.2	97.5
同一性扩散地位（D 地位）	6	2.5	2.5	100
合计	238	100	100	

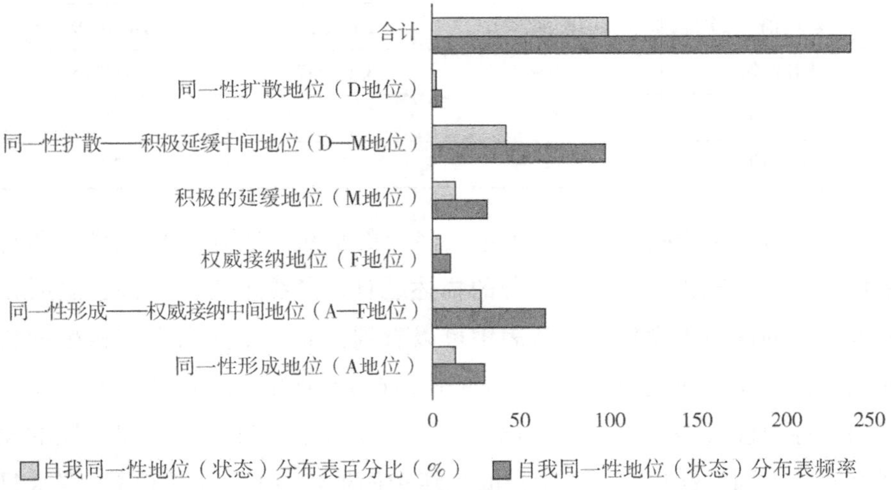

图 2　大学生自我同一性地位分布图

通过表 8 和图 2 可以发现，北京工业大学学生有 12.2%的学生处于同一性形成地位（A 地位），有 26.9%的学生处于同一性形成——权威接纳中间地位（A—F 地位），处于积极的延缓地位（M 地位）和同一性扩散——积极延缓中间地位（D—M 地位）的学生分别占到 13%和 41.2%，而权威接纳地位（F 地位）和同一性扩散地位（D 地位）的学生则分别只占到了 4.2%和 2.5%。

通过以上结果可以基本说明北京工业大学本科生在自我同一性地位的分布特征：

第一，北京工业大学本科生的自我同一性发展程度整体较好，但是处于同一性扩散（D 地位）和同一性扩散—积极延缓地位（D—M 地位）的学生比例较高，这一比例的学生需要加强对自身的探索，特别是需要加强对现实投入的动机和努力。

第二，在同一性形成的状态中，权威接纳状态和同一性弥散状态的比例很少，说明大多数学生不同程度地进行着自主的探索，且不经过自行探索完全盲目遵从权威的意见的学生比例很少。但是仍有 26.9%的学生还是不同程度地受到了权威的影响，因此权威对大学生自我同一性形成还是发挥着重要的作用。

第三，在同一个自我同一性状态的不同维度（“过去经历的危机”“现在的自我投入”“将来自我投入的愿望”）的得分，不同个体仍然存在一定程度上的差异，处在两个中间地位的学生表现尤为显著。

2. 自我同一性危机及各维度得分分布情况

以《青少年自我同一危机量表》全国平均分为界限，将北京工业大学本科生自我同一性危机得分分为低分和高分两部分；以 25 分为组距，将自我同一性危机变量转化为定序变量，分别进行描述统计得出表 9 和图 3：

表 9　自我同一性危机得分分布表（%）

得分情况	频率	百分比	有效百分比
0~84	194	82.8	82.8
≥84	41	17.2	17.2
合计	235	100	100

根据台湾学者江南发的《青少年自我同一危机量表》计分规则，得分越高者现在的自我同一性危机水平越高，即面临的内外部的冲突较多。良好的自我同一性的形成应该是自我认同、社会认同以及自我整合三个方面的良好完成以及相互契合。自我同一性危机得分越高，说明个体越无法处理好三者的关系，导致心理的、社会的以及心理社会交互的压力越大。自我同一性危机得分越低，则说明个体越能处理好三者的关系，实现良好

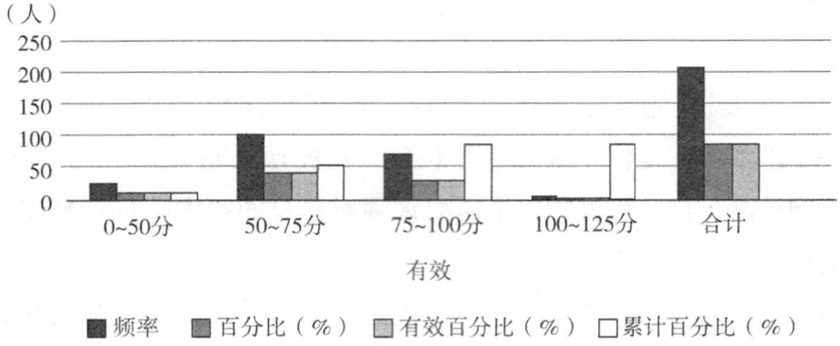

图3 大学生自我同一性危机得分分布图

的自我同一性。

通过对自我同一性危机得分的统计分析发现，有13%（31人）的学生分布在0~50分的低分分数段，分别有49.2%（117人）和34.9%（83人）分布在50~75分和75~100分的中间分数段，只有2.9%（7人）分布在100~125分的高分分数段。由此可见，北京工业大学本科生自我同一性危机高水平者比例较少，学生当下的自我同一性危机呈现出中等水平的特点。根据这一量表的全国平均得分（84分），自我同一性危机得分分布也说明了北京工业大学本科生自我同一性总体发展程度良好，与上一部分的分析结果相一致。

下面研究者将进一步具体描述北京工业大学本科生自我同一性危机得分在不同维度上的分布特点。通过对自我同一性危机及各维度的描述性统计，可以得出表10和图4。

表10 自我同一性危机及各维度均分分布表

统计值	时间混淆 时间透视	自我疑虑 自我确信	角色固着 角色尝试	工作无力 职业意愿	性别混淆 性别分化	权威混淆 主从分际	价值混淆 价值定向	自我同 一性危机
均值	15.1429	13.2269	6.9580	10.2773	2.5798	6.8866	14.2983	69.3697
标准差	4.22627	3.69385	2.47313	3.17273	1.16558	2.62730	4.28215	17.5669
极小值	6.00	5.00	3.00	4.00	1.00	3.00	6.00	28.00
极大值	27.00	22.00	14.00	18.00	5.00	15.00	27.00	124.00
和	3604.00	3148.00	1656.00	2446.00	614.00	1639.00	3403.00	16510.00

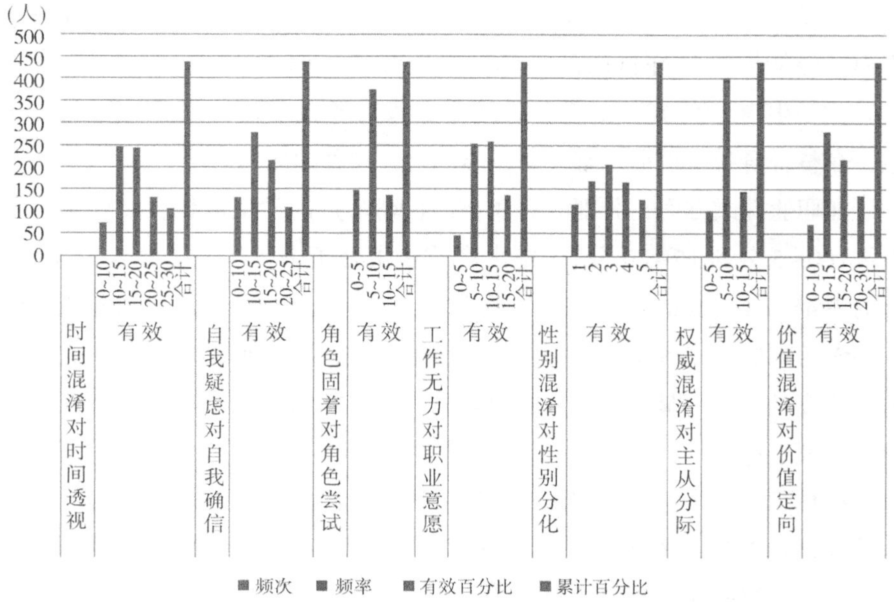

图 4　大学生自我同一性危机各维度得分分布图

通过对北京工业大学本科生自我同一性危机各维度得分的描述统计发现：

在时间观念方面，13.4%（32 人）的学生分布在 0~10 分上，43.3%（103 人）分布在 10~15 分上，34.9%（83 人）分布在 15~20 分上，只有分别为 7.1%（17 人）和 1.3%（3 人）的学生分布在 20~25 分和 25~30 分的高分数段上。由此看来，北京工业大学危机水平特别低的学生较少，危机水平特别高的学生更少，大多数学生分布在危机程度逐渐增高的中等水平上。

而在自我确信（疑虑）方面，有 24.4%（58 人）的学生属于比较自我确信，得分在 0~10 分；有 1.7%（4 人）对自己十分怀疑，得分在 20~25 分；大部分学生对自己充满信心但有时也会有不同程度的自我怀疑，这一比例分别是 47.1%（112 人），得分在 10~15 分；26.9%（64 人）得分在 15~20 分，这表明这些学生都处于自我确认、自我探索的阶段。

在角色扮演方面，0~5 分的学生占到 27.3%（65 人），他们乐意担任不同角色、采取不同的观点、表现不同的行为，具有统合各种身份的能力；大多数学生得分在5~10分，约占64.3%（153人），这些学生在某些方面已经能够扮演好自己的角色，但还有进步的空间；只有8.4%（20人）的学生得分在10~15分，这些学生没有积极尝试扮演各种可能的角色，在整合自身身份上也有欠缺，出现角色固着的倾向。

在职业探索方面，分别只有8.4%（20人）的学生危机程度处于两个极端（0~5分和15~20分），绝大多数学生处于中等水平，分别为5~10分的占45.4%（108人），10~15分的占37.8%（90人）。通过对年级和职业探索的列联表分析发现，大一至大四的学生在“职业意愿——工作无力”维度的差异不显著，年级状况与总体情况相似。这一点与基于现实经验的假设不符。

在自我性别身份认同方面，中低水平危机者占到77.7%（185人），高水平危机者占22.3%（53人），因此大学生的性别认同需要引起重视。

在对待权威的态度和行为方面，18.9%（45人）的学生能够做到良好的主从分际，能够分辨在何时何地承担领导者的责任；10.1%（24人）的学生处于权威混淆状态，他们不能与权威者保持良好的关系；剩余大多数学生（71%，169人）处于这两个极端的中间位置。

在信仰价值方面，13%（31人）的学生找到了自己的信仰，建构起了自己的价值体系并在社会生活中运用和修正；只有8.4%（20人）的学生感觉自己的价值体系没有很好地建立，处于信仰缺失的阶段；其余78.6%（187人）的学生“三观”还处于不断的形成过程中。

以上是对北京工业大学本科生自我同一性地位和自我同一性危机得分分布的调查结果。通过分析可知，北京工业大学本科生自我同一性发展水平较高，自我同一性地位和自我同一性危机呈现出一致性。

一方面，在自我同一性地位分布中，第一，处于同一性形成地位和积极延缓地位的学生占绝大多数比例，总体自我同一性发展程度较好；第二，在形成地位中，学生的自主性较高，但也在一定程度上受到权威因素的影响；第三，同一性扩散地位（D地位）和同一性扩散——积极的延缓中间地位（D—M地位）的学生比例仍然较高，大学生自我同一性发展不容乐观。

另一方面，在自我同一性危机及其各维度得分分布中，总体呈现出低水平和高水平危机的学生比例小、中等程度危机学生分布较多的特点。但值得注意的是，应当考虑到高水平危机比例的学生在现实中存在的绝对数量是很大的，学校应当加强对这一群体在心理健康的辅导和生涯规划的支持，以提高他们的自我同一性水平。

（二）大学生自我同一性发展在不同变量条件下的显著性检验

通过对自我同一性地位及各维度和自我同一性危机及各维度的得分在性别、专业属性、生源地、年级、经济状况、“是否为独生子女”以及“是否有实习、工作和学干经历”等7种变量上的独立样本T检验、列联表分析、简单方差分析和相关分析后发现：

（1）北京工业大学本科生自我同一性地位和自我同一性危机总分在性别、专业属性、生源地、年级、经济状况和“是否为独生子女”等6种变量上的差异不显著。

（2）不同专业大学生在“将来自我投入的愿望”上存在着显著差异。

（3）有过实习、工作和学干经历的学生与没有实习、工作和学干经历的学生在“现在的自我投入”“自我疑虑与自我确信”“权威混淆与主从分际”三个方面存在显著差异。

1. 不同专业大学生自我同一性发展差异比较

文科与理工科学生在“将来自我投入的愿望”上差异显著，在自我同一性发展其他方面没有显著差异。文科学生的自我同一性发展的平均水平要高于理工科学生。具体来说：

（1）工科学生过去经历的危机与文科生相近，但明显高于理科生。

（2）文科学生在“现在的自我投入”“将来自我投入的愿望”最高，工科学生次之，理科学生最差。

（3）在职业意愿方面，文科学生也比工科和理科学生的平均表现要好。

（4）理科学生的“时间混淆危机”“自我疑虑水平”“角色固着程度”“权威混淆程度”要明显高于工科和文科学生，整体的自我同一性危机水平也比工科生和文科生要高。而在性别混淆方面，文科学生的均值最高，理科学生次之，工科学生最低。

（5）在自我同一性地位的分布方面，文科生在同一性形成地位（A 地位）和积极的延缓地位（M 地位）的比例要高于工科生和理科生；而在同一性形成——权威接纳中间地位（A—F 地位）、权威接纳地位（F 地位）和同一性扩散——积极延缓中间地位（D—M 地位），工科学生比例最高，文科生次之，理科生最少；在同一性扩散地位（D 地位）上，工科学生低比例要远远高于理科学生和文科学生。

（6）在文科生中，自我同一性地位分布比例由高到低依次是同一性扩散——积极延缓中间地位（D—M 地位）、同一性形成——权威接纳中间地位（A—F 地位）、同一性形成地位（A 地位）、积极的延缓地位（M 地位）、权威接纳地位（F 地位）和同一性扩散地位（D 地位）；在工科生中，自我同一性地位分布比例由高到低依次是同一性扩散——积极延缓中间地位（D—M 地位）、同一性形成——权威接纳中间地位（A—F 地位）、同一性形成地位（A 地位）、积极的延缓地位（M 地位）、权威接纳地位（F 地位）和同一性扩散地位（D 地位）；在理科生中，自我同一性地位分布比例由高到低依次是同一性扩散——积极延缓中间地位（D—M 地位）、同一性形成——权威接纳中间地位（A—F 地位）、积极的延缓地位（M 地位）、权威接纳地位（F 地位）、同一性扩散地位（D 地位）和同一性形成地位（A 地位）。

由此可见，虽然大学生的自我同一性发展没有呈现显著的专业差异，但仍然可以看到文科学生的自我同一性发展的平均水平要高于理工科学生，工科学生更容易受到权威影响，理科学生自我同一性发展比较缓慢，大多数处于权威接纳地位（F 地位）以下。究其原因，还是与学科属性有密切的关系。文科生学习的内容与社会和人的发展密切相关，与人交往的机会也比较多，自我同一性发展就较快。并且，文科学生思维的辩证性和发散性较强，所以不易受到权威的影响。而理工科学生的学习内容的客观性强，与文科的学习内容相比，他们所接受的教育具有不可抗拒的色彩，因而容易被权威影响。至于大学生自我同一性发展为何没有呈现出专业的显著差异，研究者认为可能与时代的环境有关。本次研究对象均为“90后”，不论专业如何，这一群体的学生从小生活的环境较好，从小接触的事物较为丰富，文科、理工科学生因专业特点而产生的差异被新的网络、时代环境以及丰富的学生社交活动和大学校园文化所抵消。

2. 有过工作经历与没有工作经历的大学生自我同一性发展差异比较

有过实习、工作和学干经历的学生与没有实习、工作和学干经历的学生在自我同一性危机的“现在的自我投入”“自我疑虑与自我确信”“权威混淆与主从分际”三个方面存在显著差异，但在其他有关自我同一性发展的问题上没有表现出特别显著的差异。具体来说：

（1）有过实习、工作和学干经历的学生在“过去经历的危机”“现在的自我投入”“将来自我投入的愿望”的平均分都高于没有实习、工作和学干经历的学生；在自我同一性危机及各个层面的水平，有过实习、工作和学干经历的学生也都明显低于没有实习、工作和学干经历的学生。这说明实习、工作和学干经历对提高大学生现在的自我投入和将来投入的愿望、降低自我同一性危机、促进自我同一性的发展有显著作用。这是因为，在参与学校、社会的工作中，大学生要学习和处理业务上的、与人交往的以及关于自身发展等各方面的问题。并且在工作实习中，大学生可以了解和掌握更多的信息和资源，为促进其自我同一性的发展提供动力和支持。

（2）在自我同一性地位分布方面，除同一性扩散地位（D地位）外，有过实习、工作和学干经历的学生在各个状态的比例都要明显高于没有实习、工作和学干经历的学生。特别是在同一性形成地位（A地位）、同一性形成——权威接纳中间地位（A—F地位）、积极的延缓地位（M地位）和同一性扩散——积极延缓中间地位（D—M地位）上，有过实习、工作和学干经历的学生都要明显高于没有实习、工作和学干经历的学生。

（3）有过实习、工作和学干经历的学生中，自我同一性地位分布比例由高到低依次是同一性扩散——积极延缓中间地位（D—M地位）、同一性形成——权威接纳中间地位（A—F地位）、同一性形成地位（A地位）、积极的延缓地位（M地位）、权威接纳地位（F地位）和同一性扩散地位

（D 地位）。在没有实习、工作和学干经历的学生中，自我同一性地位分布比例由高到低依次是同一性扩散——积极延缓中间地位（D—M 地位）、同一性形成——权威接纳中间地位（A—F 地位）、同一性形成地位（A 地位）、积极的延缓地位（M 地位）、权威接纳地位（F 地位）和同一性扩散地位（D 地位）。有过实习、工作和学干经历的学生与没有实习、工作和学干经历的学生在同一性形成地位（A 地位）与积极的延缓地位（M 地位）的分布顺序上有所差异。

（三）大学生自我同一性地位与自我同一性危机相关分析

为了考察自我同一性地位测试中过去经历的危机、现在的自我投入、将来自我投入的愿望三个维度得分与自我同一性危机总分及各维度得分的相关关系，进行了自我同一性地位量表三个维度得分和自我同一性危机量表总分及七个维度得分的皮尔逊相关分析，结果见表 11。

表 11　自我同一性地位与自我同一性危机的相关系数表

自我同一性危机各维度	过去经历的危机	现在的自我投入	将来自我投入的愿望	自我同一性地位
时间混淆与时间透视	−0.499**	−0.284**	−0.471**	−0.470**
自我疑虑与自我确信	−0.399**	−0.158*	−0.329**	−0.365**
角色固着与角色尝试	−0.292**	−0.177**	−0.336**	−0.291**
工作无力与职业意愿	−0.530**	−0.249**	−0.441**	−0.504**
性别混淆与性别分化	−0.134*	−0.195**	−0.171**	−0.070
权威混淆与主从分际	−0.368**	−0.210**	−0.346**	−0.322**
价值混淆与价值定向	−0.454**	−0.276**	−0.433**	−0.447**
自我同一性危机得分	−0.515**	−0.257**	−0.478**	−0.484**

**. 在 0.01 水平（双侧）上显著相关。

*. 在 0.05 水平（双侧）上显著相关。

通过上表可知，自我同一性地位整体与自我同一性危机有显著的负相关，但也有部分维度之间的相关性不显著。具体来说：

（1）过去经历的危机、将来自我投入的愿望与自我同一性危机各维度显著负相关。这说明学生过去是否经历过较为严重的危机很大程度上影响目前自我同一性危机的程度。过去经历过较为严重危机的学生已经有了一些面对问题和烦恼时的经验，也积累了一定处理问题的技巧。这种过去的经历可能帮助学生改善目前的状态。将来自我投入的愿望越强烈，说明学生内心改变的动力越强，对自己、自己与他人的关系、自己和环境的关系都思考得较多，也有一定的认识和看法。这种动力也极有可能推动学生的行为产生正向的改变，帮助学生解决同一性发展过程中的危机。

（2）性别混淆与性别分化与自我同一性地位及三个维度相关性水平较低，与自我同一性地位不显著相关。这说明不同自我同一性地位的大学生对于自身的性别角色的认同虽有差异，但差异水平并不显著。性别角色在大学生自我同一性危机各维度中发展较早，高水平的自我认同者与低水平的自我认同者对于自身性别身份及其代表的自我价值、社会意义都有一定的了解。

（3）现在的自我投入与自我同一性危机显著相关。而这一研究结论与王林江（2007）的研究一致。个体在行动的过程中不断地与外界发生相互作用，获得来自外界的各种反馈，通过这些反馈个体能更好地认识自我。另外，在行动的过程中，个体将有机会积累更多的经验和问题解决的技巧，从而解决在生活和学习过程中遇到的各种困难；个体在尝试的过程中发掘自己的潜力能让个体对自我的能力产生认同感，从而建立信心；更重要的是个体还能通过和环境的互动形成稳定的价值观念，以一种良好的方式循环，这些都有助于降低自我同一性危机水平。但是，现在的自我投入对自我同一性危机的影响显著性水平明显低于过去经历的危机、将来自我投入的愿望对自我同一性危机的影响。这一结论与北京工业大学高程度的现在自我投入学生比例（26.9%）远远少于高程度的过去经历的危机和将来自我投入的愿望的学生比例（均为54.2%）表现出一致性。这表明北京工业大学学生在自我同一性方面有回避现实的倾向特点，他们自我同一性的发展更关注过去的经历和将来的愿望，目前对于自身的投入水平较低，还有待进一步提高。

(四) 社会支持对大学生自我同一性发展的影响

1. 社会支持与自我同一性地位的相关分析

将社会支持总分、主观支持得分、客观支持得分和对支持的利用度与自我同一性地位、过去经历的危机得分、现在的自我投入得分和将来自我投入的愿望得分作皮尔逊相关分析，可得出表12。

表12　社会支持与自我同一性地位的相关系数表

	主观支持	客观支持	对支持的利用度	社会支持总分
过去经历的危机	0.258**	0.146*	0.129*	0.272**
现在的自我投入	0.018	0.052	0.028	0.024
将来自我投入的愿望	0.227**	0.081	0.231**	0.260**
自我同一性地位	0.183**	0.129*	0.111	0.211**

**. 在置信度（双测）为0.01时，相关性是显著的。

*. 在置信度（双测）为0.05时，相关性是显著的。

从上表可以看出，社会支持与大学生自我同一性地位呈显著正相关。具体来说：

（1）社会支持总分与自我同一性地位显著正相关，相关系数为0.211，说明大学生得到的社会支持越多，其自我同一性地位越倾向于同一性形成地位（A地位）。

（2）主观支持得分与自我同一性地位显著正相关，相关系数为0.183，说明大学生得到的主观支持越多，其自我同一性地位越倾向于同一性形成地位（A地位）。主观支持得分与过去经历的危机得分和将来自我投入的愿望得分显著正相关，相关系数分别为0.258和0.227，过去经历的危机体验越多，大学生得到的主观支持就会越多，将来投入的愿望也会越强烈。

（3）客观支持得分与现在的自我投入、自我同一性地位在显著性为0.05的水平上相关，相关系数分别为0.146和0.129，说明过去经历的危机体验程度越高，大学生获得的客观支持也会越多，其自我同一性地位越倾向于同一性形成地位（A地位）。

（4）对社会支持的利用度与过去经历的危机体验在显著性为0.05的

水平上相关，相关系数为0.129；与将来自我投入的愿望显著相关，相关系数为0.231。这说明大学生过去体验到的危机感越高，大学生对社会支持的利用度就越高，将来投入的愿望也会更加强烈。

按照最初假设，大学生的社会支持各维度应该与自我同一性地位以及自我同一性地位各维度显著相关，但本研究的发现与经验假设并不完全一致：

（1）社会支持及其各维度对大学生现在的自我投入水平没有显著的影响，另有其他因素影响大学生对自我的投入的影响。

（2）客观支持对大学生将来投入的愿望没有显著的影响，这说明经济、物质等方面的帮助对大学生自我同一性发展的影响低于对大学生在心理、情感以及价值观上的主观支持。

（3）大学生对支持的利用度对大学生将来投入的愿望没有显著的影响，这说明经济、物质等方面的帮助对大学生自我同一性发展的影响低于对大学生在心理、情感以及价值观上的主观支持。

（4）大学生对支持的利用度对自我同一性地位的形成没有显著影响。并且，通过对社会支持与自我同一性地位随后的非参数检验也发现了类似的结果。

2. 社会支持与自我同一性危机相关分析

将社会支持及各项得分与自我同一性危机及其各维度得分进行Pearson相关分析，可得出表13和表14。

表13　社会支持与自我同一性危机相关关系表

	时间混淆 时间透视	自我疑虑 自我确信	角色固着 角色尝试	工作无力 职业意愿
主观支持	−0.187**	−0.285**	−0.173**	−0.263**
客观支持	−0.019	−0.044	−0.039	−0.013
支持利用度	−0.032	−0.148*	−0.106	−0.180**
社会支持	−0.157*	−0.254**	−0.165*	−0.238**

**. 在置信度（双测）为0.01时，相关性是显著的。

*. 在置信度（双测）为0.05时，相关性是显著的。

表 14　社会支持与自我同一性危机相关关系表

	性别混淆 性别分化	权威混淆 主从分际	价值混淆 价值定向	自我同一性 危机得分
主观支持	-0.226**	-0.208**	-0.300**	-0.296**
客观支持	0.026	-0.042	-0.042	-0.037
支持利用度	-0.113	-0.126	-0.12	-0.154*
社会支持	-0.175**	-0.196**	-0.254**	-0.260**

**. 在置信度（双测）为 0.01 时，相关性是显著的。

*. 在置信度（双测）为 0.05 时，相关性是显著的。

通过分析上表，可以发现：

第一，主观支持和社会支持总分与自我同一性危机及各维度显著负相关。由于自我同一性危机得分与自我同一性地位是负相关关系，所以这与上一部分的结论保持一致，也进一步说明了社会支持特别是主观支持对大学生自我同一性发展的影响。如果将“自我同一性危机”视为因变量，分别把“社会支持”和“主观支持”视为自变量，进行一元曲线回归分析，可以分别得出主观支持和社会支持与自我同一性危机的方程。社会支持与自我同一性危机的回归方程为 $y=106.978-0.952x$，Ra^2 为 0.064，直线的拟合度比较较低，只能说明因变量“自我同一性危机”的变化中只有 6.4%是由自变量“社会支持”引起的；主观支持和自我同一性危机的方程为 $y=107.163-1.656x$，Ra^2 为 0.084，直线的拟合度也很低，只能说明因变量“自我同一性危机”的变化中只有 8.5%是由自变量“主观支持”引起的。但仍然可以发现主观支持对自我同一性危机的影响高于社会支持对自我同一性危机总分的影响。

第二，客观支持与现在的自我同一性危机水平不显著相关。也就是说，大学生受到的客观支持的多少对其当前的自我同一性危机的高低影响很小。这进一步说明了，与客观支持相比，主观支持对大学生自我同一性发展有更显著的影响。

第三，大学生对支持的利用度与其自我确信—自我疑虑、职业意愿—工作无力两个方面的危机显著负相关。

“自我确信—自我疑虑”和“职业意愿—工作无力”这两个方面都涉

及大学生未来发展方向的问题。结合上一部分中“对支持的利用度影响将来的投入愿望”的结论，则可以进一步说明大学生对社会支持的意识程度越高、利用程度越大，就越能认识到自己的需求、能力和不足，在其人生目标的确信和职业规划定位等关乎人生发展的命题上体验到的危机程度就越高，未来自我投入的动机就越强。如果大学生能在未来的实际生活中努力投入，则会形成比较良好的自我同一性。但对于学生在多大程度上能充分利用其所获得的信息和资源进行自我探索和实现自我的认同，降低当前自我同一性危机水平，则需要考虑在不同自我同一性状态下的学生的具体表现。

从实际出发，处于不同自我同一性地位的学生，自我认同水平不同，所以其对社会支持的利用对降低当前自我同一性危机水平的程度也必然会有差异：处于同一性形成地位（A 地位）、同一性形成——权威接纳的中间地位（A—F 中间地位）和权威接纳地位（F 地位）的学生将进入新的自我认同阶段；而处于积极的延缓地位（M 地位）、同一性扩散地位（D 地位）和同一性扩散——积极的延缓中间地位（D—M 地位）的学生的自我同一性地位将不断向同一性形成地位（A 地位）发展。因此，有必要将“自我同一性危机”视为因变量，把“自我同一性地位”和“对支持的利用度”视为自变量（X1）和（X2）进行多元回归分析，进一步分析这三者之间的因果关系。通过多元回归分析可以得出回归方程：$Y=59.988+5.244\times1-1.104\times2$。该直线的 Ra^2 为 0.238，Durbin-Watson 系数为 0.347。这说明，虽然自我同一性地位和“对支持的利用度”分别与自我同一性危机高度相关，但是由于自我同一性地位和自我同一性危机存在高度的序列相关，因此该方程对于自我同一性地位和“对支持的利用度”这两个变量同时对自我同一性危机的影响的解释力较低。

五、结论与建议

（一）结论

大学阶段是个体自我同一性发展的重要阶段，在这个阶段中，个体应该完成埃里克森提出的整合自我同一性的任务，从而获得良好的自我同一性。要完成该任务，个体就应该在探索和承诺两个层面采取行动，以充分的尝试为基础，在生活的各个领域作出承诺并积极投入。本次研究通过对北京工业大学本科生自我同一性地位（状态）及其各维度、自我同一性危机得分及其各维度的得分以及社会支持情况的调查，得出以下结论：

1. 自我同一性发展情况整体较好，但依旧不容乐观

总体来讲，北京工业大学本科生的自我同一性发展程度总体良好，但依旧不容乐观。

第一，在同一性形成地位分布中，处于同一性形成地位的占到了43.3%，39.1%的学生开始摆脱权威的束缚，开始了对自我不同程度的探索，并且共有51.2%的学生已经全面开始了对自我积极的探索，只有2.5%的学生还处于不知何去何从的同一性弥散的状态。但是，大学生自我同一性地位的分布并不平衡，仍然有4.2%的同学深受权威的深刻影响而没有进行自主的探索和认同，41.2%的学生还处于同一性扩散——积极延缓中间地位（D—M 地位），比例较高，需要加强对现实投入的动机和努力。

第二，在同一个自我同一性状态的不同维度（“过去经历的危机”“现在的自我投入”“将来自我投入的愿望”）上的得分，不同个体仍然存在一定程度上的差异，处在两个中间地位（状态）的学生表现尤为显著。

第三，自我同一性危机及其各维度得分分布总体呈现出低水平和高水平危机的学生比例小、中等程度危机学生比例较高的特点。但值得注意的是，高水平危机比例的学生在现实中存在的绝对数量是很大的，学校应当加强对这一群体在心理健康的辅导和生涯规划的支持，以提高他们的自我同一性水平，防止意外事件的发生。

2. 不同群体间自我同一性发展状况存在部分差异，但整体差异并不显著

通过对自我同一性地位及各维度和自我同一性危机及各维度的得分在性别、专业属性、生源地、年级、经济状况、“是否为独生子女”以及“是否有实习、工作和学干经历”等 7 种变量上的独立样本 T 检验、列联表分析、简单方差分析和相关分析后发现：第一，北京工业大学本科生自我同一性地位和自我同一性危机总分在性别、专业属性、生源地、年级、

经济状况和“是否为独生子女”等6种变量上的差异均不显著；第二，不同专业大学生在“将来自我投入的愿望”上存在着显著差异；第三，有过实习、工作和学干经历的学生与没有实习、工作和学干经历的学生在“现在的自我投入”“自我疑虑与自我确信”“权威混淆与主从分际”三个方面存在显著差异。

虽然北京工业大学本科生的自我同一性地位和自我同一性危机在性别、专业属性、生源地、年级、经济状况和“是否为独生子女”等6种变量上的差异均不显著，基本推翻了原先的假设，但通过系统的分析仍然能够发现：(1) 由于男女生生理、心理和社会属性上的差异，女生的自我同一性危机水平要高于男生。(2) 由于文理学科属性的差异，文科学生的自我同一性发展的平均水平要高于理工科学生，但这一因素逐渐被其他社会因素所抵消。(3) 不同年级学生的自我同一性的发展水平差异虽然不显著，但在不同阶段面临的危机却有所不同。大二阶段是自我同一性探索的活跃时期，大三与大四之间的过渡阶段是大学生进行自我同一的关键时期。(4) 来自农村和城市的学生自我同一性发展总体水平和自我同一性危机总体水平相近，但是在不同阶段具体面临的危机各有不同。(5) 非贫困大学生与贫困大学生的自我同一性危机程度相似，自我同一性发展水平相近，贫困大学生的危机没有最初预想的那么严重。(6) 有过工作、实习和学干经历的学生比没有工作、实习和学干经历的学生的自我同一性危机水平低，自我同一性发展的程度好。(7) 不同变量条件下，大学生在自我同一性地位的分布比例总是呈现两个中间地位分布最多，在形成地位和积极延缓地位次之，在权威接纳和扩散地位分布最少。虽然在不同地位间有个别出入，但也只是组内顺序的调换。

3. 自我同一性地位与自我同一性危机显著负相关

第一，过去经历的危机、将来自我投入的愿望和自我同一性地位与自我同一性危机各维度显著负相关。学生过去是否经历过较为严重的危机很大程度上影响目前自我同一性危机的程度。

第二，性别混淆与性别分化与自我同一性地位及三个维度相关性水平较低，与自我同一性地位不显著相关。这说明不同自我同一性地位的大学生对于自身的性别角色的认同虽有差异，但差异水平并不显著。性别角色在大学生自我同一性危机各维度中发展较早，高水平的自我认同者与低水平的自我认同者对于自身性别身份及其代表的自我价值、社会意义都有一定的了解。

第三，现在的自我投入对自我同一性危机程度的影响显著性水平明显低于过去经历的危机、将来自我投入的愿望对自我同一性危机程度的影响。这可以说明，北京工业大学学生在自我同一性方面有回避现实的倾向特点。他们自我同一性的发展更关注于过去的经历和将来的愿望，目前对自身的投入水平较低。

4. 社会支持与大学生自我同一性发展显著相关

通过对大学生社会支持与自我同一性地位、自我同一性危机的相关分析发现：

第一，社会支持与大学生自我同一性地位呈显著相关。大学生得到的社会支持越多，对支持的利用度越高，过去经历的危机体验就越多，将来自我投入的愿望也会越强烈；大学生得到的社会支持越多，其自我同一性地位就越倾向于同一性形成地位（A 地位）。

第二，社会支持及其各维度对大学生现在的自我投入水平没有显著的影响，社会支持方面得分较高的学生和社会支持方面得分较低的学生之间，在现在的自我投入的不同水平的分布比例是相近的。而对于为何会出现这种结果，还有待进一步的研究。

第三，主观支持和社会支持总分与自我同一性危机及各维度显著负相关。与客观支持相比，主观支持对于大学生自我同一性发展有更显著的影响。

第四，大学生对社会支持的意识程度越高、利用程度越大，就越能认识到自己的需求、能力和不足，在其人生目标的确立和职业规划定位等关乎人生发展的命题上体验到的危机程度就越高，未来自我投入的动机就越强。

第五，社会支持总分、主观支持与自我同一性危机显著相关。

以上五点是本研究的发现和结论，基本可以回答研究设计中的五个问题：北京工业大学本科生自我同一性发展情况整体较好，但依旧不容乐观；大学生自我同一性发展群体间部分相关，但整体差异不显著；自我同一性地位与自我同一性危机关系密切，呈显著负相关；社会支持，特别是主观支持和对支持的利用度与大学生自我同一性发展显著相关，客观支持对大学生自我同一性发展影响较小；社会支持与自我同一性发展没有明显的线性关系。

（二）建议

通过上述研究发现，北京工业大学本科生自我同一性发展状况依旧不容乐观，需要进一步提高“现在的自我投入水平”和“对支持的利用度”。具体来说，可从以下三个方面着手。

第一，作为学生个人，除了要提高专业能力外，还应当积极参与学校学生活动以及学生干部工作，在一定条件下尝试实习和社会工作。在工作实践和与人交往中不断加深对自我、对社会的认识与认同水平，开阔自身的视野，积极探索自己感兴趣且适合自己的发展方向，提高自我同一性发展的水平。

第二，作为学校，应当特别关注学生的价值选择和生涯发展。目前学校开设的大学生心理健康课程和就业指导课程实际效果并不显著。原因在于，对于学生来说，这些课程只有一次，且过于笼统，针对性不强。本研究认为，针对不同学生群体，工作侧重点应当有所不同。针对大一新生，关注重点应当集中于引导大学生对于新的生活环境的适应，引导大一学生找到大学生活新的、长久的目标，解决他们因适应不良以及目标模糊而产生自我同一性危机的问题。针对大二学生，应当加强他们的专业认同或鼓励学生探索适合自己新的人生发展方向，让大二学生明白专业、职业和事业的关系，提高他们对于专业的重视程度，为今后发展方向的选择做好准备。针对大三学生，应当加强对他们自身人生价值的探索，引导他们为实现自己的人生目标付出努力。针对大四学生，应当加强对他们的就业指导和心理建设。在大四阶段，选择人生发展方向的时间已经比较紧迫，所以工作重点应当是为他们走向社会提供心理支持。但必须说明的是，这四个环节是环环相扣的，如果前一阶段的工作没有做好，那么只能在后一阶段继续完成。虽然在时间维度上会造成因滞后而产生的“寅吃卯粮”的认同危机，但引导学生开始探索自身的价值和发展方向永远都不会迟。此外，作为理工科院校，还要积极营造学校的人文环境，提高在校本科生的人文和社会素养，鼓励学生积极参加文化艺术尤其是社会工作、心理学和社会学等人文社科方面的学习。

第三，学校和社会还要提高对大学生的社会支持，特别是主观方面的支持。通过调查发现，大学生虽然远离家庭，但来自家庭、恋人以及朋友对于自身的情感、信念等主观方面的支持比金钱、物质帮助等客观支持对个体同一性发展有更大的影响，而学校和社会对于学生的社会支持则主要集中在物质帮助等客观支持方面。虽然学校心理健康咨询中心专业水平较高，但也只能帮助部分自我认同出现较为严重问题且愿意主动求助的学生。因此，针对那些在个人支持网络中获得主观支持较少的学生，学校应该建立一个面向所有学生的支持资源的中介平台。这样，不仅能够及时发现和照顾到问题严重的学生，还能普惠广大的在校学生，促进整个大学生群体自我同一性的发展。

六、反思与展望

由于时间、经历和成本等多重因素的制约，本研究的调查对象主要来自北京工业大学。因此，样本对于不同高校的大学生群体的代表性还有待进一步检验。在研究方法上，本研究主要以问卷调查为主，缺乏对个案进行深入的研究。由于自我同一性问题的多层面性和复杂性，而调查方法又有其局限性，因而对大学生自我同一性发展的现状尚缺乏深入、细致的分析。在今后的研究中，还需要综合运用访谈、个案分析以及纵向研究等多种方法对这一问题加以研究。此外，以下问题还有待进一步思考和研究：

1. 大学生自我同一性的发展会不同程度地受到权威因素的影响，而这一因素对于大学生自我同一性发展的作用还有待进一步研究。

2. 通过对年级和职业探索的列联表分析发现，大一至大四的学生在“职业意愿——工作无力”维度的差异不显著，年级状况与总体情况相似。这一点与基于现实经验的假设不符，也与其他研究者的结果不一致，还需要进一步分析产生这一结果的原因。

3. 社会支持及其各维度对大学生现在的自我投入水平没有显著的影响，社会支持方面得分较高的学生和社会支持方面得分较低的学生之间，在现在的自我投入的不同水平的分布比例是相近的。这与阎国良在2013年的研究结果相反，而为何会出现这种结果，还有待进一步的研究。

4. 在对大学生社会支持得分和自我同一性危机得分进行回归分析时发现，因变量“自我同一性危机总分”及其各维度的取值存在序列相关。关于这一问题的原因，还有待进一步研究。

5. 由于时间、精力和篇幅所限，本研究只是从整体上对于大学生社会支持和自我同一性的发展状况作了初步研究。对于不同群体的大学生社会支持和自我同一性发展的关系还需在下一阶段中深入探讨。

参考文献：

[1] 陈永艳．大学生职业价值观与自我同一性相关性研究［J］．中国学校卫生，2008(3).

[2] 董刚．国内大学生自我同一性研究述评［J］．社会，2010（10）.

[3] 郭金山．西方心理学自我同一性概念的解析［J］．心理科学进展，2003（11）.

[4] 郭金山．同一性的自我追求：大学生自我同一性的研究［D］．长春：吉林大学博士学位论文，2002.

[5] 郭金山，车文博．大学生自我同一性状态与人格特征的相关研究［J］．心理发展与教育，2004（2）.

[6] 黄华华．发展性心理干预对大学生自我同一性的改善效果［J］．心理治疗与心理咨询，2012（10）.

[7] 刘玮玮．大学生自我同一性研究综述［J］．九江职业技术学院学报，2013(9).

[8] 马兰，张兴红．当代大学生自我同一性的调查研究［J］．社会心理科学，2005(5).

[9] 王树青，等．大学生自我同一性状态与同一性风格、亲子沟通的关系［J］．心理发展与教育，2007（1）.

[10] 王树青．少年自我同一性状态的发展及其与父母教养权威性、同一性风格的关系［J］．心理发展与教育，2008（2）.

［11］王树青．大学生自我同一性形成的个体因素和家庭因素［D］．北京：北京师范大学博士学位论文，2007.

［12］叶景山．大学生自我同一性、自尊与心理健康的相关研究［J］．中国学校卫生，2006（10）.

［13］阎国良．大学生社会支持及其与自我同一性的关系［J］．吉林省教育学院学报，2013（5）.

［14］邹琼．青少年自我同一性研究［J］．当代青年研究，2005（3）.

［15］张春兴．教育心理学：三化取向的理论与实践［M］．杭州：浙江教育出版社，1998.

［16］张青方．青少年心理社会发展与其父母教养方式的相关研究［J］．青年研究，1998（5）.

［17］张日昇．关于青年期心理特征的中日比较研究［J］．北京师范大学学报，1991（1）.

［18］张日昇，陈香．青少年的发展课题与自我同一性［J］．河北大学学报（社会科学版），2001（1）.

［19］郑涌，黄希庭．自我同一性状态对时间透视体验的结构关系研究［J］．心理科学，1998（3）.

［20］陈香．青少年自我同一性的发展：同一性地位及其相关因素的研究［D］．保定：河北大学硕士论文，2001.

［21］陈卓然．大众传播媒介对中学生自我同一性影响的研究［D］．南京：南京师范大学硕士学位论文，2004.

［22］江楠楠．大学生同一性发展特点和机制研究：风格、脚本与意义建构［D］．上海：华东师范大学博士学位论文，2012.

［23］谈有花．大学生自我同一性的研究［D］．南京：河海大学硕士学位论文，2006.

［24］王林江．大学生自我同一性现状与形成机制的探索性研究［D］．成都：四川师范大学硕士学位论文，2007.

［25］Erikson，E. H.，Identity and the life cycle：Selected papers. Psychological Issues Monograph No. 1. International Universities Press，1968.

［26］Marcia，J. E. Development and validation of ego-identity status. Journal of Personality and Social Psychology，1996（5）：551-558.

小组工作方法在大学生共情能力提升中的运用与探讨

学生：蒋凌　指导教师：赵丽琴

【摘要】 共情是指设身处地体验他人内心世界的能力。这种能力是心理咨询中咨询师与来访者建立信任关系的重要基础，是社会工作者与案主建立良好关系的重要条件，是人际交往中促进自我与他人之间关系的基本要素。由于学校与家庭教育中存在的一些偏差、社会上功利主义与个人主义思潮的影响，不少大学生表现出过度的自我中心，很少会考虑他人的情绪与感受，共情能力欠缺，在与人交往中会发生各种冲突。因此，有必要对大学生进行共情能力提升的训练，以帮助他们在社会交往中增强共情的意识，培养为他人着想的习惯。本文以北京工业大学社会学（含社会工作）专业的大一学生为研究对象，分别设置实验组和对照组，根据共情的概念制订了一套共情能力提升的干预方案，在自然情境下从认知、情感、行为三个维度对实验组学生进行了六次的小组训练活动，以期促进大学生共情能力的提升，为国内有关共情实务的研究提供一定的参考依据。

研究数据和访谈结果表明，实验组成员经过小组干预后，共情能力总分有所提高，认知共情较情绪共情的干预效果更好，达到统计学意义上的显著性。同时，作为情绪智力的重要因素，共情能力的提升和情绪智力的提升呈正相关。由此可以得出如下结论：基于认知、情感、行为维度上的短期共情训练对大学生共情能力的提升有一定促进作用。

关键词： 共情能力　认知训练　情绪反馈　行为训练

一、导言

“悲伤着你的悲伤，快乐着你的快乐”，生活中善解人意的人往往可以通过细微的信号体察他人的心境，及时给予他人温暖和支持，使人如沐春风。心理学中有一个与之类似的术语——共情。这些善解人意的人可以设身处地换位思考，就如同体验自己的内心世界一般。然而这种能力在当代大学生中却是比较缺乏的。近日，复旦大学社会治理研究中心发布的《大学生心态调查报告（2016）》的数据显示，在“90后”大学生中，认为个人利益与自由优先于集体和他人利益的人数占30.8%。家庭和学校教育的缺失与偏差，社会上功利思想和个人主义思潮的影响，使得不少学生过分关注自我，很少会考虑他人的情绪和感受，在享受高等教育的同时却把自己培养成了“绝对精致的利己主义者”。大学生过度的自我中心，缺乏对他人情绪的觉察与理解，不仅会影响自身的人际关系和未来的职业发展，而且也会影响社会风气，形成人与人之间缺少温情，冷漠自私、袖手旁观的社会氛围。因此，对大学生进行共情能力的提升训练，不仅有助于培养他们学会理解他人并替他人着想的能力和习惯，提高其人际交往能力，也会对他们的未来职业发展、家庭幸福产生促进作用，为社会的和谐发展产生积极影响。

（一）问题的提出

共情也称同理心，作为心理学术语最早运用于心理咨询领域，是建立咨访关系的重要基础。咨询师只有真正走进来访者的内心世界，才能对隐藏在话语背后的情感进行准确的理解与支持，识别来访者的需要。随着心理学的发展与普及，共情一词被广泛运用于日常的人际交往活动之中。Daniel指出，共情作为情商的组成要素之一，对提升人际关系具有关键性作用。同时，Batson等人提出“共情—利他”模式，把共情看作是亲社会行为与利他行为的重要中介。虽然国外也有学者将消极情境中的共情看作是基于利己的目的，是为了避免自己产生类似的消极体验，但大部分研究表明共情是基于利他前提。

受“四—二——一”家庭结构和家庭教养方式及学校教育方式的影响，当代大学生在为人处世方面存在很多不足，高度的自我日益膨胀。在以自我为中心和利己主义的驱使下，一些大学生变得或冷漠，遇事不关己，不知体谅他人；或暴力，因言语不合而致肢体冲突；或老练世故，懂得利用体制的力量来达成自己的目的，甚至不惜伤害自己或他人生命。从十余年前的“马加爵杀人案”到近日的“川师大砍头案”，频发的校园恶性伤害事件几乎都缘于生活中的琐事，试想若是能在平日生活中相互理解宽容，站在他人立场上思考与处理问题，运用共情能力使其感受到接受与理解，相互包容，人际冲突亦可缓和。

共情作为一种高级社会认知功能，能在人际交往中通过敏锐地捕捉社会信号，觉察他人情绪，感知到他人需要，是一种“亲社会动机”。对于当前在生理上处于青春期与成年早期过渡阶段，渴望在良好人际关系中寻求接受和认同的大学生而言，共情能力的提升对保持健康心理、发展健全人格、促进人际交往意义重大。

（二）研究目的和意义

关于共情的研究涉及认知神经心理学、社会心理学和发展心理学等多个学科，在中西方不同文化背景下，现有研究大多集中于对共情的测量、共情对儿童道德发展与助人行为的作用机制方面，运用小组工作方法对大学生进行共情实务训练的研究较为缺乏。大学生处于青春期与成年早期的过渡阶段，是个体人生发展中的重要转折时期，对其进行共情能力提升训练将有助于增强对他人情绪和需要的感知能力，增加其助人、合作的利他主义行为，提高情绪智力，避免在接受高等教育之后成为“绝对精致的利己主义者”。

本文以北京工业大学人文社科学院社会工作系本科生为研究对象，通过开展共计六次时长月余的小组活动，对其进行共情能力提升训练，以期达到如下目的。第一，结合角色扮演、游戏、文艺作品赏析及对话练习，让组员认识到共情在日常生活中的重要性，增强学生在人际交往中主动共情的意识。第二，通过对已有共情实务研究的梳理，设计出一套符合大学生心理特点和实际需求的共情训练小组方案，并在实践中进行检验，以期制定出大学生共情能力提升的实务手册，为大学生共情实务研究提供一定的参考依据。

二、文献综述

（一）共情的起源与内涵

1. 共情的起源

共情（empathy），也称同感，指的是一种能设身处地体验他人处境，从而达到感受和理解他人情感的能力。共情起源于哲学和美学，最早由德国哲学家 Robert Vischer（1873）提出 Einfuhlung 一词，表示在欣赏艺术品时，将自身真实感受投射于客观事物。而后 Titchener 在 1909 年将德语“Einfuhlung”译为英文“Empathy”，指个体人性化过程中，主动努力进入他人内心世界[14]。共情的概念提出后便受到了卡尔·罗杰斯（Carl Rogers）、Kohut 等心理学家的重视。卡尔·罗杰斯早期（1959）将共情定义为“站在来访者的角度，了解来访者的想法和感受，并且同时保持与自己观点的密切联系”，强调“似乎”状态，似乎是他人的知觉状态；后期（1980）又对概念拓展，意识到共情是过程并非状态，由于概念过于丰富而无法给予简单的定义。Kohut 作为自体心理学代表，同意 Rogers 的关于“体验他人内心世界同时保留客观观察者立场”的说法，并且强调通过替代内省将自己置身于来访者的内心世界[4]。至此，共情概念被正式运用于心理学领域。

2. 共情的内涵

随着心理咨询的普及与发展，作为咨访关系前提的共情逐渐成为心理学家关注的热点，涉及认知神经心理学、发展心理学和社会心理学等多个心理学分支学科，对共情内涵和取向的界定也呈现出多样化趋势，大致分为认知取向的定义、情感取向的定义和多维取向的定义。

在认知维度上，Hogan 把共情看作是设身处地理解他人情绪和感受，关注的是认知层面[6]，并据此编制了 Hogan 量表；Ickes 提出共情准确性的术语，即“准确推测他人内心想法与感受的一种能力”[7]。

在情感维度上，对共情情感层面的研究主要集中在 20 世纪七八十年代，Stotland 更多关注的是个体觉察他人正在或将要体验某种情感的情绪反应，即便产生与他人不一致的情感反应也是共情，称之为差异性共情[14]；

Hoffman 把共情比作人性关怀的火花，是更适合别人境遇的情感反应，并探索出行为过程中的五种道德伦理困境[8]；Eisenberg 则认为共情是基于对他人情绪或情境的认知下产生的与之相同或相似的情绪感受[38]；Batson 及其同事利用三组实验证明，共情是一种类似于怜悯、同情、关心的利他主义情感[1]。

在多维取向上，不少研究者认为，已有的认知共情和情感共情研究只是共情过程中两个不同的侧面，共情是多维度的。Feshbach 将认知与情感综合，认为共情不仅包含认知的两个成分，即辨识他人情感状态的能力和观点采择能力，也包括情感成分，即情感反应能力；Gladstein 将共情分为认知、情感和行为三方面，认知共情指对他人情绪和感受的理解，情感共情指对他人无意识的感受，行为共情指言语或非言语的沟通体验[39]；Davis 在此基础上，对共情作了进一步的细分，认为共情至少包括四个层面，即观点采择、幻想、共情关注、个人痛苦，并依据这四个维度编制了 IRI 量表[2]。

（二）共情的测量

基于对共情的不同定义和维度划分，共情的测量方法也有所差别，大致有问卷测量法、观察者评价法、生理测量法等，各种策略方法各有优劣，仍需进行进一步探索和开发更为有效的测量方法。

问卷测量法是当前测量共情的主要方式。如 1969 年 Hogan 编制的 HES（The Hogan Empathy Scale）量表，以亲社会行为为指标，共计 64 个项目，一致性信度系数为 0.71，重测信度为 0.84，是认知取向下共情测量工具的典型代表。Mehrabian（1972）则采用九点评分的方式编制了 QMEE（Questionnaire Measure of Emotional Empathy）情绪反应量表，侧重于情绪的易感染性、同情倾向，分半信度为 0.84，两周后的重测信度为 0.83。主张多维取向的 Davis（1980）依据观点采择、幻想、共情关注、个人痛苦四维度编制了 IRI（Interpersonal Reactivity Index）人际反应指标量表，共 28 题，采用五点评分制，内部一致性在 0.71～0.77，重测信度在0.62～0.80，适用于青少年与成人，是目前国外运用较为广泛的共情测量问卷。鉴于中西方文化情境不同，我国台湾学者吴静吉等人依据中国特有文化及语境，对IRI量表进行修订，编制出了IRI-C量表，该量表内部一致性系数介于0.53~0.78，重测信度在0.56~0.82，也更适合中国文化，故本文选择该量表作为共情测量工具。

观察者评价法大多在自然情境或者人为模拟设置自然情境下，观察被试面部表情、言语和非言语动作，来判断测量被试是否产生共情和共情程度。如1973年Hamilton给适龄儿童播放表现快乐或悲伤的电影，通过在观看影片时对儿童面部表情进行观察评估来测量儿童共情程度。该种方法虽可以较为直观感受到被试的共情反应，但往往只是聚焦于针对影片内部体验的外部表现，而很难把握该内部体验的实质[39]。

生理测量法即采用心率、皮肤电、血压等生理指标作为测量依据。如1996年Eisenberg在观察儿童看到他人疼痛时的皮肤电、心率变化来测量共情，该实验证明，皮肤电一般代表同情关切，心率一般代表同情忧伤。近年随着对共情发生的神经机制的探索及科技的发展，生理测量法日趋成熟，多采用脑成像、ERP（事件相关电位）等更精确的技术，但对设备精细化程度要求高，编码复杂，时间与人力消耗高[29]。

（三）共情训练的实务研究

1. 国外有关共情的干预研究

在儿童共情干预领域，Feshbach在实验情境下制订出一套适合7~11岁儿童的共情训练方案，对共情的两个认知成分和一个情感成分进行每周三次，每次20~30分钟，共计10周的训练。训练内容包括通过使用有关信息命名和鉴别情绪的方法帮助儿童识别情感，通过理解别人看法体验别人观点的方法进行位置判断和角色承担，通过体验并认识自己情绪的方法作出情绪性反应。以期通过训练降低儿童攻击行为，增加亲社会行为[10]。1997年，Greenberg针对儿童研发出人际理解训练程序，通过改善自我控制和学习解决人际问题的技能，识别自我和他人情绪并学会管理情绪，理解他人[3]。

在大学生共情干预领域，Hatcher选取72名高中生和32名大学生进行同伴促进技能课程训练。采取IRI量表进行前后测，强调“以案主为中心”，课程内容以角色扮演练习为主，主要训练行为技能，非评判性共情倾听，熟练反馈与决策的模型，自我观察和价值澄清。干预结果表明，女性学生在共情分数上提高的幅度大于男性，实验组在观点采择和共情关注维度与未进行干预的对照组差异显著[5]。

在青年女性共情干预领域，Pecukonis 选取 24 名来自社会中低层、富有攻击性的青年女性，分成实验组与对照组，每隔两周对实验组进行时常 1.5 小时的共情培训，共计 4 次，结束后实验组的情感共情得到显著提高。训练计划包括：识别他人情绪状态、改善角色采择能力、情绪理解和分享、客观事件的原因分析[11]。

2. 国内有关共情的干预研究

国内对共情的研究主要集中在理论研究方面。在实务训练方面，李福芹等人对 5~6 岁幼儿进行每周三次为期两周的共情训练，通过展示情绪脸谱进行表情识别，培养幼儿辨别他人情绪和正确表达情绪的能力；通过角色扮演分享别人的情绪体验，了解别人的愿望，培养共情能力[27]。李辽借鉴 Feshbach 的“学会关心，共情训练程序”活动方案，采取情绪追忆、情感换位、作品深化、作品评析的方法，对 144 名 12~16 岁的中学生进行共情干预，提高了实验组的共情能力与亲社会行为[26]。琚贻桐选取学龄前儿童生活中常见的典型社会情境，对 5~6 岁的幼儿进行认知提示、情绪追忆、情感换位、巩固深化、情景表演等训练以期提高幼儿共情能力减少攻击行为[22]。周详、程乐华指出，可以通过建立安全的依恋关系、增强人我相似性的知觉、提供足够的关爱、提升正面的自我概念、反对过度的人际竞争等方面发展共情以促进利他行为，具体方法包括指导体验训练法、人际关系训练法、关系增进训练法、结构学习法等[40]，但该研究仅从理论上提出训练方法，缺乏实践检验。杨杨一帆针对男性暴力型未成年犯设计出一套共情能力的辅导方案，并通过他人评价方式对组员共情能力进行双盲评定，但该研究只是针对暴力型未成年犯这一特定人群制订符合其心理行为特点的活动方案，且由于采取研究者主观评分和主观思考致后期肯德尔和谐系数不高[37]。

3. 对现有研究的评价

对共情的理论研究，包括共情概念和测量方式的研究，多从认知维度、情感维度和多维角度入手并逐渐趋于完善，研究内容也相对丰富和成熟[21]。但对共情干预的实务研究还尚待完善，其中，在西方文化背景下，国外研究者提出了一系列共情干预技术，对从幼儿到大学生的被试进行训练；国内针对儿童尤其是幼儿的利他行为、分享行为和攻击行为而设计的方案较多[36]，也有针对护士、暴力型未成年犯等特定人群的方案，且基本通过设置实验情境来进行干预，偏向心理学领域。而运用社会工作方法对大学生及成年人群体的共情能力提升训练屈指可数。本文将研究对象瞄准为高校普通大学生，基于循证社会工作模式，运用小组工作的方法对其进行共情干预和循证研究，以期达到增强共情意识、提高情绪智力的目的，并促进大学生心理健康教育工作的开展。

三、研究设计

（一）理论视角

在小组方案的设计结构上，本研究以多维取向下的共情理论为理论视角，主要参考 Gladstein 的两分法，即共情是从认知到情感自下而上纵向发展作用的过程，既包括对他人情绪情感状态的辨识能力，又包括更高级意义上接受他人情绪情感，将自我置身于他人所处情境，设身处地为他人着想而产生的替代性情绪反应。认知和情绪相互作用并且最终通过外化的语言或非语言的行为方式进行反馈。Davis 基于共情的多维取向对认知共情和情感共情进一步细分，认为共情应包括四个维度：观点采择，是个体对他人观点、想法与角色认知的采择倾向；想象，是个体通过想象将自己置身于他人角色情感和行为的倾向；同情关注，是以他人为导向的对不幸者关注的情感；个人忧伤，是以自我为导向的个人焦虑和紧张的情感。据此编制的 IRI 量表在共情测量中得到广泛运用。

在小组方案的设计内容上，本研究借鉴了 Feshbach 的“学会关心，共情训练程序”内容，采用其对于共情认知成分和情感成分的训练，练习包括识别照片上人物情绪，代入短故事中的人物角色体验他们的情绪和感受，讨论位置判断和角色承担。考虑到东西方文化情境差异，同时借鉴国内学者的一些共情干预方法如情绪追忆、换位、电影电视剧作品评析等，增加共情行为训练，在大学生真实的生活情境下，制订出符合大学生心理行为特点的共情干预方案。

（二）研究方法

本文采取实验法与访谈法相结合的方法展开研究。

实验研究部分：本研究采取前后测和设置实验组、对照组的方式，在自然情境下，通过六次的小组活动，分认知、情感和行为三个维度对实验组大学生进行共情训练，对照组不做任何干预措施，以期通过人为干预措施帮助大学生在日常生活中树立共情意识，学会换位思考，提高情绪智力。

表1　大学生共情能力提升的小组设计

组别	前测	共情干预	后测
实验组	人际反应指数量表（IRI-C）	实施小组训练	同前测
	情绪智力量表（EIS）中文修订版		
对照组	人际反应指数量表（IRI-C）	不实施小组训练	同前测
	情绪智力量表（EIS）中文修订版		

访谈部分：在小组活动结束之后，对成员进行半结构式访谈，了解组员的活动感受和活动效果，成员进行自我评估，反思共情干预是否达到预期效果，总结经验与教训。

（三）研究对象

本研究以北京工业大学人文学院社会学（含社会工作）专业的大一本科生为研究对象，采取自愿报名的方式，共招募组员9名。其中，男生4人，女生5人，且自我评价情绪智力较低，人际交往存在一定程度的困扰。同时选取同一年级同一专业的4男5女作为对照组成员，对照组只进行前后测，不做共情干预。两组成员在年龄、性别及前测得分上无显著差异（见表2）。

表 2　实验组与对照组的基本信息

		实验组	对照组
年龄（岁）		19.14	18.97
性别	男	4	4
	女	5	5
前测	IRI-C	59.00	53.57
	EIS 中文修订版	95.29	94.43

（四）研究工具

1. IRI-C 中文版

1987 年我国台湾学者吴静吉等人对 Davis 编制的人际反应指针量表（IRI）进行修订和验证，剔除了其中的 6 个题目，编制出 IRI-C 量表。该量表包括 22 个题目，采用五点评分制，从观点采择、想象、共情关注、个人痛苦四个维度测量个体的共情能力。其中，6、9、15、19、22 题测量观点采择，3、5、10、12、17、20 题测量想象，1、2、7、11、14、16 题测量共情关注，4、8、13、18、21 题测量个人痛苦，2、5、10、11、14 题为反向计分题。将各题分数累加，得分越高者共情能力越高。该量表的内部一致性信度为 0.84，四个维度的内部一致性系数分别为 0.80、0.78、0.85、0.74，内部一致性系数介于 0.53～0.78，重测信度在 0.56～0.82。该量表具有良好的信度与效度，且更加符合中国特有文化语境，在国内的共情研究中得到了广泛运用，故本研究在前后测中选择了 IRI-C 量表。

2. EIS 中文修订版

情绪智力量表（EIS）最早是由 Schutte 等人根据 Mayer 和 Salovey 的情绪智力模型于 1998 年开发出自陈式量表 Emotional Intelligence Scale。后经华南师范大学心理学系教授王才康等人引进和翻译，形成 EIS 中文修订版。该量表共计 33 题，采用李克特五点评分方法，从情绪知觉、自我情绪管理、他人情绪管理、情绪利用四个维度来测量情绪智力。其中，1、5、9、15、17、19、22、25、26、29、32、33 题测量情绪知觉，2、6、7、10、12、14、21、28 题测量自我情绪管理，4、11、13、16、24、30 题测量他人情绪管理，3、8、18、20、23、27、31题测量情绪利用，5、28、33题为反向计分题。该量表在大中小学生及少年犯中间进行信度效度的检测结果表明EIS修订版的分半信度为0.910，内部一致性系数为0.930，具有良好的信度和效度，且题目精简，方便实用，在国内情绪智力研究方面得到广泛运用，故本研究在前后测中选择EIS中文修订版作为测量学生情绪智力的工具。

所有数据用SPSS 21.0统计软件进行相关的处理与分析。

（五）研究程序

1. 准备阶段

（1）大量查阅国内外关于共情的理论研究和实务研究文献，完成文献综述，为训练方案设计奠定理论基础。

（2）确定活动目标、对象和内容，初步制订活动方案。

（3）与导师商讨活动方案，并在小范围人群中进行试验，就不足之处进行修改以保证方案的可执行性。

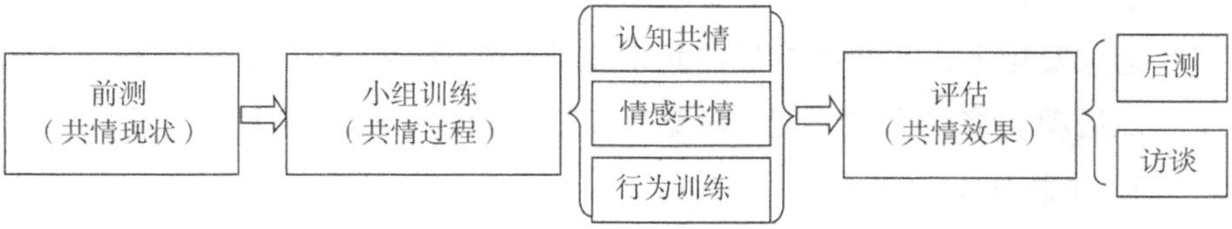

图1　共情小组方案框架

2. 干预阶段

（1）小组成员召集，告知成员活动目标及内容，订立小组契约，签署知情同意书。

（2）运用IRI-C量表和EIS中文修订版量表对每位成员进行前测，了解共情能力现状。

（3）从认知、情感、行为三个维度开展六次的共情训练活动。

（4）运用IRI-C量表和EIS中文修订版量表对成员进行后测，开展半结构式访谈，收集资料，评估活动效果。

3. 研究阶段

（1）处理问卷数据，分析访谈材料，整理活动资料。

（2）撰写论文初稿，听取导师意见，对论文进行润色和修改，形成终稿。

四、研究过程

（一）研究假设

假设一：在自然情境中针对普通大学生的小组训练活动对学生的共情能力提升有促进作用。

假设二：大学生的认知共情较情感共情更容易被干预。

假设三：大学生共情能力的提升有助于提升他们的情绪智力水平。

（二）小组方案

1. 方案安排

时间安排上，本次小组活动从2016年3月16日起，至2016年4月20日结束，共计六次。单次活动于每周三上午10：00开始，活动时长1.5小时。地点安排上，实验组组员在北京工业大学社会工作系的团体辅导工作室参加活动。该工作室环境相对宽敞安静，能满足活动需求。

2. 方案设计

基于共情概念的多维取向，本次共情小组活动从认知、情感、行为三方面设计了六次的活动方案。由于小组成员同为本校社会学科部大一学生，同质性强，彼此较为熟识和信任，有一定的关系基础，故本次活动方案设计中不考虑加入破冰游戏等环节。

（1）认知共情训练。

本环节安排一次训练活动（即第一次小组活动），主要内容包括通过观察表情图片识别他人情绪、通过故事情境来试图了解他人的想法和感受、通过观看电视剧《生活大爆炸》片段来识别非言语信息等三项活动，以期在认知加工层面提高组员对他人情绪和感受的觉察意识，让组员尝试站在他人角度理解和思考他人的情绪状态，培养共情中最基本的观点采择能力。

本单元小组活动内容设计符合大学生心理行为特点，但在表情图片识别环节，由于事先预演时采用研究生作为被试，未考虑到年龄对认知能力的影响，使活动效果有所差异。本科生的观点采择能力相对较弱，表情错误识别较多，使得该环节花费时间超过方案预设时间约15分钟，导致后面环节活动安排稍显紧凑，观看影视剧环节有所微调。

成员互动上，成员之间较为熟悉，成员与工作者和督导老师之间较为生疏，活动中仍显拘束，成员之间的双向互动较多，大部分成员缺乏与工作者和督导老师的自愿的单向互动，故采取轮流发言的方式，并积极回应与鼓励，建立开放的氛围。

在个别成员表现上，有些成员能较好地区分自我体验与他人体验。如在情境代入识别感受环节，针对景区内恋人提前下车致大巴遇车祸事件，某位男生成员认为“这对恋人心里肯定觉得暗爽啊，幸好提前下车了，要不然得和他们一块死了”，某位女生成员认为“他们大概比较内疚难过吧，要不是他们中途下车耽搁了时间，也许车子就会避开塌方了”。在对他人情绪感受的认知能力和观点采择能力上，成员之间存在一定的差异。

（2）情感共情训练。

本环节安排两次训练活动（即第二、三次小组活动），主要内容有通过信任盲行体验盲人角色，通过家庭作业讲授与汇报体验教师角色，通过情绪追忆与分享体察他人情绪状态继而产生替代性情感反应等三项活动，以期在控制认知变量的前提下，遵循知觉模仿—情绪激发—情绪共享的情感性共情发生机制，采取角色扮演的形式对盲人、教师的情绪、情感和感受有感同身受的回应，采取追忆和分享的形式与他人产生情感上的共鸣。

本单元小组活动内容上加入游戏和家庭作业的形式，在控制认知变量的前提下，通过角色扮演和情绪分享，让成员体验与他人相同或相似的情感，并予以分享和反馈。较上一单元而言，适当添加娱乐与生活情境因素，让成员感觉活动内容是与其大学期间的学习生活息息相关，适切性良好，但个别环节时间仍需控制。

成员互动上，成员与工作者之间逐渐打破界限，每位成员真实地参与和体验了活动过程，贴近现实生活，在盲行游戏和工作者的引导下，组内气氛变得活跃，部分成员开始主动分享自己游戏的真实感受，个别女生成员不善于表达，偶有沉默现象。成员与成员之间凝聚力增强，游戏过程中为了游戏公平和避免工作者指令性言语，采取抽签方式进行分组盲行，分组结果将持续至最后一次活动，初步形成了组内的次小组，在分享和换位中成员开始发展组内的默契。

个别成员表现上，在体验盲人角色时，九位成员中有八位成员第一次体验盲行游戏，对此表现出极大的兴趣和对未知的恐惧。某位女生成员由于曾经体验过难度较大的盲行游戏，在游戏过程中一度表现出抗拒和害怕。“当时我真的好害怕呀，尽管之前做过一次，但还是不敢，怕踏空楼梯，也许是第一次做的时候跨越障碍有了心理阴影。”而与她搭档的某位男生成员则充分扮演照顾者的角色，表现出极大的耐心和共情关注。“我当时双手扶着她，陪她一级一级下楼梯，说没关系，你大胆往前走吧！但是她还是不敢走。”在体验教师角色过程中，某位女生成员站在众人面前向大家推荐自己最喜欢的书籍时，表现紧张，目光不敢与众人接触，语速较慢，在分享感受时说：“刚开始我真紧张，怕讲错什么，但后来看大家都盯着我，听得那么认真，而且中途老师也给予了及时的回应，我会觉得，欸，原来可以有共鸣的。我讲的东西是被接纳和认可的。”

（3）共情行为训练。

本环节安排三次训练活动（即第四、五、六次小组活动），主要内容有通过指令性游戏和设置实验小组来让组员意识到倾听的重要性，通过背摔游戏和头脑风暴培养换位思考的能力，通过共情理论讲授与对话练习来让组员习得共情技巧等三项内容，以期在基于对他人情绪感受的理解和反馈基础上，培养倾听和换位思考能力，并让组员进行言语的或非言语的共情体验沟通，在行为层面上练习共情技巧。

本单元小组活动内容设计上更加注重开发成员自主性进行自我表露，通过生活实例分享自己内心真实情绪，通过成员对自己感受的回应和反馈以获取支持，培养成员的共情意识，并且能够将共情技巧迁移到真实生活情境中，活动内容适切性良好。

成员互动上，较以前拥有更多的自主性，彼此之间的依赖和默契加强，自我表露欲望更强，能主动分享生活事件并真实表露自己喜怒哀乐的情绪，其他成员也能尝试挖掘情绪背后的需求并给予一定的回应与支持，让成员感受到自己的情绪是被他人接纳和认可的。开放的活动氛围和真实的生活情境使得共情行为训练不再枯燥无味，但同时讨论的内容也更加宽泛，如在练习换位思考时，需要引导大家在负面情绪下发现积极意义，在成员进行自我表露发泄负面情绪时容易跑题，增加了讨论内容，延长了讨论时间。

个别组员表现上，成员之间的默契度更高，在指令性游戏中，在盲行基础上加设了跨越障碍物、贴鼻子等环节，增加游戏难度，保持盲行分组，但完成任务用时减少，成员在过程中表现出更加体贴，照顾蒙眼的搭档，甚至主动为恐惧者承担责任。在背摔游戏中，某位男性成员表现出极大的兴趣希望第一个尝试，却因担心自己体重过重在摔下来的时候伤着其他成员而不得不放弃。“我那么重，摔下来怕你们手受不住折了，而且下面还有女生呢，我怕砸着你们。算了吧。”“我跳的时候你们都往后退一点，大家头别挨那么近，怕伤着。还有，如果你们接不住也不要逞强，松手就是了。下面都是垫子，摔不着我。那，一，二，三，我跳了啊！我真跳了啊，你们记得松手。”大部分成员在这个阶段都能把关注焦点从自我转移到他人，能较好地区分自我感受与他人感受，自发地替他人着想，对组员的分享能给予一定的支持。

表 3　共情训练方案大纲

单元	活动节数	活动内容	家庭作业
认知共情训练	第一节	表情图片识别	暂无
		故事情境代入情绪感受识别	
		非言语信息识别	

续表

单元	活动节数	活动内容	家庭作业
情感共情训练	第二节	热身观看《生活大爆炸》	推荐自己喜欢的电影或书籍，用PPT展示讲授
		信任盲行体验盲人角色	
	第三节	汇报家庭作业体验教师角色	查找共情理论资料
		情绪追忆与分享	
共情行为训练	第四节（倾听）	指令性游戏（贴鼻子）	暂无
		分组实验，讨论作业	
	第五节（换位思考）	热身观看《生活大爆炸》	为一个你不喜欢的人找五个优点
		背摔游戏	
		头脑风暴	
	第六节	共情理论梳理与讲授	
		共情对话练习	

五、研究结果

（一）定量研究结果

1. 实验组和对照组的前测检验

在六次小组活动过程中，有两名男性成员因时间冲突故未能全程参与活动，为保证实验数据的客观准确性，在进行数据统计时将这两个样本剔除，保留 7 份有效数据参与数据分析，对照组亦保留相应人数与性别。

为了检验实验组和对照组在入组前共情能力和情绪智力是否存在差异，对两组的前测结果进行独立样本 T 检验。结果显示，在情绪知觉维度上，$t=-0.743$，$p=0.015$（$p<0.05$），表明两组学生在情绪知觉维度上存在差异，对照组的情绪知觉能力略高于实验组。在共情总分、观点采择、想象、共情关注、个人痛苦维度上 p 值均大于 0.05，表明两组学生在共情能力上无显著差异。在情绪智力总分、自我情绪管理、他人情绪管理、情绪利用维度上 p 值均大于 0.05，表明两组学生的情绪智力水平无显著差异（情绪知觉除外）。两组的前测检验表明，实验组和对照组在进行共情干预

之前各项指标水平基本一致。

表 4　前测时实验组和对照组的独立样本 T 检验（M±SD）

问卷	变量	实验组（n=7）	对照组（n=7）	Sig.	t
IRI-C	共情总分	59.00±9.42	53.57±10.03	0.901	1.044
	观点采择	12.71±3.09	12.57±3.15	0.954	0.086
	想象	17.86±3.58	15.14±3.93	0.711	1.350
	共情关注	17.00±2.94	15.86±3.08	0.851	0.710
	个人痛苦	11.43±3.55	10.00±3.56	0.848	0.752
EIS	情绪智力总分	95.29±10.73	94.43±8.34	0.312	0.167
	情绪知觉	32.14±5.40	33.86±2.86	0.015	-0.743
	自我情绪管理	23.14±2.34	22.14±2.34	0.951	0.799
	他人情绪管理	18.29±2.43	17.29±1.98	0.608	0.845
	情绪利用	21.71±3.59	21.14±2.67	0.450	0.338

注：* $p<0.05$，** $p<0.01$，*** $p<0.001$。

2. 实验组和对照组的后测检验

为了比较小组活动之后实验组和对照组的共情能力和情绪智力是否存在差异，检验干预效果，对两组的后测结果进行独立样本 T 检验。结果显示，在观点采择维度上，$t=2.398$，$p=0.047$（$p<0.05$），两组在得分上存在显著差异，且实验组得分高于对照组，表明通过团体辅导的认知共情训练，实验组成员在认知层面的共情能力较对照组有一定提高。而其他维度 p 值均大于 0.05，实验组和对照组无显著差异。

实验组认知共情（观点采择）能力得到提高的原因可能有，一方面研究显示认知共情和情感共情具有不同的发展轨迹，认知共情从出生到成年期呈现上升趋势，大学生处于青春期到成年期的过渡阶段即认知共情的上升期，脑部颞顶联合区和前额叶皮层成熟，实施认知共情干预有一定的生理基础；另一方面，除情感共情训练单元控制了认知变量外，准确认知和理解他人情绪感受作为共情的前提，始终贯穿于共情训练过程中，成员区分他人自我与抑制自我中心能力增强，对他人的观点采择与角色采择得到一定训练。

表 5　后测时实验组和对照组的独立样本 T 检验（M±SD）

问卷	变量	实验组（n=7）	对照组（n=7）	Sig.	t
IRI-C	共情总分	61.57±3.55	52.71±9.29	0.203	2.357
	观点采择	14.14±2.73	11.14±1.86	0.047*	2.398
	想象	18.57±2.64	16.14±2.91	0.963	1.636
	共情关注	15.71±2.06	16.14±3.02	0.600	-0.310
	个人痛苦	13.14±2.41	9.00±3.70	0.113	2.484
EIS	情绪智力总分	97.71±11.75	92.71±9.96	0.785	0.885
	情绪知觉	33.00±4.40	34.00±1.91	0.051	-0.552
	自我情绪管理	23.86±3.89	22.14±3.53	0.973	0.927
	他人情绪管理	18.71±2.75	16.14±2.34	0.834	1.883
	情绪利用	22.14±3.48	20.43±4.20	0.628	0.831

注：* p<0.05，** p<0.01，*** p<0.001。

3. 实验组的前后测差异比较

为了比较实验组在小组活动前后的差异性，检验共情干预效果，对实验组的前测和后测结果进行配对样本 T 检验。结果表明，在共情能力方面，共情总分维度 t=-1.059，p=0.006（p<0.05），差异极其显著，且共情总分在干预之后较对照组有一定提高；在想象维度 t=-1.000，p=0.014（p<0.05），差异显著，得分较对照组有一定提高。在情绪智力方面，情绪智力总分维度 t=-0.878，p=0.040（p<0.05），差异显著，且情绪智力总分在干预之后较对照组有一定提高；在情绪知觉维度，t=-0.812，p=0.014（p<0.05），差异显著，得分较对照组有一定提高。此外，观点采择、共情关注、个人痛苦、自我情绪管理、他人情绪管理、情绪利用维度 p 值均大于 0.05，差异不显著，但除共情关注外，得分较干预之前均有不同程度提高。

共情能力方面，由于条件限制无法让成员置身实验情境中体验，且为了营造开放真实的小组活动氛围，提供较多的情境代入、角色扮演、情绪分享与反馈等机会以供对他人情境进行想象，想象若自己处在他人的位置上，是怎么觉察这种处境的，由此会产生怎样的感受。故 IRI-C 量表中的想象维度得分显著提高，小组活动有一定针对性和效果，共情能力总分提升显著；情绪智力方面，情绪知觉维度得分提升显著，情绪知觉作为情绪智力模型[12]的第一个维度，包括来自情绪系统的认知信息和输入信息，是在认知层面对他人情绪、观点和角色的采择力，与实验组和对照组后测检验中观点采择维度提升显著的结果是一致的，情绪智力总分也得到相应提高。

造成其他维度前后对比不显著的原因可能有以下两点：其一，受时间限制，训练活动安排较少，对共情能力提升的效果有限；其二，在研究工具选择上，采用 IRI-C 和 EIS 进行被试的自我报告，由于量表是根据共情的不同取向编制，故不同的量表对共情三个维度的倾向性不一致，对研究数据造成一定影响；其三，EIS 量表中的自我管理、他人管理、情绪利用等情绪智力的组成要素在本次活动中没有针对性的训练。

表 6　实验组前后测的配对样本 T 检验（M±SD）

问卷	变量	前测（n=7）	后测（n=7）	Sig.	t
IRI-C	共情总分	59.00±9.42	61.57±3.55	0.006**	−1.059
	观点采择	12.71±3.09	14.14±2.73	0.096	−1.594
	想象	17.86±3.58	18.57±2.64	0.014*	−1.000
	共情关注	17.00±2.94	15.71±2.06	0.201	1.362
	个人痛苦	11.43±3.55	13.14±2.41	0.149	−1.580
EIS	情绪智力总分	95.29±10.73	97.71±11.75	0.040*	−0.878
	情绪知觉	32.14±5.40	33.00±4.40	0.014*	−0.812
	自我情绪管理	23.14±2.34	23.86±3.89	0.292	−0.611
	他人情绪管理	18.29±2.43	18.71±2.75	0.213	−0.452
	情绪利用	21.71±3.59	22.14±3.48	0.620	−0.258

注：* $p<0.05$，** $p<0.01$，*** $p<0.001$。

4. 共情能力提升和情绪智力提升相关分析

为了检验实验组共情能力的提升效果和情绪智力的提升效果以及二者之间的关系，将实验组共情各维度前后测得分相减，得到共情各维度提升的分数，将实验组情绪智力各维度前后测得分相减，得到情绪智力各维度提升的分数，结合实验组配对样本T检验结果中差异显著的维度，然后进行相关分析。结果表明，共情总分的提升与想象得分的提升存在高度正相关（r=0.839），与情绪智力总分的提升存在低度正相关（r=0.387），想象得分的提升与情绪智力总分的提升存在中度正相关（r=0.420），情绪智力总分的提升与情绪知觉得分的提升存在高度正相关（r=0.631）。

Goleman在Emotional Intelligence一书中将情绪智力界定为自知、自控、自励、共情、人际交往五个方面，因此作为情绪智力的其中维度，共情能力的提升会相应促进情绪智力的提升。

表7　实验组共情能力提升与情绪智力提升的相关分析

共情总分提升	想象得分提升	情绪智力总分提升	情绪知觉得分提升	
共情总分提升	1	0.839	0.387	0.080
想象得分提升	0.839	1	0.420	-0.041
情绪智力总分提升	0.387	0.420	1	0.631
情绪知觉得分提升	0.080	-0.041	0.631	1

（二）质性研究结果

在六次小组活动结束之后，为了深入了解成员的活动感受，检验共情的干预效果，对成员集中进行了半结构式访谈，事后将访谈资料分析整理，通过成员自我评估得出活动取得如下效果。

1. 认知层面

经过共情干预后，实验组大部分成员能较好区分自我体验与他人体验，在其他成员分享生活事件时，能将个人观念放在一边，转而敏锐地捕捉和关注到细微的社会信号，并推测预见他人隐藏在生活事件后的情绪和感受，设身处地为他人着想，在认知加工层面表现出非自我中心反应和一定的观点采择能力。

像上次大家吐槽自己遇到的各种奇葩室友，也许在没参加小组之前我可能会和大家一起骂一起吐槽这个人怎么怎么不对，并且同样和人抱怨我生活中遇到的这样的人。但经过几次小组后，我会想，他们为什么会有这样一种反应呢？咱们是不是也应该尝试一下换位思考？被孤立的感觉肯定不好受，站在他的角度，也许人家并没有那么糟，或者是有什么苦衷呢。

2. 情感层面

（1）产生替代性情绪反应。

实验组成员在活动过程中或多或少流露出自己真实的情绪感受，经过几次小组活动后，部分成员能通过他人的语言、肢体动作捕捉到他人瞬时状态，并产生一种一致或相似的替代性情绪反应，对别人的快乐感到欣慰喜悦，对别人的困扰不幸感到关心和同情，由他人的生活事件唤起成员对他人利益的重视和对他人需要的理解。组内的情绪感染力随着活动次数的增加而增强。

在做情绪分享的时候，看到同学兴致勃勃地讲述自己高兴的事的时候，我也会跟着大家一起乐一起调侃；看到他们说难过或者困扰的事情时，我会尽量地避开和他们谈这些难过的事，多聊开心的事。这样，会让他们觉得好受一些。情绪感染还是很重要的。

（2）产生利他的情绪体验。

实验组成员在情绪体验上，能将关注焦点从自我转移到他人，有成员表示，自己会因至交好友出国留学而感到伤心（因为自己身边少了一个朋友），但更多的是为好友感到欣慰和祝福（好友能有一个光明的前途），前者是以自我为中心，关注自我的情绪，后者则是从他人立场出发，强调利他的情绪体验。

3. 行为层面

实验组大部分成员能在觉察认知他人情绪感受，产生替代性情绪反应的基础上，在行动上予以言语的或非言语的共情反馈。通过督导老师和工作者的引导和对榜样行为的习得模仿，从共情的行为反馈中提炼出共情技巧，达到树立共情意识、培养共情能力的目的。在活动过程中，成员对共情技巧的习得主要体现在以下方面。

（1）树立了真诚、尊重、接纳与相互理解的态度。

成员们因家庭背景和个人成长经历不同，对同样的事件的看法和由此激发的情绪感受也会因人而异，在分享过程中不免产生价值观冲突。在经过共情干预之后，成员们面对这样的冲突不再急于辩驳证明自己，对他人的不同看法予以尊重和真诚的态度，尽管不认可其他成员的看法，但仍可以让他人感觉到自己的感受和想法是被接纳的，甚至会尝试站在他人角度进行相互理解。在这样一种开放与包容的小组氛围中，成员们也更愿意真实地流露在日常生活中不愿意分享的情绪感受。

其实在这么几次活动中，我有时候不敢说，说真的，可能在过程中对某些同学的观点真的不认同，甚至有冲突，可能是立场不同吧。但经过几次活动后，我知道，我可以不认同他的三观，不认可他的观点，但我必须做到尊重别人的意见，包容多样性。那句话怎么说来着？我不认可你的话语，但我誓死捍卫你说话的权利。

(2) 培养了倾听的能力和习惯。

在活动开始前，成员普遍表现出消极倾听的姿态，对手机依赖较大，对他人的观点没有任何回馈，小组动力不足。通过分组讨论作业并汇报，人为设置积极倾听组、消极倾听组和正常组之后，成员们意识到在团队里倾听的重要性，积极的倾听会使对方感到被尊重与被理解，是建立良好人际关系的前提。

我不知道这是被预先设置好的，但我觉得，比起那些在别人说话时不理不睬玩手机的组员，我更喜欢你们这样积极配合我，认真听我说的组员。

以前我有朋友向我抱怨吐槽，我可能不会等他说完就会打断他，说我也会有这样的情况啊！这样强行把话题从别人身上拉到自己身上，会让别人觉得不舒服吧，也有些自我。至少现在我认识到了，再遇到这样的情况的时候，我会耐心去倾听，等他说完，尝试去理解他的情绪。这样，两个人的关系才会更近一些。

(3) 学会了换位思考的思考方式。

本次团体辅导活动在设计上以成员体验为主，在体验过教师与学生、盲人与照顾者等双重身份后，尝试交换立场，站在他人角度，将自己的情感体验、思维方式与对方联系起来，替他人着想，并能在小组活动中表现出对他人的关心和担忧。

游戏挺吸引我的，既让我体验到照顾者的角色又让我体验到受别人照顾的感觉，中间有一个换位的过程。自己蒙着眼睛时害怕下楼梯，在别人蒙眼扶着他下楼梯的时候也许就会更加小心，注意语言提醒和肢体接触，不让他磕着碰着。

4. 人际层面

不少研究显示，共情与人际交往存在密不可分的关系，共情能力高的人善于处理不同的人际关系。在活动结束之后，不少成员表示，通过共情训练能让他们注意到细微的社会信号，注意觉察他人的情绪感受和需要并尝试去理解和包容，令对方在相处时感到舒适，拉近双方距离。推而广之将共情能力有意识地运用到日常的师生、朋辈、亲子关系中，会增强社交敏感性和社交适应性，构建和维持和谐的人际关系。

在小组里面学到点东西，就是有时候在生活中我不怎么注重的细节啊礼貌啊，在小组中学到了。原来这些细节问题也是需要注意的，如果不注意的话，可能在相处中会带给别人不舒服。

其实我们大家虽然都是一个专业的，但因为毕竟才大一嘛，彼此之间都比较客气，也没那么熟悉。通过这个小组我觉得我进一步认识了好多同学，把大家的距离更拉近了，跟他们相处让我觉得很舒服。

六、讨论与反思

（一）小组活动方案的讨论

1. 方案设计特色

（1）以自然情境下的共情训练为主，适当结合人为情境。

本次小组活动与大学生的真实生活学习情境相结合，活动氛围轻松愉悦，贴近生活，降低了成员的拘束感，可以自由大胆地分享生活事件，甚至在生活中不敢表露的情绪也能在团体中进行发泄并得到其他成员的回应。同时，适当设置人为情境如角色扮演，可以让成员进行角色转换，体验他人的内心世界。

（2）活动设计有针对性，以成员体验过程为主。

本次活动方案根据共情维度和取向，设计了认知、情感和行为三个单元的活动，由浅入深，体现出共情的纵向发展。在进行单元活动时尽量控制其他变量对活动效果的影响，从热身游戏到针对性共情训练到情绪感受分享，皆以成员自主体验为主，充分发挥主观能动性，并适当减少工作者授课式的理论灌输与讲授，只在单元活动结束时稍作理论总结。只有切身经历和体验过才能让成员对共情的感受更加深刻和真实，培养换位思考的能力和思维方式。

（3）布置家庭作业，强化行动倾向。

由于时间限制，六次活动安排的活动内容有限，故在三次活动结束后，适当安排家庭作业，一方面巩固本节活动训练内容，为下节活动进行铺垫和积累素材；另一方面成员可以通过完成作业的方式将共情干预向日常人际交往中延伸，树立共情的意识。

2. 研究的局限与改进

首先，由于时间限制，六次小组活动安排少，能力的培养是一个长期的过程，短期的共情干预在一定程度上可以培养成员的共情意识，树立换位思考体谅他人的思维方式，但效果不如长期训练显著。今后的研究可以根据成员的共情特点和时间安排适当增加小组训练次数，延长活动时间，使得共情能力的提升效果更为显著。

其次，成员选择上，考虑到不同专业不同年级的学生时间冲突，故本次活动九名成员都为大一社会学专业的学生，同质性较强，虽能节省破冰环节较快建立关系，但样本代表性欠佳，数量较少，样本选取不够全面。今后在资金与时间允许的情况下，应全方面地选择被试，注意成员的专业差异和年级差异，增加成员间的异质性，使得样本选择更具有代表性。

最后，缺乏对实验组成员的追踪调查。运用 IRI-C 和 EIS 量表对实验组进行前后测只能检验共情干预的即时效果，对于延时效果的测量有待进一步设计。故在后续的研究中可增加对实验组成员的跟踪调查以检验小组活动对大学生共情能力提升的延时效果。

（二）小组共情训练的效果

在国内外共情干预研究的基础上，从认知共情训练、情感共情训练和共情行为训练三个维度，对实验组九名成员进行六次小组训练活动。量化的研究结果表明，实验组经过共情干预后在共情总分、想象、情绪智力总分、情绪知觉四个维度得分显著提高，对照组各维度未见显著变化。质性研究结果表明，实验组成员在训练后能将关注焦点从自我身上转移到他人，敏锐觉察到他人的情绪感受，并作出相应反馈。

综上所述，为期六次的小组活动取得了一定效果，认知共情得到显著提高，实验组成员树立了共情的意识，行为上习得了一些共情的基本技巧，但情感共情未见显著变化。原因可能有以下几点：其一，基于共情的多维取向，认为共情是由认知上的观点采择到情感上的情绪共享纵向发展，认知作为共情的前提，有一定的生理基础，通过短时间干预改变起来相对容易；其二，文献研究显示情感共情受人格特质等主观因素影响较大，人格特质相对较为稳定，短时间的训练效果有限；其三，测量方法上，测量共情的量表是根据共情的维度取向设计的，具有一定倾向性，IRI-C 量表中的同情关注与个人忧伤作为两种相反的共情情感在活动方案中未充分涉及，对实验组的后测数据产生影响。

七、结论

第一，在自然情境中针对普通大学生的小组训练活动对于学生的共情能力提升有促进作用。量化研究数据显示经过小组训练，大学生共情能力有了显著提高；质性访谈结果表明，成员在经过小组训练之后能将共情内涵外延至生活中，在人际交往中树立主动共情的意识。

第二，认知共情能力较情感共情能力更容易被干预。量化数据显示，实验组成员在小组训练之后，认知共情得到显著提高，情感共情虽有提高但未达统计学上的显著意义；质性访谈结果表明，成员经过小组训练后，在认知层面能够表现出非自我中心反应，观点角色采择能力增强。

第三，大学生共情能力的提升和情绪智力的提升呈正相关。共情作为情绪智力的重要因素，通过小组训练培养成员的共情能力可以相应提高成员的情绪智力，有助于增加人际交往的敏感性与适应性。

参考文献：

[1] Batson C. D. Self-other merging and the empathy-altruism hypothesis: Reply to Neuberg et al [J]. Journal of Personality and Social Psychology, 1997: 517- 522.

[2] Davis, Mark H. A Multidimensional Approach to Individual Differences in Empathy, JSAS Catalog of Selected Documents in Psychology, 1980, 10, 85.

[3] Greenberg, Kusche. Improving children's emotion regulation and social competence: the effects of the PATHS curriculum. Paper presented at the biennial meeting of the Society for Research in Child Development [J]. Washington, 1997, 4 (21): 167.

[4] Geoff Goodman. Feeling our way into empathy: Carl Rogers, Heinz Kohut, and Jesus [J]. Journal of Religion & Health, 1991 (3): 191-205.

[5] Hatcher, S. L. &M. S. Nadeau. The teaching of empathy for high school and college students: testing Rogerian methods with the Interpersonal Reactivity Index [J]. Adolescence, 1994, 29 (116): 961-974.

[6] Hogan R. Development of an empathy scale [J]. Journal of Consulting and Clinical, 1969 (33): 307-316.

[7] Ickes W. Empathic accuracy [J]. Journal of Personality, 1993: 587-589.

[8] Nancy Eisenberg, Amanda Sheffield Morris. The Origins and Social Significance of Empathy-Related Responding. A Review of Empathy and Moral Development: Implications for Caring and Justice by M. L. Hoffman [J]. Social Justice Research, 2001 (1): 95-120.

[9] Nakao Hisashi, Itakura Shoji. An integrated view of empathy: psychology, philosophy, and neuroscience [J]. Integrative Psychological & Behavioral Science, 2009 (1): 42-52.

[10] Norma Deitch Feshbach. Learning to care: A positive approach to child training and discipline [J]. Journal of Clinical Child & Adolescent Psychology, 1983, 12 (3): 266-271.

[11] Pecukonis E. V. A cognitive/affective empathy training program as a function of ego development in aggressive adolescent females [J]. Adolescence, 1990, 25: 59-76.

[12] Salovey, P. & Mayer, J. Emotional intelligence imagination, cognition and personality, 1990 (9), 185-211.

[13] Spivack G, Shure, M. B. The cognition of social adjustment: Interpersonal cognitive problem - solving thinking [J]. Advances in clinical child psychology, 1982, 5 (1): 323.

［14］陈晶，史占彪．共情概念的演变［J］．中国临床心理学杂志，2007（6）：664-665.

［15］曾敏．教师共情能力及训练研究［D］．重庆：西南大学（硕士学位论文），2012：27-34.

［16］房绍霞．重庆高校大学生共情能力对人际关系的影响研究［D］．重庆：西南大学（硕士学位论文），2010：2-40.

［17］黄翯青，苏彦捷．共情的毕生发展：一个双过程的视角［J］．心理发展与教育，2012（4）：434-439.

［18］黄翯青，苏彦捷．共情中的认知调节和情绪分享过程及其关系［J］．西南大学学报，2010（6）：13-17.

［19］何宁，朱云莉．自爱与他爱：自恋、共情与内隐利他的关系［J］．心理学报，2016（2）：199-210.

［20］何安明．大学生移情能力与利他行为的相关研究［J］．黑龙江高教研究，2007（2）：154-156.

［21］贾笑颖．大学生共情现状及其干预研究［D］．扬州：扬州大学（硕士学位论文），2014：5-35.

［22］琚贻桐．通过移情训练提高5—6岁儿童亲社会行为的教育实验研究［J］．学前教育研究，1991（3）：20-2.

［23］李晨枫，吕锐，刘洁，钟杰．基本共情量表在中国青少年群体中的初步修订［J］．中国临床心理学杂志，2011（2）：163-166.

［24］蔺桂瑞．共情使用中的误区及共情能力的提高［J］．中国心理卫生杂志，2010（6）：409-410.

［25］李婧煜．团体辅导对师范类专业学生共情能力影响的研究［D］．烟台：鲁东大学（硕士学位论文），2014：17-28.

［26］李辽．青少年的移情与亲社会行为的关系［J］．心理学报，1990（1）：72-78.

［27］李福芹，叶文君，陈丽．移情训练对幼儿分享行为的影响的实验研究［J］．心理科学，1994（3）：150-153.

［28］林曼．利他是直觉还是自控的结果——共情情境下的利他行为研究［D］．杭州：浙江师范大学教师教育学院（硕士学位论文），2014：3-34.

［29］李浩．共情半投射测试工具的初步编制［D］．长沙：湖南师范大学，2012：11-12.

［30］潘彦谷，冉光明，等．动物和人类的利他本性：共情的进化［J］．心理科学进展，2013（7）：1229-1235.

［31］孙炳海，苗德露，李伟健．大学生的观点采择与助人行为：群体关系与共情反应的不同作用［J］．心理发展与教育，2011（5）：491-496.

［32］宋平，张乐雅．共情提高训练在罪犯矫治中的应用探析［J］．心理技术与应用，2015（1）：32-35.

［33］魏玉桂，李幼穗．不同移情训练法对儿童分享行为影响的实验研究［J］．心理科学，2001（5）：557-562.

［34］温国旗，刘文．儿童共情发展及其与利他行为的关系［J］．辽宁教育行政学院学报，2014（3）：25-28.

［35］肖福芳，申荷永．论 Empathy 的翻译及其内涵［J］．心理学探新，2010（6）：18-20.

［36］颜玉平．共情训练对中学生人际交往能力的影响［D］．长沙：湖南师范大学（硕士学位论文），2013：25-40.

［37］杨杨一帆．暴力型男性未成年犯共情能力的团体心理辅导［D］．上海：华东师范大学（硕士学位论文），2014：14-31.

［38］赵洪金．共情的理论和发展［D］．昆明：云南师范大学（硕士学位论文），2011：5-25.

［39］郑日昌，李占宏．共情研究的历史与现状［J］．中国心理卫生杂志，2006（4）：277-279.

［40］周详，程乐华．共情对直接利他行为的发生学意义［J］．人文杂志，2010（4）：190-193.

小组工作对提升大学生抗逆力的干预研究

学生：康　娅　指导教师：魏　爽

【摘要】近年来，学者研究发现我国大学生抗逆力不容乐观，家庭、学校、社会并未对其进行重视以及干预。本研究从社会工作的视角出发，针对大学生抗逆力不足这个问题展开研究，拟通过小组工作的方法激发和塑造大学生抗逆力，通过团体互动提高组员的抗逆力水平。

研究结果表明，组员在经过小组工作的干预后，抗逆力总分明显提高，而且在坚韧性、力量、乐观感三个维度的干预都产生了良好的效果，各维度在前后测的配对样本T检验中都达到了统计学意义上的显著性。由此得出以下结论：在小组工作的方法下，基于坚韧、力量、乐观三个维度的短期抗逆力训练对提升大学生抗逆力水平具有促进作用。

关键词：小组工作　大学生　抗逆力

一、绪论

（一）问题的提出

在社会转型以及经济全球化的背景下，社会秩序因时代变迁与文化冲突失去了条理性，各社会群体的潜意识、思想观念甚至行为方式等出现了分化与重组，这种变迁、冲突、分化、重组对青少年的心理和行为都会造成巨大的冲击[29]，使得青少年群体不能正确认识自己，看待问题也容易产生偏差，在逆境面前往往不战而败。

近年来，学者研究发现大学生的抗逆力不容乐观，其心理压力的来源越来越呈现出多样化、复杂化、社会化的特点[33]，且大都来自个人、家庭和社会三个层面，包括学习、就业、生活、经济、考试、家庭、人际关系、恋爱关系、未来、能力、健康、竞争、生活及学习环境、个人等共 15 种压力[15]，在面对这些压力时，很多大学生都会采取攻击、冷漠、固执、焦虑、抑郁、悲观失望等消极的应对方式，具体表现为否定、逃避、转移[34]；有的大学生甚至会采取自杀等极端的方式，据悉自杀已经成为 15~34 岁人群的首位死因[5]。2011 年，学者和红、杨洋（2014）对北京 6 所高校的 1186 名学生进行问卷调查后发现有 307 人具有自杀意念，占总人数的 25.89%。除自杀外，大学生其他逆境事件也是层出不穷，这不仅说明了大学生面临的逆境事件增多，更说明了大学生缺乏处理逆境事件的能力，而且家庭、学校、社会均未对此加以重视；因此关注并研究大学生的抗逆力水平是十分重要的。

小组工作作为社会工作的三大方法之一，具有康复、能力建设、矫正、社会化、预防、社会运动、问题解决、社会价值这八大功能[18]，不仅可以为组员提供群体生活经验和支持，形成团队精神，还可以提供社会支持，推动社会环境的改变；同时，抗逆力水平的提升作为一种能力的建设，通过小组工作的方法不仅可以促进组员在小组中成长与发展，还可以为每一个组员的个人成长和能力提高创造良好的社会环境，使组员在团体互动中得到学习、反思、提高，从而提升自我能力。

（二）研究目的和意义

1. 研究目的

本研究以提升大学生抗逆力水平为目标，针对大学生中普遍存在的抗压能力不足的现象，以社会工作的视角出发，尝试运用小组工作的方法对大学生抗逆力水平进行干预，根据抗逆力三要素——坚韧、力量、乐观，设计了三个单元的相关活动，通过对这三个方面的训练来提升组员的抗逆力，同时提供组员进行自我减压的方法，通过团体互动增强组员的社会功能。

2. 研究意义

理论上看，本研究从抗逆力视角出发，通过对大学生抗逆力水平的调查分析以及解读来了解当代大学生抗逆力的现状以及抗逆力的三种保护因素，通过小组工作对抗逆力三个因素的干预来探索提升大学生抗逆力水平的途径和手段。

从现实上看，本研究采用小组工作的方法，通过团体活动的方式增强组员外部支持的力量并提升组员团队合作的意识，同时通过组员在团体中的自我反思来促使组员能够正确认识自己并肯定自己，增强在逆境面前的自信心。

（三）研究综述

1. 国外抗逆力研究综述

国外学者对抗逆力的研究开始于20世纪70年代，大致经历了萌芽时期、具体化时期、范围开拓时期[35]。诺曼·加梅齐（Norman Garmezy）首先对抗逆力进行研究，他研究分析与患精神分裂症的父母一起生活的孩子没有患精神疾病后，得出抗逆力在心理层面的某种特性比人们想象的还要大[10]；心理学家安东尼（Anthony）在父母患有精神疾病的家庭中挑出24个孩子进行追踪研究发现，24个孩子里面只有8个出现像其父母一样的精神疾病或相同的困扰，其他16个孩子在其后的个人发展中能够健康地成长，他将这些孩子称为“适应良好的儿童”[1]；其后很多学者研究发现适应力和抗逆力在青少年的生活中起着很大的作用[26]。

20世纪80年代初期，加梅齐挑选了伦敦六个贫民窟家庭进行研究发现，不同环境下的孩子都能够很好地应对环境中的不安全因素和逆境，同时他还总结出抗逆力的三种保护因素：积极的人格特质、家庭支持系统、社会支持和外在资源[6]。也是在这一时期，学者建立了保护因素、危险因素理论，标志着抗逆力研究进入了具体化时期[24]。

20世纪90年代，个人抗逆力研究的发展促进了对家庭抗逆力的研究，标志着抗逆力研究进入了范围拓展时期。在这一时期，沃纳（Werner）通过研究发现支持型的父母与受过良好教育的父母对孩子具有保护性的作用，积极健康的家庭经历能够促进孩子学业进步、身心健康，消极的经历则会不利于孩子的成长[14]。

2. 国内抗逆力研究综述

20世纪90年代，我国开始重视抗逆力的相关研究，但第一篇相关文献《抗逆力——公务员能力建设》发表于2005年。笔者在中国知网

(CNKI) 全文数据库以“抗逆力”为关键词进行检索发现，最早研究在1983年，但是在2005年前的文献都是属于农作物学科，都是研究农作物的培养以及农药的使用，与本文所提及的抗逆力不在同一学科，直至2005年才出现相关文献。自2005年至今，国内学者在社科领域关于关键词为“抗逆力”的研究成果统计如下（见图1）。

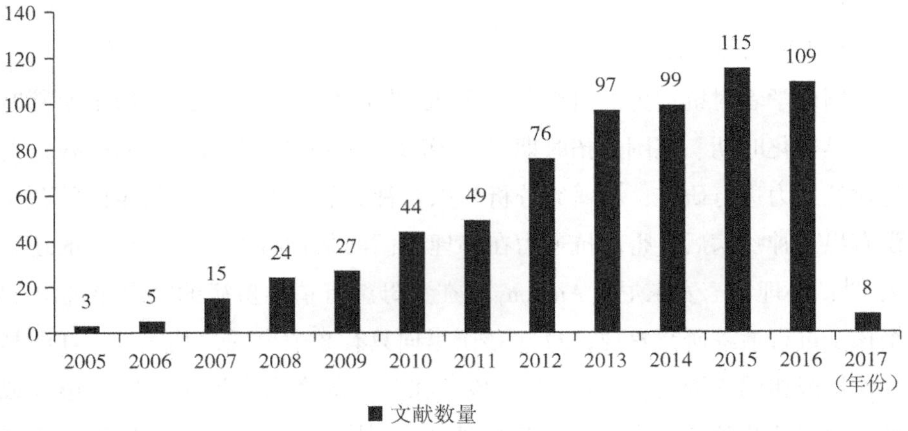

图1　2005年至今以“抗逆力”为关键词在社科领域发表文章的情况（篇）

以往研究主要以个案、小组、社区工作方法介入对残疾青少年[19]、后进生[23]、中职生[12]、外来务工人员随迁子女[21]、单亲儿童[16]、流动儿童[22]、留守儿童[11,39]进行抗逆力研究，探析其抗逆力现状并给出提升的方法。在方法上以定量研究居多，如沈之菲通过分层随机抽样对128名学生进行抗逆力项目评估[27]，师彦洁对631名高中生采用开放式问卷、结构化问卷调查高中生日常性学业复原力在年级间的差异[25]，王琛、戴艳、雷鸣对488名贫困大学生发放问卷调查贫困大学生的心理复原力水平[36]；也有学者采取定性研究的方法，如孙瑞琛、刘文婧、贾晓明曾通过田野观察和访谈对灾区的个案开展抗逆力研究[28]，田国秀、侯童通过半结构访谈、焦点小组等方法，对初高中学校贫困生开展社会工作辅导[30]。

此外，笔者在中国知网（CNKI）全文数据库以“抗逆力”并含“大学生”或“高校”为关键词进行检索发现相关文献仅有16篇（见图2）：

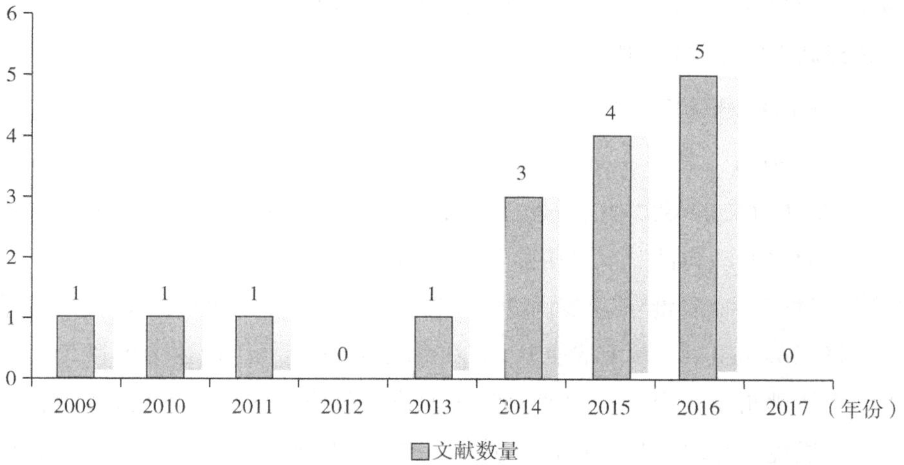

图2　以“抗逆力”并含“大学生”或“高校”为关键词发表文章的数量（篇）

在已有的文献中，主要研究的是大学生抗逆力的现状，挖掘、提升抗逆力的研究较少，运用社会工作的方法来提升大学生抗逆力水平的研究更是屈指可数。所以本研究以当代大学生为对象，运用小组工作的方法对大学生群体进行抗逆力干预。

3. 对国内外现有研究的评价

在国外对抗逆力的研究中，大多将研究对象当作一个整体来看待，从对个体的研究发展到了对家庭以及群体的研究，也有将概念、理论等进行了对比研究，从整个理论体系来看相对成熟。而国内关于抗逆力研究还只是处于起步阶段，相对于国外研究而言还有很多不足之处，研究主要集中于抗逆力界定及其理论方向的研究，对于实务研究也是较少的，介入方法多为个案，研究对象为一个大的群体，缺乏具体的针对性。

综合国内外研究，我们可以发现：从研究领域上看，已有的研究大多属于心理学领域；从研究内容上看，以抗逆力理论研究居多，涉及实务研究的相对较少；从研究方法上看，以个案跟进的方式为主，以小组或社区活动介入的研究还是较少；从研究群体上看，主要集中于留守儿童、外来女工、网络依赖的青少年等这类具有明显特征的群体，对于大学生抗逆力的研究很少，对大学生抗逆力进行干预的研究更是少见。所以，本文以小组工作为介入方法，针对大学生群体进行实务研究，通过专业社会工作的方法提高大学生群体的抗逆力水平。

（四）概念界定

1. 抗逆力

“抗逆力”的英文为“resilience”，可直译为弹力、弹性，我国的学者将其译为“心理弹性”[31]“压弹”[20]“韧性”[32]等，其中大陆学者多译为“心理弹性”，而香港学者多译为“抗逆力”[35]；本文同意香港学者的译法，将“resilience”译为抗逆力。2008年，沈之菲提出抗逆力的概念大致等同于“挫折承受力”“耐挫力”等概念，是指个体在面对失败、困难、挫折等逆境时心理协调与适应的能力，即当个体遭受挫折后，能够忍受并摆脱挫折的打击，在逆境中保持正常、积极的心理和行为能力[26]。

根据研究的需要，本文引用了沈之菲关于“抗逆力”的定义，并在此基础上进行了继承与发展。本研究中的抗逆力是指抗挫折和压力的积极能力，即个体在面对挫折或压力时，能够进行心理调适、以积极正向的方法应对困难，同时能够获得成长的能力，能够在逆境后成长，发展出更为积极的逆境应对方式。

2. 小组工作

小组工作是社会工作三大方法之一，起源于20世纪初期，对于小组工作的定义，学者们从不同角度出发给出了以下几种观点：

Murphy（1959）将其定义为是社会工作的方法之一，通过小组经验增强社会功能；Konopka（1983）认为小组工作通过有目的的小组经验，提高个体社会功能，协助处理个人、小组和社区问题[7]；认为小组工作由知识、认识、原则和技巧组成，个体在社区中参与小组，在小组工作者的协助下达到个人、小组和社区发展的目标；A. Brown（2006）认为小组工作影响着个人、小组、组织和社区，促进个体解决不同层面的问题；Northen（1988）则认为小组工作通过小组活动解决个体社会心理功能方面的问题，并预防可能出现的问题。

根据研究的需要，本文引用了刘梦主编的《小组工作》一书中对小组工作的定义，即小组工作是社会工作的工作方法之一，它在小组工作者的带领下，通过组员间的互相支持、互动、分享，激发组员的潜能和能力，改善组员的行为态度，提升组员的社会功能，解决个体、群体、社区和社会等层面的问题，促进个体、小组、社区的成长和发展[18]。

二、理论视角和研究方法

（一）理论视角

本研究以抗逆力理论为主，由外部支持因素（I have）、内在优势因素（I am）和效能因素（I can）三个部分组成。外部支持因素是指人与环境的互动，与我们在环境中发生交互影响的个人能够帮助或增强我们的抗逆力，从而构成外部支持因素，包括拥有正向的连接关系、坚定清晰的规范、积极合理的期望、关怀与支持的环境等；内在优势因素包括个人形象感与积极乐观感；效能因素则包括人际技巧、解决问题的能力、情绪管理以及目标制定等[37]。

本研究在小组方案的设计结构上，以寻找压力源、减轻压力、团体支持、自我提升的维度出发来设计小组框架，涉及了外部支持、内在优势和效能三个因素；在小组方案的设计内容上，借鉴抗逆力三要素对组员抗逆力进行训练，练习包括乐器减压、团体合作、问题解决、角色扮演、自我管理方案等多方面内容，以当代大学生的真实生活情境为依据设计符合大学生特点的抗逆力干预方案。

（二）研究设计

1. 研究对象

本研究中共有9位组员，4位女同学，5位男同学；大一、大二、大三的各有三名，涉及人文、机电、经管、外语、信息学部五个学院，九个不同的专业。组员基本信息如下：

表 1　组员基本信息

个案编码	姓名	性别	学院	年级	专业
001	D Z B	M（男）	机电学院	大二	机械工程
002	M J N	M（男）	机电学院	大一	测控技术
003	P Y	M（男）	信息学部	大二	信息安全
004	D J	F（女）	人文学院	大三	社会工作
005	W Z H	M（男）	信息学部	大三	计算机科学与安全
006	L L M	F（女）	外语学院	大三	商务英语
007	L Y Y	F（女）	经管学院	大二	会计学
008	T J Q	M（男）	经管学院	大一	金融学
009	L Y T	F（女）	人文学院	大一	法学

2. 研究工具

本研究采用了中文版的《心理韧性量表》（CD-RISC）作为研究工具。该量表一共 25 个项目，分为坚韧、力量和乐观三个维度来分析，其中坚韧共 13 个项目；力量共 8 个项目；乐观共 4 个项目。每个项目均采用 4 点计分法，“完全不是”计 1 分，“有时是”计 2 分，“经常是”计 3 分，“总是这样”计 4 分，将各项目得分相加得到总分，分数越高表明个体抗逆力水平越高；2007 年，于肖楠等人的研究表明该量表内部一致性为 0.91，三因素结构较为合理，具有良好的信度和效标效度。

3. 研究方法

本文的研究对象为北京某市属高校的在校本科生，研究的主要内容为小组工作的方法在提升大学生抗逆力水平的有效性，并采用统计调查的研究方法，对调查得来的数据资料进行分析得到一手资料。

（1）行动研究法。

行动研究是指在道德规范下，通过研究者和实践者的共同协作，在现实环境中发现问题、分析问题和解决问题，并通过在这一过程中的反思改善行动质量、提升研究水平[17]。国内行动研究大多应用于教育领域，但李小云等（2008）论述了行动研究不仅仅只是应用于教育领域，还可应用于行为研究、组织研究、未来研究和心理等多领域。本研究是在现实情况发现大学生群体抗逆力不容乐观这个问题，并通过分析这个问题的成因等，拟通过小组工作的方法来解决这个问题，故采用行动研究为主要研究方法。

行动研究具有“放手型”和“控制型”两条路径，本研究采用的是“控制型”行动研究，即在发现大学生抗逆力不足这个问题后确定解决问题的目标和方向，制定出解决问题的小组活动策划，之后在小组活动的实施中去验证预设的策略、措施是否具有效果，并在取得效果后总结、提炼解决大学生抗逆力不足的措施建议。此外，蔡金星（2016）指出行动研究兼容实验法，且适合选用准实验研究而非实验研究，准实验研究和实验研究的差别在于准实验研究对无关变量的控制相对宽松，而实验研究则要求严格控制无关变量。所以在本研究中采取的是准实验研究法，只设置了实验组来测量小组活动前后组员抗逆力的变化水平，并未设置控制组来测量时间等因素是否会影响个体抗逆力的变化。

此外，本文采用行动研究法还出于对社会工作伦理的考虑，社会工作伦理要求我们尊重每一个个体，若采用实验研究则将组员看作是“试验品”，笔者认为这在一定程度上有违社会工作伦理，而行动研究更多的是强调问题的解决，主要在于帮助个体改善行为、提升能力，故采用行动研究法。

（2）质性研究法。

质性研究方法是定量研究之外的一种重要的研究方法和策略，被视为是定量研究的有益补充或替代方案，同时质性研究方法以定量研究的局限性为发展的起点，其本质特征也是其特点在于研究方法和研究理论对于研究对象的适应性，重视和分析不同的视角并把研究者对研究的反思作为认知活动的一个组成部分[38]。为了更深入地了解组员在小组干预前后抗逆力的变化，本研究采取了质性研究方法，主要采用的是半结构式访问法和观察法。

4. 研究路径

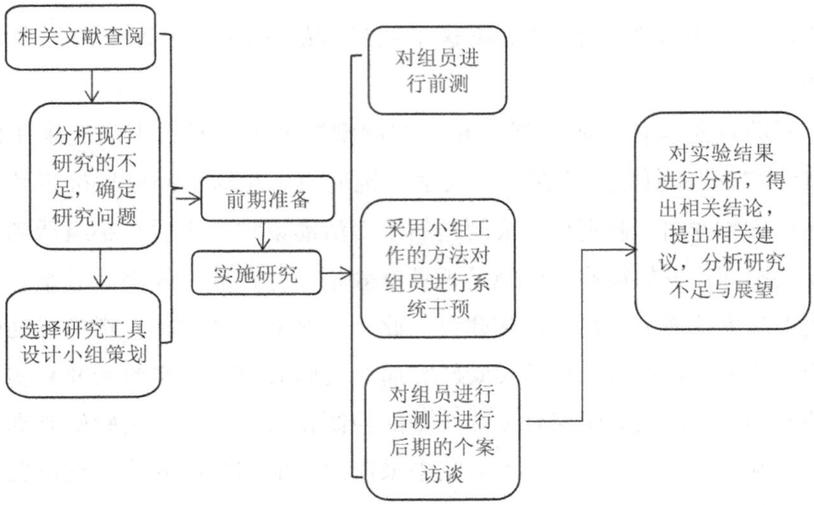

图 3　研究路径图

三、研究分析

（一）组员抗逆力前测资料分析

表 2　组员抗逆力前测数据统计

	样本量	最小值	最大值	平均值	标准差
抗逆力总分	9	57	71	61.89	5.326
坚韧因子得分	9	27	37	32.00	3.674
力量因子得分	9	18	22	19.89	1.833
乐观因子得分	9	8	12	10.00	1.225

在抗逆力量表中，抗逆力总分满分为 100 分，其中坚韧因子占 52 分，力量因子占 32 分，乐观因子占 16 分。本研究中，组员抗逆力前测各部分得分均在各部分总分的 60%左右，其中抗逆力总分部分均值为 61.89，坚韧因子部分均值为 32.00，力量因子部分均值为 19.89，乐观因子部分均值为 10.00。由此可见，组员在接受干预之前抗逆力总体水平以及各因子水

平普遍较低，存在较大的提升空间，组员抗逆力各部分前测数据统计如下：

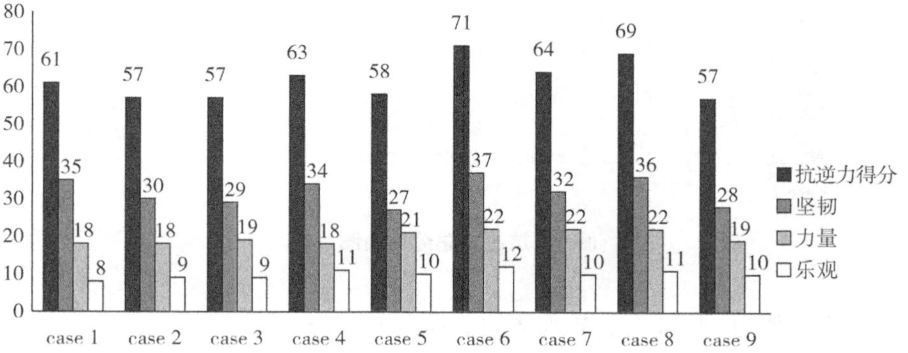

图 4　组员抗逆力前测数据统计

此外组员 TJQ，男，经管学院金融学专业，本科一年级学生，在第一次活动前提及入组动机时这样说："我总会遇到一些麻烦事，不知道如何去解决，有的时候我也会想去解决，但发现自己无能为力，最后这些事要么就风消云散，要么就破罐子破摔。我希望参加这次主题的小组活动，自己可以在以后的生活中更加坚强，在面对困难时可以更加积极、无畏。"

通过对组员抗逆力总体水平以及各因子的分析，发现组员之间抗逆力总体水平和坚韧因子得分差异较大，力量因子和乐观因子得分差异较小；同时，通过对部分组员的入组动机分析后发现，组员入组动机较为强烈，且在生活中确实存在抗逆力弱化现象。所以本研究认为，在小组干预之后，组员抗逆力水平会得以提升，同时就各部分比较而言，坚韧因子的提升空间最大。

（二）组员抗逆力前后测资料对比分析

1. 抗逆力总分维度对比分析

如图 5 所示，组员在接受团体干预前后抗逆力水平存在明显的不同，在接受干预后，组员的抗逆力水平得到了提高。在抗逆力总体得分上，组员后测时抗逆力得分均在 67 分以上，而且抗逆力水平最高者达到了 86 分，

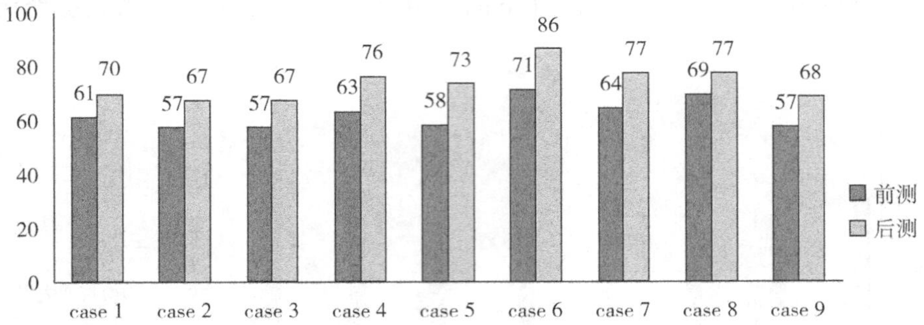

图 5　抗逆力总分前后测统计

后测平均值为 73. 44 分，较前测均值提高了 11. 55 分。

表 3　抗逆力总分前后测数据对比

	样本量	最小值	最大值	平均值	标准差
抗逆力前测总分	9	57	71	61. 89	5. 326
抗逆力后测总分	9	67	86	73. 44	6. 267

通过个案访谈资料分析发现组员抗逆力总体水平在团体干预后得到明显提高。在认知层面上，组员能够减少不合理信念，能够客观评价自己，清楚地知道自身的优缺点，能够正视自己的缺点，学会自我肯定；还能从他人角度出发，学会换位思考，能够理解他人的行为。在访谈中，组员 LYY 表示："通过这几次小组活动，我发现自己还是有很多值得肯定的地方，比起以前，我觉得自己现在更能正确认识自己了。而且在活动中我也学会了一些新技能，比如更多的减压方法、制订自我计划之类的，就觉得只要自己愿意努力还是可以挺优秀的。"

在行为层面，组员在团体干预后也得到了很大的改变，主要体现在应对方式上，很多组员表示在面对逆境或者压力的时候，自己的应对方式从原来的消极变得积极。比如，组员 DJ 说："在那次'大富翁游戏'后，我认真画了自己的网络关系图，觉得自己厘清楚了自己的人际关系圈，知道了自己可以向谁求助，知道了谁更可能会帮助我。而且在角色扮演过程中，我体验了不同的求助方法，好像找到了那种会让人感到比较舒服的方式了。所以在后来，我遇到问题后会产生那种主动向别人求助的想法了，而且也尝试向别人求助并获得了帮助。”

通过数据分析，我们可以发现组员抗逆力后测的得分明显高于前测的得分，而且结合访谈资料也不难发现，在团体干预后，组员能够从认知、行为层面得到改变，明显提高了自己的抗逆力水平。

2. 抗逆力三个因子维度对比分析

抗逆力是一个相对难以测量的因素，一般将其分为坚韧、力量、乐观三个因子来进行测量，因此对三个因子维度进行分析也是很重要的。通过表4，我们可以看到在各因子水平上，坚韧因子前测最小值为27，最大值为37，均分为32.00；后测最小值为34，最大值为45，均分为37.89，各个值均有提升且在均分上提高了5.89分；力量因子前测最小值18，最大值22，均分19.89，后测最小值21，最大值27，均分23.67，各值均有提升，在均分上提高了3.78分；乐观因子前测最小值8，最大值12，均分10.00，后测最小值10，最大值14，均分11.89，各值均有提升，均分提高了1.89分。

表4　抗逆力各因子前后测数据对比

	样本量	最小值	最大值	平均值	标准差
坚韧因子前测	9	27	37	32.00	3.674
坚韧因子后测	9	34	45	37.89	3.408
力量因子前测	9	18	22	19.89	1.833
力量因子后测	9	21	27	23.67	2.000
乐观因子前测	9	8	12	10.00	1.225
乐观因子后测	9	10	14	11.89	1.861

通过对抗逆力三因子的描述分析我们可以发现，在团体干预后，抗逆力三因子的总体水平都得到了提高，特别是在坚韧因子维度，各个值的分数提升得都比较明显。此外，在与组员后期的半结构式访谈中，部分组员也从认知、行为等层面表现出这三个因子方面的提高。

在坚韧因子方面，组员的提升主要体现在能够很好地处理遇到的问题，积极适应主导问题并具有控制力。例如组员LYT，在一次小组讨论中与其他组员观点不一致，在她表述完自己观点时受到另一个组员的反对，在访谈中谈及这件事时，她这样说："他的想法确实和我的完全不一样，但我觉得我应该听他表达，中途打断肯定是不礼貌的。如果是我被打断我也会很不高兴，所以我并没有立即打断他，而是认真反思他的说法，找出彼此对的地方和不对的地方。对我而言，这也算是一个挑战吧，但我觉得我应该努力这样做，这样我才能在以后的问题中更加具有自主性。"

在力量因子方面，组员的提升主要体现在日常应对方式的一些改变，他们在改变中不断成长并发展出一些新的能力。例如组员 WZH，平时很多事情都喜欢一个人干，觉得团队合作需要考虑的太多、太麻烦，但在小组活动中多次体验团队合作，之后对团队合作的看法发生了转变。在访谈中他这样说："之前我特别不喜欢团队合作，但那次团队合作即兴表演的时候，如果不是团队的力量根本无法完成，而且在团队中大家各自发挥自己的强项，整体构思的故事我觉得还是很满意的。而且在团队中遇到问题时大家也总是鼓励我，让我更有信心。所以我现在又开始慢慢喜欢团队合作了，也会在遇到困难时主动去寻求团队合作。"

在乐观因子方面，组员的提升主要体现在学会新的技能后对生活、学习的态度变得更加积极，也有信心处理好遇到的困难。例如组员 LLM，平时独立性较强，而且有较强的自尊心，但很多时候都会因为目标太大或不符合实际而遭受打击，以前出现过因达不到目标而崩溃的状态，自己因此也很苦恼，但却没有找到合适的方法。她在小组活动中接触到了自我管理计划的制订，对此很感兴趣，在活动后进行实践并取得了不错的效果。在访谈中她这样说："我之前还没有听说过自我管理这个词，第一次听到的时候以为也就是和小学生制订计划一样，但在活动中发现原来真正的自我管理并不是这样的，刚开始的时候我不是很懂，但回去后我按照各个步骤为自己接下来的考试做了一个计划，发现自己好像更加清楚自己该怎么做了。我们宿舍都是打算考研或出国的，我还教她们做了这个自我管理计划。"

3. 数据配对样本 T 检验分析

为了检验小组活动对抗逆力水平的干预效果，对组员的前测和后测结果进行了配对样本 T 检验，结果表明：抗逆力总分维度 $t = -13.568$， p=0.001（p<0.05），差异极其显著；在坚韧因子维度，t=−7.147，p=0.018（p<0.05），差异显著；在力量因子维度，t=−7.651，p=0.034（p<0.05），差异显著；在乐观因子维度，t=−5.376，p=0.047（p<0.05），差异显著。

表5　CD-RISC前后测配对样本T检验（M±SD）

问卷	变量	前测（n=9）	后测（n=9）	Sig.	t
CD-RISC	抗逆力总分	61.89±5.33	73.44±6.26	0.001**	−13.568
	坚韧	32.00±3.67	37.89±3.40	0.018*	−7.147
	力量	19.89±1.83	23.67±2.00	0.034*	−7.651
	乐观	10.00±1.23	11.89±1.48	0.047*	−5.376

注：* p<0.05，** p<0.01，*** p<0.001。

通过对CD-RISC的前后测数据进行配对样本T检验，我们可以发现该问卷无论在总分维度还是在三个因子维度的差异都达到了统计学意义上的显著，因此证明利用小组活动对提升大学生抗逆力进行干预是有效的。特别是在坚韧因子维度，p值明显低于力量维度和乐观维度，说明小组工作对坚韧因子维度干预效果最为明显。

4. 小组介入过程分析

抗逆力是多维度取向的，所以本研究中的抗逆力小组活动从坚韧、力量、乐观三个维度出发来设计小组活动；而且小组成员来自不同年级、不同专业，所以在每次小组活动前均设计了热身活动，以此来缓解组员之间的尴尬，营造活跃的小组气氛。由于抗逆力的三个要素是相互交叉的，所以在每节小组活动中均会涉及不同的要素。

（1）力量部分的训练。

关于力量部分的训练主要安排的是第二次活动——“音乐与故事”。这次活动的主要内容为组员分享自己准备的一首歌曲，这首歌可以是自己喜欢的或者是自己近期常听的。在歌曲分享结束后，组员还需要和大家分享自己喜欢或经常听这首歌的原因以及在逆境情况下这首歌给予的力量或帮助，从而挖掘组员身上的故事，之后其他组员分享自己对此的感受和想法。在全部组员分享结束后，大家分享了自己是怎样应对逆境的，并讨论如何才能积极应对逆境或在逆境中能够得到复原。

此外，第五次活动——“抗逆力大富翁”，也有涉及力量部分的训练，如对自己某个不满情境、紧张情境、生气情境进行分析并获得团队反馈。这个部分的安排是希望组员通过分析自己以前遇到的困难来使自己得以成长，并在其他组员的反馈中来发展自己的应对能力。

通过两次活动对组员的干预，组员可以收获更多在逆境中得以复原的方法，同时在分析过往事件时可以冷静理性地思考自己的思维方式、应对方式等，使自己能够在逆境后得以成长，同时在其他组员的积极反馈中得以成长。

（2）乐观部分的训练。

关于乐观部分的训练主要安排的是第三次活动——“指尖跃动”。这次活动的主要内容是小组组员每个人选择一个小鼓，首先每个人可以自由地敲打小鼓，将近期的不良情绪或烦心的事情在这个过程中宣泄出来，然后再根据 bin-ban 的旋律一下一下地敲鼓，最后组员一起合奏《小星星》。在这节活动中，安排的训练由简单到复杂，模拟的是组员如何从解决小问题到解决大问题，培养的是组员解决问题、克服逆境的信心。

此外，第五次活动中的描述社会网络和不满情境分析也是乐观部分训练的内容，也就是组员在白纸上画出自己的关系网络图，然后在团体中分享并获得团队的反馈，以及分析自己以前遇到的不满情境并获得团体的反馈，这个部分的内容主要是为了培养组员积极向上的态度；社会网络图是为了让组员清楚地明白自己的人际关系圈，知道在克服逆境的过程中应该向谁求助、可以向谁求助；不满情境分析是为了让组员在分析的过程中得到反思，反思自己原先的处理方式等，并在其他组员的反馈中培养自己乐观的态度。

通过两次活动对组员的干预，组员在解决问题和克服逆境时更有信心，同时也培养了自己乐观的态度，很好地达到了对乐观部分的干预。

（3）坚韧部分的训练。

关于坚韧部分的训练主要安排的是第四次活动——“团体故事表演”。这次活动的主要内容为小组组员随机分成两个组，每个组可以自由选择乐器，然后组员用乐器以及自己的声音创造或演绎一个故事，然后另一个组的组员来猜这个组表演故事的内容。这里组员的声音指的是发声，但在表演或演绎的过程中组员是不可以讲话的。这个部分训练的是组员的控制力，因为此次活动是组员在平时没有接触过的，很多组员都觉得很困难，是一个较大的挑战，而且在整个过程中都遇到了很多问题，但最后都可以得到解决，所以可以训练组员整体的控制力。

此外，第五次活动中也有涉及训练坚韧部分的活动，如抽取问题解决卡并解决问题、抽取压力卡并说出自己的解决方法、选择一个目标并制定达成策略等。这三个小活动在组员自己解决后都会获得团队的反馈，主要训练的是组员收获更多的应对方式，在遇到挑战时可以更加坚定。

通过两次活动对组员的干预，组员在挑战面前的坚定和控制力有所提升，面对挑战时组员更多的是采取积极的方法，对自己能克服挑战也更加有信心；而且数据也表明这部分的干预确实很有成效。

四、研究结论与讨论

（一）研究结论

本研究从社会工作的视角出发，利用小组工作的方法拟激发和塑造大学生抗逆力水平，选取了九名北京某高校在校本科生进行了为期六次的小组活动，通过对干预前后的数据以及一对一个案访谈的资料分析整理，得出以下结论。

第一，对大学生开展小组训练活动对于提升大学生抗逆力水平具有促进作用。量化的数据表明，在小组干预的前后组员抗逆力总分以及各部分得分产生了明显的变化，在小组干预后组员各部分得分明显提高，而且通过配对样本 T 检验后得出，抗逆力总分维度以及坚韧、力量、乐观三个维度的显著性 p 值均小于 0.05，特别是总分维度 $p=0.001$（$p<0.01$），各部分均达到统计学意义上的相关。质性的访谈资料表明，组员在小组干预后认知和行为方面均产生了积极的变化，在认知方面，组员能够客观评价自己、学会自我肯定，同时还能够学会换位思考、产生利他想法。在行为方面，组员求助意识得以提升、团队合作意愿增强，学会制订合理的自我管

理计划。

第二，在对大学生抗逆力的干预中，坚韧部分较力量和乐观两个部分更容易被干预。量化的数据表明，在对组员抗逆力各部分进行干预时，虽然各部分均达到统计学意义上的显著，但坚韧部分维度 $p=0.018$，力量部分维度 $p=0.034$，乐观部分 $p=0.047$，坚韧部分的 p 值明显低于力量部分和乐观部分，所以对坚韧部分的干预更为有效。质性访谈的资料表明，组员在面对挑战时坚定且有控制力方面的提升很明显，而且大多数组员都是最先出现这方面的变化。

第三，大学生抗逆力水平的提升有助于提高他们的情绪管理以及自我管理能力。情绪管理和自我管理作为生活中的重要部分，能够明显地影响每个人的心情以及应对方式，对情绪以及自我进行管理能够提升我们的乐观感和积极性。通过对小组成员进行干预后发现，小组组员在活动的过程中逐渐学会情绪管理和自我管理，而且这种能力随着抗逆力的变化在不断提升。

（二）讨论

1. 小组方案设计讨论

本研究以社会工作的视角出发，在小组方案的设计上既有社会工作的特点，又增加了较多形式新颖的活动，使得小组活动取得较好的效果，所以在此对小组方案的设计进行讨论。

首先，活动的设计比较有针对性且活动内容新颖。在第一次活动时对小组组员进行前测并通过心愿树的形式让组员写下自己对小组的期望，结合前测数据以及组员的期望设计活动，同时紧紧围绕抗逆力三个要素，设计了坚韧、力量、乐观三个单元的活动。在每个单位的活动中并没有完全采取传统的活动，而是根据当代大学生的特点创新了部分活动，例如用音乐引出组员的故事、创新“大富翁”游戏来对大学生抗逆力进行综合干预，使得组员能够积极地参与训练。

其次，在多次活动后适当布置了家庭作业。比如第二次活动后布置家庭作业让组员回去后体验一种新的减压方法，并在下次活动时和大家一起分享效果以及自己的感受；第四次活动后布置家庭作业让组员回去尝试团队合作解决一件比较有挑战性的事情，并在下一次活动和大家分享是如何解决的以及自己的感受等。通过布置家庭作业的形式使组员强化动机，巩固小组活动的成果。

最后，由于小组组员的异质性比较高，所以设计了第一节活动——“相逢是首歌”。活动的主要内容为组员通过抽取缘分卡结识自己的小伙伴，通过和自己的小伙伴攀谈之后将其介绍给小组内的其他成员，每个人介绍完之后，全部组员一起回忆每一个组员的信息。通过这个游戏缓解组员之间的尴尬气氛，建立和谐的小组氛围，同时在每一节小组活动前都会设计热身游戏以此来巩固组员之间的关系。

2. 提升大学生亢逆力的几点思考

大学生群体的抗逆力往往表现在人与环境互动的过程之中，他们在身处逆境时，只有启动自身的潜能，并积极与外在因素进行互动、调适才能很好地应对逆境。由此可见，对大学生抗逆力水平进行干预是必要的。本文通过研究对提升大学生抗逆力有以下几点思考。

（1）建立自信心和自主感。

有意义的行为可以帮助大学生建立自信心以及自主感，而自信心以及自主感的建立又可以使大学生提升抗逆力水平，所以在对大学生抗逆力水平进行干预时，可以通过有意义的行为来进行干预。例如学校可以组织学生多参加学校活动以及社会实践，并在完成行动或获得行动意义后给予他们适当的奖励，比如赞赏或信任。这样，可以让大学生群体更加相信自己、肯定自己，从而建立自信心，并在下一次相同或相似的行为中根据以往的经验做出更有意义的事，从而在今后的学习生活中更加具有自主感。

（2）激发大学生积极向上的态度。

积极向上的态度是处理好任何事情的基础，特别是在克服逆境的过程之中，积极向上的态度可以使大学生激发内在优势并积极寻找外部资源，并将两者很好地结合利用，所以在抗逆力水平的干预过程之中培养大学生积极向上的态度也是非常重要的。无论家庭、学习还是社会都可以通过给予适当帮助或加以鼓励的方式来激发大学生积极向上的态度。

（3）减轻外部环境中的危险因素。

减轻外部环境中的危险因素是提升抗逆力的重要环节，这一环节可以通过增加亲社会联结、建立清晰稳定的边界、教授生活技能来实现，这也就需要个体、家庭、学校和社会的共同努力。在家庭层面，家庭应积极营造良好和谐的氛围，并给予孩子适当的自主权，客观看待孩子的优缺点；在学校层面，学校不应过度看重学生的学业成绩，应更多关注到学生的心理层面，对心理处于亚健康或异常的群体及时进行干预，为学生创造良好的学校氛围和生活环境；在社会层面，社会应培养更多的可提供抗逆力的人才为当代大学生提供抗逆力的干预，同时应呼吁全体社会公民积极关注大学生群体的抗逆力。

3. 研究局限与展望

针对激发和塑造大学生抗逆力的设想，本研究以小组为手段进行干预使得大学生的抗逆力水平得以明显提高，但本研究依旧存在很多局限性。首先，本研究由于时间的限制，只是对组员进行了六次的干预，但抗逆力的培养应该是一个长期的过程，所以在今后的研究中可以综合考虑组员自身的特点以及需求，适当增加小组活动的次数，使抗逆力提升的效果更为显著。其次，本研究为小样本研究，在研究中的对象均为同一高校的学生，使得研究的普遍性意义受到了影响，所以在今后的研究中应该适当扩大样本量，同时考虑不同学校、不同地域等因素，减少普遍性意义的影响因素。最后，本研究只对组员进行了前测和后测，缺少对组员的追踪调查，所以本研究只了解到了短期的效果，并未对长期效果进行研究，在今后的研究中应该加入对组员长期效果测量的部分，在小组活动结束后的不同时期进行测量与访谈。

目前学界对抗逆力的研究已经非常成熟，但关注的群体大多是儿童、初中生或者是网络成瘾等问题群体，很少有人关注大学生抗逆力问题。但大学阶段学业适应、人际关系敏感等问题并不少见，所以大学生的抗逆力现状以及培养依旧是一个值得关注的问题。而且从本研究的量化数据以及质性访谈资料来看，对大学生抗逆力的干预能够从认知、行为等层面使大学生群体得到改变，同时提升其乐观感以及自信心。所以，期望看到今后的研究中有更多的人去关注大学生群体的抗逆力问题，同时家庭、学校、社会能够对大学生抗逆力进行必要的干预，减少大学生逆境事件频发的现象。

参考文献：

[1] Anthony E. J. The syndrome of the psychologieally invulnerable child [J] . E. j. Anthony & C. Koupernisk , 1974 (7)：56-64.

[2] Konopka G. Social group work：A helping process. 3rd ed [M] . Englewood Cliffs NJ：Prentice-Hall，1983.

[3] Murphy M. The Social Group Work Method in Social Work Education [M] . New York：Council on Social Work Education，1959.

[4] Northen H. Social work with group. 2nd ed [M] . New York：Columbia University Press，1988.

[5] Phillips M. R，Yang G.，Zhang Y，et al. Risk factors for suicide in China：a national case-control psychological autopsy study [J] . Lancet，2002 (9347)：1728-1736.

[6] Stevenson，J. E. Recent research in developmental psychopathology [M] . Pergamon Press，1985.

[7] Thecker H. Social group work：Principles and practices. 2nd ed [M] . New York：Association Press，1955.

[8] Tosland R. W. & Rivas R. F. Introduction to group work practice. 5th ed [M] . New York：Allyn & Bacon，2006.

[9] 蔡金星．“行动研究法兼容实验法”的原理解析 [J] ．江苏教育研究，2016 (34)：35-38.

[10] 黛安娜·库图，李士兴．有一种力量叫复原力 [J] ．哈佛商业评论，2003 (7)：50-57.

[11] 邓玮．社区为本：农村留守儿童犯罪风险的社工干预策略：以抗逆力提升为介入焦点 [D] ．西北农林科技大学硕士论文，2014.

[12] 杜正波．中职生抗逆力提升研究 [D] ．华中科技大学硕士论文，2013.

[13] 和红，杨洋．北京高校大学生自杀意念及影响因素研究 [J] ．中国健康教育，2014 (6)：536-539.

[14] 黄小珊．青少年抗逆力小组工作方法介入研究：以广州市 H 区 B 中学为例

[D]．西北农林科技大学硕士论文，2015.

[15] 李虹，梅锦荣．大学生压力量表的编制 [J]．西南农业大学学报，2006 (3)：277-281.

[16] 李萌．小组工作介入单亲家庭儿童抗逆力培养研究 [D]．河北大学硕士论文，2015.

[17] 李小云，齐顾波，徐秀丽．行动研究：一种新的研究范式？[J]．中国农村观察，2008 (1)：2-10+80.

[18] 刘梦．小组工作 [M]．北京：高等教育出版社，2003.

[19] 刘太勃．残疾青少年抗逆力状况的个案研究：以武汉市盲校为例 [D]．华中农业大学硕士论文，2013.

[20] 刘取芝，吴远．压弹：关于个体逆境适应机制的新探索 [J]．湖南师范大学教育科学学报，2005 (2)：111-115.

[21] 廉蓓．小组工作介入增强外来务工人员随迁子女抗逆力的应用与探索：以深圳市光明新区B社区为例 [D]．郑州大学硕士论文，2014.

[22] 卢思含．浅析流动人口社区儿童的抗逆力：以K市流动人口社区为例[D]．河海大学硕士论文，2013.

[23] 潘信．小组工作方法介入后进生抗逆力增进研究 [D]．苏州大学硕士论文，2013.

[24] 师若隽．初中生抗逆力提升的小组工作研究：以S校“成长的不倒翁”小组为例 [D]．西北农林科技大学硕士论文，2016.

[25] 师彦洁．高中生日常性学业复原力与自尊、社会支持的关系 [D]．河南大学硕士论文，2011.

[26] 沈之菲．青少年抗逆力的解读和培养 [J]．思想理论教育，2008 (1)：71-77.

[27] 沈之菲．上海市中小学的应激事件、应对方式及抗逆力的实证研究 [J]．思想理论教育，2009 (5)：72-77.

[28] 孙瑞琛，刘文婧，贾晓明．“5·12”汶川地震后抗逆力的个案研究：来自精神分析视角 [J]．北京理工大学学报（社会科学版），2010 (5)：153-156.

[29] 孙召路．挫折情境中青少年抗逆力的培育 [J]．青年探究，2007 (6)：112.

[30] 田国秀，侯童．优势取向的学校社会工作辅导路径探析：对学习困境中学生实务介入的个案研究 [J]．中国青年社会科学，2012 (1)：138-142.

［31］席居哲，桑标，左志宏．心理弹性（Resilience）研究的回顾与展望［J］．心理科学，2008（4）：995-998.

［32］于肖楠，张建新．韧性（resilience）：在压力下复原和成长的心理机制［J］．心理科学进展，2005（5）：658-665.

［33］王富国，茅默．理工科大学生心理压力的调查研究［J］．应用心理学，2001（1）：1-36.

［34］王克．浅议新时期大学生的抗逆力［J］．山西青年职业学院学报，2014（4）：36-38.

［35］王克．优势视角下的当代大学生抗逆力状况研究［D］．西北大学硕士论文，2011.

［36］王琛，戴艳，雷鸣．贫困大学生心理复原能力与其心理健康的关系研究［J］．西南交通大学学报（社会科学版），2012（4）：108-111.

［37］王君健，薛小勇，董凌芳．社会工作视阈下的抗逆力解读［J］．社会工作，2010（5）：6-9.

［38］伍威·弗里克．质性研究导引［M］．重庆大学出版社，2011.

［39］赵茜．留守儿童的抗逆力：内蒙古赤峰市巴林右旗留守儿童个案研究［D］．中国人民大学硕士论文，2007.

［40］朱森楠．从复原力观点谈国中中辍复学生的复原因素：以一个个案为例［J］．新竹：九十年度教育研究集刊，2001.

剪不断，理还乱
——再婚再育家庭原生子女适应不良研究

学生：罗　怡　指导教师：陈　锋

【摘要】 随着现代婚姻制度、生育制度改革，以及人们思想观念变化，离婚、再婚已经成为一种社会的常态，二胎制度的出台更是使得再婚再育家庭愈加普遍，而且家庭关系愈加复杂，原生子女如何适应新家庭成为急需关注的现实问题。原生子女在成长过程中经历的复杂的家庭关系变化——以父母离异、再婚、再育三个家庭重大事件为标志，可将其划分为原生家庭解体→新家庭组建→新家庭变化三个重要阶段。在此期间，原生子女产生了诸多适应不良表现。本研究通过调查发现，从原生子女成长历程来看，原生子女适应不良主要表现为“强独立性”、低认同感、适应反复的三大特点；这与其自身认知、家庭关系、适应过程有着密切的关联。原生子女过度的自我防御、难以剥离的原生情结以及创伤-修复过程的反复，使得原生子女在适应新家庭的过程中封闭、固化和摇摆，无法良好地适应新家庭。针对再婚再育家庭中的原生子女适应不良问题，需在家庭结构和家庭关系变化的对应阶段，社会工作者与家庭成员应共同进行及时的疏导和干预，以帮助他们顺利地度过新家庭的适应期。

关键词：再婚再育家庭　原生子女　新家庭适应

一、绪论

（一）问题的提出

随着社会发展变迁，婚姻观念的转变，婚姻制度的变革，我国出现了越来越多的离异家庭和再婚家庭。根据官方统计数字，我国的离婚量从

2002年的1011.1万人上升至2014年的1629.1万人，12年间增长了1.6倍多；与此同时，再婚人口数也从2002年的1688.5万人上升到2014年的1918.1万人。

离异与再婚、婚姻解体与家庭重组，看似只是婚姻关系问题的表现，表面上关系到的是家庭成员、家庭关系，实际上是传统家庭结构、家庭制度在当代社会发展大背景下面临的一次挑战。大多数人在从原有的家庭退出后会建立一个新的家庭，而在家庭组建过程中也不可避免地发生着各种各样的问题，同时，新家庭成员的加入，原生家庭和重组家庭之间的交互，使得家庭成员和家庭关系也不再是用单纯的中国传统主干家庭或核心家庭可以简单涵盖。学者张春泥有阐述："历史上的中国是一个低离婚水平的国家。"也就是说，传统的中国家庭多数是主干家庭或核心家庭结构，以血缘关系为纽带，他认为："这样组建的家庭是子女成长和社会化最初、最基本、最普遍的环境和制度。而由继父母与继子女关系构成的非传统家庭的大量出现，无疑会对中国家庭的子女抚育、亲子关系构成挑战。"[21]

2015年10月，"二胎"政策彻底放开，对现有的家庭结构再次造成了冲击，再婚再育家庭大量出现，除了继父母继子女这样特殊的家庭关系，再婚再育家庭中可能还会大量出现同父异母或同母异父的兄弟姊妹关系。作为家庭中重要组成部分的原生子女，更容易受到这样的家庭变化带来的影响，尤其是需要在新家庭中成长的原生家庭子女，在面对这样的变化时更有着自己独特的适应过程。

原生子女是根据原生家庭概念衍生出来的一个区别于再婚再育家庭新生儿群体的概念，指再婚家庭成员与原配所生的子女。父母离异、再婚、再育这些重大事件的发生，使得作为原生子女的这一批特殊群体又将面临着家庭成员增加、家庭关系转变、家庭角色转换等一系列问题，在此过程中，原生子女往往会呈现出适应不良的表现。那么，原生子女经历了怎样的家庭变化过程？有着怎样的适应现状和特点？对应的发生机制又是怎样的？本研究将着眼于此，结合原生子女在家庭变化过程中的经历，分析其在新家庭适应过程中产生的问题，分析其适应不良的发生机制，解读原生子女在新家庭适应中的事实现状，探讨可能的介入方式和角度，帮助原生子女更好地适应新家庭生活。

（二）研究现状

不同于西方早在20世纪后半叶就经历了第二次人口转型，中国由于制度变革、经济发展和传统家庭观念转变较晚，婚姻不稳定性提高、家庭结构变化主要呈现在20世纪80年代以后。对此，我国学者关注的主要方向有三个。

1. 再婚现象的研究

从20世纪80年代起，学界内就开始出现大量针对离婚现象的研究，同样地，对于家庭婚姻关系变化，再婚这一现象，既往研究更多关注家庭婚姻关系的变化对夫妻双方的影响及其原因，而对再婚再育家庭中的原生子女研究相对较少。学者关注到了两性个体差异和匹配特点对城市女性再婚中的困境和弱势地位的影响[5]，从性别和生命历程视角可以呈现农村人口的再婚差异及其个体性和结构性因素[7]。有学者认为，这种再婚差异性可能与初婚市场上的婚姻挤压、婚姻资源分配，以及再婚市场上的婚姻梯度有关[15]，也可能与个人资源、家庭因素和教育程度有关[13]。

2. 再婚家庭亲子关系研究

在对再婚家庭亲子关系的研究中，大部分认为婚前子女在再婚家庭中是一个不稳定的家庭影响因素，有学者从子女对家庭的影响角度出发，认为婚前子女在再婚家庭中或多或少的介入使得再婚家庭就像一个易碎品，关系维系十分脆弱[12]；也有学者从家庭对子女的影响角度出发，认为再婚家庭结构复杂化和家庭成员关系紧张化导致了子女对家庭和自我的消极认知[9]。还有学者对再婚家庭亲子关系作出了分类，划分出“激进式”和“放任式”两种截然不同的亲子关系模式，认为再婚家庭亲子之间的相处模式由于出现了继父母继子女关系的阻隔，缺乏合适的引导，很难实现和谐[22]。

3. 对再婚家庭子女越轨行为的研究

在对再婚子女的研究中，普遍认为再婚家庭的子女与正常家庭的子女受到家庭变化影响会产生行为上的偏差。有学者认为，家庭的婚姻状况对子女的心理和行为有重大影响，再婚行为及再婚家庭对子女的负面影响很大，在再婚家庭中成长起来的孩子容易出现越轨行为倾向[10]。再婚家庭子女的越轨行为倾向存在性别差异，比如，特殊结构家庭子女在发生网络成瘾的概率、对网络迷恋的程度和成瘾类型等方面均存在着性别差异[18]。还有调查显示，攻击行为倾向越高的大学生，其原生家庭背景越不健康[6]。另外，有学者在进一步讨论再婚家庭在子女教育上的问题及策略时，认为再婚家庭在教育子女过程中父母教育心态的不正确会导致孩子在成长过程中走入歧途[23]。

由上可以看出，既有研究中关注到了三类问题：一是关注导致婚姻关系变化的成因研究；二是关注婚姻关系变化中的亲子关系变化；三是探讨家庭婚姻状况对子女的负面影响。再婚行为对家庭关系和家庭成员的影响，尤其是对再婚家庭中继父母、继子女关系的研究，具有一定的启示性意义。但大多研究都是对再婚问题和对子女的消极影响方面的总体性研究，缺乏对婚姻关系的产物——即子女群体的关注，缺乏从子女角度看待婚姻关系变化，也缺乏对再婚过程中及新政策体系出台后的再育情况下原生子女群体新家庭适应现状问题的关注。此外，大多数研究都选择使用定量研究的方法，缺乏对于原生子女群体适应特点和适应机制的深度访谈和具体分析，因此也无法对原生子女在父母婚姻关系变化及家庭关系变化中的行为表现和心理状况进行解读。

二、研究方法

（一）研究思路与方法

本研究在调查对象的选取上，综合考虑了研究对象信息的获取难度，因此采用了滚雪球抽样法，优先选择了熟识的符合条件的人选参与试访谈，再通过请其提供另外一些属于所研究目标总体的调查对象，根据所形成的线索选择此后的调查对象，最终得到了参与研究的 13 位调查对象。

本研究在研究方法上以访谈法为主，选择半结构式访谈结合少量的参与式观察。半结构式访谈是指按照一个粗线条式的访谈提纲而进行的非正式的访谈，考虑到研究需要了解的信息具有很大的隐私性和敏感性，为了让受访对象更容易敞开心扉，以便访谈顺利进行，访谈的整体内容需要灵活，并及时根据访谈过程中的实际情况作出必要的调整。参与式观察作为一种辅助方式，只在2个非常熟识的访谈对象家庭中进行了为期3~7天的观察了解。此外，访谈过程中借助了实地访谈、电话访谈及借助QQ、微信等社交工具在线访谈等多种方式，对分布在各地的访谈对象进行了灵活的访谈资料获取。

研究试图通过关注隐藏在再婚夫妻群体后的子女群体，通过深度访谈，发掘其在父母离异、再婚、再育三个不同事件中的心理感受，探究其在原生家庭破裂和新家庭组成过程中的协调与努力。在此基础上，总结出这一特殊群体在这个特殊时期的适应特点，分析适应状况产生的机制，从而寻找原生子女适应困境的介入可能，为原生子女更好适应新家庭环境提供对策性建议。

（二）核心概念界定

1. 原生家庭

原生家庭是指由亲生父母与孩子组成的家庭，是亲子之间以血缘关系为纽带的家庭。

2. 再婚再育家庭

再婚再育家庭是指再婚重组家庭在一方或双方与前一段婚姻关系方已有子女的情况下，再生育双方的子女，即同时存在子女与继子女的再婚家庭。

3. 原生子女

原生子女，也可以称为婚前子女，特指再婚家庭成员与前一段婚姻关系方所生的子女，是根据原生家庭概念衍生出来的一个区别于再婚再育家庭新生儿群体的概念。

4. 新家庭适应

适应是指生物有机体调适顺应环境的一个状态，本研究中指的是原生子女对新家庭环境的协调状态。在针对原生子女在新家庭适应过程现状是否良好进行界定时，本研究简单地以受访者自我对新家庭认知（主观感受）、家庭成员关系亲疏、家庭成员冲突频次和激烈程度来进行适应状况判定：适应良好者——新家庭生活主观感受轻松愉悦、对家庭有归属感，家庭成员彼此之间关系亲密，客观上没有针对新家庭成员或新家庭关系而产生的激烈冲突；适应不良者——新家庭生活主观感受压抑抗拒、缺乏归属感，家庭成员关系紧张或疏离，可能存在针对新家庭而爆发的冲突。

（三）案例概述

1. 案例基本情况

通过滚雪球抽样，笔者共找到 16 个符合条件的访谈对象，完成了 13 个访谈工作，访谈整理出案例基本信息和简单的新家庭适应状况（见表 1），其中表现出家庭关系和谐的受访者只有 2 个，其他 11 个访谈对象都表现出或多或少的适应不良。

表 1 案例基本情况

编码	原生家庭生活时间	父母空窗期	新家庭生活时间	新家庭基本适应状况
Case01-10-F-L	8 年	8 个月	2 年	适应不良，内心非常渴望原生家庭的生活，对继父、同父弟弟感到陌生，新家庭没有归属感
Case02-25-M-B	3 年	2 年	20 年	适应良好，新家庭氛围融洽，与同父妹妹、继母关系亲密，但是与亲生母亲之间关系疏远
Case03-22-F-G	9 年	5 年	8 年	适应不良，新家庭关系不亲密，与父亲之间有多次争吵，与同父妹妹关系较好，和继母不亲密
Case04-23-M-Y	15 年	1 年	7 年	适应不良，个人极其独立，很少主动和家里联系，与父亲之间存在沟通问题，不与继母、同父弟弟交流，对新家庭没有归属感
Case05-22-F-R	14 年	2 年	6 年	适应不良，在新家庭适应过程中在父母双方之间反复，与母亲发生过矛盾，关心妹妹但不关心弟弟，抵触继父，没有家庭归属感

续表

编码	原生家庭生活时间	父母空窗期	新家庭生活时间	新家庭基本适应状况
Case06－21－F－N	10 年	5 年	5 年	适应不良，大学期间与父亲新家庭接触较多，但不融入新家庭，反感父亲，不太接受继母和异母妹妹，缺乏新家庭认同
Case07－17－F－A	13 年	2 年	2 年	适应不良，留守儿童，与父母关系较好，但是不喜欢继母和同父弟弟，在新家庭生活了一段时间后又回到老家
Case08－22－M－O	12 年	3 年	7 年	适应不良，和父亲关系冷淡，有过争执和矛盾，对继母和同父弟弟并不关注，对母亲比较关心，和继父关系比较融洽
Case09－21－F－M	15 年	2 年	4 年	适应不良，家庭关系冷淡，与父母都有争吵，和继母、同父弟弟关系疏离，常年不想回家
Case10－35－F－S	15 年	2 年	7 年	适应不良，和母亲家庭关系和谐，但是与母亲、妹妹相比，对继父不太亲密
Case11－22－F－J	12 年	3 年	6 年	适应较好，家庭关系比较和谐，和父母、继父关系平淡，对妹妹很好，但内心对于新家庭关系表示并不想参与
Case12－23－F－Q	14 年	4 年	5 年	适应不良，家庭关系疏离，没有交流，继母、弟弟妹妹都不经常接触，没有新家庭归属感
Case13－23－M－E	9 年	3 年	11 年	适应不良，在新家庭适应过程中出现反复，和母亲关系紧张，和继父关系一般，和同父弟弟没有交流

2. 案例特征

原生子女的适应现状由于从原生家庭中分离的年龄段不同、在新家庭中适应时间的长短不一，适应过程中会出现不同的反应。在完成访谈的 13 个案例中，其共同的基本特征如下。

（1）受访对象年龄主要年龄集中在 18～22 岁，其中最小的 10 岁，年龄最大的35岁，平均年龄22岁。

（2）受访对象父母离异的情况集中发生在10~16岁。这一时间段内多数受访对象已经有明确的记忆和情绪反应，能够比较完整地叙述当时的经历和感受，对原生家庭、新家庭的认知都比较清晰。

（3）受访对象大多都与父母再婚重组家庭的成员有所接触或共同居住过一段时间，彼此之间有一定的了解，对新家庭适应过程有明确的体验。

（4）在适应过程中或多或少地出现了适应不良的情况。

三、原生子女新家庭适应不良特点

费孝通先生认为："构成婚姻契约关系的要件是夫妻关系和亲子关系这两种基本社会关系。"[2]而在再婚再育家庭中，与中国传统的家庭结构不同，再婚再育家庭原生子女所处的家庭环境不是单一的家庭，也不是一个界限明确的家庭，继父母与继子女的关系、同父异母或同母异父的兄弟姊妹关系，让这个家庭的整体情况变得复杂，也让原生子女在家庭中的位置变得很微妙。

换句话说，传统主干家庭或核心家庭结构中，以夫妻关系和亲子关系搭建的三角形结构是家庭和谐稳定的基础[17]。经历了离异→再婚→再育三个重大家庭事件后，原生子女所处的新家庭关系就变得更加复杂，在原有的亲子关系基础上，出现了继亲子关系和同父/同母兄弟姊妹关系，对应的家庭结构也发生了变化，从原本的三角结构变为一种存在强弱关系的多边形结构（见图1）。父母离异将原生家庭从整体肢解成原生子女、父亲、母亲三个个体，并借由抚养权归属划分为一大一小两个团体。而当父母再婚再育后，新生儿则仍旧以家庭关注中心的地位出现，与父母之间构成传统上稳定的三角结构，而对比之下，原生子女在新家庭中则转变成为与亲生父母之前的亲子关系、继父母之间的继亲子关系、同母或同父兄弟姊妹关系的四角结构，其家庭地位上也出现差异。

调研发现，从原生子女的现状来看，再婚再育家庭原生子女虽然能健康地成长，但在融入新家庭环境的过程中会有一个明显的适应期，这个适应期长短不定，并且存在强烈的不稳定性。从访谈到的13个案例来看，有

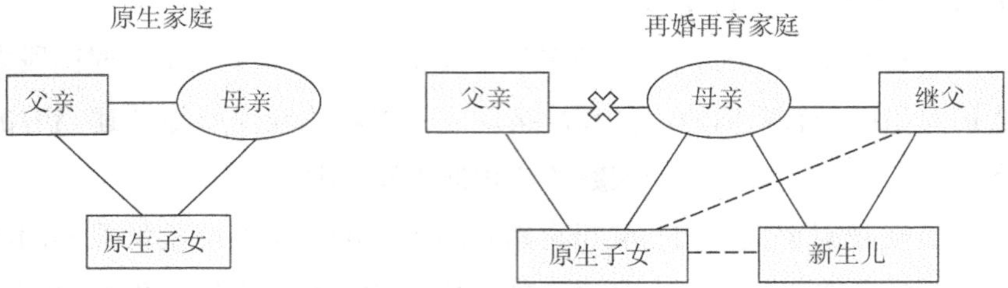

图 1　原生家庭与再婚再育家庭结构对比图（以母亲再婚再育为例）

超过 8 个访谈对象明确表示不喜欢新家庭，并且在新家庭中与家庭成员发生过家庭矛盾；同时有 3 人表示出对新家庭状况不关心或无所谓，基本不融入新家庭的生活；只有 2 人适应得相对较好，在新家庭生活中偶有争执但关系还比较亲密。

在家庭结构变化过程中，伴随着父母离异、再婚、再育三个重大家庭事件的发生，原生子女群体从原生家庭到新家庭经历了原生家庭解体→新家庭组建→新家庭变化三个主要阶段的变化，所处家庭环境的复杂性，每个阶段家庭成员的变化，新的“家庭成员”加入，使得原生子女在家庭中的角色、地位也随之变化（见图 2）。

一开始是继父母的出现，继亲子关系一直是影响再婚家庭和谐的一个主要因素，原生子女对于这第一个“陌生的家庭成员”，本身就带有情绪，缺乏交流沟通甚至缺乏关系建立，是继亲子关系无法良好处理的根本原因。再是新家庭新生儿的出现，作为子女有了可以比对的角色，有的已经是青少年的原生子女和还是新生儿的兄弟姊妹受到的照顾肯定是不一样的，家庭关系、家庭地位的差异使原生子女在家庭关系中的不稳定性加剧。也就是说，这时，原本作为家庭关注中心的子女逐步地失去了其长期所处的核心位置，尤其是对于已经形成比较完整认知的孩子而言，这部分子女不会无意识、无认知地逐渐融入新家庭，而是会成为在父母双方之间权衡的第三方，父母一方或双方的再婚再育容易使得原生子女呈现出一种在两个家庭之间拉扯的状态。

上述案例原生子女对新家庭环境适应不良的比例相对适应良好的比例更高一些，这些适应不良表现呈现出了自身特点、家庭关系特点与适应阶

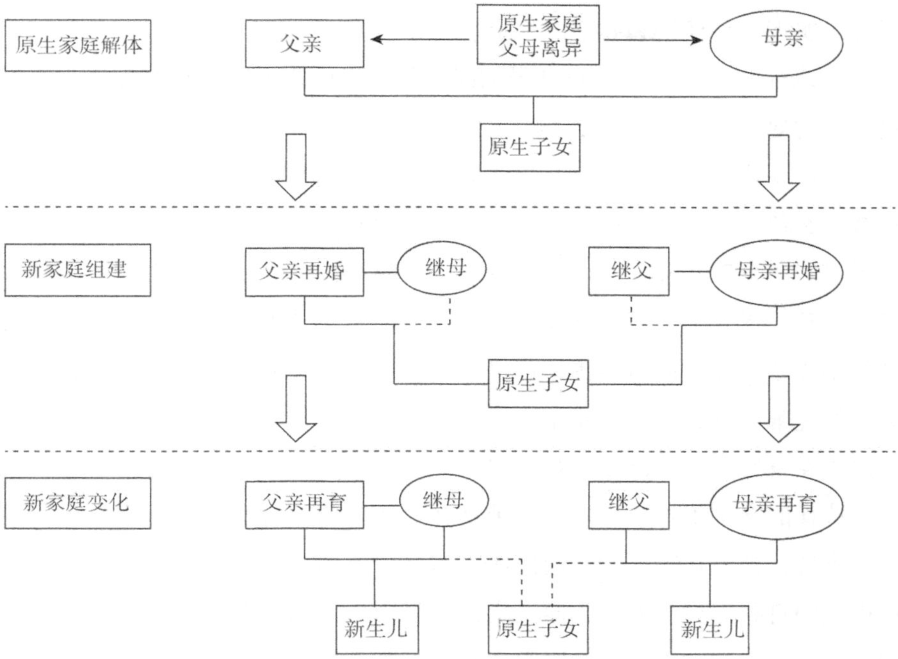

图2　原生子女家庭结构变化图

段性特点上的一致，笔者作出了如下的整理。

（一）“强独立性”

“强独立性”是原生子女在新家庭适应过程中的一个自身特点，这种“独立”不是我们通常所解释的自理自立，它有两层含义：一是作为系统的原生子女在意识优先级上的“独立”倾向；二是作为部分的原生子女在新家庭系统中的格格不入或是特立独行。

都说子女社会化的最基础环境是原生家庭，父母和孩子之间的相处本身也是最为亲密无间的，孩子有什么话、想做什么事、受了什么委屈，最优先交流沟通的一般都是父母。也就是说，在孩子的眼里，家庭系统是其寻求问题解决的最优先考量对象。但是，原生子女在经历家庭关系变化后，自己最亲近的父母突然分离甚至对立的态势，让原生子女产生一种情绪上的低落和认知上的怀疑，而产生问题的正是他们一贯处理问题的系统，这时候的子女就缺乏一种宣泄的有效渠道和方式，只能优先通过自我消化来实现一种情绪和心理的稳定。

访谈对象 M 在面对父母离异的时候就一直保持沉默，没有和任何人谈过家里的变化。

我一度认为自己在父母离异的时候经历的事情都不是真实的，睡一觉醒来什么都还和以前一样，但是和谁都不敢说。直到我妈再婚，才真的感受到那种“家”的幻灭，就感觉对结婚啊家庭啊什么的都已经失去信心了。自己（对家庭）投入的很多很多感情，好像他们（父母）一下子说不要就不要了。那段时间和我妈就完全没有话讲，无话可说。那这种情况我又不能说给谁听，毕竟“家丑不可外扬”，只能什么都吞在肚子里，难过就蒙头在被窝里哭。(Case09-21-F-M)

这样的案例不止一个。原生子女在经历父母离异后，缺乏来自家庭的有力支持，被迫在很短的时间内适应这样的支持系统，原生子女必须要具备更强的自我支持能力。久而久之，一旦原生子女习惯了这样的自我消化的整合和努力，就不再将家庭系统作为处理问题的最优先级，就像受访者 G 所经历的。

我爸妈离婚的时候对我打击很大，我本来很开朗的，但是初中那几年突然就性格变化很大，沉默，不爱说话，老师说我不合群。我又不想说话，跟家里更是一句话不想说，同学就觉得我这个人有问题，孤立排挤什么的，初中就这样。你看见我现在大大咧咧这样子，完全不敢想象那五六年在我身上发生了什么，我又是怎么一个人扛过来的。(Case03-22-F-G)

不只如此，案例中表现出适应不良的访谈对象中，有 9 人表示，当自己再次面临一些问题的时候，最优先的选择是自行解决，如果有疑问，会优先征求的是朋友的意见。很多受访者自己可能并没有意识到自己这样的思维特点，认为自己可能只是个性上更独立，而事实上他们在实际的生活中，还对家庭生活产生了拒绝和回避。其中有 8 人在父母离异后，行为和思维认知上出现了较大的转变，从一开始的“听话的乖小孩”，一下子变得谁也不亲近。

这种呈现出回避或脱离的意识或行为，在自我认知中对家庭的信任程度比较低，家庭关系亲密度更低。不会表现在新家庭适应的初期，更多地出现在父母再婚再育之后，原生子女会自动地从家庭关系中撤离，表现出对同辈群体的亲密程度比对家庭的亲密程度更高。

我妈在离婚后的情况就很不好，你也知道，所以基本上不怎么管我。我爸呢，更不用说了，本来就经常吵架，去了高中见面少了还好。我的话，现在生活上除了钱和偶尔吃饭见面，我都不怎么跟家里联系。他们离婚之后，很多东西都变了，谈不上和谁亲不亲近，阿姨我也没怎么见过。那个弟弟，见面的时候都会喊我“哥”了，感觉我都不像是这个家的人。(Case04-23-M-Y)

原生子女脱离对原有的家庭成员的依恋、脱离原有的家庭关系模式，并且拒绝形成新的亲密联系，成为一个更加独立的个体游离在原生家庭和新家庭之间，在后期的个人成长和发展过程中表现出极强的“独立性”，极度回避家庭沟通交流和联结产生，甚至表现出“不喜欢家里管束，希望独自生活”的意愿；并且很少主动和家里联系，也不会在家庭中表露自己的困难或问题，又或者对于父母的干预表现出拒绝甚至抗议。访谈对象O就认为：“你说父母离异和再婚本来就没有考虑到我的心情，再来谈‘管教’我，我觉得他们自己的事情都处理得不好。”（Case08-22-M-O）除去本身青春期青少年的特质，也是面对家庭关系变化后的一种回避和自我保护，才表现出来较强的独立性。

原生子女的生活经历使其过早脱离家庭生活，表现出“强独立性”。事实上，是父母离异均发生在子女未成年时期，子女不可能立刻脱离父母的庇护实现完全独立，因此当父母选择再婚时，作为子女大多无力阻止却也不能完全持乐观的态度接受，这样的客观状况导致他们被迫进入了一个缺乏家庭支持、运用大量能量自我维持的阶段。这种“独立”背后暗含着诸多压抑忍耐，并非人格自由发展的结果。

（二）低认同感

原生子女在适应新家庭生活时，在家庭关系上呈现出低认同感的特点，主要表现为对“家庭成员”的低认同感。13名访谈对象中，适应良好的受访者由于早期就生活在新家庭中，逐步培养起自我认知，所以更能接受新家庭，而适应不良的受访者，有的不接受父母离异、再婚的事实，有的不接纳新的家庭成员，甚至有的在父母离异之后选择“站边”。首先，原生子女对于家庭和家庭成员的既有认知，包含了他们的理解和期望，他们对家庭成员角色的期望更多地建立在血缘关系和从有意识开始的日常相处上，当新家庭成员不能满足这样的期望，因此也难以在原有家庭成员的对比中获得原生子女的认同。再者，被社会污名化的“后爸”“后妈”标签先入为主，加上受到原生家庭解体产生的难以外泄的负面情绪，也使得原生子女很难对家庭成员产生认同。

对“家庭成员”低认同感，首先是对新家庭作为“家”的感情排斥，原生家庭解体直接导致原生子女对“家”的归属感丧失。这种归属感丧失所表现出来的情感体验在心理学上常被理解为一种对失去的“家”的哀悼，超过一半的访谈对象在访谈中表示出对“家”的归属感丧失，并且哀悼期间无法对新家庭产生归属感和认同感。

L的表姐透露：L的爸爸是车祸意外离世的，然后她妈妈出门打工没多久就和另一个人结婚了，还有了孩子。对方好像不太喜欢L。我爸爸就说把L接到我家来住，在这边上学环境也更好一点。小孩在家里话很少，乖巧，学习成绩不算特别好。老师那边也沟通过，老师说她比较自卑，在学校也很少和同学玩在一起。

和L交流的时候，她自己是这样描述的：我想爸爸，妈妈说爸爸不回来了。我不想住伯伯家，我想回家，叫妈妈带我去找爸爸，但是妈妈现在和一个叔叔还有一个弟弟在一起住，不接我回家。我不喜欢他们。（Case01-10-F-L）

访谈对象L年纪比较小，认知和觉察能力不足，对“家”的印象更多是固化在原生家庭解体的状态，脑海中会不自觉地强化“我已经没有家了”“我失去了自己的家”这样的认知，因此极度缺乏安全感。在这种情感体验中，新家庭环境对原生子女而言比起“自己来到了一个新家”更准确得体验应该是“这是以后生活的新房子”。他们只会接受“新房子”这个客观事实而不代表会接纳“新家庭”，甚至有的原生子女会表现出一些抵触情绪。

对新家庭成员的低认同感也是一个突出的表现，原生子女对新家庭成员既陌生又没有建立关系的技巧或能力，本身也有着一些排外的情绪。

我对父亲的印象一直是脾气不好、不关心家人，很少联系。他和我妈离婚之后搬家到G市，我在这边上大学才和他有比较多的接触。一开始我爸想管我，但是我不想他总管着。阿姨又不熟，不好怎么说我。后来他们有小孩了，我爸一直在拼命给我灌输着“姐妹以后互相照应”的思想，但我觉得不能接受。这就好像别人家的小孩，可爱是可爱，但不是家人。(Case06-21-F-N)

在这样的适应过程中，原生子女一方面回避与家庭成员的接触和联系，另一方面又保持一种“排外”的情绪，固着在原有的对“家”的体验中，最后当其发现自己不得不被迫接受一些事实的情况下，又会在不同适应阶段期间表现出一种低认同的特点，拒绝交流、接纳，对原生家庭婚姻过错方排斥，对新家庭成员持有成见，对父母再婚重组家庭不认可等现象。

对比早年父母离异，在新家庭中成长起来的受访者B，对自己的身世其实一直都了解。

刚懂事的时候知道自己的事情，其实蛮担心自己在家里不如妹妹，但是一直以来爸爸妈妈（指继母）都对我很好，妹妹也是一起长大，没什么隔阂或者矛盾，感情比较深。倒是我妈，我对她其实并没有什么印象，但是对我而言，是她不要我了，我很难过，但是肯定也谈不上恨她。(Case02-25-M-B)

对“家庭成员”的低认同直接表现为对自我作为新家庭成员的不认同，不认为自己是新家庭成员而是被遗弃的孩子，进入新家庭生活的原生子女担心表现不好又一次被抛弃，这其实也是对“家”的低认同指向自我内部的一个表现，即对于新家庭缺乏归属感和安全感，不认同自己也是家庭中的一位成员，担心被排斥。但是家庭成员表现出来的关怀备至，营造新良好家庭氛围，使原生子女逐步建立了自己仍然是家庭重要成员的认知，也更好地融入了新家庭。

再婚再育家庭中，原生子女适应新家庭的两个方向，但不论是否能够良好适应，都没有避免的是子女对“家”和“家庭成员”这两个概念产生动摇，导致内心处于一种迷茫焦躁的状态，无法完成对新家庭的适应，这也成为原生子女在适应新家庭中的一个突出特点。

（三）适应反复

适应反复性是再婚再育家庭中的原生子女适应新家庭的过程特点，原生子女对于新家庭环境的适应包括多个阶段：原生家庭解体—新家庭构建—新家庭变化，因此其适应状况随着时间推移在不同的阶段会有不同的变化。在13个访谈案例中，有2个反复情绪明显的案例，另外还有超过8个受访者表示过在父母双方及其家庭之间保持复杂情绪的。对于原生子女而言，原生子女对新家庭的适应状况是不稳定的，他们夹持在原生家庭和新家庭之间摇摆不定是直接导致这种曲折化发展的一个因素。但同时，父母双方在婚姻关系变化不同阶段对彼此、对孩子的态度、行为，也会对原生子女的适应过程造成巨大的影响，随着时间的推移表现出来的情绪可能会转化成为情绪上、行动上的适应，但是这个过程是曲折反复的。

本来我一直觉得，离婚这整个事情里是我爸的错，我妈很委屈，我就想着多少理解她一点，但是跟我妈生活在一起之后我又觉得，我妈其实自己也有问题，所以他俩的事就让他俩自己处理，我不想干涉。我之前跟我妈住一起的时候我就不喜欢那个男的，他俩结没结婚我都不知道。那会儿我刚放假，我妹一出生，我妈也不管，丢给我带，我哪里会带小孩，就一直吵架。后来我干脆直接搬去和我爸住了。（Case05-22-F-R）

受到原生家庭解体时父母关系的影响，青春期的原生子女在父母离异阶段获知父母离异的一些原因，进而可能会因为父母彼此针锋相对的关系而产生一些情绪反应，受到父母互相指责的影响，在这一过程中表现为原生子女对父母婚姻中过错方的不满。但受到新家庭组建的影响，原本认为是某一方原生家庭成员对家庭有所背叛而产生的成见，因为家庭的再一次变化，而转移到“外来人”继父和新生儿的身上，导致原本就没有排解的负面情绪和感受再一次通过对继父的抵触方式来进行宣泄。当发现这种不满的表达并不能改变现实状况并且新家庭还可能进一步发展的事实情况下，又转向迎合自己的另一个原生家庭成员，行动上的反复特征明显。

同样地，本来经过开导已经适应父母分离状况的E，因为母亲的严厉管束、继父的放任态度，在新家庭中不能很好地感受到自己需要的家庭温暖，倒是已经分开的父亲还更关心自己。因此，E虽然理解父母双方的选择，但是仍然无法适应这样的家庭生活。自己的遭遇在弟弟出生之后有了鲜明的对比，让E更加无法承受，最终通过爆发的方式宣泄在母亲身上。

我爸妈没离婚就一直吵架，吵得很凶，院子里的邻居都知道的那种，所以离了还是件好事，生活可能更轻松点。但是我感觉我妈离婚之后就一直把她的脾气撒在我身上，以前是管，后来就变成那种很奇怪的指责，当着外人（继父）的面也骂我，感觉像是骂不了我爸就骂我一样，我弟出生以后就更夸张了。我真的是受不了。(Case13-23-M-E)

原生子女表现出这种反复性的适应特点，对应着家庭结构的变化。每一个新家庭成员的脱离、融入都会引起原生子女在心理、情绪上的一系列变化，这种适应历程曲折反复的特点与家庭结构密切相关，即原生子女在新家庭适应期间的游离状态很容易表现出这种摇摆迎合的特点，更容易出现面对家庭生活时的情绪反弹。同时，这种变化会影响到原生子女在新家庭适应过程中的行为表现，也是原生子女新家庭适应过程的突出特点。

四、原生子女新家庭适应不良的发生机制

再婚再育家庭原生子女在新家庭适应中呈现的三个特点与他们经历的家庭变化阶段是相互关联的，从原生家庭的解体到新家庭的组建，原生子女在这样复杂变化的家庭环境中有着自己特殊的心路历程，大多数的原生子女在这一期间经历了许多复杂的情感体验：伤心难过、愤怒怨怼、冷漠疏离等。在13个受访的对象中，少数2个适应良好的案例基本都是由于访谈对象没有经历完整的家庭结构变化过程或者在此期间没有足够的认知能力，而多数原生子女在适应新家庭的过程中呈现更多的反应是抵触或回避，也就是适应不良。对此，本研究结合原生子女新家庭适应阶段的特点，对应地剖析原生子女在新家庭适应中适应不良的发生机制。

（一）封闭：过度的自我防御

自我防御机制最初由弗洛伊德提出，它是心理动力学理论提供的一个解释个人应对可能的伤害或是刺激时用来保护自我的无意识反应机制，包括了否认、压抑、合理化、移置、投射、反向形成、过度代偿、抵消、升华、幽默和认同的11种形式[8]。自我防御机制的一些反应或表现，使得原生子女运用大量的能量去维持某一个“安全”的状态，来确保他们在家庭重大事件发生时能够不受到伤害或降低对新家庭成员的攻击性。但是过度的自我防御在适应新家庭的过程中，并不利于原生子女与新家庭之间建立关系，一味地关注对自己的保护，其实也是对刺激的不断强化，使得原生子女容易陷入一个死循环，无法彻底从原有的刺激阴影中走出来融入新的环境。

在13个受访案例中，最常见外显的是压抑机制，自我通过这种方式把刺激或导致其焦虑的内容排除在意识之外。尤其是一些原生家庭解体后，家长在对子女说明事实时试图表示彼此和谐分手的状态，在子女看来是“爸爸妈妈还是爸爸妈妈，只是不在一起住了”的分离式体验，选择理解父母的子女会压抑自己的感受。也就是说，受访者通过这样一种回避，把父母离异、再婚或再育过程中的难过、愤怒等情绪反应压抑，或者对相关联的事件选择性地压抑，拒绝回忆和重演。

在这样的情境下，原生子女对于原生家庭和新家庭没有表现出过多的融入和热情，甚至于对家庭生活都没有太多的积极性，表现出很强的独立性，并且对过去的家庭重大事件经历也表示出不想提或者忘记了的态度，一味地向往一种独立自由、不受干扰的生活。在家庭沟通过程中采取一种双向的封闭，即家长不问、孩子不提，只是一种例行公事般的走过场介绍。在与Case12-23-F-Q访谈对象Q进行访谈的过程中，能够感受到的是她极力去忘记当初父母离异、再婚时的很多细节事件，对于自己的感受也一直是“没什么特别的”态度，把自己的情绪情感都自我保留和消化，不愿意回忆和提及。当这种压抑过度的时候，它就不是单纯地从婚姻关系变化中保护原生子女，反而会影响到原生子女对相关信息的处理，导致一些情绪情感问题没有及时纾解，而在原生家庭解体后无法适应新家庭生活。

除了压抑的防御机制，还有出现更多的是移置的反应，原生子女对于父母离异过程中的过错方是有怨怼和不满的。这种情绪很容易嫁接到新加入的家庭成员身上，比如对继父母莫名的敌意和排斥，潜意识里把父母离异的原因归结在“外人”的身上，而避免将攻击指向自己亲近的家人。比如案例 Case04-23-M-Y 中访谈对象 Y 对母亲所说的因父亲出轨离异无法接受，但并未对自己的父亲采取敌视情绪或者抵触行为，而是将产生的愤怒转移到周围的一些事物身上，变得暴躁、不合群，出现一系列违反校纪校规的越轨行为来发泄内心的情绪，与父亲再婚后的家庭也关系平淡，很长一段时间内都无法融入新家庭的生活。长期地处于这样一种过度的怨愤状态，让原生子女失去了很多与新家庭缔结联系的机会，而父母在这期间对子女通常采取的过分管教或者过分放任的态度，也无法正确地引导其走出这种过度的自我防御。

防御机制合理的情况下，原生子女会在经历一段时间的沉淀和自我整合后适应新的家庭环境，逐步修复自己在原生家庭解体过程中的创伤，并找到自己在新家庭中的定位和方向。Case08-22-M-O 受访者 O 在最初的适应过程中既表现了与 Case04-23-M-Y 相同的移置机制，在经历了家庭变化和叛逆期诱发的各种情绪爆发，把对父亲方面的不满通过一些越轨行为作为宣泄，把对原生家庭解体的创伤逐步修复，在后期转化为合理有效的升华机制，理智地接受了母亲组建的新家庭并且自己有步骤地实现自理和经济独立，最终有所调整。把本身对家庭生活的一些负面情绪转移到了学习和工作上，是少数能够比较好地处理适应期的案例之一，但其间的波折坎坷也是颇多。

自我防御机制最开始的目的是帮助原生子女在原生家庭解体时进行一种自我保护，他们通过这样的方式来处理和消化自己受到的创伤，同时避免在新家庭组建期间受到更大的刺激，而家庭关系变化给未成年子女带来的创伤需要很长的时间和精力去修复，原生子女也缺乏正确的引导，长期地处于某种自我防御状态下，让自我防御机制过度地发挥作用，逐渐影响到了日常生活。不论这些受访者采取了怎样的自我防御机制来规避家庭变化对自己心里带来的伤害或者刺激，这种无意识的行为本身对原生子女在应对原生家庭解体和新家庭适应过程中主要保护的是受访者自己的心理感受，但是过度的保护、回避不利于访谈对象真正处理、解决其夹置在原生家庭与新家庭之间的处境，也无法真正打开其心结去适应已经变化的家庭环境。

（二）固着：原生情结未剥离

原生情结是指原生子女对原生家庭的依恋情结。学者阮利雯认为："原生家庭带给子女的成长印记是难以磨灭的。"原生子女在社会化的初期首先接触的是自己的原生家庭，幼年时期在原生家庭中接受的教育和影响甚至可能关系到人格的发展，孩子对于安全、温暖、爱等一系列认知都来源于原生家庭。原生家庭作为一个长期、稳定的载体为家庭成员提供的安全感、归属感会让子女形成一种依恋，当原生家庭解体时，载体消失，所有家庭成员尤其是当子女长期在原生家庭中感受到的安全、温暖突然被打破，这种依恋情结未能完整地剥离，就会使得原生子女拼命地抱紧自己认知中的"家"的形象，也就是对家庭认知的"固着"。

由原生家庭解体而产生的这种对原生家庭的情感固着，几乎在所有受访案例中都有出现，出现概率上没有特殊的差异，向 10 岁到 35 岁的受访对象提出问题："如果让你选择生活在以前的家庭和现在的家庭里，你更愿意选择哪一个？"给出的回答多数都是"我肯定选择自己（原本）的家"，少数则表示"父母不频繁争吵的情况下肯定选择自己（原本）的家"，只有 1 个受访者（Case02-25-M-B）表示"因为我不记得以前家里是什么情况，所以现在的家就很好"。也就是说，不论是基于原生子女人格发展的早期阶段、社会化的最初环境，又或是所谓"先入为主"的印象标签，原生子女普遍都存在一种对原生家庭的依恋情结。

按照家庭生命周期图来看，家庭生长前期的五个阶段是家庭组建和稳定发展，在这一大阶段内，家庭成员主要是夫妻、孩子，主要的家庭任务是从家庭组建到孕育新生儿和培养孩子，也就是家庭生命的上升期，其间，家庭关系应该是不断紧密、依恋程度不断增强的。到了后三个阶段，则是孩子成年离家、父母空巢的家庭解体阶段，原生家庭的依恋逐步降低，子女转向组建自己的新家庭。而再婚再育家庭中，原生子女原生家庭解体，他们以一种非原生的身份进入新家庭生命周期，需要从原本已经发展到一定生命周期阶段的家庭中剥离，重新培养自己的家庭角色认知、建立家庭成员之间的关系、培养自己对新家庭的认同和归属感。多数原生子女在学龄期或青少年时期就面临家庭解体和重组，其对原生家庭依恋情结发展还处于上升期，认知能力也未发展整合完毕，对原生家庭依恋情结强烈，自然也无法完成理论上的过渡。原生情结无法剥离，情感依托的原生家庭与现实生活的新家庭之间存在的种种差异，原生子女就容易出现紊乱，也就表现出一种认知上的“固着”，这种固着也就影响其在新家庭中的适应过程。

从访谈到的具体案例来看，原生情结未剥离的固着可以表现为对原生家庭的形象固着。Case01-10-F-L 的原生家庭是遭遇了家庭成员离世的突发状况，本身父母之间并不存在太多的情感问题，10 岁的女儿在家庭中也一直生活得很愉快，母亲方面遭受不住丈夫意外离世的打击，很快就改嫁。女儿突然就似乎成为一个被抛弃的孩子，寄宿在伯伯家，失去自己原本的家，也无法融入妈妈的新家。在她的认知里，“新爸爸和新宝宝都不喜欢自己”，并且一直在强调“爸爸妈妈会接我回家”。L 的潜意识里还是牢牢根植着自己原本的“家”的印象，无法接受原生家庭解体的事实，也不愿意接受一个“新爸爸”，这就是原生情结的未剥离。父母离异作为重大家庭事件并不是发生得毫无征兆的，父母之间婚姻关系的恶化过程作为家庭解体的一个铺垫，某种程度上是子女原生情结剥离的前置，而新家庭成员对于原生子女的接纳，也是促使原生情结剥离的一个重要因素。在这个案例中，访谈对象年龄太小，自我觉察能力不足，人格发展尚未完善，原生家庭成员缺乏引导和沟通，新家庭也没有很好地让孩子融入家庭生活，使得原生子女始终无法剥离原生情结，无法走出创伤阴影，导致原生子女在新家庭适应时表现出不良反应的特点。

除了对“家”的固着，原生情结未剥离也可能体现为家庭成员的不可变更，也就是在独生子女政策影响下，原生子女对于家庭中只有自己一个孩子的这种观念固着，导致很多原生子女无法完成对新生儿的兄弟姊妹关系上的认同。比如，在谈到与同母/同父兄弟姊妹关系的时候，有 4 名受访者表示了与弟弟妹妹关系较好，但其中 1 名表示：“我对她好不是因为我们是姐妹，而是因为我妈只疼我弟。我如果不对我妹好，那她就没人管了。”另外有7名受访者表示“没有什么兄弟姐妹的感觉”。更有访谈对象N说：“这就好像别人家的小孩，再可爱，都是别人家的小孩。”（Case06-21-F-N）从出生至今形成的核心家庭形式的家庭关系，让N对于“家庭成员”的认知固着在原有的关系模式下，并且保持着强烈的排外意识，以此来保护其对于家庭的情感寄托。除此之外，还有3名受访者表示并不怎么接触家里，弟弟/妹妹和自己年龄差距太大，也没什么交流。原生情结未剥离的原生家庭子女将自己固着在原本家庭的情感或情境中，使得他们对于家庭变化的适应能力相对较差，需要一个更加缓和的适应周期和更加包容接纳的良好环境，帮助他们去逐步完成一个对原生家庭的哀悼，实现原生情结的良好剥离。

不同阶段剥离的原生子女依恋情结发展程度不同，剥离难度也就不同。例如婴幼儿时期就进入新家庭生活，原生情结比较淡，剥离难度较小，而已经具备自我意识的原生子女，形成了原生情结，剥离的难度就比较大。Case02-25-M-B描述的就是这样一个情况：“我父母离婚的时候其实我不怎么有印象，记得的都是爸爸和现在的妈妈（指继母）、妹妹一起生活，一直到10岁左右才知道我母亲的事情，总觉得，像是被抛弃了一样，但是好像也不太影响我现在的生活。”该案例原生家庭解体发生在原生家庭育儿期，自我认知未成型，对原生家庭的依恋情结不明显，因此在原生家庭解体后更好地融入新家庭，在新家庭适应中表现比较良好的适应状况，逐步完成人格发展和自我成长。长期稳定的家庭环境从孩子幼年就对其形成了影响，而且较强的包容性和和谐的交流沟通，使得原生子女与新家庭成员之间形成了良好的互动，与新生儿同样作为家庭子女生活在新家庭中，与家庭成员关系和谐，适应状况良好。

在原生家庭解体过程中，原生子女很难从原生情结里立即剥离，早期建立的安全感和对家庭成员的期望被打破，而选择离异的家长方面又多是互相指责的尖锐态势，少数平静分离的家长也对家庭解体闭口不提，亲子之间缺乏应有的交流沟通，原生子女在原生家庭解体后受到心理创伤的同时对家庭温暖的索求又得不到及时补充，容易陷入负面情绪的包围，加之青春期情绪本来就起伏较大，无法处理的原生情结剥离被高高搁置，最终固化成为心结。

（三）摇摆：创伤与修复过程的反复交替

原生子女在整个家庭变化过程中，经历了父母离异、再婚、再育三个重大事件，最开始需要度过的便是创伤和修复的过程。这是原生子女夹持在两个家庭中最为复杂的心理变化过程，直接影响着其进入新家庭环境的心态、认知、情绪等，也是出现适应不良的最重要原因之一。

父母离异对于未成年子女而言是会造成心理创伤的，而父母在未处理好原有创伤的时间内再婚和再育会对子女造成心理的二次创伤。受访者 R 表示了父母离异后强烈地感到“家的丧失”，从心理学角度出发，都可以理解为未成年子女在父母离异时遭遇心理创伤，即强制地接受个体的分离，并且被迫进入一段失去家庭的哀悼期。这种哀悼情绪在 R 所处的青春期感受尤为明显，并且持续了很长时间，使得 R 异常地缺乏安全感，也缺乏对“家”的归属感（Case05-22-F-R）。但作为未成年人，受访者很难在短期内进行妥善的自我修复，此时 R 的母亲选择了再婚，将时间精力分配到新家庭的生活中去，忽视对其的安慰和疏导，就很有可能使其产生新的失落，即“家庭成员的丧失”，也就是所谓的二次创伤。

创伤修复过程的反复交替使得原生子女在经历由父母离异带来的第一次创伤后，未能及时完成修复，即在经历父母离异后没有足够的时间接纳双方分离的事实，接纳新的、单亲家庭的生活，完成自我修复，在自我修复的过程中又遭受了二次创伤。二次创伤的来源可能是新家庭的组建，即再一次感受到原生家庭解体破碎的事实冲击，也可能是新家庭的突发变化，即对原生子女自身在新家庭中家庭角色、家庭地位的冲击。Case13-23-M-E 的访谈对象 E，在新生儿出生后自己在母亲家庭中的地位受到冲击，加上与母亲之间相处积累的不愉快，爆发了与母亲的矛盾。原生家庭解体时，E 得到了部分的开导，但在家庭变化中的 E 又一次的心理变化没有得到及时的纾解，对其心理产生了二次创伤，使得 E 在与父母、家庭的相处中出现这种循环往复的情况。

创伤修复过程的反复使得原生子女在适应新家庭环境的时候为了逃避

创伤，在父母、原生家庭和新家庭之间游离摇摆，为了回避在新家庭中的受伤感，转而寻找原生家庭成员的庇护，试图从新家庭中剥离来完成自我保护，在情感上就呈现出一种反复不定的状态，从而呈现出一种适应曲折发展的特点。

父母双方不停变化的家庭情况对原生子女的包容度、原生子女对新家庭和新家庭成员的接纳度可能都会影响原生子女的认知，使之对新家庭表现出适应不良，缺乏认同感。反之，如果能够形成良好的自我认知，处于一个包容度较高的环境，与人良好的沟通交流，加上自我不断完善整合，发展认知和人格，可能会更好地从原生情结中剥离出来，更好地接纳、适应新家庭，避免在适应新家庭过程中出现低认同或排斥。

五、结论与讨论

原生子女在适应新家庭环境的过程中会有一个明显的适应期，这个适应期长短不定，并且存在强烈的不稳定性，总结整个适应阶段，就是一种“剪不断，理还乱”的状态。

从研究来看，原生子女对新家庭环境适应不良的状况比适应良好的比例更高一些，这些适应不良表现在某些方面呈现出很大的一致性，即自我独立性强、对新“家”的低认同感或对家庭成员的排斥、家庭适应过程曲折反复的特点。

从发生机制来看，原生子女在经历家庭变故后采取一系列自我防御机制，呈现出一些如压抑、否认、移置的表现。这些反应一定程度上保护了原生子女已经受到创伤的内心不再受到进一步刺激，但是并不能真正解除他们内心的纠结和痛苦，甚至过度的自我防御会阻碍原生子女完成对新家庭的适应和接纳，迫使原生子女在人格发展的过程中过分追求一种独立。另外，原生子女在适应新家庭过程中原生情结未剥离，哀悼期使原生子女固着于原有的“家”的形象，排斥一切外来的事物。同时，家庭环境对原生子女的包容度和家庭成员之间的交流缺失，也使原生子女容易对新家庭表现出适应不良，缺乏认同感。不仅如此，离异—再婚—再育等家庭重大事件的发生，对原生子女心理的影响，表现出创伤修复过程的反复和交替，使得原生子女在适应新家庭环境的时候为了逃避创伤，在父母、原生家庭和新家庭之间游离摇摆，从而呈现出一种适应曲折发展的特点。

根据再婚再育家庭结构的发展变化，原生子女在这一系列发展阶段中经历了原生家庭解体—新家庭建立—新家庭变化三个不同的阶段，对应的重大家庭事件即离异—再婚—再育。本研究认为其需要的帮助也是不同的，并针对各个阶段的适应作出一些有针对性的对策设想以供参考。

首先是原生家庭解体阶段，原生子女处于低落期，低落期更多地需要自我整合，但这不意味着父母可以忽视或者回避原生子女行为、情绪上的一系列变化，放任其自由消化，认为其“早晚会适应”。在这一阶段，原生子女需要父母的关爱和陪伴，逐步地修补创伤，增进彼此之间的情感维系；社会工作者则可以帮助原生子女进行多方面的支持系统资源链接，降低原生子女为了自我支持而消耗巨大的能量，逐步疏导其情感。

其次是新家庭组建阶段，原生子女处于融入期，融入期需要帮助原生子女缓慢剥离原生情结。在这一阶段，父母可以通过陪伴的方式，降低孩子“被抛弃”的感受，增加安全感和归属感。同时，父母是原生子女与新家庭成员之间的链接纽带，应当充分发挥纽带作用，帮助原生子女与新家庭成员之间建立良好的互动关系，有利于未来家庭关系的和谐稳定；社会工作者则通过一些专业技巧，引导原生子女进行一些合理的情绪宣泄，允许孩子表达内心的悲伤情绪，顺利完成融入期的过渡。

最后是新家庭转变阶段，原生子女处于再适应期，再育阶段的新家庭迎来新生命。在这一阶段，需要处理的问题是原生子女的角色转变问题，父母首先需要和原生子女做好沟通，从独生子女变成有了兄弟姊妹的孩子，原生子女作为家庭成员的责任感和归属感在这一期间需要被进一步强化；社会工作者则通过对家庭结构、家庭角色的再解读，帮助原生子女重新定位其家庭角色认知，避免原生子女产生心理落差，对新家庭发生的变化产生排斥。

综上所述，再婚再育家庭中原生子女在融入新家庭过程中呈现出多种适应不良的特点，需要家庭成员的长期陪伴，引导和帮助其进行自我整合，走出原生家庭解体的哀悼期，接纳新家庭和新家庭成员。如何认识自我是良好融入新家庭环境的关键，尤其是在与新家庭成员相处的过程中，学会融入新的家庭环境，能够更好地体会和交流家庭成员之间的感情，有利于建立良好的家庭关系网络，更好地完成新家庭适应。

参考文献：

[1] 董清民．构建和谐再婚家庭关系探讨［J］．中共郑州市委党校学报，2006(1)：37-39.

[2] 费孝通．乡土中国［M］．北京：北京大学出版社，2016.

[3] 风笑天．独生子女：他们的家庭、教育和未来［M］．北京：社会科学文献出版社，1992.

[4] 冯晓燕．再婚家庭中原“第三者”婚姻适应问题之探讨［J］．社会工作，2008（5）：55-58.

[5] 高颖，张秀兰．从再婚人口的性别差异看城市女性的再婚困境：以北京为例［J］．南方人口，2012（5）：53-60.

[6] 郭梅英，魏广东，张玉英．大学生攻击行为倾向与原生家庭特质焦虑及心理健康的关系［J］．中国学校卫生，2010（3）：289-290.

[7] 黄玉琴．当代农村再婚问题探讨：以华中S县为例［J］．华中科技大学学报(社会科学版)，2015（8）：68-75.

[8]（美）J. 布莱克曼著，郭道寰，等，译．心灵的面具：101种心理防御［M］．上海：华东师范大学出版社，2011.

[9] 颉晓文，白红峰．再婚家庭青少年的心理状况研究［J］．经济与社会科学研究，2016（9）：467.

[10] 李波，安芹，贾晓明．家庭婚姻状况与家庭功能、中学生自尊及行为问题的关系［J］．中国临床心理学杂志，2009（3）：295-299.

[11] 李倩．走进真实的再婚家庭：再婚家庭生活现状及婚姻满意度影响因素的实证研究［D］．上海社会科学院硕士论文，2010：1-40.

[12] 陆林科．再婚家庭矛盾个案介入研究［D］．西北农林科技大学硕士论文，2016：1-41.

[13] 彭大松．个人资源、家庭因素与再婚行为：基于CFPS2010数据的分析［J］．社会学研究，2015（4）：118-142.

[14] 阮利雯．原生家庭：难以割舍的成长印记［J］．青春期健康，2009（9）：

24-25.

[15] 石人炳．中国离婚丧偶人口再婚差异性分析［J］．南方人口，2005（3）：31-35.

[16] 宋丹艳．再婚家庭亲子沟通障碍的个案实践报告［D］．长春工业大学硕士论文，2016：1-23.

[17] 铁力，束卓．再婚的矛盾何在［J］．社会，1988（8）：32-33.

[18] 王金云．特殊结构家庭子女网络成瘾的性别差异及其成因探析［J］．河南大学学报（社会科学版），2008（7）：151-155.

[19] 袁晓娇，方晓义，邓林园，蔺秀云．原生家庭支持与干涉量表的编制［J］．中国临床心理学，2015（2）：242-245.

[20] 张文霞，朱东亮．家庭社会学［M］．北京：社会科学文献出版社，2005.

[21] 张春泥．当代中国青年父母离婚对子女发展的影响：基于 CFPS 2010—2014 的经验研究［J］．中国青年研究，2017（1）：5-16

[22] 赵坤．再婚家庭亲子关系的社工介入研究［D］．陕西师范大学硕士论文，2015：1-39.

[23] 周晓红，谢巍．再婚家庭教育的误区与策略［J］．东北师大学报（哲学社会科学版），2012（6）：214-217.

[24] 中华人民共和国国家统计局编．中国统计年鉴 2014［M］．北京：中国统计出版社，2014.

父亲参与对大学生人格的形塑研究

学生：杜果儿　指导教师：魏　爽

【摘要】随着“丧偶式育儿”在中国话语语境下的关注度逐渐提高，父亲参与这一议题逐渐被社会大众及学界广泛关注。本研究旨在探讨国内文化及社会背景下的父亲参与现状以及父亲卷入对子女人格的影响机制。本研究运用半结构化访谈和大五人格量表，收集了13位生长于北京的大四学生的人格结果和访谈数据并进行分析，从而描绘出父亲的参与情况以及他们的参与是如何影响大学生的人格养成的。研究结果表明：(1) 与子女互动性强的父亲和孩子关系更亲密。(2) 控制型父亲的可及性低。(3) 父亲参与的责任性程度两极分化。父亲参与对大学生人格有以下影响：(1) 父亲的可及程度对不同性别的子女人格外倾性影响不同：可及性弱的父亲阻碍女儿形成勇敢、乐观、喜欢和人相处的性格养成，但对儿子外向型人格的形成有促进作用。(2) 父亲在子女宜人性方面起缓冲和保护作用。(3) 父亲的做事严谨性会通过行为传达给子女并影响子女严谨性程度。

关键词：父亲参与　大学生　人格　影响机制

一、绪论

（一）问题的提出

父亲在子女成长过程中的重要性受到越来越多的社会关注。国内对这一议题的研究随着20世纪70年代计划生育政策的出台，独生子女家庭教育问题的显现而增多。由于家庭中只有一个孩子，父母对孩子的关注和期待显著增强，人们对父亲角色归位的呼声也越来越高。加之随着越来越多的女性回归劳动力市场，男性在教养孩子中的职能也日益凸显。由此可见，讨论父亲参与教养的意义已经有一定社会共识。

学术界对人格的讨论由来已久，各国学者对其内涵都有不同解释，但不变的是，多数学者探讨人格时始终以人为中心，强调它是在先天遗传的基础上，通过与后天社会环境的相互作用而形成的相对稳定而独特的心理行为。而家庭作为环境的首要场所，对人格的发展有关键性作用。大学生作为刚刚脱离家庭又有一定人格稳定性和发展性的特殊群体，与他们一起探讨父亲参与的家庭教育对其人格的影响是有一定说服力的。

对此，本研究基于当前社会背景，提出如下问题：

（1）父亲参与教养有何特点？

（2）父亲参与对大学生人格的形成有何影响？

（二）研究意义

1. 理论意义

国内学术界对父亲参与教养的研究从 20 世纪 80 年代才逐渐兴起，关于中国父亲在协同教养中的作用和影响依然缺乏本土化研究成果。而且，国内研究大多使用定量研究方法，通过数据分析父亲参与的结果，在定性研究领域还有较大空白，故本研究使用以定性为主的研究方法，试图从多维度探寻父亲参与对子女人格的影响机制。另外，已有的研究大部分聚焦于父亲与婴幼儿和学龄期儿童人格发展的关系，而对处于青春期后期的青年人鲜有涉及。因此，本研究将目光聚焦于大学生这一群体有理论必要性。

2. 现实意义

中国社会近年来对家庭常态化的“丧偶式育儿”的关注度明显提升，公众对父亲角色归位的呼声不断增强。目前，仅从女性主义角度诠释男性在育儿中的重要性，其说服力依然单薄。因此，让公众意识到父亲参与教养对孩子的具体影响能促使社会对该议题的重视成为可能。

二、文献综述

（一）国内文献综述

1. 研究概况

在中国知网上以“父亲参与”为关键词出现 150 条结果，自 1999 年起，该领域的研究数量逐年递增，2019 年达到峰值 24 篇。以“父亲”和“人格发展”为主题出现 5 条结果，2007 年出现两篇该领域研究成果后，直到 2014 年，该议题才再次被人提及。根据子女的年龄特征，结合关键词“父亲参与”搜索发现，以“父亲参与”和“小学生”为关键词，出现 17 条结果；以“父亲参与”和“中学生”为关键词，出现 8 条结果。可见，目前学术界对该议题的研究集中在学龄期和青少年早期，对青少年后期的研究较少。

国内学者对“父亲参与教养”的定义各有不同，但其理论基础均从西方的“父亲参与”概念出发。郁琴芳结合上海本土文化特点，将小学生父亲参与内容按照“间接支持、家校联系、教育规划、学业辅导、陪伴互动、教育约束、生活照料”划分为七个维度[10]。伍新春在 Lamb 三因素模型的基础上，结合现代中国的社会特点，对这三个维度进行了修正性界定[7]。

2. 父亲参与教养的现状

对于学龄前儿童，更多以母亲养育为主，父亲在幼儿成长的各个维度的参与明显低于母亲。在父亲参与的各个维度中，父亲会更多参与幼儿家庭教育，当孩子进入小学后，父亲和校方的联系较少[5]；但同时，父亲对子女的规则约束显著增高，多于学龄前儿童[8]，在学业支持上的投入也明显高于其他年龄段[7]；孩子进入中学后，由于学业难度增加和青春期更倾向于和朋友交流的特点，父亲在学业投入和情感交流的比例随着子女年龄增长呈下降趋势。由此可见，我国父亲在子女教养上的投入呈先上升后下降的态势。即婴幼儿主要由母亲照顾，进入幼儿园后父亲开始参与；进入小学后，参与的比例逐渐增多，不仅表现在学业上，也表现在规则束缚方面；进入中学后，父亲的参与程度便随着子女年龄的增长而减少。事实上，我国的父亲依然以传统意义上“供养者”的角色出现在子女生活中，大部分养育责任依然由母亲承担[10]。

3. 父亲参与教养对子女的影响

近十年来，国内在父亲教养对子女的影响方面已有一些研究成果。诸多研究显示，父亲参与教养水平对子女成长的影响是多方面的。

1岁以内婴幼儿的成长不仅发生在身高体重等外部因素，其脑部神经发育也处于飞速发育期。研究显示，5个月左右的婴儿即可区分出与父亲互动和与母亲互动的区别，在即将与父亲互动时，婴儿的身体会处于紧张状态以做好和父亲一同游戏的准备。那些经常与父亲进行较激烈、冒险性活动的婴幼儿在日后生活中常常更加勇敢、坚毅、富有激情。同时，由于该时期儿童处于大脑与身体快速发育阶段，其发育状况更易受到外界环境影响。而父亲作为婴幼儿与外部世界的桥梁，他的出现不仅促进婴儿大脑和心智的开发，更对其社会化发展有重要影响[9]。有研究表明，5个月大的婴儿如果和父亲有较多接触，当他被陌生人环绕时有更好的适应性[11]。同时，父亲参与的品质高低对儿童早期社会性也具有重要影响。在一项对幼儿园中班儿童及父母的研究显示，父亲参与教养的时间和行为显著预测学龄前儿童的合作能力、自我控制和总体社交技能[2]。如前文所述，当子女进入小学，父亲在规则约束方面的参与明显增多，这对小学生学习适应、人际交往和自我的形成有显著预测作用[1]。父亲作为外部世界的象征，能帮助子女从心理上与母亲分离，有利于子女学习情绪控制及各种社会规则。这些都与儿童社会适应的发展直接相关。进入中学阶段，子女若能感受到父亲的关注、照顾和指导，可能更加自信，对自我有更加积极的认知[1]。另外，父亲参与的方式也同样重要，以积极温暖的方式参与子女的教养过程有助于青少年形成外向性人格特征[6]。

（二）国外文献综述

1. 研究概况

在中国知网上以“父亲参与”为关键词，搜索出1207条结果，最早一篇可追溯到1933年。该领域的研究数量从1975年开始每年递增。

国外在父亲研究方面的起源比我国早数十年。第二次世界大战后，因为男性在战争中的牺牲使得许多儿童缺失父亲，国际学界也因此掀起了对父亲角色研究的热潮。20世纪70年代末，以美国为首的女性解放运动的热潮再次使得父亲角色成为研究焦点。20世纪末，西方涌现出大批对父亲角色重新定义的学者。目前，国外对父亲卷入教养的研究已涉及多个父亲类型，如分居父亲（separated father）、继父（stepfather）、养父（adoptive father）、酗酒父亲（alcoholic father）等。而父亲参与的影响对处于不同家庭结构的子女同样显著，如父亲卷入对未婚母亲及子女的影响、对产后抑郁的母亲及子女的影响、对自闭症儿童脑发育的影响等。

2. 父亲参与教养的现状

从1960年到2016年，美国父亲缺席的家庭数量提高了三倍，从8%升至23%，其中非裔美国父亲占48%，西班牙裔父亲占26%，白人父亲占18%[22]。但同时，美国父亲参与幼儿教养的小时数在50年内提高了近三倍，从1965年平均2.5小时每周升至7小时每周。在欧洲，自1974年瑞典首次出台“爸爸日”政策后，其他欧洲国家纷纷效仿。而有关父亲参与的家庭政策的出台也大大提高了父亲陪伴子女的时间和质量，对提升儿童幸福感有显著的积极影响[16]。

目前，不仅在欧洲，其他西方国家也已对如何提高父亲参与教养的质量提出了一系列政策。仅在美国范围内就已经有近1000项父亲参与干预计划[8]。由此可见，西方社会各界正在尝试促进父亲角色的转型，帮助更多男性掌握正确参与子女教养的知识和方法，以从传统的养家者角色中突围，向生活照料者、情感交流者等角色转变[4]。

3. 父亲参与教养对子女的影响

在西方的研究中，父亲对子女的影响可分为行为、认知和心理三个层面。四项基于父亲参与教养的长期质性调查发现，父亲的参与方式能预测后代是否受到父亲的积极影响：其参与能增强儿童期和成年子女社会化程度、减少青少年子女的行为问题、提高学习成绩[23]。

在行为方面，父亲是否和孩子共同生活对男孩的行为问题影响更为显著。和父亲一同居住的男孩有更少的暴力行为，而且对处于弱势社会经济地位的男孩预测效果更显著[12]。在认知层面，儿童发育初期，父母双方与孩子的接触是互补而非竞争对立关系，二人是孩子安全感的不同来源[13]；同时，父亲此时的参与对孩子日后的学习成绩、词汇量、数学能力、阅读能力等方面均有显著积极影响[18,15]。在心理层面，父亲参与对女孩影响更突出，对于处于青少年后期和成年初期的女性，父亲若在7到16岁参与了她们的教养，其心理焦虑和心理病态程度明显好于父亲缺席的女性[17]。

另外，西方多数研究认为，父亲对男孩的投入稍多于女孩，这种“同性亲子”现象，即父母双方对与自己同性别的子女影响更大，得到了西方学术界的普遍认可。而日本学者却提出不同观点，研究表明，日本父亲陪伴女孩的时间多于男孩。由此可见，文化差异会在一定程度上造成父亲参与教养的具体行为的不同。

（三）国内外研究述评

现有文献已经在父职参与领域取得诸多成果。通过上述梳理可知，父亲参与下一代教养的积极作用已得到中外学者的广泛认可。

首先，父亲卷入程度的逐渐加深是社会对性别平等问题关注度升高的结果。“男主外女主内”的传统社会分工正随着女性自由意识的觉醒和在职场份额的增多而逐渐模糊。当男人不再是家中唯一的“面包供给者”时，他们作为“家务照料者”的责任也日益凸显。另外，国内“计划生育”政策的出台也促使父亲把更多精力花在唯一的孩子身上。

其次，对家庭而言，父亲角色的归位也对核心家庭的稳定起着至关重要的作用。这不仅涉及父亲回归家庭、参与琐碎的育儿事务的意愿，也与母亲是否愿意和父亲共同承担养育责任息息相关。母亲对父亲参与教养持开放态度可提升男性的参与教养意愿，也有助于夫妻关系稳定。

最后，对个体而言，父亲参与能促使父亲和子女双方共同成长。在育儿过程中，男性需要学习如何照顾婴幼儿的生活，如何和妻子合作，如何与孩子建立长期且稳定的信任关系。这一过程不仅对子女的成长至关重要，它也是男性对自身的探索。

从文献中不难看出，我国在该领域的研究起步较晚，和西方研究相比成果较少。在研究方法上以定量研究为主，采用访谈或实地观察的定性研究成果不足。笔者认为，有必要通过定性研究方法，通过个体叙述了解父亲参与教养对子女的具体影响。

三、研究设计

（一）研究对象与方法

本研究的数据收集方法为半结构化访谈和中国大五人格量表（NEO-FFI）简版（被访者大五人格结果见图1~图5）。本次访谈选取在北京就读的在校大学生为被访对象，均为独生子女，且均由父母抚养长大。在了解家庭背景后，筛选出13人，6名女生、7名男生。首先进行中国大五人格量表评估，再分别对他们进行45~80分钟的访谈，随后将访谈录音转录成文字并使用语义概括法对转录资料进行分析。受访对象的具体情况见表1。

表1　被访者基本信息表

姓名（化名）	性别	年龄	年级	专业
小施	男	22	大四	环境工程
小盈	女	21	大四	社会工作
小雨	男	21	大四	社会工作
小翁	男	22	大四	土木工程
小青	女	22	大四	社会工作
小文	女	22	大四	注册会计
小风	女	21	大四	社会工作
小芃	男	22	大四	自动化
小余	男	21	大四	社会工作
小李	男	22	大四	电子信息
小云	女	22	大四	社会工作
小明	女	22	大四	社会学
小榕	男	22	大四	行政管理

中国大五人格量表已经成为国内应用最广泛的人格测量工具之一。简式大五人格量表共60个条目，分为神经质、外倾性、开放性、宜人性和严谨性五个维度，每个维度12题，采用五级评分制。本研究以每个维度的分数作为衡量指标，13位研究对象的大五人格结果见图1~图5。

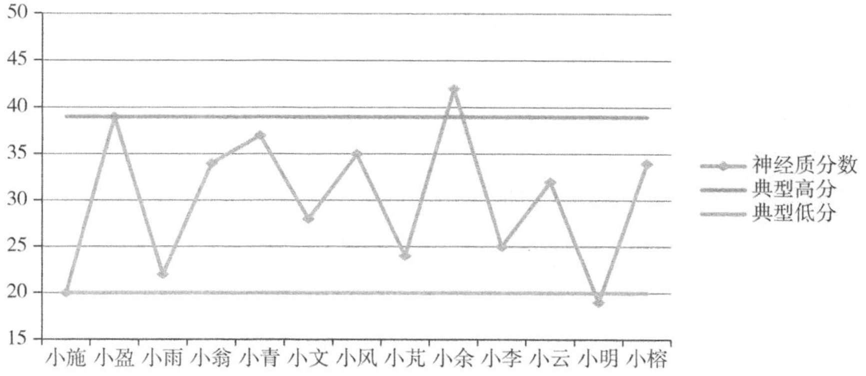

图1　受访者神经质分数

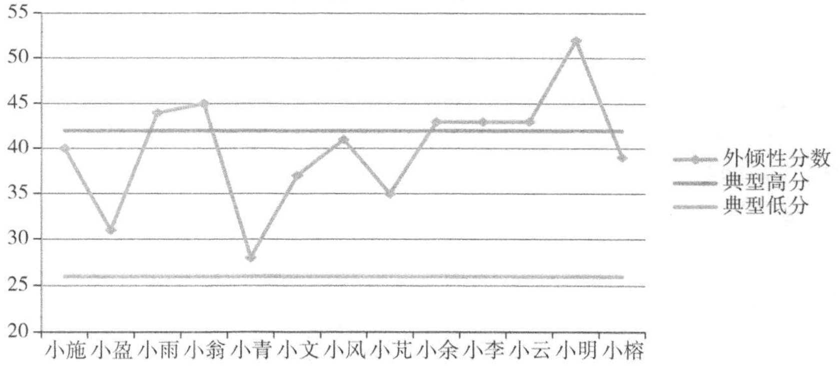

图2　受访者外倾性分数

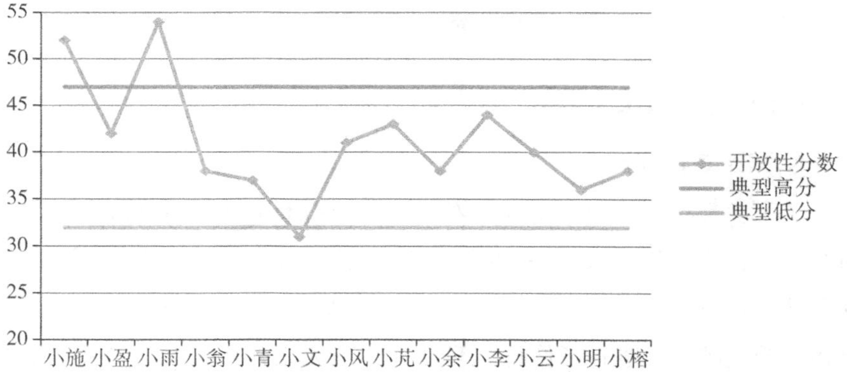

图3　受访者开放性分数

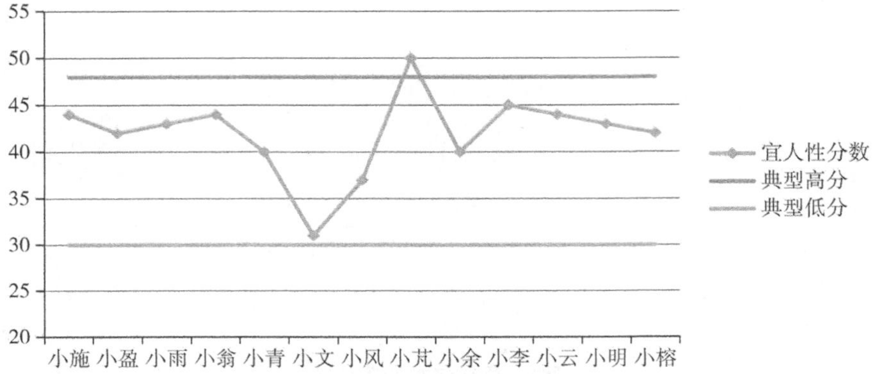

图 4　受访者宜人性分数

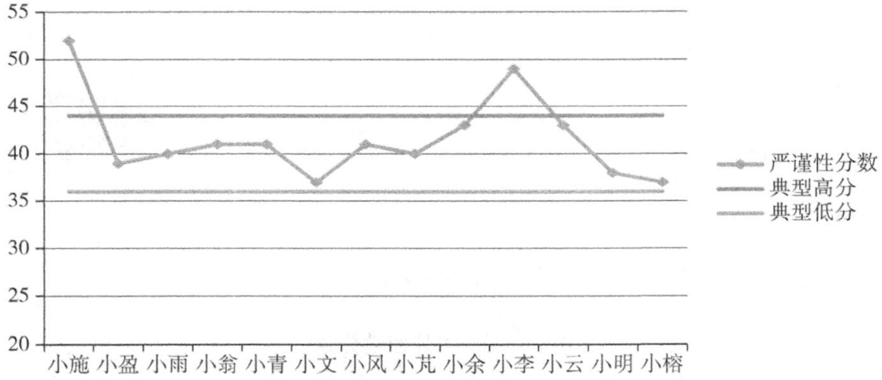

图 5　受访者严谨性分数

（二）理论依据

1. 父亲在位理论

父亲参与教养是一个多维立体的过程，其丰富性使得学界对“父亲参与”一直没有明确定义。Lamb 最早提出了父亲参与的三因素模型，包括互动性、可及性、责任性三个维度[19]。伍新春等人根据现代中国的社会特点将三维度的含义进行了修订。互动性是指无论是否有第三方存在，父亲都能直接参与照顾，涉及行动和情感两方面的互动，包括生活照顾、学业支持、情感交流、规则教导和休闲活动五个子维度[7]。可及性涉及空间可及和心理可及两个层面，包括无论父亲是否与孩子互动，父亲都在场；在同一空间内未发生直接互动，但是当子女需要时父亲能作出回应；不同空间下子女通过媒介能感受到父亲的存在。责任性指为了孩子的发展做的准备、规划、积累、支持等活动，包括榜样示范、父职成长、信息获得、教养支持和发展规划五个层面。本研究使用伍新春的“父亲参与三因素模型”来定义父亲参与这一概念。

2. 大五人格

人格是发生在个体身上稳定的行为方式和心理过程，具有一惯性和持续性。根据多数学者的共识，最终形成了“大五”因素模型：神经质、外倾性、开放性、宜人性、严谨性。神经质反映个体情绪状态的稳定性和倾向性，典型低分为 20 分，典型高分为 39 分；高分者情绪起伏越大，越容易体会到抑郁、焦虑、愤怒等消极情绪。外倾性反映个体对外部世界的积极投入程度，典型低分为 26 分，典型高分为 42 分；高分者有更多积极的情绪体验，更有活力，更乐于与人相处。开放性反映个体想象力和好奇心程度，典型低分为 32 分，典型高分为 47 分；高分者富有想象力和好奇心，而分数低者倾向于传统保守，讲求实际。宜人性反映个体利他程度和与人相处的和谐程度，典型低分为 30 分，典型高分为 48 分；高分者倾向于友好体贴，乐于助人，大方随和。严谨性反映自我约束能力和取得成就的动机以及责任感，典型低分为 36 分，典型高分为 44 分；高分者做事目标感更强，更有责任心。

四、父亲参与教养的特点

（一）互动性高父子关系更紧密

根据伍新春对互动性的定义，互动性包含五个子维度：情感、生活、学业、规则、休闲。而这五个维度的参与对当代中国父亲提出了与目前社会环境不符的高要求。东方文化中，对男性情感表露的压抑、对其生活技能的培养是被教育和社会环境所忽视的；学业指导又对父亲的教育水平提出了较高要求；参与规则约束和休闲活动又要求比母亲更忙碌的父亲为孩子留出陪伴的时间。因此，参与该维度对父亲的要求最高。

13位被访者的父亲与子女在情感交流方面的互动最少，在休闲互动层面最多：仅有4位（小文、小施、小风、小云）表示会和父亲进行情感沟通；13位被访者均表示儿时和父亲有过一起出游的经历。这和伍新春的研究结果不一致。根据伍新春在全国31个省区市内的调查显示，互动性的五个子维度中，我国父亲在休闲活动上的投入最少[7]。由于本研究以在北京生活学习至少十余年的大学生及其家庭为研究对象，考虑到超大城市的家庭教育氛围和文化资源丰富性，研究结果与先前的研究有较大差异。

此外，羞于情感表达使得父亲角色在国内语境下不是孩子情感上能依靠的对象，生活照顾在传统家庭观念里也属于母亲的职责范畴，因此秉持传统家庭观念的父亲和孩子更加疏离。而那些承担孩子生活照顾并和他们进行情感交流的父亲，在和孩子相处过程中会自然而然进行规则教导，因此也参与了孩子成长的各个方面，和孩子关系更为紧密。在沟通时，他们更倾向于和孩子直接交流。家庭中，父母之间以及和孩子的关系也较为平等。

小施，男，北京某一本大学环境工程专业大四学生，在北京生长，父母有稳定工作且处于公司管理层。父亲在他的情感、生活、学业、规则、休闲五个维度均有不同程度参与，互动性水平在13位被访者中最高。访谈中，小施这样描述他儿时父亲的参与："我小时候是在四合院里，他俩轮番照顾我。我妈上夜班我爸上白班。"在教育问题上，小施的父母扮演着同样重要的角色："一般我犯错误了都是我妈说我，我爸打我，有时候俩人一块打""我妈的想法比较老旧，我爸比较开放。比如在同一个问题上，我妈我爸的看法会不太一样。这时候他俩先商量，再教育我。"也正因为他和他和父亲关系紧密，所以他对父子关系的评价是："现在关系很好了，和朋友一样。"

而在典型父权式家庭中，父亲扮演的角色大多只是孩子学习上的指导者，一般不参与生活照顾、进行情感交流，在互动性上相对较弱。这类父亲普遍难以和孩子共情。如果孩子遇到困难或者情绪低落，他们也很难察觉到子女的情绪变化。

小盈，女，北京某211大学社会工作专业大四学生，出生于江苏，10

岁时被父亲接来北京生活。家中父母和小盈三人有明确分工：爸爸负责赚钱养家，妈妈负责所有家务，小盈负责认真学习。因此小盈父亲的互动性水平极低，五个子维度的参与几乎为零：生活上“是我妈在照顾我，一直都是我妈”；学习上，父亲对她要求极为严格：“他在学习上不能用关心两个字形容，应该用苛刻。因为他怕我成绩不好没有竞争力，在初中的时候我在学习上是一刻都不能松的，一旦松的话非打即骂。”但父亲只为她定学习目标，不会辅导学业。在情感层面，小盈父亲也很少给予支持：“因为他根本不知道我什么时候遇到了困难和挫折，所以也不存在鼓励安慰和出主意。除非我主动跟他说我需要什么帮助。当然，说了一般也帮不到什么忙。”虽然两人也会进行情感交流，但父亲不能满足小盈的情感需求：“他会在我觉得不重要的地方鼓励我，就是他不明白我的点。”

这种权威式的父亲角色在情感上难以和孩子形成共情，交流时倾向于以自己的意志为转移，会在自以为应给予情感支持的地方进行情感回应，但这种回应看似是情感交流，实际是父亲单方面的表达，没有期待子女的回应，或者不在乎孩子回应与否。

小青，女，北京某 211 大学社会工作专业大四学生，在北京生长，父亲曾是武警。在问及她眼中的父亲时，她进行了如下描述：“首先是比较强硬，特别希望别人服从他的意识。因为他是军人嘛，就老是带有一种命令性的口气。然后是固执。”“我不知道算不算自私，就是自己的事情处理得比较好，别人的事情就爱搭不理了。反正就不是我很喜欢的那种性格。”访谈中，小青反复提到父亲不会共情。她是这样回忆父亲在她遇到困难时给予的情感支持的：“我爸的安慰方式，大概就是会说‘这有什么，这才多大点事儿。我也遇到过，我们单位……’类比式劝人方法，其实是主动输出他的烦恼。所以，我一般也很少跟他说他是不会共情的一个人。”

所以，传统的父亲角色与孩子互动较少，难以回应当下社会对父亲参与的高要求。

（二）控制型父亲的可及性低

和孩子共同生活的父亲均为空间可及，但其心理可及性受其他因素影响。阻碍父亲参与、削弱可及性的重要因素是其自身的性格。在本研究的13位受访者中，小盈、小雨、小翁和小青这4位受访者表示和父亲心理上比较疏远，这与他们父亲的性格有关。4位父亲脾气比较急躁，性格强硬，属于控制型父亲，和子女相处时以批评居多，因此孩子在心理上不容易把父亲作为心理依靠。

小翁，男，北京某985大学土木工程专业大四学生。在人格的五维度中，除外倾性以外，其他维度均处于中等水平。在问及父亲可及性程度时，他给出了这样的回答，具有一定代表性和解释力："他这人属于急性子。对他没有什么可依靠的，一般都是自己。"

无独有偶，小青的大五人格量表显示，她的神经质分数与典型高分接近，外倾性程度与典型低分接近，访谈中，她多次提及自己对父亲很多时候的做法不认同。曾经她和父亲有过很大矛盾："我小时候是服从，到了叛逆期就是反抗。我初中的时候，我有特别严重的逆反心理，他说什么我的火气都特别大。"可见，小青父亲的可及性较低，她和父亲心理上较为疏远。

研究显示，父亲的心理特征是影响其参与程度的因素之一，自尊程度更高，同理心更强的父亲与其他父亲相比，与子女有更亲密积极的互动。另外，具有双性化人格特征，即不仅具有坚定、独立等男性化特征，也同时拥有细心、温柔等女性化特质的父亲会更多地参与婴幼儿照料，对孩子学习和情感上的支持也更多[8]。

（三）父亲参与的责任性程度两极分化

父亲参与在责任性维度可分为"独断专权式参与""支持尊重式参与""共同商讨式参与"三种类型。前两种类型均属于传统父亲角色的范畴，即与子女有关的事情若不是自己全权参与，就会交给母亲决定。在13位被访者中，有7位表示父亲在升学的各个节点上表现比较强势（小文、小风、小余、小盈、小雨、小李、小榕）。在问及各升学节点上父亲的参与方式时，他们给出了相似的答案："他没有在乎过我喜欢的领域将来会怎么样""在填报志愿的时候发生了很大分歧""大学和专业都是他们选的，我全程没参与。"有5位表示父亲几乎没有参与未来规划（小施、小青、小明、小云、小翁）。小施和小明对选择专业这一过程的描述颇具代表性，下面列出笔者与两位的对话，以便理解。

小施报考时的第一志愿是自动化，作出这一选择的过程他是这样回忆的：“我爸就说让我学小语种，因为好找工作，但我说不行。之后就没给别的建议，就说你自己选吧，爸爸支持你。”父亲出于对他的充分信任，没有给出建设性意见，这也是一部分父亲在此方面参与较弱的重要原因。而另一部分父亲在未来规划上失去话语权是受自身受教育程度和母亲参与的双重影响，小明的父亲便是如此。当问及父亲是否在升学节点上参与她的选择时，她说“并没有”。在她看来，父亲“对一些意见啊、方向啊，升学这种，什么都让我自己去作决定，我也很少去询问他们的意见说我应该怎么样，我很少这样做。印象中就是我想做什么他们都会支持的感觉。”因此从小到大，和学习、未来规划有关的所有事，父亲都没有参与过。对此，小明认为是两个原因所致：“因为学历不高，所以管不了，就没怎么管过，而且在督促学习这方面其实一直都是妈妈在管。”

第三种参与方式，即共同商讨式参与，其过程势必会牵扯父亲更多的精力，与子女达成一致的过程需要和孩子有更多交流，而这恰恰是权威式父亲在教养过程中缺乏的。13 位被访者中只有两位父亲在子女升学时充分考虑到他们的想法，和他们共同商量未来规划（小榕、小芃）。

小芃，男，北京某 211 大学自动化专业大四学生，所学的专业是自己的第一志愿，也是他从高中起就一直想学的内容。他在回忆高考报志愿的过程时，给出了这样的回答：“高考报志愿的时候基本都是他。报哪个学校哪个专业，他把已经选出来的拿给我看一看之类的，问我的意见。”

由此可见，我国多数父亲依然维持着两种传统的父亲形象，一种是大家长角色，即在子女的人生选择上拥有绝对权威；另一种是将与孩子有关的一切事宜交由妻子处理，认为这是母亲的责任。

五、父亲参与对子女人格塑造的影响

（一）父权的阻碍与助推——外倾性

在以往的定量研究中，学者们普遍认为，父亲积极参与子女的教养并以情感温暖的方式相处能促进子女的外向性特征，而严厉责罚则阻碍外向性的发展[6]。实际上，心理可及性低的父亲会影响女儿养成热情、开朗、乐观的性格，但对儿子的外向程度有相反的影响。

如前文所述，小盈的父亲在家中有绝对权威，在情感上很难和女儿产生联结；母亲扮演着贤妻良母、照顾一家生活起居的角色。从大五人格量表的结果中可以看出，小盈的神经质分数为典型高分，外倾性分数在 13 位被访者中处于倒数第二位，开放性和宜人性分数处于中等偏上水平，严谨性分数为中等偏下水平。在问及她和父亲的相处模式时，她讲述了自己和父亲相处时的痛苦："我一直都住在学校，不太喜欢住在家里，因为我觉得家里的氛围比较压抑，我很受限制，不能干想干的事情。之前我和我爸吵过很多次，每次都是天崩地裂的，谁也不让谁。吵完之后一般都三四天不说话，那时候我觉得是我最幸福的时候，他不跟我说话我就觉得世界变得美妙了起来。"在访谈过程中，她多次提到和父亲的争吵，两人主要的矛盾在于："他的想法和我的认知碰撞得非常激烈，我不愿意认同他们的看法，但他们又不理解我的想法。我感觉他们是想把我变成他们期待的样子，但我觉得我不是那样的人，所以我们两方有一种不可调和的感觉。"在和小盈探讨她的外倾性程度时，她认为该维度分数不高的原因是"我和家里的联系依然很紧密，感觉没有脱离家庭的影响"。因此，在问及如果她和父亲感情更好是否会更外向时给予了极为肯定的答案。

上述案例的家庭环境是国内性别环境的缩影：在父权制框架内，大部分女性的自我价值建立在"男性凝视"之上。因此，女性更倾向于寻求男性的认同，并从中获得对自身价值的认可。而男性因社会环境获得的性别红利使得他们更易成为领导者，甚至成为权威的符号。同时，人们对权威的崇拜又为女性获取男性认同赋予了更重大的意义。从这一宏观视角出发，将目光聚焦于微观层面——家庭，我们不难发现，父亲角色在家中作为权威的象征，与孩子比较疏离，心理可及性较低。所以当无法顺利获得父亲的心理支持时，父亲权威对女儿自身价值的否定被进一步加深，更难形成外向、勇敢等特质，和外部世界的互动会更胆怯，因此人格的外倾性程度更低。

另外，父权的影响对男性就完全不同。如前文所述，小翁的父亲脾气比较急躁。除此之外，他这样描述他和父亲的关系：“还是比较有距离的吧。(因为) 从小到大管我管得比较严吧。他们希望我和别人家的孩子那样，天天学习，但我肯定不是那样的，我也有点抵抗的心理。”但小翁的外倾性分数高于典型高分，在13位被访者中，他的分数是第二位。这也引起了笔者的兴趣：为何小盈和小翁与父亲相处时都有过反抗的经历并且和父亲的亲密度也都比较低，但两位的外倾性却呈现出如此不同的结果。随着访谈的进行，这一问题的答案逐渐变得清晰。小翁自述是个比较外向的人，大五人格量表的结果对他的解释力较强。他认为自己的外向性格首先受家庭因素影响：“因为我在家里是不怎么爱说话的，我的情绪不可能一直憋着，所以我一般都是在外面说，所以可能比较外向。”其次，父亲的参与方式是另一影响因素：“(受) 我爸影响吧。因为他在家里对我管得很严，我会有一些自己的想法什么的，我不想跟他说，所以我一般就会跟外面的朋友，或者关系比较好的人多聊一些。”

由此可见，在男权的社会背景下，若儿子在家庭中面临父亲的认同危机，他们相比女性更易获得外界认可，所以此时向外界寻求援助能在一定程度上消解父亲对儿子形成外倾性人格的阻碍。

这一发现与西方“同性亲子”现象不一致[21]，但与刘丽莎的研究结果相似，即父亲参与教养的量对女孩的社会化影响更大。

(二) 安全感的加强与消解——宜人性

目前，我国家庭以母亲教养为主，无论在子女成长的各个方面都是妈妈的责任更大，参与程度更强。因此，子女的社会化过程会首先受到妈妈潜移默化的影响，此时父亲参与更多就会起到辅助作用。这一作用最为明显地体现在父亲对孩子宜人性人格的影响上。

小文，女，北京某一本大学注册会计专业大四学生，思想非常独立。因为她对父母的三观不是很认同，所以她认为自己的三观更多受到外界的影响。她和母亲经常发生争吵，但和父亲的相处方式则缓和很多。从大五人格量表的结果中不难看出，小文的宜人性分数与典型低分相近，是所有被访者中最低的。同时，她的开放性和严谨性也与典型低分相近，而神经质和外倾性程度均处于中等水平。在探究小文宜人性程度时，小文提到了自己的父母。母亲的消极教养行为在她看来是宜人性低的表现，因此在给母亲的宜人性打分时，只给出 5 分。而她也受到母亲低宜人性的影响，但父亲的参与则对此进行了弥补："他来北京很多年，（老家）很多亲戚拜托他找工作或者给机会，年轻时候不管有没有能力基本都会答应。要不是因为看到这个，我觉得我可能也不是那种愿意帮助别人的人。"

父母作为子女安全感和依恋关系的起点，他们的情感回应方式是子女建立对他人行为的解释和预测的最重要渠道[3]。当主要抚养人（即母亲）对孩子进行情感拒绝时，后者对自己受欢迎程度的认知受到打击，对他人的信任程度下降，因此宜人性较低。但如果父亲此时给予情感支持，弥补母亲的消极教养行为，则会在一定程度上增强子女安全感，提高其人格宜人性。

与之相反，如果父亲的宜人性较低，难以体会子女对情感的需求，而母亲的宜人性很强，能回应孩子大部分情感诉求，子女也会因为父亲的特点受到负面影响。此时，母亲会成为抵消该影响的重要因素。

小青的宜人性分数低于被访者宜人性的中位数，排名第十。她和母亲的关系极好，很少发生争执，母亲给予了小青极高的安全感。父亲的宜人性较差，更以自我为中心："他不会施舍，共情能力非常差，以自我为中心，也不太会为别人牺牲。"所以，孩子只从母亲一方那里获得足够安全感不能保证其宜人性的高水平，父亲作为安全感的另一重要来源，也需要给予足够支持。笔者和小青的访谈也间接证实了这一点。小青认为自己的宜人性程度："我应该取了个中间儿吧。我觉得我自己的性格得到我妈的言传身教，但他（我爸）会经常跟我说要保护自己。我妈有时候也跟我这样说。"

由此可见，在宜人性维度，父亲的作用如同"缓冲器"：若父母双方在此人格维度的表现不同，给予了或消极或积极的情感支持，则会形成互相消弭的作用。西方研究者也同样发现，父母对孩子的影响可以相互补偿，尤其当母亲给予消极影响时，父亲的积极参与就显得尤为重要[20]。后者可作为母亲这一主要教养因素的支持和补充因子，并在必要时起到保护作用。这也同时印证了 Bowlby 提出的，父母是子女安全感的不同来源这一理论。国内学者在此方面的实证研究较少，目前仅刘丽莎的研究表明，当控制母亲的积极教养行为后，父亲的积极参与使得儿童的各项社会技能和合作性显著提高。

另外，由父亲的保护作用也引出其他问题：这一辅助作用是因为目前父亲大多作为子女的辅助养育者出现还是因为父亲的情感参与本身对孩子只起到补充作用？仅本研究无法回答这一问题。对于那些父亲作为主要养育者的孩子，其安全感和依恋关系的建立是否依然受母亲影响更多，这一问题是本研究未涉及的，也是日后可研究的方向。

（三）榜样行为的展示与隐藏——严谨性

班杜拉在社会学习理论中指出，个体的行为风格会在观察、模仿榜样行为和事例中逐渐习得。父亲作为子女和外部世界最初的连接者和外部世界的象征，其做事风格和方法会成为子女第一个模仿对象。子女若观察过父亲工作的状态，那么父亲的行为就会潜移默化地成为他们的榜样；如果孩子不知道父亲工作的样子，那么爸爸在家中的举止就会成为孩子们模仿的模板。

小施的严谨性分数在所有被访者中最高，也远高于典型高分。他也认可自己的严谨性分数，因为他自述做事的条理性、目的性和自律程度都很高。这一特点的形成有两个重要原因：首先，因为从小练习体育，所以专业训练的方法和逻辑也让他带入自己的生活中；其次，父亲的做事方式也对他产生重要影响。他认为父亲的严谨性程度极高："他比我还可怕。这点我最佩服我爸。比如工作方面，我爸在那么大一个公司，工作方面，我爸的严谨性和专业性从来没人对他提出过质疑。"

另外，尽管父亲是个做事目的性和计划性很强的人，但如果子女没有目睹过父亲做事时的状态，其严谨性也很难受到父亲的积极影响。在与小盈的访谈中，她多次提到父亲对她的严格要求以及父亲对她将来的规划，通过她的讲述，笔者认为小盈的父亲有着极强的规划能力和目标感，但小盈的严谨性与其他受访者相比处于中下水平，这也引发了笔者与小盈在这一问题上的讨论，而她的回答颇具解释力和代表性。她认为严谨性低主要因为自律性差，而且也不是一个做事之前会思考得面面俱到的人。在问及原因时，小盈给出了清晰的答案："因为他的自律，包括认真工作、严谨守时，没有特别在我面前展示过，并没有用一种正向的方式来传递，没有做到一个很好的引导。因为父母对孩子的影响是潜移默化的，你不能说你边玩手机，你边跟我说你得去学习。之前他对我的影响就是他在玩，但他让我去学。"

所以，能否经常接触到观察对象并进行模仿是子女严谨性形成的重要因素。班杜拉认为，经常能接触到的榜样行为会使得学习者产生无意注意，进而影响自身行事风格。因此，无论子女是否刻意学习父亲的行事方法，父亲参与行为本身就会影响子女人格严谨性的形成。

六、结论与讨论

近年来，父亲角色归位的呼声逐渐扩大。大学生作为独生子女是获得父母最多关注的青年人，在人格形成过程中受到父亲哪些影响？父亲如何参与他们的成长？本研究针对以上问题进行了如下探究：

本研究基于父亲参与教养三因素模型和大五人格理论，运用人格量表和半结构访谈的方法对 6 位女性 7 位男性大四学生进行访谈。首先，父亲参与的特点根据三因素模型分为三维度：互动性、可及性、责任性。其次，着重讨论了父亲参与对大学生人格中外倾性、宜人性和严谨性的影响机制。

综合对访谈内容的定性分析，本研究得出以下结论。父职参与存在以下特点：(1) 与子女互动性强的父亲和孩子关系更亲密。(2) 控制型父亲可及性低。(3) 父亲参与的责任性程度两极分化。父亲参与对大学生人格有以下影响：(1) 父亲的可及程度对不同性别的子女人格外倾性影响不同，可及性弱的父亲阻碍女儿形成勇敢、乐观、喜欢和人相处的性格养成，但对儿子外向性人格的形成有促进作用。(2) 子女的宜人性受父母双方影响。母亲对该人格维度的影响起主导作用，父亲起缓冲和保护作用。(3) 大学生严谨性与父亲在该方面的正向行为引导有关。在子女面前表现出做事严谨、有目标、有计划的父亲能为孩子树立积极的榜样，增强子女的责任心。

在本研究中，大五人格量表的其他两个维度与父亲参与的关系不显著。大学生在神经质方面与父亲参与教养的关系较弱。无论父亲的参与程度、子女情绪的稳定性，还是内心体验的倾向性更多由自身特点决定。另外，大学生人格的开放性也不受父亲参与程度的影响。

另外，在对大五人格五维度进行描述和解释时，存在形容词的偏向性。比如，严谨性高表示做事责任心强、有目标感和计划性，而分数低则倾向于做事懒散、不负责任、自律性差。因此，访谈时这种描述易使受访者在回答时也有偏向性，导致研究信度下降。

参考文献：

[1] 陈玉兰．父亲教养参与对小学生心理健康发展的影响［J］．中国儿童保健杂志，2015（23）：1236-1242.

[2] 刘丽莎．父亲参与教养状况对学前儿童社会技能的作用［J］．心理发展与教育，2013（1）：38-44.

[3] 李同归．依恋理论中的几个热点问题概述：兼评胡平等《城市婴儿依恋类型及判别函数的建立》［J］．北京大学学报（自然科学版），2006（1）：18-25.

[4] 刘晓红．中美父亲参与幼儿教养的现状比较及启示［J］．六盘水师范学院学报，2016（4）：70-73.

[5] 李晓巍．父亲参与的现状及其与幼儿社会能力的关系［J］．北京师范大学学报（社会科学版），2017（5）：49-58.

[6] 蒲少华，等．父亲在位与大学生人格特点的关系［J］．中国临床心理学杂志，2012（3）：384-389.

[7] 伍新春，等．中国父亲教养投入的特点及其相关影响因素［J］．华南师范大学学报（社会科学版），2014（12）：88-95.

[8] 许岩，等．城市父亲参与儿童教养的特点及其与性别角色的关系［J］．心理发展与教育，2006（1）：35-40.

[9] 邢双喜，王翠铃．婴幼儿家庭教育中父亲参与的影响［J］．山西医药杂志，2016（2）：425-427.

[10] 郁琴芳．小学生父亲参与家庭教育的现状调查［J］．上海教育科研，2016（1）：53-56.

[11] 周玲．父亲参与家庭教育的影响力及现状分析［J］．金华职业技术学院学

报，2006（4）：84–90.

[12] Baker, C. E., Kainz, K. L., and Reynolds E. R. Family Poverty, Family Processes and Children's Preschool Achievement: Understanding the Unique Role of Fathers [J]. Journal of Child and Family Studies, 2018 (1): 1242–1251.

[13] Bowlby J. Attachment [M]. London: Pimlico, 1969: 36–37.

[14] Volling B. L., Belsky J. Multiple Determinants of Father Involvement during Infancy in Dual–Earner and Single–Earner Families [J]. Journal of Marriage and Family, 1991, 53 (2): 461.

[15] Duursma, A. E. The Effects of Fathers' and Mothers' Reading to Their Children on Language Outcomes of Children Participating in Early Head Start in the United States [J]. Fathering A Journal of Theory, 2014 (12): 283–302.

[16] Engster Deniel. Do Family Policy Regimes Matter For Children's Well Being? [J]. Social Politics: International Studies in Gender, State & Society, 2011 (2): 82–124.

[17] Flouri E., Buchanan A. The role of father involvement in children's later mental health [J]. J Adolesc, 2003, 26 (1): 63–78.

[18] Kim, S. W., and Hill, N. E. Including Fathers in The Picture: a Meta–analysis of Parental Involvement and Student's Academic Achievement [J]. Journal of Educational Psychology, 2015 (11): 919–934.

[19] Lamb M. E. Fathers: Forgotten Contributors to Child Development [J]. Human Development, 1975 (6): 245–266.

[20] Martin, A., Ryan, R. M., Brooks – Gunn, J. When Fathers' Supportiveness Matters Most: Maternal and Paternal Parenting and Children's School Readiness [J]. Journal of Family Psychology, 2011 (2): 145–155.

[21] Raley S., Bianchi S. Sons, Daughters, and Family Processes: Does Gender of Children Matter? [J]. Annual Review of Sociology, 2006: 401–421.

[22] Roneé W. E. et al. Effectiveness of a 24/7 Dad? Curriculum in Improving Father Involvement: Profiles of Engagement [J]. International journal of MCH and AIDS, 2020, 9 (1): 34–41.

[23] Sarkadi Anna. Fathers' Involvement and Children's Developmental Outcomes: A Systematic Review of Longitudinal Studies [J]. Acta Paediatrica, 2007.

流动人口社会工作

LIUDONG RENKOU SHEHUI GONGZUO

少数民族社区外来经营者的社会融合研究
——以旅游发展背景下的Q村为例

学生：杨云渊　指导教师：陈　锋

【摘要】 在民族地区旅游开发日益推进的今天，外来经营者作为流动人口正不断地向其涌入，而这一群体在少数民族社区的社会融合过程，以一种不同于内地农民工群体社会融合的路径展开。本研究通过对云南省元阳县Q村的调查发现，当地外来经营者作为旅游开发带来的流动人口，基本上实现了自身在少数民族社区的社会融合。在进行社会融合的过程中，外来经营者采取了多种策略，他们通过社会交往活动维持社区内部的社会关系，依靠经济服务与社区的经济生态相结合，凭借宗教活动的参与进入了文化意义上的社区领域，并借助房东的重要作用实现了社会融合。这种社会融合在经济、社会生活等层面嵌入互补，但文化之间的区隔和差异，却使之呈现出貌合神离的形态。

流动人口的社会融合在当今社会变迁过程中是势不可当的趋势。而不同宗教文化之间的博弈，是文化较为封闭的少数民族社区内外来流动人口社会融合的底线。由此，我们也可以进一步发现，在宗教文化较为封闭的少数民族地区，外来人口的社会融合与我国主流的流动人口社会融合现象相比，在融合主体、融合障碍和问题解决的方向上都存在较大的差异。

关键词： 社会融合　外来经营者　少数民族社区

一、绪论

（一）研究背景及问题

随着我国经济社会的快速发展，越来越多的流动人口已成为社会生活中一个不可或缺的群体。据全国第六次人口普查数据显示，2010年我国流动人口数量高达2.2亿，相比于十年前的1.2亿，我国流动人口的规模正在高速地增长。在对这些流动人口的关注中，广大的学者都将目光聚焦在从农村流往城市的农民工群体之上，而鲜少有人关注在经济较为落后的少数民族地区因为旅游开发而带来的流动人口。

在少数民族地区，流动人口在语言、宗教信仰、生活方式、风俗习惯等方面都与原生居民具有较大的差异。因此，这一群体在适应与融入少数民族社区的过程中，也面临着许多的障碍。我国西南地区少数民族村落的旅游开发浪潮正如火如荼，其中外来经营者在社会融合过程中所面临的问题也不断浮出水面，能否妥善处理这一问题，不仅关系到我国西南少数民族地区旅游经济的发展，更关系到和谐、团结、互助的民族关系。

由于Q村隶属云南省元阳县，地处世界自然遗产元阳哈尼梯田景区中心，当地的旅游开发项目层出不穷。近年来，元阳县政府已经在Q村投入数千万元用于道路改造及其他基础设施建设。由世博集团主导策划的旅游开发项目中，Q村的村容村貌得到了很大的改善。在旅游景观不断新建和完善的过程中，外来经营者也不断地涌入。在这一大背景下，他们在Q村这个社区的社会融合情况如何，他们采取怎样的策略与路径，采用这种策略的原因是什么？以上构成了本研究主要探讨的问题。并在此基础上，进一步探讨少数民族地区的社会融合同我国广大的农民工群体在城市中进行社会融合的差异。

（二）研究现状

1. 对流动人口社会融合问题的研究综述

目前学界对于社会融合的研究，由于社会环境的差异，产生了不同的研究侧重点。在美国等西方发达国家，移民群体的社会融合问题一直是学界研究的焦点，而在我国，基于改革开放以后农民工群体的大规模流动现象，关于社会融合的研究往往与流动人口结合在一起。总的来说，无论在中国社会还是西方社会，众多学者都针对流动人口的社会融合问题做了大量的调查研究工作，也得出了许多颇有价值的研究成果，主要可以归纳为以下三个部分。

（1）“社会融合”概念的界定。

社会融合，是西方社会政策研究与实践领域的一个核心概念。有关社会融合的论述最早出现在法国社会学家迪尔凯姆的《自杀论》之中，他首次提出了社会融合的概念，并强调了社会融合程度的高低对自杀的影响[4]。

对于社会融合的具体含义，目前还没有形成一致的定义。2003年，欧盟在关于社会融合的联合报告中对社会融合作出了以下定义：社会融合是这样的一个过程，它确保具有风险和社会排斥的群体能够获得必要的机会和资源，通过这些资源和机会，他们能够全面参与经济、社会、文化生活和享受正常的生活，以及在他们居住的社会认为应该享受的正常社会福利[6]。

在我国，早期的学者为了研究流动人口在城市之中的社会融合现况，提出了“城市适应性”概念。朱力（2002）通过研究外来务工人员在城市社区的适应情况，提出了社会融合的三个不同层次，即经济层次、社会层次和心理层次。后来王桂新（2006）等学者提出了“社会融合度”概念，通过程度来量化流动人口在城市中的融合情况，进一步加深了对这一概念的理解。而任远、乔楠（2010）等人则认为社会融合实际上指的是“本地人口和外来移民发生相互交往和构建相互关系的过程”。虽然不同的学者对这一概念都有不同的看法，但是基本都认同社会融合的“互动性特征”，即这是外来流动人口与本地居民之间相互互动并共同构建出来的一种社会过程，它并不仅仅是单一群体的社会生产状态。

（2）“社会融合”概念的相关理论研究。

作为外来人口的移民群体，进入城市后如何实现与城市社会相互融合，一直是西方城市研究的经典命题。如威廉·托马斯和弗洛里安·兹纳涅茨基的《身处欧美的波兰农民》、怀特的《街角社会》等，都是西方早期研究移民融合比较经典的著作。伴随着西方社会移民人口的大规模流动及相关社会问题的凸显，西方学界逐渐将社会融合概念应用到了移民的社会融合问题研究中，并且他们的一些研究成果在社会治理、政治决策等层面得到了较好的应用[12]。

随着对外来移民社会融合研究的深入，西方学界出现了“同化论”和“多元文化论”两大流派[13]。同化论者认为，移民作为弱势的一方，必须通过调整自己的态度和行为，逐渐学习、适应、接受所在地的生活方式和文化价值观念，抛弃原有的社会文化传统和习惯，最终消融在主流社会的熔炉中，才能实现同化和融合[10]。多元文化论认为，少数族群在适应新的社会与文化环境的过程中，其原有的族群文化特征并非必然会消失，相反更多的是在流入地重建自己的文化传统和关系网络[10]。

（3）我国流动人口社会融合的相关研究。

①对“社会融合”影响因素的研究。在对社会融合进行研究时，我国学者十分关心那些阻碍或促进流动群体进行社会融合的因素，而这些因素主要被区分为个体和群体两个层面。

首先在个体层次上来说，李树茁、任义科（2008）通过对农民工群体社会融合的分析，总结出了婚姻状态、年龄大小和流动动机等几个个体层面的因素，并认为这些因素都影响着流动人口的社会融合状况。在对流动群体的社会经济融合情况进行研究时，张文宏、雷开春等人（2008）都认为，以教育和培训经历为代表的人力资本和以关系、朋友为代表的社会资本都是重要的影响因素。

其次在群体层面上来说，学者们通过对个体社会融合的分析，发现了群体和社会结构对流动人口社会融合的重要影响，社会融合的速度与程度不仅受到流动群体自身的特征影响，同样也受到制度性因素的制约。在我国，对外来流动人口的研究都无法脱离户籍制度的讨论。王春光（2006）认为，对于农民工群体的研究普遍认为户籍制度及其配套的一系列制度安排是中国社会中外来流动群体社会融合的最大障碍。换言之，户籍将中国居民区分为城市人口和农村人口，进而决定了二者不同的权利与社会福利，形成了“一个国家，两个社会”的局面。

②促进流动人口社会融合的措施研究。对于流动人口社会融合困难的现状，许多学者都提出了不同的解决措施。如在政治方面，张国胜等（2013）认为中国现阶段具备了构建农民工市民化的城市融入机制的有利条件，所以必须在户籍制度、社会保障制度、流动人口管理制度等方面作

出一系列改革。童星和马西恒（2008）则将外来新移民同城市社会的融合分为三个方面，认为城市政府应自上而下地将各种机会、待遇、保障同城市本地户籍相剥离，以“化整为零”的方式逐步消除城乡二元结构。此外，也有学者从社会管理方面提出了不同的看法，诸如关信平和刘建娥等人（2009）就认为要以社区融入带动社会融入，通过专业的社区工作来促进农民工融入社区，并逐步达到融入城市社会的目的。

2. 对研究现状的评价

总的来说，目前学界对于社会融合的研究很多，但其聚焦点都较为单一，尚未有针对少数民族地区外来流动人口社会融合问题的探讨。而且，基于我国的实际情况，社会融合研究主要关注从经济较不发达的农村地区向经济发达的城市地区流动的群体，而忽略了那些流向另一个农村地区的群体，尤其是旅游发展带来的外来经营者群体。本研究在研究问题、研究对象和研究内容上将是对既有研究的一个拓展。

（三）研究思路与方法

1. 研究思路

本研究所运用的资料主要是 2014 年 7 月到 2016 年 3 月之间，笔者在云南省元阳县 Q 村三次阶段性调查时所获得的田野资料。笔者采用了定性研究的方法，利用参与观察、访谈法等多种研究方法相结合，对 Q 村中外来经营者的社会融合问题进行了梳理。

笔者首先对当地外来经营者进行了调查和分类，梳理其在 Q 村进行社会融合的策略与途径，以及其社会融合的现状。其次在田野调查、资料分析的基础上，进一步分析在 Q 村中外来经营者的社会融合模式及形态。最后，形成在旅游开发和社会变迁双重背景下，少数民族社区外来经营者的社会融合问题的思考与总结。具体的研究思路见下图：

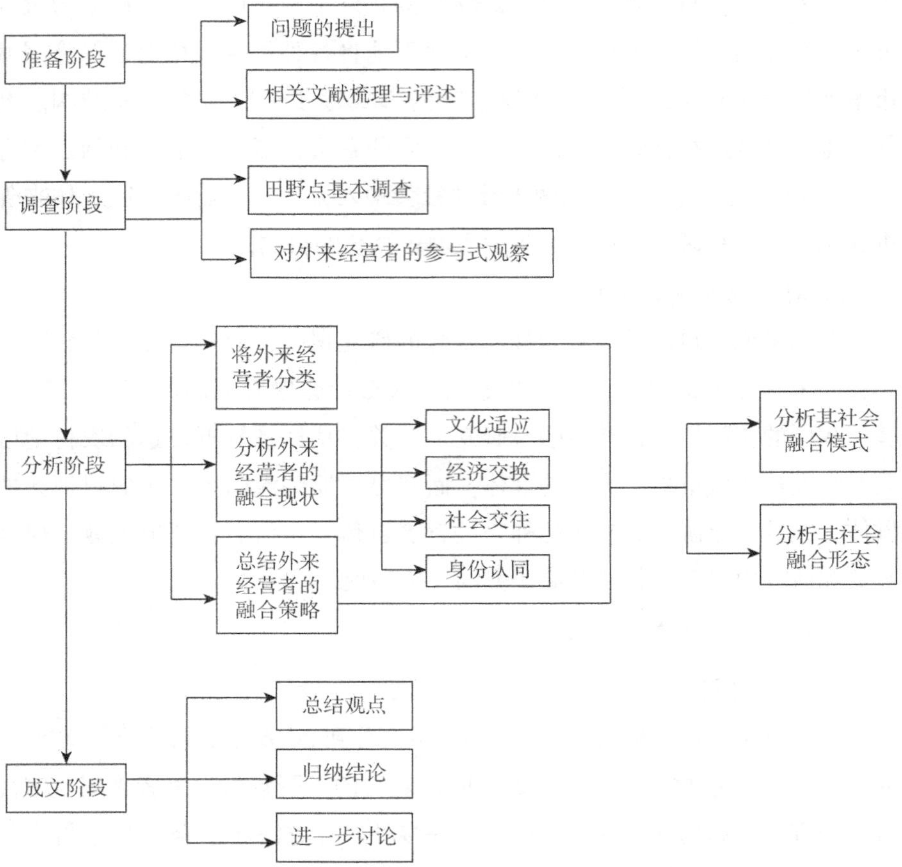

2. 研究方法

本论文综合运用了多种研究方法，具体来说可以分为以下四种：

第一，文献法。在研究开始之前以及研究过程中，通过阅读和学习社会学中外来流动人口社会融合问题的文献，以及人类学和民族学中有关哈尼族传统宗教、社会融合等方面资料的阅读，加深对哈尼族地区外来流动人口社会融合问题的进一步认识。在阅读和学习过程中，更加深入地与学科经典理论形成对话，为课题的展开提供理论及知识来源。

第二，参与观察方法。笔者在田野调查过程中，充分使用参与观察的方法，实际参与调查对象的生产与生活，获得直接的一手资料，对研究问题进行深入的观察和分析。在参与和观察过程中，形成对哈尼族地区外来经营者社会融合问题的理解和表达。

第三，深度访谈与个案法。利用深度访谈的研究方法，对在Q村的外来经营者社会融合情况进行了详细的梳理，了解其融入哈尼族社区的策略与路径，同时开展基于深度访谈基础上的个案研究。

第四，比较法。由于外来经营者实际上属于我国社会变迁过程中产生的大量外来流动人口的一部分，所以在研究中，笔者采用了比较研究的方法，将外来流动人口试图进行社会融合的社区进行比较分析，通过比较内地农民工的社会融合和民族地区流动人口的社会融合，探讨不同文化性质的社区在流动人口进行社会融合问题上面的差异。

（四）核心概念界定

1. 社会融合

结合前文中相关学者对社会融合的定义，本文中所指的社会融合，是从经济交换、文化适应、社会交往和身份认同等方面综合展现的一种状态，它体现了在社区中不同群体之间的互动状态与生活面貌，是个体与个体之间、不同群体之间或者不同文化之间相互配合、相互适应的过程。

2. 外来经营者

外来经营者，指的是以旅游开发为契机进入社区内进行经营的群体。从20世纪80年代以来，我国工业化和市场化的持续推进滋生了大量流动人口，其中一部分即外来经营者，他们大多是私营业主，从事服务业或零售业生意。而近年来在经济相对欠发达、资源薄弱的西南少数民族地区，政府大力推行的旅游发展，又带来了相当一部分的外来流动人口。本文中所指的外来经营者，正是指这些到少数民族社区内从事商品经营或者营利性服务的人。

二、田野概述

（一）Q村的基本情况

Q村位于云南省红河哈尼族彝族自治州元阳县，是一个传统农耕社区。但由于地处哈尼梯田核心区，具有得天独厚的旅游资源。作为“哈尼梯田”名片的Q村，不仅出现在各类语言版本的《云南自助游》中，更是《太阳照常升起》等多部电影、电视剧的拍摄地点。Q村的旅游开发也因此吸引了大量的外来经营者群体，其如火如荼的旅游开发过程如下表所示。

表1　Q村旅游开发历程表

时间	事件
2000年	《元阳县哈尼族民俗生态旅游景区总体规划》《元阳县Q哈尼民俗文化生态旅游村详细规划》
2001年	被当地政府选中投资建设民俗生态村、政府首批投入400万元支持Q村的旅游开发，修筑了停车场、景观台、村寨入口、大门、公共厕所以及由公路至村寨的机车行道，并搬迁小学，修建村寨中心广场及文化展览室
2003年	被国家旅游局命名为“全国农业生态旅游示范点”、被云南大学确定为“哈尼族文化研究基地”
2004年	根据村小组的意见修缮村尾耕种、出殡小路
2008年	云南省世博集团有限公司和元阳县旅游局签订了50年的旅游开发协议，组建云南世博元阳哈尼梯田旅游开发发展有限责任公司
2009年	《元阳县Q民族特色旅游生态村详细规划》
2011年	《Q中心村人居环境整治规划》
2011年	《元阳县乡村旅游合作开发协议书》（申遗整治）
2015年	入选第三批国家级传统村落，制定《元阳Q传统村落保护发展规划》

资料来源：根据村委会资料收集整理。

相对来说，Q村属于较为传统的哈尼族村寨，在宗教信仰、祭祀仪式方面，依旧沿承这一地区哈尼族较为传统的宗教习惯。Q村有着较为完整的摩匹—咪谷宗教祭祀组织，以及十分丰富的宗教活动。例如，在一年的农事生产序列中，各个生产阶段都会有形式各异的祭祀活动；在日常生活中，有着固定时间或者随机进行的叫魂、保魂、固魂等仪式活动；在人生的各个阶段，举行相近的宗教仪式活动，更被所有的哈尼族人所看重。这一系列的宗教祭祀活动都由摩匹和咪谷分别进行组织。

（二）村内外来经营者类型

Q村是元阳梯田世界自然遗产景区入口的第一个景点，游客一般会在游览梯田时首先进入Q村参观，每天旅游人次少则10多人，多则上百人。

最早的外来经营者是五户大理鹤庆人，他们来到 Q 村经商，主要销售旅游手工艺品。随后逐渐新增了一些从事客栈经营和餐饮服务的外来经营者。他们之中，一些人与当地政府签订了长期合同（长达 10~15 年）。有的人采取与村民合建方式在村中修起简易的房屋作为店铺，有的直接租用村民的房屋，每年向屋主交纳租金。按照外来经营者所经营内容的差异，本文将 Q 村的外来经营者区分为“从事旅游纪念品经营的商户”“从事零副食品商店与客栈经营的商户”“从事餐饮服务的商户”三种类型，如表 2 所示。

表 2　Q 村外来经营者分类表

类型＼代表人物	CASE1	CASE2
从事旅游纪念品经营的商户	寸莲会	段辉
从事零副食品商店与客栈经营的商户	李大姐	–
从事餐饮服务的商户	彝族大妈	李师傅

资料来源：根据调查资料整理。

1. 从事旅游纪念品经营的商户

（1）寸莲会。

寸莲会，白族，女，50 岁①。在 Q 村经营一家银器旅游纪念品店近十年。家有四口人，丈夫和小女儿在昆明火车站附近经营一家银器店，大女儿则在昆明云南白药厂工作。寸莲会家在大理有地有房，但是由于大理古城商铺租金高昂，致使其外出寻找其他旅游景点开店。寸莲会十年前和姐姐来到 Q 村，原本村里有五六家白族银器店。但随着游客的减少，几户人纷纷搬走，只剩其一户。两年前，寸莲会介绍自己的侄子段辉到 Q 村开店。

寸莲会在 Q 村经营店铺十年，但是 2013 年以来，由于世博公司统一景区收费，费用从 30 元提高到了 100 元，加上旅游开发造成村容村貌的改变，到 Q 村旅游的外国游客从一天五六十人锐减，导致经济效益降低。因此寸莲会锁了店门，到昆明找自己丈夫一起做生意，并历时两年之久。

① 注：本文中所有人名均为化名。

2015年以来，由于家里小女儿到昆明帮忙看铺子，因此她回到Q村继续从事银器店经营。寸莲会的铺面是租来的，租期十年，价格一年500元，一共5000元。当时租来的只有地皮，没有铺面。寸莲会一共花费两千元，让房东一家帮忙建了房子。她平时吃住都在铺面里，偶尔到房东家里吃。铺面内有一张单人床和电磁炉等简易炊具，平时用水是到对面邻居家门口的水管处接水。这个水管的水源来自山上的山泉，不用出水费，属于公共设施，附近居民共用。由于房东李家替世博集团看管冰箱，房东允许寸莲会及其侄子使用冰箱，增加了生活便利。寸莲会店铺里没有卫生间，她一般到村口公厕解手，洗澡则是到村里一家招待所免费洗。寸莲会平均一周到新街镇买一次菜，一年回昆明、大理进货两次。

（2）段辉。

段辉，白族，男，30岁，寸莲会之侄。2011年来到Q村经营一家银器旅游纪念品商店。在此之前一直于哈尼梯田另一景区老虎嘴做银器生意。由于老虎嘴当地的彝族村民模仿段辉从事旅游纪念品生意，加上当地游客的减少，段辉的买卖难以维持生计，遂跟随姨妈来到了Q村。

姨妈寸莲会在Q村经商十年，段辉租了寸莲会隔壁的店铺做生意，两人相互照应。一年中，段辉回昆明和大理进货的时间不固定，一般一年一到两次。每次进货会把店铺锁好，回来再开张。段辉不爱打牌，每晚娱乐活动是在自家店铺内用笔记本电脑看电视剧。由于睡得早，开门也早，一般早上七八点就开门。

2. 从事零副食品商店与客栈经营的商户

李大姐，29岁，哈尼族人，哈尼民俗客栈店主。李大姐并不是Q村的居民。2001年，她的小姑子租了Q村主街道旁的房屋，房租一年一万元。由于亲戚在此租房，加上在Q村有亲戚，李大姐就和老公从新街镇搬到Q村来做生意。李大姐夫妇承接了小姑子所租的房子，重新装修后，开始经营哈尼民俗客栈。

李大姐此前一直在昆明打工，这次来到Q村经营客栈，主要的原因是丈夫回到大鱼塘村（另一个哈尼民俗旅游村寨）创业，跟随其返乡；另一个原因是孩子年幼，在农村闲适的生活便于照顾孩子。客栈的一楼是一间小卖部，主要经营日常生活用品、烟酒与零副食品，经营的对象是本村村民和游客。游客常于此购买水和副食，店里一两块钱的小零食则主要针对村内孩童，村内成年人会过来买烟酒。小卖部的进货来源主要是新街镇的批发超市，一般一星期进货一次。这些货品的售价比新街镇上的零售价最多贵五毛钱，因此价格易于被当地的百姓接受。

Q 村的经营环境虽然与旅游开发前相比有所改善，相关民俗景点的建立也在一定程度上吸引了游客，但是目前仍处于旅游淡季，从 3 月份到 6 月份以来，入住人数不足 30 人。而且，Q 村离哈尼梯田观景点还有很长的一段距离，很多游客会选择到哆依树村入住。因此，总体来看，住宿的情况不太理想，小卖部的生意也不太乐观。一方面，游客不断地减少，而另一方面，行业竞争在不断地加剧。近年来 Q 村开设小卖部的户数已经达到 7 至 9 家，李大姐笑谈，“现在的收入可能连付房租都不够。”此外，李大姐还提到 Q 村游客入住较少的其他原因，一是交通不便，从土锅寨村委会到 Q 村的路是“下坡路，特别陡，外地司机都不敢下来”；二是游客较高的住宿需求，在欣赏完传统的民俗文化和梯田美景后，回到现实生活中，游客更倾向于选择住宿设施条件好的酒店，而 Q 村这样的小村庄很难达到游客满意的条件；三是 Q 村的旅游住宿与其他村寨相比缺乏宣传力度，广告招牌投放较少。总体来看，Q 村类似李大姐这样的民俗旅馆总共有三家，而经营状况都大同小异。

3. 从事餐饮服务的商户

Q 村除了以上两种居住在本社区内的外来经营者，还有一类从事餐饮服务的商户。他们不居住在村内，大多居住在村寨附近，只有白天才来这里从事餐饮生意。这类外来经营者的代表人物是在 Q 村街道上摆摊卖烧豆腐的彝族杨大妈以及卖卤肉的李师傅。

（1）彝族大妈。

杨大妈，女，70 岁，彝族。她在 Q 村做烧豆腐生意已经十多年，用村民的话来说，“只要不刮风下雨，她天天都来”。彝族大妈每日背着烧烤的炉具、炭火、豆腐和水果从土戈寨出发，约 11 点半左右到 Q 村。据村民反映，彝族大妈的生意极好，在哪摆摊都有很多人吃。顾客主要是游客，但是村民也不少，很多二十岁左右的年轻人都可以说是“吃着她的烧豆腐长大的”。不仅做烧豆腐生意，大妈还卖一些时令水果和旺旺雪饼之类的零食。水果和零食都是在新街镇进货，数量不算很多。彝族大妈来自Q村附近的土戈寨，作为彝族人的她也会说简单的哈尼话，听得懂Q村本地村民的语言。而且她说彝语，Q村村民也都能听懂，双方交流不存在困难。

（2）李师傅。

李师傅，彝族人，43岁，居住在新街镇。李师傅在新街镇的菜市场做卤肉生意，而且生意不错。只要菜市场的卤肉摊有没卖完的肉，他都会带来Q村卖，频率为每月两三次。他自己开车来，时间不固定，但村民都很喜欢，生意不错。李师傅和Q村的居民也能用彝语交流，哈尼话也听得懂。

三、外来经营者社会融合的策略

（一）借房东的引渡人作用开启社会融合的进程

在一个传统的民族地区村落中，最为常见的公共性日常生活往往是宗教性的日常生活，而房东作为最早接触外来经营者的村内原著居民，其作用就在于以一种中介人的身份，将外来经营者带到属于原著村民的社会网络中。

房东是外来经营者在Q村进行社会融合的重要引渡人。因为和外来经营者的居住地的临近，相比其他原著居民，房东往往会和外来经营者产生更多的互动，由此产生的社会关系和情感联系也更多。因此，房东往往会在婚丧嫁娶、节庆仪式时邀请外来经营者参加。在外来经营者寸莲会、段辉的访谈中，笔者发现他们对Q村社区内哈尼族宗教活动的参与都依赖于房东的邀请。由于这些宗教祭祀活动都会有聚餐吃饭的习俗，例如长街宴“苦扎扎”的分牛肉，叫魂后邀请亲友来自己家吃饭等。而这些宗教活动，寸莲会十年来都未直接参与，仅仅是在活动结束后，到房东或邻居家吃饭。用她的话来说，“他们（指Q村村民）长街宴摆到我们铺子门口的话，叫我们就一起去吃，不叫就不去。”

在Q村，许多公共性活动都具有宗教性质，而这些活动因其特有的神圣性，往往会促进外来经营者在社区内获得身份认同。房东的存在，将原本处于陌生人状态的社会交往活动转变成一种“半熟人社会”的社会交往，开启了外来经营者在社区内部的社会融合。

（二）以社会交往活动维持社区内部的社会关系

人在社会生活中并不是孤立的个体，而是存在于自己构建起来的社会关系网络中。人们为了生存与发展，必然与他人、与社会结成一定的关系。在日常生活中，人们所维持的各种社会关系都通过具体的生活内容直观呈现出来，而社会交往生活作为社区中成员文化生活的重要内容和活动空间，承担了维系社区中各种社会关系的重任。每一个细微的社会交往活动，都将人们的社会生活及其维系的各种社会关系呈现出来。

在Q村，人们的姻亲关系、朋友关系、宗教关系和以地缘关系形成的村寨组织构成了社区中社会关系的交织聚集。在这张社会关系网络中，不同的社会交往活动为人们维系这些社会关系提供了场域与空间，伴随其间的沟通行动使不同个体之间增进了彼此的了解，从而衍生出一种情感基础，以促进活动参与者之间的身份认同和群体意识。在Q村，最典型的社会交往活动就是“牌局”，这项因旅游开发所带来的新型公共性日常生活是外来经营者得以维系社区内社会关系的重要途径。

在Q村，每天晚上都有三四处地方设有牌局，以扑克牌为主，也有地方因有麻将机，所以开设的是麻将局。其中一个地方就位于从事零副食品商店与客栈经营的李大姐的一楼小卖部里。小卖部由于地处主干道上，人流大且人气旺，所以牌局开设起来比较容易。参与打牌的有本村的村民，以妇女为主，也有银器店的白族大妈寸莲会。最受当地人追捧的纸牌游戏是“干瞪眼”，一张牌1~2元钱，一晚上最多能输赢好几百元。牌局的时间一般从晚饭后的七八点开始，直到晚上12点结束。一些带孩子的女村民甚至会把孩子带在身边，抱着打牌。整个牌局犹如一个小型的社区活动中心，无论是哈尼族妇女，还是外来经营者，都会通过这个牌局聊天说话，互相增进感情，交换社区内的信息。据寸莲会说，她“通过打牌认识了很多人，和她们关系都很好”，而段辉由于不爱打牌，在社区内的交际圈也就比寸莲会狭窄很多。在这里，寸莲会从打牌的女村民口中听到很多村里的事，对整个社区的认识也不断地加深。此外，参与打牌也是一种外来经营者融入Q村社区的独特方式。通过打牌，社区内居民也增强了外来经营者的认识，进而促进了双方的生活互动、情感交流和经济往来。相比于其他公共性日常生活，带有赌博性质的牌局娱乐从某种程度上来说门槛较低，更容易让外来经营者参与其中。

作为一种新兴的将村民们聚集起来的事件，牌局并不像原来宗教性的仪式与民族节庆那样内嵌于总体性的社会文化体系之中，而且难以寻找到这些日常生活与地方性社会文化的关联，非常便于外来经营者参与和融入。与此同时，带有赌博性质的娱乐从某种程度上来说，具有更低的进入门槛，相比于其他公共性日常生活，更容易让外来经营者参与其中。

（三）靠经济服务关系与社区的经济生态相结合

一方面，从事旅游纪念品经营的商户依靠自身职业便利，会为本地居民提供银器打磨的服务。据寸莲会表示，因为她来自云南大理，家族世代都精通银器打磨并以出售银器为生，所以她经营的银器店每年都要为当地哈尼族妇女打磨耳环或手镯，这些首饰的原材料往往由村内原著居民自己提供，而她不会再向其收取加工费。除此以外，其他一些经营银器店的外来经营者会给“玩得好的朋友”送礼物，这些礼物大多为银饰，如银耳环和银戒指等。

另一方面，其他类型的商户则选用了赊债作为其社会融入的策略选择。在一个农村社区，赊债作为一种“提前消费”的形式，不仅满足了村民的日常生活需求，而且扩展了商品经营者的市场经营空间，并且也使得商品经营者在乡村社会开启了自身的社会融合[1]。

无论赊债还是打磨银器，都面临着外来经营者作为一个“经济人”的个人利益是否受损的问题，而在社会融合的过程中，他们往往以“社会人”的形象出现在乡村邻里面前，以自身经济利益为筹码换取社区内部的社会关系。这种看似非理性的经济行动实际上也是外来经营者的“生存智慧”，从某种程度上来说更加逼近这个少数民族社区中的客观事实。诸如此类的经济服务关系使得外来经营者与社区内部的经济生态相结合，更大限度地融入社区经济之中去。

在乡土社会中，经济利益的介入使得原本属于陌生人社会的经济行动原则发生了相应的改变，本地居民从和外人交往时倾向于“不讲人情”“冷漠无情”转向了经济利益与社会关系的互相“嵌入”及“互构”，以此实现一种双方利益的优化[2]。也正因如此，赊债和银器打磨等一系列经济服务成了外来经营者在社会融合过程中所选择的有效手段。

(四) 凭参与宗教活动进入文化意义上的社区领域

在Q村，诸如“苦扎扎”“六月节”“昂玛突”“祭寨神”等节庆活动，除了具有祈福消灾等功能外，还往往与凝聚力、公信心、亲和力等社区观念紧密相连。其中，“苦扎扎”是Q村每年持续时间最长也最重要的社区节日，主持人是作为村寨宗教权威之一的“咪古”。“苦扎扎”仪式的内容十分丰富，其中最主要的环节包括翻新祭祀房、新建磨秋和秋千、杀牛分享圣餐、秋房祭祀及打秋千等。

实际上，社区的存在总是需要有一定的边界，这种边界既可以是物质性的，也可以是心理性的，边界的作用在于区分本社区的成员和非本社区的成员[16]。而这种边界的存在，使边界内外的成员形成了不同的身份认识，并构成内部成员的内聚力。对于外来经营者来说，是否能够参加这些宗教仪式？参加的程度如何？都是内部人与外部人之间的分野，同时也会在两种不同身份的群体之间产生心理层面的区隔。而节日及宗教仪式所特有的神圣性特征，塑造了文化意义上的社区场域，只有参与这类活动，外来经营者才算是真正在文化层面上进入Q村。

四、外来经营者的社会融合状态模式

(一) 外来经营者的社会融合状态

外来经营者实际上属于流动人口，而对其社会融合现状的描述需要一系列具体的测量指标。西方文献表明，移民或流动人群的社会融合是一个多维度的概念，它包含了移民在社会生活、文化教育、政治活动、观念认知等多方面的融合。在西方学者的相关研究中先后出现了以戈登为代表的“二维度”模型、杨格·塔斯等人的“三维度”模型和恩泽格尔等人的

“四维度”模型。在这些关于移民融合研究的类型化模型中，以恩泽格尔等人提出的“四维度”模型最为清晰具体，这四个维度分别是社会经济融入、政治融入、文化融入、主体社会对移民的接纳或拒斥等[10]。笔者结合Q村独特的社会融合情况，对原有的恩泽格尔“四维度”模型作出调整，从经济交换、文化适应、社会交往和身份认同这四个方面来考量该社区内外来经营者的社会融合。

1. 经济交换

外来经营者在社区内的经济交换情况主要从以下两个层面来考察。

一方面是村民对外来经营者的经济交换。在Q村内，银器店老板寸莲会和段辉的店铺时常会有村寨内村民光顾，大多顾客为女性，她们来这购买衣裙服饰和耳环手镯。寸莲会表示，这些村民来这购买东西，她都会给她们较便宜的价格，村民也对他们的银器饰品比较放心，不怕买到假货。在访谈中，笔者刚好见到这样的一幕——一位年轻的哈尼族妇女抱着孩子来寸莲会家的店里购买婴儿帽子。原本售价10元，哈尼族妇女砍价到5元。寸莲会说：“最低8元，已经是进价了，本地人都没喊价。”妇女同意后，发现自己身上没带够钱。寸莲会随即表示，先把帽子给她，下次拿了钱再过来还。据寸莲会自己说，村民来店里买东西，她都会给优惠价，不赚村民的钱。对于偶尔忘带钱的村民，只要不是特别贵重的商品，她都会先把商品给他们。她很放心，也没有人不还钱。而最频繁的经济活动，应该是李大姐客栈一楼小卖部的零食生意。很多本村的小孩子都喜欢在这买零食。每天都有四五个孩子来小卖部买零食吃，并和李大姐家的孩子玩闹。而村民也经常来这购买生活所需用品，如卫生纸、洗发露等。除了这些，还有卖烧豆腐的彝族大妈，会经营水果生意。她的水果货源来自新街镇，在Q村摆摊卖烧豆腐时也兼卖水果。主要是时新水果，有石榴、苹果、桃子和梨，价格都在5毛一个左右，个别大的卖1块一个。由于Q村是没有水果生意的，只此一家。村民想吃水果，要么到新街镇购买，要么自己摘，所以村内这个微型水果摊在很大程度上惠及了村内居民。

另一方面则是外来经营者对村民的经济活动。除了村民向外来经营者购买商品以外，外来经营者也会向村民购买商品，形成双方的经济互动，促进双方经济利益的共同发展。首先，受益最大的是居住在主街道两侧的村民。他们向外来经营者出租自己的商铺，赚取房租。其次，就是向外来经营者卖自己种植的粮食。一般卖本地的红米，价格同新街镇的价格相同，但是外来经营者在本村购买比较方便，省去了搬运的麻烦。

2. 文化适应

文化适应包含较为复杂的内容，大致涵盖了以下四个方面：外来经营者对哈尼族节日的参与程度、外来经营者对哈尼族传统宗教的认同情况、外来经营者对当地饮食的适应情况、外来经营者对哈尼族语言的适应情况等。

首先，在对哈尼族节日的参与程度上，外来经营者的参与程度并不算高。哈尼族有很多的本地节日，如“苦扎扎”“昂玛突”等。在这些节日，哈尼族都要庆祝并且吃丰盛的晚饭。对于外来经营者而言，他们对 Q 村的节日认同度不高，仅仅是知道节日的存在，但不会主动参与。在“苦扎扎”里，有祭祀分牛肉的习俗，而外来经营者从来都没有分到过牛肉。

其次，在对哈尼族传统宗教的认同情况上，外来经营者对当地的宗教信仰认同程度较低。Q 村社区的文化，一直以来都受宗教影响很深。该社区内，凡婚丧嫁娶都要请村内的宗教人士来“念经”，并主持活动。对于婚丧嫁娶的这些活动，外来经营者基本上属于不认同状态。两个来自大理的经营者寸莲会和段辉表示，他们“不信这些神神鬼鬼的”。在被问及是否信仰家乡本地的宗教神灵时，段辉说“不信这些，都是封建迷信”。而寸莲会的态度较为暧昧不清，认为“生意不好，家庭不睦的时候，还是会去烧烧香的”。对于“叫魂”，两位经营者都表示见过村内人叫魂，但是不参与，最多就是到叫魂的人家里吃饭。“叫魂”是 Q 村社区内独特的宗教活动，一般在每年二、三月间，但是时间不固定。按传统来说，只要家里发生不好的事情，家庭成员要出远门或受到了惊吓，都要请村内的宗教人士“背马”去叫魂。“叫魂”后，家里要吃饭，一般会叫上邻近的亲朋好友一起来。有时候寸莲会就会被房东家叫去吃饭，但也仅仅是吃饭而已。至于开客栈的李大姐，她虽然是哈尼族人，但是因为自己土生土长的村寨不是 Q 村，所以她认同这套文化体系，却不认同 Q 村社区内的这些宗教活动。她说："即使现在住在Q村，要是想'叫魂'，还是会回到自己家乡的。"由此可见，在宗教的认同上，虽然出于各自不同的原因，但是外来经营者基本都属于不认同的状态。

再次，在对当地的饮食适应情况上，外来经营者存在一定的分歧。仅从长居此处的外来经营者来说，他们对Q村的饮食认同只能说中等，甚至偏低。因为这些长期居住此处的外来经营者都有自己做饭的习惯，他们仍旧会烹饪家乡的食物，如大理喜洲粑粑和各类炒菜。段辉说："这边都是吃哈尼菜，打蘸水，我们吃不惯。"而对于本地的特产——哈尼红米，两个大理的外来经营者则表示还不错："他们这儿的米很好吃。"而对本身就是哈尼族的外来经营者李大姐来说，饮食上就没有太多的差异。因为李大姐本身也是哈尼族，对Q村的饮食并没有不认同的表示。

最后，在对当地哈尼族语言的适应情况上，外来经营者同样分为了两类。一类是彝族大妈、李大姐、卖卤肉的李师傅这类家乡离Q村很近的人，他们自身生活的地方就有很多哈尼族人，对于Q村内哈尼族人的语言也有较强适应能力，基本都能够听懂，还能交流。而另一类是以寸莲会、段辉为代表的异族经营者，由于家乡离Q村较远，语言隔阂很大，他们即使居住时间久，也无法完全听懂Q村的哈尼语，要和村民用本地语言交流几乎不可能，只能使用汉语。所以，这类经营者对社区内的语言认同就很低，语言适应现状也较差。

3. 社会交往

Q村内外来经营者的社会交往情况，可以体现在"牌局"和"红白喜事"的活动参与上。

一方面，牌局是勾连Q村原著居民和外来经营者的典型活动方式。每天晚上，Q村社区都会有三到四个地方开设牌局。牌局以扑克牌为主，也有麻将牌。一些带孩子的女村民会把孩子带在身边，抱着打牌。整个牌局也是一个小型的社区活动中心，无论是哈尼族妇女还是外来经营者，通过这个牌局聊天说话，互相增进感情，交换社区内信息。

另一方面，红白喜事也同样作为传统中国农村最常见的社交活动，构建着村庄内部的社会关系网络。在Q村社区内，婚丧嫁娶和红白喜事都会邀请亲朋好友。随着外来经营者在本地经营年限的增加，与周围的村民关系也越来越好，商铺周围的村民都会邀请外来经营者到自家吃饭观礼。特别是房东，只要家里有这些事，都会邀请这些外来经营者到家里吃饭喝酒。最典型的就是白族大妈寸莲会，她经常参加房东和周围邻居家的这些活动。然而，不居住在村内的经营者由于和村民接触较少，做完生意就回家，少有参加这些活动的机会。同时，进村做生意时间较短的外来经营者，也因为和村民接触不多，没有参加这些活动。也正因如此，常参与此类活动的外来经营者比那些参与较少的外来经营者有更好的社会融合，更被视为“自己人”。

4. 身份认同

社会融合在心理层面的主要体现，就是其催生出的身份认同感，而这种身份认同，是社会融合中重要的心理基础和情感关联。实际上，经济、文化、社会互动等多方面的融合并不能消解不同群体的社会心理疏离，而这种心理层面的融合是通过身份认同来实现的。具体来说，外来经营者在Q村的身份认同现状可以从外来经营者自身的身份认知以及原著居民对这一群体的身份认同情况来构建。

一方面，在外来经营者自身的身份认同情况上，外来经营者认为自己和村民的关系很融洽，相处得很好，他们通过彼此的经济往来和打牌一类的社区活动增进了情感交流，但是对于群体的认同度不是很高。在问及是否觉得自己是Q村的一分子时，外来经营者都表示：“还不算是，但与他们（村民）之间的关系很好。”村民对于Q村的外来经营者，绝大多数的态度很友善。在笔者访谈的21个人中，每一个人谈到外来经营者都是包容的态度，觉得他们来这儿做生意很好，“（时间）久了就跟自己村的人一样。”加上有一部分外来经营者，如李大姐，在Q村有自家亲戚，所以村民对他们的认同度很高。

在调查过程中，笔者了解到一件事，可作为例证。在2010年，寸莲会的银器店旁边是另一户白族人的银器店。那家铺子的主人回大理进货，就把店门锁好离开。到凌晨3点时，店铺对面的邻居，90多岁的杨姓村民（现已辞世）出门上厕所，看到店铺被人撬开，就立马告诉寸莲会，让她看看邻居家的铺子有没有东西丢失。寸莲会检查后发现没有东西丢失，但是心里担心害怕不敢睡觉。杨姓村民告诉她："你别怕，尽管安心地睡。我把房子里的灯开着，就在你旁边。"之后的几天，村长得知这个消息，召开了村民大会，在大会上说："撬人家铺子的是谁，我已经知道了，现在先不惩罚你，是给你个机会。再有下一次，决不轻饶。"会上，很多村民提议村长说出是谁，让他家杀一头牛赔礼道歉，但是村长没有说。据寸莲会揣测，可能村长也不知道具体是谁，只是敲山震虎让那人不敢再起歹心。而那么多年里，寸莲会的铺子从没被偷盗过，村民对他们也照顾有加。

另一方面，在Q村原著居民对外来经营者的身份认同情况上，村民对于外来经营者基本都认同。实际上，"社区内村民认为外来经营者的认同情况"可以进一步解构为"社区内村民认为外来经营者是否属于Q村一分子"的问题。这样解析以后，认同问题变得通俗很多。而绝大多数的Q村村民对于外来经营者是否属于本村一分子的问题上，都选择了"是"。但是这个回答很模糊，这种认同也很笼统。在地缘关系上，社区内村民承认了外来经营者的存在。但是，在文化认同以及触及社区内核心的宗教问题上，由于神圣性的存在，大部分的村民对于外来经营者都不认同。他们的认同只停留于经济层面和地缘关系，在核心的宗教文化问题上，仍旧是坚不可破的堡垒。

（二）外来经营者的社会融合模式及其形态

1. "嵌入互补"的融合模式

社会融合是"个体与个体之间、不同群体之间或者不同文化之间相互配合、相互适应的过程"[18]。而Q村外来经营者的社会融合最终呈现出的形态是一种"嵌入互补式"的融合模式，这种嵌入互补体现在诸多方面。

从经济层面来看，生计模式的改变以及经济分化的加深让原著居民越来越依赖外来经营者通过租赁其房屋土地所提供的钱款。而外来经营者所提供的诸多经济服务惠及了原著居民，同时也促进了村寨旅游业的发展，一举多得。从社会生活层面来看，"牌局"等非宗教文化体系的活动兴起，在丰富本地原著居民生活的同时，也为外来经营者的社会融入提供了有效路径，将村社共同体的构建从血缘关系扩展到地缘关系上，增强了村社凝聚力。

实际上，这种“嵌入互补”的社会融合模式描述的是：在文化较为封闭的少数民族社区内，外来经营者的经济活动及交往行为依托于社会关系网络的信任和规范，试图融入地方性传统社会秩序的过程。“嵌入互补”在本质上反映的是一种秩序状态，即相互嵌入、互相补足。在浅层意义上，它强调的是社区内不同行动之间的互动性和不同群体在生存状态上的依存性；在深层意义上，它描绘的是行为主体在交往互动中达成的情感、利益上“唇齿相依”的联结状态及所形成的基于互惠、信任的行为规则和文化模式。这种融合模式丰富了社区内原有的社会生态结构，在促进经济发展、文化繁荣和社会交往的同时，也弥补了由青壮年劳动力外流所带来的弊端。在中国大量农村失去劳动力，形成凋敝“空心村”的同时，因为旅游业发展而带来的外来经营者群体形成了社区内部新的活动力量，在社区生态构建上发挥着重要作用。

2. “貌合神离”的融合形态

在经济层面上，外来经营者在 Q 村社区中的社会融合是融洽和完整的，但在文化层面，仍然存在着诸多禁忌。

最典型的禁忌是外来经营者在“苦扎扎”节不许分牛肉。在哈尼族的重要节日“苦扎扎”节当天，村民需要向大咪谷缴纳粮食，凑钱、分牛肉，获得宗教领袖“咪谷”承认并分享他所带来的福祉。而分牛肉实际上代表的是神圣性认同，它的核心是以宗教活动为表现的集体认同。分到牛肉的，才算是村寨社区内部真正意义上的成员。而外来经营者们，无论是白族、彝族，还是哈尼族，都没有参加过该社区的这些活动。Q 村宗教领袖大咪谷李志红说：“他们（指外来经营者）是可以来分牛肉的。”但实际上，笔者调查的四个外来经营者都从未分过牛肉。社区内村民在回答是否能让这些人分牛肉的问题时，大部分都说不行。极少部分的村民还说：“他们又不是我们这的人，不能分。”

在 Q 村，除了外来经营者不许分牛肉以外，还有不许他们前往村寨寨神林的诸多禁忌。之所以产生这些禁忌，主要因为宗教仪式、节日庆典等许许多多的日常生活都内嵌在Q村社区的社会文化体系中，它们与房屋租赁等脱离社会文化体系后形成的经济性日常生活有本质的不同。旅游开发虽然改变了Q村社区自给自足的经济体系，为外来经营者在经济层面上融入当地社会生态提供了条件，但是在文化层面上，日常生活的隔阂却仍然存在于两个群体之间。总而言之，这些针对外来经营者的种种禁忌，促使外来经营者在经济上融入社区，在文化上却未能融入，呈现出“貌合神离”的状态。

“貌合神离”实际上代表着异文化之间的差异，由此带来的是两个群体在心情及情感层面上的区隔。从某种意义上来说，营造异文化群体之间共同情感的难度要远大于建立彼此之间经济利益的勾连，这也使得外来经营者的社会融合缺乏恰当的心理基础。不同文化群体之间的身份区隔，以及宗教、文化、语言等方面的差异往往成为难以跨越的鸿沟。而这一问题的解决，只能通过不同群体之间的交往互动，在增进彼此认识、理解及合作的基础上形成共同的心理基础与情感体验，来构建自身的身份认同，并实现心灵层面的社会融合。

五、结论与讨论

在Q村，外来经营者作为旅游开发带来的流动人口，基本上实现了自身在少数民族社区的社会融合。他们通过社会交往活动维持社区内部的社会关系，依靠经济服务与社区的经济生态相结合，凭借宗教活动的参与进入了文化意义上的社区领域，并借助房东的重要作用实现了一定程度的社会融合。这种社会融合在经济、社会生活等层面嵌入互补，但文化之间的区隔和差异，使之呈现出“貌合神离”的形态。

流动人口的社会融合，在当今社会变迁过程中是势不可当的趋势。在异文化背景下，现实经济利益的交换是外来经营者和本地村民达成妥协的基本桥梁。正是由于经济利益诉求的存在，带有异文化的外来经营者在社区内实现社会融合才有实在的动力机制。这一社会融合建构过程的核心围绕着外来经营者缴纳房租等经济资本的输入来展开，又以文化产品的输入而结果，最终实现双方的和谐与共处。Q村在旅游开发的热潮中，已然不再是传统的依靠宗教文化共同体生活的空间。经济生活的扩展，已使原著居民和外来经营者一起成为唇齿相依的邻邦。原著居民对旅游开发所带来的经济利益的追求，使他们对外来经营者的认同逐步提升，而这种认同将会使这些以宗教文化为纽带建构的自然共同体日益消解。由于“自然共同体之间的分裂与对峙，宣告了建立在狭隘的亲族关系基础上的自然共同体已显然不再适于作为经济发展的组织核心”[23]。所以，外来经营者和本地原著居民之间的社会融合将因为经济诉求变得势不可当。对于生活在同一村寨的每个个体来说，不论是外来经营者还是原著居民，立足于更为广泛的地缘关系构筑出的村社共同体，将会成为经济发展的组织核心，是当地旅游生态发展下的合理选择，也是一种必然趋势。

不同宗教文化之间的博弈，是文化较为封闭的少数民族社区内外来流动人口社会融合的底线。虽然如前文所述，外来经营者在这个少数民族社区内的社会融合是一种必然趋势，但是这种必然的趋势也存在着一定的界限，而其中最显著的问题就是不同宗教文化之间的博弈。实际上，不同的文化带来了诸多规范外来经营者生活的隐性规定，这些或明或暗的规定实际上就是社会融合的底线，它们体现在社区生活的方方面面，诸如外来经营者不能接触村寨寨神林、非本村人不允许在村内生育子女等。当然，不同民族背景的外来经营者在这一点上存在着差异。在任何社会，“从人类的经济需要来看，人们在经济活动中，为了阻止非共同体成员分享由共同体所创造的财富，总是需要某种形式的共同体保护”[9]，而构成共同体的基础是相同的血缘与亲族，其关键在于不同成员具有相同的宗教文化体系。显然，那些具有相同文化体系的外来经营者，在社会融合中更有优势。不过，从他们参与村寨节庆活动分牛肉到参与祭祀和叫魂都可以看出，传统意义上的共同体界限在Q村也正在发生变化，人们的身份认同正不断从血缘扩大到地缘，并在此基础上构建出村社共同体。对于外来经营者而言，这一变化对其社会融合的改善是具有好处的。

在我国，社会融合问题最初发源于20世纪80年代末期出现的第一波“民工潮”，大量农村人口涌入城市后面临着如何实现自身城市化，如何同城市居民进行社会融合的问题。而在西南少数民族地区，随着旅游开发带来的外来经营者，作为外来流动人口的一种，同样也面临着社会融合的任务。然而，二者之间的社会融合存在较大的差异。首先，从社会融合的主体上来说，在我国内地，主要的社会融合现象集中发生在相同文化背景的群体之间，而少数民族地区的社会融合主体则是具有不同文化背景、不同宗教信仰和不同语言的群体。其次，从社会融合的障碍来说，在我国内陆地区，社会融合的障碍在于户籍制度及与之相关的教育、卫生、社会福利和社会保障体制。而在少数民族地区，这种障碍则转变为不同的宗教、文化、语言及生活习俗。最后，从社会融合问题的解决方向来说，我国内陆地区中农民工要进一步完成其社会融合，需要更多国家政府层面的努力，从而不断破解我国长期存在的城乡二元结构，改革户籍制度，推动城市化进程。而在宗教文化较为封闭的少数民族地区，社会融合则集中在个人层面，它的推进有赖于外来经营者个人对异文化的接纳和认可，以及少数民族地区社区内部文化的对外开放。从某种程度上来说，这是一种更加复杂的社会融合过程。

参考文献：

[1] 陈文超，陈文．哈尼族乡村日常生活中的消费赊账形式：以云南省元阳县箐口村为例［J］．云南民族大学学报（哲学社会科学版），2012（1）：66-72.

[2] 陈文超，陈文．利益优化：日常生活消费赊账的经营者应对：以云南省元阳县箐口村为例［J］．中共福建省委党校学报，2013（2）：108-114.

[3] 段成荣，吕利丹，邹湘江．当前我国流动人口面临的主要问题和对策：基于2010年第六次全国人口普查数据的分析［J］．人口研究，2013（2）：17-24.

[4] 迪尔凯姆．自杀论［M］．北京：商务印书馆，1996-4：224-225.

[5] 国家人口和计划生育委员会流动人口服务管理司．中国流动人口发展报告2010［M］．北京：中国人口出版社，2010-10：106.

[6] 嘎日达，黄匡时．西方社会融合概念探析及其启发［J］．国外社会科学，2009（2）：20-25.

[7] 关信平，刘建娥．我国农民工社区融入的问题与政策研究［J］．人口与经济，2009（3）：1-7.

[8] 黄匡时，嘎日达．“农民工城市融合度”评价指标体系研究：对欧盟社会融

合指标和移民整合指数的借鉴［J］．西部论坛，2010（5）：27-36.

［9］（美）哈维兰．文化人类学［M］．上海社会科学院出版社，2006-8：235.

［10］梁波，王海英．国外移民社会融入研究综述［J］．甘肃行政学院学报，2010（6）：18-27.

［11］李伯华，宋月萍．中国流动人口生存发展状况报告：基于重点地区流动人口监测试点调查［J］．人口研究，2010（1）：6-18.

［12］李林凤．从“候鸟”到“留鸟”：论城市少数民族流动人口的社会融合［J］．贵州民族研究，2011（1）：13-19.

［13］李明欢．20世纪西方国际移民理论［J］．厦门大学学报（哲学社会科学版），2000（4）：12-18.

［14］李树茁，任义科．中国农民工的社会融合及其影响因素研究：基于社会支持网络的分析［J］．人口与经济，2008（2）：1-8.

［15］卢小君，陈慧敏．流动人口社会融合现状与测度：基于大连市的调查数据［J］．城市问题，2012（9）：69-73.

［16］（美）麦克利什．人类思想的主要观点：形成世界的观念［M］．北京：新华出版社，2004-1：275.

［17］任远，乔楠．城市流动人口社会融合的过程、测量及影响因素［J］．人口研究，2010（2）：11-20.

［18］任远，邬民乐．城市流动人口的社会融合研究：一个文献的述评［J］．人口研究，2006（3）：87-94.

［19］宋月萍，陶椰．融入与接纳：互动视角下的流动人口社会融合实证研究［J］．人口研究，2012（3）：38-49.

［20］童星，马西恒．“敦睦他者”与“化整为零”：城市新移民的社区融合［J］．社会科学研究，2008（1）：77-83.

［21］王春光．农村流动人口的“半城市化”问题研究［J］．社会学研究，2006（5）：107.

［22］王桂新，张得志．上海外来人口生存状态与社会融合研究［J］．市场与人口分析，2006（5）：1-12.

［23］王明珂．华夏边缘：历史记忆与族群认同［M］．北京：社会科学文献出版社，2006-2：124.

［24］吴文藻．吴文藻人类学社会学研究文集［C］．北京：民族出版社，1990-7：144-145.

［25］夏建中．城市社会学［M］．北京：中国人民大学出版社，2010-1：78-79.

［26］张国胜，陈瑛．社会成本、分摊机制与我国农民工市民化：基于政治经济学的分析框架［J］．经济学家，2013（1）：77-84.

［27］周皓．流动人口社会融合的测量及理论思考［J］．人口研究，2011（3）：27-37.

［28］朱力．论农民工阶层的城市适应［J］．江海学刊，2002（6）：82-88.

［29］张文宏，雷开春．城市新移民社会融合的结构、现状与影响因素分析［J］．社会学研究，2008（5）：117-141.

阶层分化视角下农民工社会融入研究
——基于B市H社区的调查

学生：梁　伟　指导教师：陈　锋

【摘要】 随着城镇化进程的推进，农民工的社会融入问题愈加重要。受社会资本、生命周期、人力资本以及个人能动性等因素的影响，农民工群体内部形成富人、中等收入者和底层收入者的层化现象，其内在需求也仍以基本的物质和情感需求为主，而非融入城市。阶层分化背景下的农民工主观意愿和经济能力，成为影响农民工社会融入的重要主客观因素，农民工阶层流动的有限性决定其很难从底层向中上层流动，进而表现出差异化的城市社会融入状态。对大多数农民工而言，城市主要是作为获取财富的工作地，而非归属地。因此，对于农民工的社会融入问题，要破除单向度的城市化、市民化思维，在充分保障部分农民工拥有融入城市的途径和条件的同时，要为无法留城的农民工提供稳定的后方，促进城乡之间的双向有序流动。

关键词： 农民工　阶层分化　需求分层　社会融入

一、绪论

（一）研究背景及问题

改革开放以来，我国的人口流动发生了重大变化，突出表现为大量农村剩余劳动力流入城市，这满足了城市对劳动力的需求，促进了城市发展。近些年来，城市中农民工的数量仍然呈现上涨态势，这些数量巨大的农民工虽然为城市社会发展作出了重要的贡献，但是也给城市带来了各种社会问题：其一，农民工分享城市交通、教育、卫生、医疗、娱乐等公共基础设施和资源，造成了诸多城市问题，影响了城市居民的生活；其二，农民工进入城市，城市人口激增，社会管理和治安难度增加，而且农民工与本地人之间存在较大文化差异，存在潜在的社会冲突。因而，农民工对城市社会的健康有序发展，对社会稳定有着深远的影响。

自中国共产党第十八次代表大会召开以及《国家新型城镇化规划2014—2020》颁布以来，农民工的城市融入问题再次引起了社会的广泛关注。社会各界普遍赞成通过破除城乡二元结构、实现城乡社会一体化的方式促进农民工社会融入，从而推动城镇化事业的发展。然而在实践中，农民工社会融入举步维艰，农民工有序融入城市成为城市发展的重大挑战：一方面，制度性壁垒和城乡差距的现实状况使得历史鸿沟难以逾越；另一方面，农民工在心理、文化和生活方式等方面与城市居民存在不小的差距。因而，农民工的城市社会融入是否可能以及农民工如何融入城市社会，是促进农民工社会融入进而推动城镇化进程必须要解决的问题。

（二）研究现状

1. 农民工社会融入的研究综述

农民工社会融入的问题引起了许多学者的关注。基于城乡二元结构的背景，有学者从农民工社会融入的多重维度进行了讨论，并将进城农民工的适应划归为三个层次：经济层面、社会层面和心理层面，这三个不同的层面是依次递进的层次，而农民工在总体上对城市的适应还停留在较低的层次[32]。其他学者提出了相似的观点，认为农民工在城市的社会融合是一种“半城市化”，农民工没有与城市的社会、经济、制度和文化系统有效衔接，仅在经济系统上被接纳，却在其他系统中受到排斥[22]。在此基础上，学者进一步展开了对影响农民工社会融入因素的分析，认为长期的制度排斥尤其户籍制度是最主要的体制性障碍[12,2,27]，农民工的经济资本、社会资本以及文化资本也影响着农民工的社会融入[18]，特别是社会资本积累的困境。在主观感受的角度上，有学者提出社会距离也会影响农民工社会融入[3,14]，社会排斥以及社会差异也发挥着同样作用[4]。当然，近几年农民工的社会融入问题有所改观，新生代农民工的收入水平、社会资本和受教育水平较老一代农民工有所提升[6,31]，农民工的社会融合状况总体有所改善[23]。然而，低收入农民工在城市的社会融入更加不利[17]，现实中农民工的社会融入仍然面临着诸多问题[1]。新生代农民工的经济融入中存在“两低两少”现状[28]，在融入过程中存在诸多风险[25]。此外一些学者关注了农民工的返乡适应[7]，指出了新生代农民工的特征和问题以及在这一问题上普遍存在的政策“碎片化”现象[30]。基于对农民工社会融入问题的审视，学者们从政策制定、政策内涵、新型城镇化、农民工主体、风险防范的角度提出了相应的对策[11,24,15,18,25,7]。整体而言，学者们大多秉持城市化、市民化的取向来应对农民工的社会融入问题。

2. 对研究现状的评价

总体来看，学界对农民工的社会融入研究运用了多样性的视角，对农民工社会融入的各方面问题进行了较为深入的讨论分析，阐明了农民工城市社会融入的现状、困境，并从社会整合的角度提出了一系列针对性的解决对策，这对理解农民工的社会融入问题有一定的启示。不过，既有研究仍然存在一些不足：第一，对农民工社会融入的研究很少从农民工主体的角度切入，而且未对农民工城市社会融入的机理进行深入分析，尤其是对不同阶层的农民工的分类分析；第二，现有对农民工社会融入的研究，多是在城市化、市民化这一视野下进行讨论，过于强调单向性，忽略了农民工的双向流动。本研究则希望通过呈现农民工社会融入的阶层分化与需求差异对其社会融入的影响，进而对单向度、抽象化的农民工社会融入路径进行反思。

（三）研究方法与思路

1. 研究方法

本文采用了多种研究方法，具体而言包括以下两种。

第一，参与观察法。在调查过程中，笔者充分利用参与观察法，以社区工作人员的身份参与观察农民工社会融入的各个方面，发掘农民工社会融入的特征、问题和现状。在此基础上，为进一步分析农民工社会融入的内在机制提供直观资料，为形成农民工社会融入的经验表达之认识提供途径。

第二，深度访谈法。这是本研究开展过程中最为重要的方法，通过深度访谈的方式，直接获取一手资料，并对访谈资料进行分类整理。通过对整理后的经验资料进行分析，深入理解农民工社会融入的核心问题，力图找出农民工社会融入的内在机制。

2. 研究思路

本研究通过对B市H社区及社区内的农民工进行研究，试图以深度访谈的方式，深入了解农民工的生活现状，发现农民工阶层分化在主客观层面的表现、特征以及意义，从而挖掘农民工阶层分化如何影响农民工的城市生活以及最终如何影响农民工的社会融入。在此基础上，论证农民工融入城市生活的可能性，进而揭示农民工社会融入的内在机制。最终，对农民工城镇化的路径进行反思。具体思路见下图：

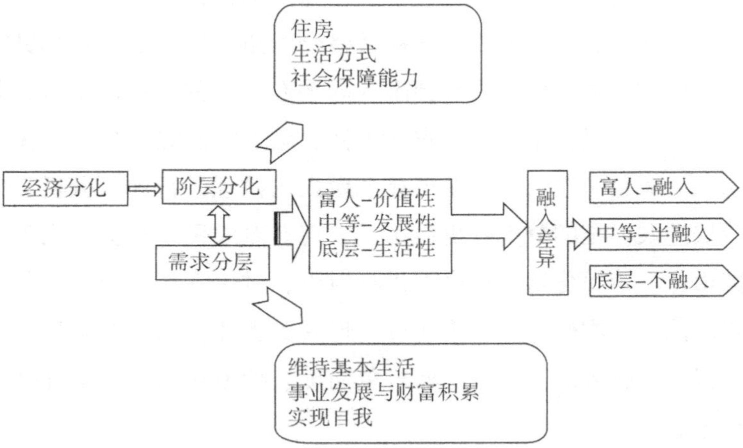

图1　研究思路

3. 田野概述

本研究选取B市H社区作为调查地。H社区位于B市二环到三环之间，H社区内现有固定住户3992户，人数约为9000人，其中农民工2000~3000人。一些农民工在此工作并主要从事第三产业和建筑行业，与社区内居民保持着较为密切的互动，一些农民工则仅居住于社区内而很少与社区居民发生联系。本次调查共选取22名社区内的农民工作为访谈对象，他们均为外地人且涵盖了20世纪60年代、70年代以及新生代农民工。这些农民工在收入、文化程度上也具有较高的异质性，这为深入分析农民工社会融入的过程和特征、梳理农民工的社会融入问题提供了典型个案。在此基础上，本研究试图阐明当前农民工群体中存在的阶层分化和需求分层现象，并揭示农民工群体阶层分化和需求分层如何影响农民工的城市社会融入。

表 1　个案基本情况

个案	性别	年龄	职业	籍贯	所属阶层
冯田	女	55 岁	包工头	甘肃庆阳	富人
杨磊	男	37 岁	销售	陕西	富人
休二叔	男	62 岁	公司经理	河北迁安	富人
路远	男	60 岁	公司老板	江苏	富人
楚建林	男	35 岁	销售经理	河北承德	中等收入者
黄华	男	28 岁	超市老板	河南南阳	中等收入者
何成	男	26 岁	小吃店主	辽宁沈阳	中等收入者
李得富	男	57 岁	超市老板	河北	中等收入者
刘美	女	24 岁	酒店职员	山西大同	底层收入者
李贺	男	29 岁	工厂职工	江西	底层收入者
钱威	男	30 岁	汽配城员工	湖南	底层收入者
王猛	男	32 岁	工厂职工	安徽	底层收入者
孟飞	男	44 岁	私营店主	河南	底层收入者
田晓芬	女	45 岁	酒店经理	河北承德	底层收入者
韩二哥	男	28 岁	厨师	河北邢台	底层收入者
朱海	男	56 岁	门卫	河北	底层收入者
郑瑞刚	男	42 岁	汽配城员工	安徽六安	底层收入者
白茜	女	38 岁	私营店主	河南	底层收入者
刘文	男	20 岁	无	山西太原	底层收入者
卫逸	男	35 岁	汽配城商家	河南洛阳	底层收入者
武平	男	53 岁	私营店主	河南	底层收入者
刘晓	男	33 岁	洗衣店主	河北衡水	底层收入者

（四）核心概念界定

1. 社会融入

社会融入作为一个多维度的概念被讨论，包含了多个要点：平等是社会融入的基本价值基础；社会融入不仅是社会排斥的对立面，更是一个独立的概念；社会融入的目标是为了提高全体社会成员的福利，使人人能够平等；社会融入是一种试图影响过程的动态过程，强调人的主观性；社会融入强调权利与义务；社会融入是一个多维度、多层面的概念（徐丽敏，2014）。据此，本研究参考徐丽敏的定义，将“社会融入”定义为：在全球化背景下为了提高全体社会成员的福利，使人人能够平等、全面地参与经济、政治和社会生活，以促进社会包容，最终实现社会成员无差异化的过程。

2. 农民工

农民工是城乡二元结构的产物，是我国社会发展特殊时期出现的特殊群体。自 20 世纪 80 年代放开户籍管制以来，大量农村剩余劳动力进入城市，成为在城务工的非农劳动力。数量巨大的农民工对城市发展产生了深远的影响。学界历来对农民工的定义不一而足，甚至出现了狭义和广义之分，本文则将农民工定义为：户籍仍在农村，进入城市长期从事非农产业的劳动者。

二、农民工群体的阶层分化

进城务工，多年后融入城市或离开城市，这是大多数农民工的生命轨迹。然而在这一历程里，农民工的生命故事各异，在差异中又呈现出某种共性的特征和规律。

（一）“同途”与“殊归”：农民工的生命轨迹

离开农村进入城市务工，农民的角色转变为农民工。在进城初期，农民工之间虽然存在着地域习俗、文化和职业等方面的差异，但在阶层结构上仍属于相对均质化的群体，他们的收入大多处于相对较低的水平，生活环境也普遍较差。农民工初入城市，通常存在一些心理上、生活上的不适应，在政策、制度等方面也受到区隔和排斥，尤其在医疗、就业和教育等重要领域。但随着时间的推移，农民工群体内部逐渐产生了差异，出现明显的分化，最终可能通向不同的人生轨迹。以下是三位受访者的情况。

刘晓，33岁，河北衡水人，初中毕业。来B市十多年。儿子在大兴上学，妻子在家电超市做销售，他自己经营着一家干洗店。来B市的前两年，他在工地干活，赚钱少。后来承包了一家干洗店，每年能赚7万~8万元，刚够花。妻子赚的钱只够自己花。刘晓坦言道："我也想过在B市买房，但是没钱，买房留B市也就想想。现在就希望这个干洗店还能继续经营，起码有收入，等干不动了回老家。"

黄华，28岁，河南人，大专毕业。来B市五年。开始时，从事和超市相关的业务，后来遇到一个经营超市的机会，经营起超市。现在生意越做越大，已经是三个超市的老板，每年的收入超过50万元，拥有一辆不错的私家车。黄华觉得当初他为了赚钱才来的B市，但是现在事业发展得还不错，如果有实力也可以留在B市生活。

冯田，女，55岁，甘肃庆阳人，初中毕业。二十多岁来到B市，从一个小工人干到了包工头，如今成了千万富翁，在朝阳区有一套150多平方米的房子，还开着一辆宝马。除此之外，冯田在老家还有两三套住房，她说："以后肯定是在B市养老了，一家子都在这儿。看病什么的都很方便。"

刘晓、黄华和冯田之间存在明显的差异，这种差异在农民工群体中表现为阶层分化。农民工的阶层分化是多种复杂因素组合作用的结果。在进城务工前，农民工多通过亲戚朋友的介绍，找好工作后进入城市务工。在城市务工期间，一些处在生命周期中压力较小时期的农民工，利用自身的人力资本优势，发挥个人能动性，抓住了工作、生活中的有利机会，建立了自身的社会关系网络，从而获取了更加丰富的信息和资源。这些人有更多的机会将社会资本转化为经济资本，并很快在农民工群体中崭露头角。随着时间的累积，这些农民工的个人社会资本和收入不断增长，事业有了更大的提升，并最终取得极大的成功，实现了在城市中的社会融入。另一些缺乏人力资本的农民工，却因为个人能动性不足，且处在家庭生命周期的重要节点，比如赡养老人、抚养孩子，所积累的经济资本很快消耗殆尽，积累的社会资本也不能有效地转化，最终在城市务工多年后，受年龄、技术等多方面的影响而被排挤在就业市场之外，只能回到农村。

（二）农民工的阶层分化

在农民工阶层分化和分层研究中，学者多依据李强（2006）所界定的标准对农民工阶层进行划分，阶层的划分以职业和收入这两个标准为重。宋惠敏（2011）依据当前社会中经济收入的层次性分化将农民工分为低、中、高三个阶层。黄江泉（2011）在研究农民工市民化时依据职业投入上的差异将农民工分为智能型农民工、技术性农民工和体力型农民工等三大类，每一个大类下又有几个小类。张涛（2007）依据社会调查数据，按照农民工的可支配收入的多少将农民工分为4个阶层：下层收入者、中下层收入者、中上层收入者、上层收入者。宋国恺（2012）在研究农民工体制问题时依据职业将农民工划分为私营企业主、自雇用的个体农民工、务工人员、无业或失业农民工四大群体。事实上，职业分层的分层标准最终可归结为两大因素，一是经济资源，一是象征性资源，其中象征性资源可理解为“潜在的经济资源”[16]。在市场经济的背景下，以收入作为农民工阶层划分的标准是更为基础的划分方法。同时，农民工自身的主观认同是阶层划分不可忽略的方面。因此，在特大城市B市H社区的调查中，以年收入为标准，并根据农民工自身的阶层认同，本研究大致将农民工划分为：富人（年入100万元），中等收入者（年入10万元以上），底层收入者（10万元以下）。

在三个阶层中，富人阶层的人数最少，而且整体年龄偏大，但他们是农民工群体中物质基础最雄厚、事业最为成功的。富人阶层在城市中拥有住房和私家车，生活较为安逸。除了在城市拥有住所外，这些富人通常还在家乡的县城或市区购置了住房。大多数富人拥有大量的社会资本和较多的人力资本，且主观上积极进取。一些富人在事业成功后，往往会关照身边的亲戚朋友，帮助其亲戚朋友在城市中发展，本文的个案冯田即是如此。

中等收入者阶层相对年轻，青年、中年人居多。他们在事业上也小有所成，生活环境和居住环境相对较好，部分人还拥有私家车。中等收入阶层中的部分人经营着一些店铺，部分人已经担任管理层职位，抑或自己当小老板。这些农民工的收入低于富人，但高于底层收入者。中等收入的农民工不愿意将在城市积累的财富用于消费或者购置住房，而更愿意将这些既得财富转化为可持续发展的资本，推动自身事业的发展，他们也有一些优秀的品质和较强的能力。此外，中等收入者在城市务工期间也注重积累人脉和关系，广泛结交朋友。前文中的个案黄华即属于此类。

底层收入者阶层虽然在其阶层内部收入也有所差异，但是总体上缺乏上升潜力。这一阶层贯穿老年、中年和青年多个年龄段。底层收入者处于农民工群体的底层，每年的收入低于10万元，大多数农民工年收入甚至低于5万元。底层收入者群体大多租住在城中村或者居住在工作场所，他们在社会关系方面也较为单一，其关系网络中的成员基本由三类人构成：同事、老乡和亲戚。前文中的案例刘晓以及大多数农民工都属于这一阶层。

三、阶层分化背景下的农民工需求分层

（一）阶层分化与需求分层

农民工不仅在经济收入上存在着三个层次，而且相对应的文化结构、职业构成、生活方式、主观认同、政治权利行使等方面也存在着显著的层级差别[20-21]。阶层分化对需求的影响主要表现为两个方面。

首先，阶层分化形塑阶层的不同需求。农民工处于不同的阶层，经济收入存在差异，使得各阶层间的成员的需求也产生了较大差异。对于底层收入者，其经济收入在满足日常生活所需之外很少有剩余，因而他们更多地关注收入。对于中等收入者，较高的收入使得他们在满足了基础性物质需求外更加充满信心，对于进一步发展事业的需求更加强烈。对于富人阶层而言，雄厚的物质基础和成功的事业使得他们游刃有余地实现自我价值和社会价值。

其次，阶层的流动引发需求内容的转变。底层收入者可以通过一定的途径成为中等收入阶层，中等收入者也有可能成为富人。当农民工所属阶层发生变化时，其需求的内容也会发生变化。底层收入者成为中等收入者时，在赚取金钱的同时会利用既有资本赚取更多的财富而极少消费。中等

收入者成为富人时，财富观也会发生变化，在实现自身事业进一步发展的同时，也愿意利用自身的财富和社会资本帮衬亲友发展，以实现自我价值和社会价值。

（二）农民工的需求层次

基于此，本文依照农民工阶层分化背景下的需求差异，对农民工的需求进行简单梳理，将其归纳为生活性需求、发展性需求、价值性需求。

1. 生活性需求

农民工的生活性需求主要包括两方面，其一是物质性的，其二是情感性的。

改革开放四十多年来，我国发生了天翻地覆的变化。但是农民收入的增长却相对缓慢，所以进入城市务工以获得更多的生活来源成为大多数农民的选择。

韩二哥，28岁，河北邢台人。谈起他来B市务工的原因时，韩二哥这样说道："农村家里条件不好，我又是家里的老二，上面有个哥哥。说白了家里地是不少，但收入不好，被逼无奈只能来B市打工……种的粮食够吃，其他花着花着就没了。像我们这哥俩要是结婚，最次你得出套房吧。家里不用买，得盖，也得十万八万的吧。"

城乡差距、区域差别是造成农村劳动力在城乡和地区间流动的重要原因[5]。由于农村经济结构以农业为主，从农业中获得的收入极为有限，农民为获得更多的收入，转而流向就业机会更多、收入水平更好的城市地区。可以看到，对物质条件的追求成为绝大多数农民工的需求。

不过，很多农民工在城市生活多年之后对城市产生了较强的归属感。正如韩二哥所言："人都是有七情六欲的，在这儿待时间长了肯定会有情感。"然而对他们来说，城市毕竟只是生活和工作的地方。农民工也有获得认同和尊重的情感，一些农民工虽然从农村进入城市，但也希望在城市中被人尊重，希望自己的劳动和价值得到肯定。笔者在与农民工的访谈中，经常听到类似于"得到尊重""反感歧视"之类的词语。

黄华经营着几家超市，他说道："我现在雇了几个本地人，一个月给他们开三千多工资，现在相当尊重我的意愿。你看他们也不能因为我是外地人就天天横鼻子瞪眼的，我不用你是不是。这是很明显的。我那个店里就雇来一个收银员，是本地人，住在这小区楼上。他在我这也一样上班，我也一样给他开工资。”

农民工在对城市产生归属感、希望获得认同和尊重的同时，对家乡的情感也尤为深厚。一些农民工认为城市是工作、赚钱的地方，或者在一些年轻的农民工看来是“好玩的地方”。但农民工的根基在农村，对一些人来说，“在城市中赚到了钱，养家糊口，比什么都重要。吃苦受累都是次要的。”他们中的许多人很少想过要在这个城市中扎根，长久生活。

2. 发展性需求

一些经济实力较好的农民工，除了生活性需求外，还产生了发展性需求。在他们看来，当前较高的经济收入正使其获得自我发展的资本，因而他们更倾向于将现有资产转化为投资资本，以图获得更大的发展空间，何成便是典型。

何成，今年26岁，辽宁沈阳人。2014年来的B市，现在经营着一家餐馆。餐馆生意很好，每天的收益大约在1500~2000元。这几年靠着餐馆，何成攒了不少钱。他用攒下的钱买了辆车，又用剩下的钱在附近商城里开了家分店。他说：“现在的生活网游化了，每天做的就是打怪升级。所以要靠餐馆挂机赚钱，然后买点装备，打大怪。”

事实上，像何成这样的农民工只是少数。大多数农民工忙于满足生活性需求。一方面，农民工的收入水平相对较低，甚至部分农民工仅能维持日常生活，缺乏产生发展性需求的物质条件。另一方面，农民工在城市务工期间，也需要应对家庭中的重大事件，诸如子女教育、老人赡养、住宅修建等，这使得农民工将目光再次转向了农村，无暇关注更高层次的需求。

3. 价值性需求

一些在城市闯荡多年且事业成功的农民工，历经多年的努力终于干出一番事业，在赚足面子的同时，也更愿意帮助和提携亲朋以实现一种价值性的满足，这种价值性的满足要比“面子”更重要，休二叔便是一个例子。

休二叔，62岁，河北迁安人。在B市打拼了三十多年，吃了不少苦。一开始休二叔做过很多工作，诸如建筑工人、销售员、保洁工。后来休二叔自立门户有了自己的事业，也算有所成就，如今他在B市有车有房，生活也算圆满。虽然今年已经62岁了，但仍然在一家公司当经理，他心胸很开阔，也很乐观。他说："希望自己再多做点事，发挥点余热。再帮衬帮衬年轻后生，让他们有点出息。"

休二叔的生活较为圆满，在城里有车有房，在老家也有几处房产。但是对于六十多岁的他而言，所追求的不仅是自身生活的舒适和安逸，更多的关注在于自身价值的实现，而价值的实现来源于自我的认同和社会的评价。自我的认同是农民工对自身所取得成就的认可和满足，在城市中混迹多年后定居下来，成为事实上的城里人。社会的评价则来自外界给予的肯定，包括对其事业、生活的肯定，还有对其帮衬亲友行为的赞赏。

在阶层分化的作用下，农民工的需求产生了差异并形成了明显的分层，但是需求分层一定程度上也对阶层分化产生了反作用。农民工在城市生活的过程中产生了很多现实性和非现实性需求，这一定程度上影响着农民工工作的积极性与努力程度。大多数农民工进入城市，主要是为了获得经济收入。但是农民工对于收入的要求有很大的差异。一些农民工对薪酬的要求相对不高，这一定程度上使得农民工易于满足现状。新一代农民工进城打工，大多抱着探索新世界、见世面的心态，对工资的要求也并非很高。一些随父母亲戚进城务工的农民工，更多的是追求一种情感性需求的满足。但是一些农民工在满足生活性需求的基础上，也可能产生更高的发展性需求，他们更关注自身的职业发展和城市生活。最显著的变化是，他们将赚得的工资不用于消费，也未进行储蓄，而是作为自身事业发展的资本。在多年的积累下，一部分底层收入者成长起来，成为农民工群体中的中等收入者。中等收入者的成长和壮大，为富人阶级的出现集聚了潜在资源。大多数步入中等收入行列的农民工都趋于保守，稳步前进，但是仍有少数的农民工有很强的成就欲和更高层次的需求，也更希望得到社会对其多年的努力的肯定以及事业成功的认同，这在一定程度上推动中等收入者阶层向富人阶层流动。

四、阶层分化背景下的农民工社会融入差异

农民工能否真正融入城市，不仅取决于其经济能力，还取决于其是否有融入的意愿。农民工群体中的阶层分化，使其社会融入在客观能力和主观意愿方面均产生了一定的差异。主要表现为两个方面：其一，在阶层分化背景下，经济分化通过影响农民工在城市的生活样态，进而极大地影响了农民工融入城市的能力，从而成为农民工社会融入差异的社会基础；其二，阶层分化的进程形塑了农民工的需求分层，而需求分层主要影响农民工融入城市的意愿，从而成为农民工社会融入差异的价值基础。

（一）经济分化：农民工融入差异的社会基础

经济基础决定上层建筑，农民工的收入很大程度上决定了其生活状态和生活水平。因而，农民工的生活状态和生活水平也因收入而异。

首先在住房上，收入的差异导致了农民工居住条件的差异，甚至在某种程度上表现为居住区隔。富人阶层由于收入较高，财富积累时间长，有能力在城市中买房定居，可以享受较好的居住环境。冯田家早在 10 年前，就在 B 市北三环附近的一个高档小区购置了一套 150 平方米的房子，购房时全款交付，共花去了 300 多万元。而今，她家的房子价值超过 800 万元。像冯田这样能够在 B 市买房的农民工，只是极少数。但经济上的优势，确实使其能像城市居民一样体面地生活。而黄华这样的中等收入者，虽然在城里买房尚有一定的差距，但是他的收入足以支持其在城市小区中租房居住，虽然短期内不能买房，但也能享受较好的居住环境。相对于富人、中等收入者，底层收入者无力在城市买房，也不能支付城市社区的住房租金，只能租住在城市的城中村、城郊村。相较于城市社区，城中村、城郊村的环境差很多。从自有住房到租住楼房，再到租住城中村、城郊村的平房，农民工因经济分化而产生居住区隔，从而影响了其融入城市的进程。

其次在生活方式上，在生活方式的形成过程中，经济条件往往具有决定性的作用。由于城乡之间生活方式存在巨大差异，农民工进城后或主动或被动地向城市生活方式靠拢[32]。在这一过程中，经济分化导致了农民工在社会融入层面的较大差异。富人、中等收入者基于经济条件的优势，更

主动地改变自身的生活方式，他们注重自身的形象和言谈举止，愿意且能够花费金钱买高档衣服、化妆品以包装自己，提升自己的外在形象，同时也花费时间精力进行学习，提高自身的素质和知识水平，希望与城市居民“无缝对接”①。当然，富人的生活品质较中等收入者更高。比如冯田，她每月都会去做SPA，出入以豪车代步。与此同时，富人、中等收入者的闲暇时间也更加接近城里人②。这些农民工闲暇时间较为丰富，也有对文化消费的需求。与此相对地，底层收入者受经济条件的限制，生活较为节俭。他们的衣着装饰更为普通，也鲜少出入餐厅酒吧等娱乐场所，闲暇的安排也更为单调。底层收入者一方面由于工作时间长、强度大，闲暇时间较短，另一方面由于他们需要应对生活中的经济压力，比如子女升学、父母赡养等，进而能省则省，既无暇享受闲暇时间，也无能力和意愿提高自身的生活水平。

再次是在心理方面的认同上，包括对城市的认同、对自身身份的认同。在富人看来，他们对城市有很强的认同感，并且认为自己就是城里人而非农民工③。富人在进城时仅是众多农民工之一，然而多年打拼使其蜕变成为富人，并在城里买房买车，这对他们而言不仅是事业上的成功，也是心理上的满足和自豪，所以他们将自己视为融入城市社会的城里人。而对于中等收入者，他们中的大部分未在城里买房，“城里人感”不如富人强烈。但是他们同样地对自身认同程度较高④。但是对于底层收入者来说，他们仍认为自己是农民工，属于社会底层⑤。这与富人的“城里人感”和中等收入者的自我认同感形成鲜明的对比。

---

① 黄华坦言：“我们这赚的钱不少，也买了车，穿的衣服也不错，不比城里人差，站在大街上看不出来我是本地人还是外地人。”（黄华，男，28岁，河南人，中等收入者）

② 休二叔说：“我双休日不工作，没有必要那么累。跟家人看看电影，聚个会，或者去听音乐会，不挺好的嘛。”（休二叔，男，62岁，河北迁安人，富人阶层）

③ 冯田说：“我要房有房，要车有车，要生活品质有生活品质，一年赚几百万，比城里人更城里人，只是没户口罢了。”（冯田，女，55岁，甘肃庆阳人，富人阶层）

④ “你看我是外地人，我那个店里就雇来一个收银员，就是本地人，就还在这小区楼上。他在我这也一样上班，我也一样给他开工资。”（黄华，男，28岁，河南人，中等收入者）

⑤ 韩二哥说道：“我们出来聊天，大家都一样是一个低阶层的，都是打工的，时间长了对这儿是有感情，可是再有感情咱也不是这的人，不属于这里。没钱没房的，迟早要回去。”（韩二哥，28岁，河北邢台人，底层收入者）

最后是在社会保障方面的能力上。农民工虽然在生活方式上与城市居民没有太多的差别，但是要在城市中长期生活，除了衣食住行外，更重要的是社会保障的能力，这里主要指的是在教育、医疗等方面的承受能力。农民工中的底层收入者，很少会带着孩子在城市里生活。一方面孩子上学受到政策的影响，另一方面也受到经济条件的影响。由于城市里的教育成本较高，很多底层收入者将子女放在老家养育，并在老家上学。而富人和中等收入者，大多让子女跟随在自己身边。本文的一个来自陕西的访谈对象杨磊，他的女儿从小就在B市读书，一直到初中毕业，杨磊的女儿这些年的教育花去了几十万元，但是这并没有影响杨磊一家的生活品质。后来由于户籍的限制只能回老家读书，杨磊的妻子便在西安租了一套房，陪着女儿读书。此外，在医疗方面，阶层分化也对农民工产生了类似的影响。

总之，阶层分化下的经济分化对农民工社会融入的多个面向产生了深远的影响，尤其是收入差异的持续性最终导致了农民工在社会融入方面的区隔，收入越高的农民工越可能融入城市，而收入低的农民工被排斥在城市融入的通道之外，只能在务工多年后重返农村。

（二）需求分层：农民工融入差异的价值基础

农民工的差异化需求产生了需求分层，而需求分层恰恰是农民工社会融入的价值基础。农民工进入城市的目的不同，很多人为了追求财富而进入城市，少数人或是出于对城市的好奇和渴望，或是为了见世面，或是为了更好的发展机会而进入城市。农民工的城市生活因个人的人力资本、机遇和社会资本的差异，以及生命周期的作用逐渐出现了分化，与此相应地，其城市融入的意愿也产生了分化。处于生命周期特殊节点的农民工，由于家庭的责任和负担，一方面向往追求更多的财富，另一方面又恐惧事业失败的代价而趋向保守，所以更愿意选择稳定的、长久的、薪酬尚可的工作，以满足基本的生活性需求，而非产生融入城市的意愿。前文中的韩二哥在B市做厨师多年，现在上有老下有小。28岁的他，对于融入城市并无太多的想法，他觉得稳稳当当地赚些钱以赡养父母、抚育孩子比什么都重要。

一些农民工除了具有基本需求外，还希望在城市生活中获得更好的发展。前文中的黄华即是如此，但是对于他们而言，融入城市并不是最重要的任务①。正因为这些中等收入者有发展性的需求，因而更加看重事业发展的机会，更多地选择利用现有资本进行投资或壮大产业。所以对中等收入者而言，他们的融入意愿也并不强烈。

中等收入者中的少数人，在时间的累积作用下拥有更多的社会资本，获得了更多的财富，也积累了更多的阅历和事业发展的经验，并成为富人。这些富人在基本的生活性需求、发展性需求之外形成了更高的价值性需求。在城市购置居所，实现融入愿望，并将自身的资源和经验分享给人际网络中的重要个体，从而实现社会层面的自我价值。前文中的休二叔即是如此。也因此，富人更倾向于安居乐业，融入城市生活，成为事实上的城市居民。

可以看出，需求分层很大程度上影响了农民工的行动，具有不同需求的农民工能动地匹配自身的行动，从而影响了其社会融入的结果。

（三）阶层分化与农民工融入路径的演化

整体来看，受阶层分化的影响，农民工的社会融入具有差异性。下层农民工融入城市的可能性相对较小，且融入程度最低，处于“不融入”的状态[12]。底层收入者收入较低，这使得他们既缺乏足够的经济条件融入城市，也难以产生对城市社会融入的主观意愿。追求生活性需求的满足，使得农民工更多地处于底层收入者阶层，他们的主要精力在于获得满足日常生活所需的收入。因此，对于大多数农民工而言，城市不过是赚钱的地方，即便一些农民工产生了融入城市的渴望。阶层的分化也使得他们缺乏必要的物质基础，最终难以成功融入城市。中等收入者的物质基础虽然可以为他们融入城市提供必要的经济条件，但是中等收入者大多面临人生中的一些重大事件，如结婚生子、子女教育等，财富容易被分散，较难形成

---

① “在B市买房最主要是保值，你说真要去住啊什么的，那是不大现实的。你就说这里的房子吧，不是很好，也要个200多万。有这200多万，咱干啥不好，你租个小房子，一年两三万也就够了。你留出剩下的钱，干什么都可以。以后挣得差不多了，再买房也不迟。”（黄华，男，28岁，河南人，中等收入者）

财富积累。而且中等收入者的发展性需求，使得财富被当作资本用于创造更多财富和发展事业。因而对中等收入者来说，融入城市仍然举步维艰，但是其相对底层农民工而言，处于“半融入”状态。富人融入城市的可能性最大，富人在经济能力方面不存在问题，而且从需求分层的角度来看，富人们为了社会价值的实现，更愿意在城市里买房，不仅拥有一个舒适的住处，也能得到外界的“称赞”，同时可以利用自己的财富来消解当前城乡二元结构下产生的制度性排斥。比如，在教育上虽然可能因为没有户口无法上公立学校或参加高考，当然富人也可以通过让孩子上私立学校甚至把孩子送到国外等来解决孩子的教育问题。此外，大多数富人是中老年，此时他们的子代也将长大成人，他们的孩子在城市中成长，且与城里人相差无几。在市场经济的背景下，他们通过消费形成新的分层标准，逐渐消除“本地人与外地人”之间的壁垒，进而较好地融入城市。所以富人是农民工群体三个阶层中真正处于“融入”状态的阶层。

总之，在底层收入者身上形成了一种循环：工作→满足生活性需求→返乡。在这种模式下，农民工虽然无法融入城市，却在城市务工过程中实现了基本的需求，也形成了一定的财富积累以享受更好的返乡生活。也因此，即便不能成为城里人，农民工也愿意进城打工并在城市生活多年。在中等收入者和富人的社会融入过程中，也形成了一种循环：进入城市生活，在城市中借助个人、社会资本的力量，在经济和时间的累积下不断发展，逐渐实现事业的成功。进而在发展需求满足、财富积累充裕时，转向社会价值需求的满足——融入城市以及向下转移和分享资源。

综上，农民工阶层分化在动态调整中继续发生演化，并且在演化中影响着农民工社会融入的经济能力和主观愿望，从而形塑农民工社会融入的整体结构。这一金字塔的结构意味着能够流动到塔尖的农民工群体较少，多数农民工仍然位于底层，从而在社会融入方面可能性很小。因此，农民工的社会融入问题不是一个自然的通过市民化能够解决的问题，在制度之外，应重点考虑农民工在自身的阶层结构中是否有能力有意愿融入城市的问题。

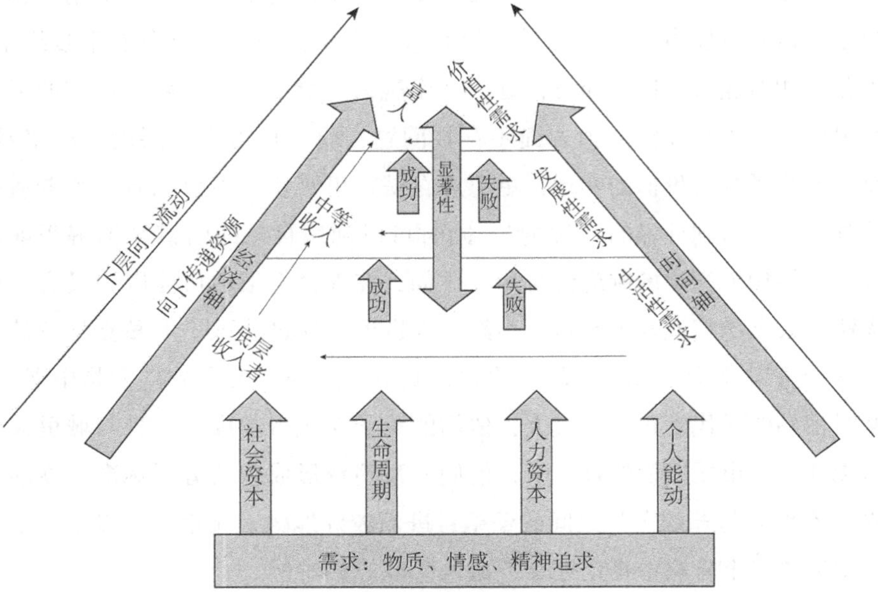

图 2　农民工的阶层分化与需求差异

五、结论

农民工群体在进城伊始时接近于一个同质性群体，然而在城市务工的历程中，农民工群体却向着异质化的方向发展。在城市务工期间，农民工群体发生了阶层分化，分化为底层收入者、中等收入者和富人。在阶层分化的基础上，农民工的需求也产生了分层，底层收入者更多地满足于生活性需求，中等收入者更多地满足于发展性需求，而富人更多地关注价值性需求。农民工的需求也反向影响着阶层分化。在阶层分化背景下，农民工的经济能力和主观需求产生了差异，而这些差异恰为农民工能否成功融入城市的关键之所在。底层收入者通常既无足够的经济能力，也缺乏相应的主观意愿，因而这一阶层难以成功融入城市。对他们而言，主要是适应城市生活而非融入城市生活，城市仅仅是作为赚钱以养家糊口的地方。中等收入者虽然具备一定的经济能力，但他们中的大多数着眼于事业的发展且相对保守。富人具备充足的融入城市的经济能力，而且此时的富人事业基本处于顶峰，发展性需求已经得到实现，更希望满足价值性需求，其中就包括在城市中安身立命的需求，因此富人具备融入城市的主观意愿。因此，融入城市可能性最大的是农民工阶层中的富人。

在农民工的社会融入方面，以往学界多倾向于改善农民工处境，争取农民工在城市中的权利，进而促进农民工融入城市成为新兴居民。这是一种典型的农民工城市化的逻辑。一般认为，农民工在城市中工作生活多年后，会产生对城市的归属感，希望在城市中生活、定居。现实中，很大一部分农民工确实产生了对工作所在城市的感情，但这并不表明农民工一定会选择城市生活，很多农民工由于缺乏融入城市的经济基础仍然会选择离开城市回到农村。农民工的社会融入并非仅仅是城市二元结构的问题，也并不是一个群体融入另一个群体的问题。更大意义上，农民工为了获得更多的资源和收入而进入城市，这是大多数农民工最基础的需求。虽然在城市务工过程中也产生了一些其他需求，但是大多数农民工并没有真正地融入城市生活的意愿，即没有完整的社会融入的需求。所以，应当对单向度的城市化路径进行反思。既要看到农民工群体融入城市的客观可能性及其主观意愿，又要看到农民工对城市生活的态度，尊重农民工可退可进的主观选择，并对其选择予以充分的支持，并在制度上、政策上积极回应。让农民工既可以有条件、有途径融入城市，又能够从容、安然地返回农村[8]。城乡之间的双向有序流动，恰恰构成中国稳定与发展的重要基石。

参考文献：

［1］陈旭峰，田志锋，钱民辉．农民工的社会融入何以可能：基于理论的分析和调研思考［J］．理论探索，2010（3）：92-103.

［2］丁宪浩．农民工社会融入问题分析［J］．财经科学，2006（10）：99-104.

［3］郭兴华，姜华．农民工城市适应研究的几种理论视角［J］．探索与争鸣，2009（1）：61-66.

［4］胡宏伟，李冰水，曹杨，吕伟．差异与排斥：新生代农民工社会融入的联动分析［J］．上海行政学院学报，2011（4）：79-94.

［5］韩长斌．中国农民工发展趋势与展望［J］．经济研究，2006（12）：5-6.

［6］何军．代际差异视角下农民工城市融入的影响因素分析：基于分位数回归方

法［J］．中国农村经济，2011（6）：15-25.

［7］何绍辉．双重边缘化：新生代农民工社会融入调查与思考［J］．中国青年政治学院学报，2013（5）：64-69.

［8］贺雪峰．城市化的中国道路［M］．北京：东方出版社，2014：10-18.

［9］黄江泉．农民工分层：市民化实现的必然选择及其机理浅析［J］．农业经济问题，2011（11）：28-33.

［10］李爱芹．社会资本与农民工的城市融入［J］．广西社会科学，2010（6）：142-145.

［11］李培林，田丰．中国农民工社会融入的代际比较［J］．社会，2012（5）：1-24.

［12］李强．中国城市化进程中的"半融入"与"不融入"［J］．河北学刊，2011（5）：106-115.

［13］李强．试析社会分层的十种标准［J］．学海，2006（4）：40-46.

［14］李伟东．从社会距离看农民工的社会融入［J］．北京社会科学，2007（6）：71-76.

［15］鲁可荣，周洁，刘红凯．新型城镇化中外来农民工社会融入服务及社会管理机制创新：基于浙江省武义县桐琴镇的调查［J］．华中农业大学学报（社会科学版），2013（6）：2-7.

［16］毛丹，任强．中国农村社会分层研究的几个问题［J］．浙江社会科学，2003（3）：90-98.

［17］彭华民，唐慧慧．排斥与融入：低收入农民工城市住房困境与住房保障政策［J］．山东社会科学，2012（8）：20-29.

［18］邵彩玲，张洪杰．农民工的三种资本对其社会融入的影响［J］．调研世界，2011（6）：34-36.

［19］宋国恺．分群体分阶段逐步改革农民工体制问题：基于农民工分化与社会融合的思考［J］．北京工业大学学报（社会科学版），2012（2）：7-13.

［20］宋惠敏．农民工分层城市融入的治理模式与措施：基于农民工经济收入分化的标准［J］．农业经济，2011（2）：64-66.

［21］宋惠敏．中国农民工经济收入分层化实证研究［J］．特区经济，2011（3）：271-272.

［22］王春光．农村流动人口的"半城市化"问题研究［J］．社会学研究，2006（5）：107-124.

［23］王桂新，罗恩立．上海市外来农民工社会融合现状调查研究［J］．华东理

工大学学报（社会科学版），2007（3）：97-104.

［24］王辉．农民工社会融入：政策内涵及推进方向［J］．农村金融研究，2011（4）：5-9.

［25］王慧博．新生代农民工市民化社会融入风险研究［J］．社会科学辑刊，2012（5）：58-65.

［26］徐丽敏．“社会融入”概念辨析［J］．学术界，2014（7）：84-91.

［27］闫伯汉．制度排斥、社会距离与农民工社会融入：基于广东省东莞市的分析［J］．北京社会科学，2015（5）：65-72.

［28］张庆武，廉思，冯丹．新生代农民工经济融入状况研究：以北京为例［J］．学习与实践，2015（12）：103-112.

［29］张涛．农民工群体内部分层及其影响：以收入分配为视角［J］．青年研究，2007（6）：30-35.

［30］张旭晨．新生代农民工特征及社会融入政策研究：以甘肃省为例［J］．西北师大学报（社会科学版），2013（3）：98-103.

［31］赵立新．社会资本与农民工市民化［J］．社会主义研究，2006（4）：48-51.

［32］朱力．论农民工阶层的城市适应［J］．江海学刊，2002（6）：82-88.

社区社会工作

SHEQU SHEHUI GONGZUO

社会动员背景下“公益认领”社区治理模式研究

——以北京市Y社区为例

学生：杜　鹏（2018届）　指导教师：蔡扬眉

【摘要】新形势下，创新基层社会治理是实现基层人民美好生活的重要途径，也是推动社会治理的“突破口”，更是基层社会实现“共建、共享、共治”的必然路径。本文基于Y社区经过七年沉淀和发展形成的一套能够广泛动员社区多元力量积极、有序参与社区治理的模式——“公益认领”模式，通过梳理其具体内容和形成发展过程，提出所面临挑战的应对策略，旨在为基层社会治理提供理论参考和实践指导。

关键词：社区治理　社会动员　公益认领　项目化运作

一、引言

党的十八届三中全会首次正式使用“社会治理”的概念，提出要改进社会治理方式，坚持系统治理，加强党委领导，发挥政府主导作用，鼓励和支持社会各方参与，实现政府治理和社会自我调节、居民自治良性互动。十九大报告中，习总书记强调要坚持保障和改善民生、加强和创新社会治理、维护社会稳定的做法，要保证人民在日常政治生活中具有广泛、持续且深入的参与权利和渠道，要推动协商民主朝着广泛、多层、制度化方向发展。两次会议的双重强调彰显了创新基层社会治理、实现基层社会的协同共治是推动基层发展、动员基层积极性的有效途径，是基层社会实现“共建、共享、共治”的必然路径，更是基层人民实现美好生活的有效方式。

社区作为社会治理的基础平台，是各种政策和各类组织的落脚点，是各种矛盾的集聚点，也是各种利益的交会点，更是创新社会治理的重要突破口。随着多元协商治理的不断发展和协商机制的不断探索，人民群众对知情权、参与权、表达权和监督权的需求逐渐增加，所以在创新基层治理过程中动员、组织和引导多元主体积极、有序参与基层治理，培养他们的参与意识，提高他们的治理能力，是基层治理的重要问题。因此，探究社会动员背景下北京市典型社区的治理工作就变得有价值、有意义。在理论层面，有助于了解当下北京市社区治理现状和多元主体的基本诉求，发现社区治理的内在驱动力，找到合适的动员手段，形成可持续、可推广的社区治理模式，为社区治理工作的开展提供有价值的理论指导。在实践层面，动员社区多元主体有序参与社区治理有助于激发社区活力，增进社区居民福祉，增强社区居民的归属感和认同感，推动社区的和谐和稳定。

二、文献综述

（一）社区治理的含义

社区治理是一项系统性、基础性、微观性的工程。从社区治理主体来看，新时代背景下的社区治理主张形成地方政府、市场组织、社会组织及社区居民共同参与的局面，治理过程中注重搭建多主体共同参与的社区治理平台，提高社区主体参与社区治理的积极性和参与能力[1]，是社区多元主体通过交流互动的方式共同参与社区公共事务的管理，为社区提供公共产品，增强社区自治能力，实现社区可持续发展的过程[2]。从社区治理目标来看，社区治理是社区不同主体之间通过协商和互动的方式管理公共事务和公益事业的过程，目标在于提高社区发展水平，增强社区可持续发展能力[3]，是政府、社区公民和社会组织对本区域内的社区事务共同参与，实现区域内事务共同管理的过程[4]，是社区公民与公民组织以维护共同利益为目标，坚持合作协商、妥协共赢的理念，在共同区域内就公民之间、公民组织之间以及公民与组织之间的事务进行共同参与、共同解决的治理模式，各个主体之间在参与过程中地位平等，权利共享，自由加入且共同承担责任[5]。因此，社区治理具有三个突出特征：多元化的社区治理主体（党和政府、社区居委会、社区居民、社区社会组织以及驻区单位等）；政府难以触及的社区公共服务是社区治理的重要对象；增强社区自治能力，实现社区共同利益，完善社区服务管理是社区治理的重要目标。

（二）社区治理的模式

随着社会的快速发展和转型，社区作为社会治理现代化的基础平台，在运转过程中逐渐呈现出一定的治理轨迹和治理模式。依据社区治理模式的侧重点可以将社区治理模式分为五种，强调政府行动的政府治理模式、强调社会力量行动的法团式治理模式、强调居民参与的参与式治理模式、强调多元主体参与的多元共治模式以及强调中国共产党统筹下多元共治的统合模式[6]。“三社联动”背景下的社区治理依据其治理侧重点可以分为四种：强调发挥社会工作机构专业化优势的社会工作机构服务型模式，注重培养社区居委会工作人员的治理能力进而实现项目化治理的社区内部发展性模式，适用于民办社会组织发展水平较高的社会组织委托型模式，以及强调培养社区居民和社会组织的自治能力进而实现项目化社区服务和治理的项目指导型模式[7]。

（三）社区治理的挑战

随着社区治理模式的不断演化和治理成果的不断显著，社区治理也面临着一些挑战。一是治理主体定位不清晰。在国家主张社区自治的大背景下，政府有时存在角色的迷失与错位，依旧会无意间向居委会下达行政性指令[8]。在社区治理实践中，政府有时同时扮演了社区治理规制者、社区公共服务供给者以及社区自治指导者的角色，其实质是政府在社区治理工作中的越位、缺位或角色迷失[9]。“社区失灵”是社区治理进程中普遍存在的现象。由于街道和社区不明确的关系定位以及社区公共管理规章制度的不完善，使得社区无法有效地发挥管理作用，社区资源无法充分地调动和利用，NGO 原有的化解矛盾、提供服务和拓宽就业渠道等独特作用也难以得到有效发挥[10]。因此，当前我国社区治理过程中社区治理的主体关系需要进一步澄清和清晰化，需要通过社区公民精神和社区协商民主制度的构建来应对当前社区治理过程中的制度困境、组织困境和文化困境[11]。二是治理制度不完善。社区作为社会转型期社会治理的重要载体，承担着社会治理的使命，当前我国城市社区治理过程中街道办与政府、社区的沟通和互动机制有待进一步完善，社区居委会、业主委员会和物业委员会三者的利益博弈有待进一步调节，社区治理结构有待合理化。社区治理的规章制度尚不完善[12]，社区治理过程中公民参与社区治理工作的内在动力机制和外在动力机制不完善，而且公民参与社区治理工作存在体制性障碍[13]。面对诸多社区治理进程中亟待解决的问题，构建社区“协商共治”体系、“政社协治”的社区治理体制以及社区治理和服务的互动机制是联动社区多方力量，实现社区和谐、民主治理的有效途径[14]。

（四）社会动员背景下的社区治理

不管是中共党史还是新中国的发展史，其实质都是一部社会动员的发展史，成功与失败都缘于此。新时代背景下完善社会治理，实质上是一个动员社会力量参与社会服务、社会管理和社会自治的过程。实现社会动员的基本出发点和落脚点就是社区服务，需要所有人共同做好社会文明、社会和谐的相关工作以及社会领域的党建工作[15]。社会动员作为一种有效的国家治理方式，在调动人力资源、社会资源和文化建设方面能够发挥重要作用[16]，对创新基层社会治理具有重要意义。其核心是让个人从私人领域中走出来加入公共问题的讨论与行动中，运用社会动员和行政动员的双重手段激发群众的参与热情和自治能力，不仅能够减轻政府的行政压力，社区还实现了以自组织的方式自己解决问题，避免了对政府的过度依赖，锻炼和培养了自组织的治理能力，强化了社区的自治能力和社区活力[17]。但是社会动员也要把握动员的适度性，不足的社会动员会导致错失发展机遇甚至造成失败的发展结果，过度的社会动员会对经济的可持续发展和社会的和谐稳定造成负面影响，唯有适度的社会动员才会最大限度地调动社会成员参与社会各项建设事业的积极性、主动性和创造性[18]。

综上所述，社会动员与社区治理工作息息相关，而且能够推动社区治理工作的开展和实施，是社区治理工作实施的重要保障。当前学术界在社区治理方面已经形成了丰硕的研究成果，学者们的研究主要侧重于社区治理的基础理论、社区治理的创新、社区治理与公民参与、治理主体与政府职能转变等方面，基于社会动员背景下社区治理工作的研究还比较少，但随着社区治理实践的不断创新与深入，社区治理研究工作也需要紧跟其后，所以本文以Y社区为例进行个案探究。

三、研究设计

（一）社会动员理论

1. 社会动员的内涵

“社会动员”这一概念是由“动员”这一词发展而来。动员最初是一个军事术语，“动员”即“能动之员”或“出师准备”[19]。《辞海》中指出：“动员是指把国家或政治集团的武装力量从平时状态转入战争状态，以及把所有的经济部门转入供应战争需要的工作，即统一调动人力、财力、物力为战争服务。”随着社会的发展，动员的含义早已不再局限于军事领域，而是扩大到广泛的社会领域。最早将“动员”一词作为学术用语来运用的是以色列的政治学家S. N. 艾森施塔特，而“社会动员”一词则最早出自美国政治学家卡尔·多伊奇的《社会动员与政治发展》。他首次以现代化的视角对其进行定义，他认为：“社会动员就是人们所承担的绝大多数旧的社会、经济、心理义务受到侵蚀而崩溃的过程，人们获得新的社会化模式和行为模式的过程。”麦卡锡和扎德尔是最早将“社会动员”一词运用于社会学研究的学者，他们用其来研究1960年频发于中国的社会运动。自此之后，“社会动员”一词便随着社会现代化进程而不断被学者们研究和运用。

对于社会动员的内涵和定义而言，施雪华（2008）、王海光（1995）和石永义（1999）等学者认为“社会动员”就是“社会影响”或“社会发动”，即人们在主要的、持续的社会因素影响下，观念、态度与价值取向等不断受到社会的影响而更好地适应社会。有学者提出社会动员就是为实现社会发展目标而开展的一系列活动，目标在于推动社会的决策层、管理层和社会群众提高自身的知识、态度和技能，增强行动能力，进而改善社会运行机制，实现预定目标[20]。社会动员的关键点是思想动员，是通过合理的组织和引导来发动社会主体有组织地参与社会活动的一个过程，目标在于调动社会成员的主动性、积极性和创造性，为社会任务的完成共同努力[21]。

结合本研究所处的空间范围和时间范围，本文对于社会动员的理解和定义侧重于人们在参与社会活动的过程中，动员其积极、有序地用行动呈现思想，用行动的改变引领思想的改变，通过合理的改变来实现社会发展目标，完成社会发展任务。即社区在开展治理工作的进程中，以推进社区协商共治、提升多元主体的治理能力和治理意识为目标，以满足社区需求和解决社区问题为任务，通过动员社区多元主体积极、有序地参与社区治理活动，促使其在行动改变的基础上实现思想的转变，继而更好地参与社区的共建和共治，其实质为引领社区多元主体通过社会行动的改变引领思想的改变，进而更好地服务和作用于社会行动。

2. 社会动员的特征和方式

社会动员能够对广大民众产生重要的思想发动和价值引领作用，其在实践环节中显现出社会动员实践活动的社会性和客观性，动员环境、动员主体、动员内容以及动员方式的嬗变性和目的性，动员主体和动员客体的参与性以及社会动员的适度性的特征[22]。社会动员的过程就是充分调动社会成员的积极性，参与社会实践、完成社会任务的过程，其作为社会实践的重要前提，具有目的性、参与性、协同性和反复性的特点[21]。在社会主义现代化背景下，社会动员的方式已经由传统的组织动员、领导动员、层层动员向竞争动员、参与动员和传媒动员等方式转变。与此同时，动员结果也由传统的要求人们思想道德和行为的集中统一性演化为思想道德、物质生活和精神生活方面因人而异的期望和态度，呈现出多样性和选择性的特点[24]。

（二）研究方法

本研究采用个案研究法，资料收集方法为访谈法、文献法和观察法。选用的调研地点为民政部公布的第二批全国社会工作服务示范社区——北京市东城区的Y社区①。

① 民政部《第二批全国社会工作服务示范地区、社区和单位公示公告》，评选流程为各地推荐、量化评分及部内审核等程序，本批次全国一共选出117个示范社区。

1. 文献法

本研究所收集的资料主要包括社区基本情况、社区志愿服务品牌和服务内容、社区项目认领情况、社区主要活动开展状况、社区党建工作的开展状况和总结、社区项目申报和实施资料及社区治理工作总结等。资料收集时间跨度为2009—2017年，受时间跨度和社区资料保存完整性的影响，只有2013—2017年的资料较为完整，该时间段也是本研究所侧重的时间段，其余年份主要依托访谈法来收集资料。

2. 访谈法

本研究在了解社区治理人员状况和治理现状的基础上，选取能够代表总体的个体作为访谈对象进行深度访谈。首先，将访谈对象分为社区党委及居委会工作人员、社区项目负责人、社区项目核心成员、普通居民等四类；其次，选取每一类访谈对象中具有代表性的2~3位进行访谈，每一类受访者都各有其访谈侧重点。本研究一共访谈9人，访谈对象的基本情况见下表。

表1 Y社区访谈对象基本情况统计表

受访者	性别/年龄	职务	工作年限	访谈重点
CASE1-F	女/42岁	党委书记	6年	社区治理的过程
CASE2-F	女/38岁	工作人员	4年	治理工作的开展
CASE3	女/68岁	项目负责人	5年	项目现状、收获及期待
CASE4-F	女/72岁	项目负责人	6年	项目现状、收获及期待
CASE5-F	女/65岁	项目负责人	6年	项目现状、收获及期待
CASE6-F	女/60岁	项目核心成员	—	项目现状及收获
CASE7-F	女/64岁	项目核心成员	—	项目现状及收获
CASE8	男/54岁	社区居民	—	对社区服务的看法
CASE9-M	男/56岁	社区居民	—	对社区服务的看法

3. 观察法

本研究多次赴Y社区进行资料收集工作，同时还利用课余时间参与部分社区活动，目的在于通过亲身体验社区活动的策划、开展和实施过程，进一步了解和感知社区项目化运作对社区治理的实际成效，掌握社区治理的侧重点和主要方向。同时，也有利于观察社区多元主体参与社区共治的主动性、积极性和有序性，为全面地了解社区治理状况和收集社区治理资料做铺垫。

(三）研究思路

本研究主要分为五个阶段，具体详见下图。

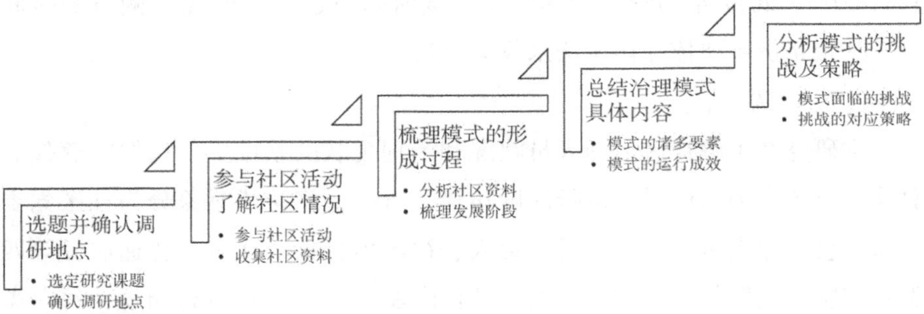

图1 研究思路

(四）研究内容

本研究聚焦于Y社区的治理过程和项目化的管理手段，研究其动员、引导、组织、培育社区多元主体的方式和社区治理工作的侧重点，在整理、归纳、总结Y社区治理资料的基础上，按照Y社区治理模式的形成过程分阶段阐述每一阶段的主要内容和特征，并从模式的指导思想、目标、运行流程、运行效果等方面进行介绍。同时，分析并探究该模式所面临的挑战，提出相应的应对策略，对Y社区治理模式的发展作出展望。

四、Y社区“公益认领”模式的形成过程

(一）牢基础，树品牌：2009—2012年

2009—2012年是Y社区探索、总结社区共治思想和实践经验的重要阶段，历经四年的成长和演变，Y社区实现了自身在社区共治工作中的精准定位，找到了“凝党心、重基础、树品牌”的发展策略，为实现项目化管理打下了坚实基础。

1. 党建带动社建，夯实发展基础

这一阶段，Y社区始终坚持“以党建带动社建”的工作思路，按照精

心组织、扎实推进的工作原则，确保创先争优活动在社区常态化开展，注重党员队伍的建设和党员综合素质的提升，营造积极的社区氛围。2009—2012年，Y社区在街道工委领导下不断加强社区党员队伍建设，重视社区服务与社区实际需求相匹配，贯彻落实社区党风廉政建设，发挥社区党委的领导与核心作用，注重对后备年轻干部的教育和管理，并积极听取他们的建议和想法，努力做好学习型党组织的建设工作。

2009—2012年是至关重要的四个年份，我们发动广大党员群体来打破社区冷漠，营造社区参与氛围，带动社区志愿服务发展，实现人员和规模的双增长（CASE1-F-党委书记-访谈记录），几乎所有社区治理工作都是党建工作牵头，然后不断纳入新成员、新思路、新方法。（CASE9-M-社区居民-访谈记录）

2. 拓展社区服务，社区管理网格化

在社区服务管理方面，Y社区实行“网格化”管理模式，将社区划分为五个网格，拥有居民代表95人、志愿者队伍10支，每一位网格负责人（即居民代表）对网格内的居民日常事务、人口变动、舆情民意、环境变化等方面开展全方位观察和管理，保证信息的及时传递和突发事件的及时应对，四年累计召开140余次社区成员工作会议，坚持每月召开居民组长工作会。

在较高的社区冷漠背景下，“网格化”管理能够清晰、准确、动态地反馈社区实际状况，有力增强了社区治理人员了解社区发展现状、收集社区发展问题的能力。（CASE1-F-党委书记-访谈记录）

基于社区党建工作已经取得初步成效，Y社区着手建立了居民家庭基础信息台账，居委会通过实行岗位定则、分片包干制，以楼、门号为划分，将社区各户居民家庭信息完整登记，并于2012年完成了出租户与承租人的信息补充，彻底实现了社区居民信息的“一户一台账”，极大方便了社区管理和日常工作的开展。

3. 培育社区品牌，树立品牌效应

2009—2011年，经过三年的孵化和培育，Y社区形成了一支党员志愿者服务队，并实现了志愿者人数的不断增长、服务项目和服务领域的不断深化，构建了初具影响力的“情暖五色土”志愿服务品牌，为社区居民与辖区单位等众所周知。仅2012年一年内，“情暖五色土”志愿服务队就完成了五个子项目中的23个小项目，在“服务聚民心”和“服务聚人气”方面发挥了重要作用。

我亲眼见证了“情暖五色土”志愿服务品牌的全部成长历程，令我感触最深的不是“情暖五色土”这个志愿服务品牌效应的逐渐扩大，而是“情暖五色土”精神的传承和弘扬，它凝结了所有人的期望，聚焦了所有人的行动理念。与其说它是一个志愿服务组织，不如说它是一个凝聚了所有社区治理主体发展愿景的几何体。(CASE1-F-党委书记-访谈记录)

总体来看，Y社区在这一阶段培养、发展和壮大了社区党员队伍，树立了社区志愿服务品牌并实现了品牌效应的深化和扩展，社区居民参与意识得到了较好培养，参与活动的积极性也被激发，初步营造了社区共治的文化氛围。

（二）抓机遇，促发展：2013—2015年

2013—2015年，Y社区治理工作进入快速发展阶段，取得了丰硕的发展成果。Y社区始终将品牌的创建和实施以满足社区居民需求为标准，把握形势、立足实际、着力创新，不断细化和整合“五色土”志愿服务品牌，将社区各项工作都涵盖其中，既避免了品牌建设的盲目性，也保证了项目的可持续发展。此外，Y社区在“情暖五色土”志愿服务基础上，以智慧社区为契机，创新网络服务，实现“线上线下”联动，通过强化基础设施，将高端网络技术与便民服务、安居管理等相结合。

1. 牢握党建发展契机，构建服务型党组织

面对社会主义市场经济体制下严峻的生态环境，基层党组织需要在多元化的社区治理中发挥政治领导、利益协调、服务凝聚和文化导向的作用不断完善自身的组织系统，通过扩大民主、推动自治与平等协作等方式，构建与其他社区治理主体的良性互动关系，进而提升其他主体对党组织的信任度与认同度[25]。这一阶段，Y社区牢牢地围绕区域化党建的主题，以开展党的群众路线教育实践活动为契机，创新开展“在职党员进社区、志愿服务在基层”活动，通过构建“条块结合、资源共享、优势互补、共驻

共建”的区域化党建新格局，着力发挥社区在职党员参与社区建设和驻地单位党组织的结对共建作用，不断推进基层服务型党组织建设。

2. 社区服务精细化，社区管理科学化

加强社区多元参与治理机制的建设能够推动社区服务理念的转变，对培养社区居民的治理意识和责任精神意义重大，能够帮助多元主体在参与社区治理过程中积累实践经验，增强治理能力[26]。面对日益复杂的社区服务管理现状，Y 社区构建了“六制三平台”①，主要包括挂牌制、台账制、当家制、活动总结制度、工作分享制度、会议登记制度以及网络服务平台、沟通交流平台、社区活动平台。“六制三平台”的构建较好地保障了社区管理服务水平的稳步提升，帮助社区实现了社区服务的优化升级，实现了社区多主体诉求的及时反馈，并推动了多元主体参与社区共治的积极性。

制度建设是一个复杂且困难的过程，我们基于社区治理的现实问题和实际需求开展制度和治理机制建设，我们所搭建的平台也能够帮助我们走进社区、走进每一位社区治理主体的内心世界，站在同一天平上互动和沟通，这有力推动了我们作出更广、更全面的决策。（CASE1-F-党委书记-访谈记录）

3. 深化服务品牌，实现品牌整合

2013—2015 年是 Y 社区“情暖五色土”志愿服务品牌的快速完善阶段，实现了服务品牌的进一步深化、细化、量化和整合。这一阶段内，“情暖五色土”志愿服务品牌确定为“红、绿、粉、橙、蓝”五大模块，规定了每一模块的核心理念、服务内容和服务方式，并制定了“情暖五色土”项目实施量化表，对每一个项目的分工、责任主体和标准提出要求，还设计了“情暖五色土”志愿服务品牌的 Logo，印制了宣传手册，将品牌理念确立为“志愿参与，分享快乐”。

五年的运行和发展，“情暖五色土”社区服务品牌具备了雄厚的社区群众基础，有着高度的居民认同感。2014 年，社区协调各项资源“情

① 六制三平台：六种社区治理制度，三大社区治理平台。

暖五色土”进行细化梳理再完善，并拓展了社区服务网络模块。2015年，社区在继续完善项目的基础上引入专业社会工作者，加强资金的管理和合理运用，社区基于“社区主导、专业社会工作者参与、社会资源协作、项目运作、居民受益”的运行模式，大胆提出“公益认领”社区治理模式，着力于开展群众受益的专业服务活动，挖掘社区骨干、推进社区社会组织建设，实现居民的自发参与、自我服务、自我管理，提高社区自治水平。

“情暖五色土”在这一阶段实现了“飞腾式”的发展，五大模块对应社区亟待解决五大方面问题，还链接着每一个方面所涉及的项目，并能够划归到指定参与主体，由此便实现了通过项目运作的方式参与社区治理（CASE1-F-党委书记-访谈记录）。我们每一位项目负责人也是在这一阶段完全参与“公益认领”，专业技术指导、专项的使用资金等使我们顺利开展每一个项目并收获良好成效的重要保证（CASE4-F-项目负责人-访谈记录）。作为核心成员，我的任务就是协助队长确保项目的顺利开展，实现项目成效的稳定增长，不断扩大项目的影响力和号召力（CASE6-F-项目团队核心成员-访谈记录）。

（三）常态化，模式化：2016—2017年

经过七年的沉淀和发展，Y社区项目化的运作方式与管理手段在社区治理工作中发挥了重要作用，形成了“公益认领”社区治理模式①。该模式以解决社区和群众需求为目标，以参与式协商为方法，不断挖掘社区发展“金点子”并完善“为民服务”理念，实现服务活动化、活动项目化、项目组织化、组织公益化、公益社会化。2016—2017年，该模式处于平稳运行阶段，Y社区的社区治理工作开始呈现出常态化、模式化的特征。

2016—2017年社区治理工作看似平静，但却是“公益认领”社区治理

---

① “公益认领”社区治理模式：“公益认领”就是社区党委、居委会或服务站基于社区及其居民的实际问题和需求，使用社区公益资金或社区服务相关费用，将社区问题或需求转化为若干基本服务内容（活动或项目），在辖区范围内面向社会组织、社区社会组织、社区单位和社区居民开放认领申请，并采取项目化方式进行运作管理的一种广泛动员社区力量参与公共事务的社区自治模式。

模式的考验期，两年间社区项目认领数量不断增加（每年30个以上），内容不断深化、丰富，团队负责人在“传、帮、带”过程中数量不断增加。（CASE2-F-社区工作人员-访谈记录）

我们在运作项目过程中逐渐找到了感觉和方向，不再完全依靠居委会和社区工作者，逐渐也能够独立撰写申报书、项目总结，并把控项目开展进度，也开始有意识地培养项目接班人。（CASE5-F-项目负责人-访谈记录）

五、Y社区“公益认领”社区治理模式的内容

（一）“公益认领”社区治理模式的指导思想

“公益认领”社区治理模式本质上是一种对社区治理体制的改革和探索，是以社区居委会、服务站为出发点，进行社区治理工作的改革和创新。该模式有三大指导思想，分别兼顾了“公益认领”模式运行的三个侧重点，第一个侧重点为推动Y社区多元主体参与意识和参与观念的转变，第二个侧重点为提升Y社区多元主体的参与感和社区“主人翁”意识，第三个侧重点为推动Y社区“共建、共享、共治”意识的形成。

1.“参与式协商”

社区以“广泛的参与”和“协商共治”为核心，以居民议事厅为载体，以参与式协商为方法（见图2），在社区内开展居民参与社区事务的建设，推行表、议、决、选、做、评“六字工作法”和社区的多种信息交流平台，积极推动居民共治（见图2）。Y社区建立了QQ群、微博、微信、App等新型议事平台，当前已有1490人次关注，占社区居民总数的22%。信息渠道的建立让居民足不出户就能更加便利地进行政策咨询，获取社区信息，参与社区活动、反映各类诉求等问题。社区还通过QQ群和楼门组长反映，及时了解到学校周边扰民问题及居民诉求，在进行正面回应与引导的同时，也能保证问题的解决。

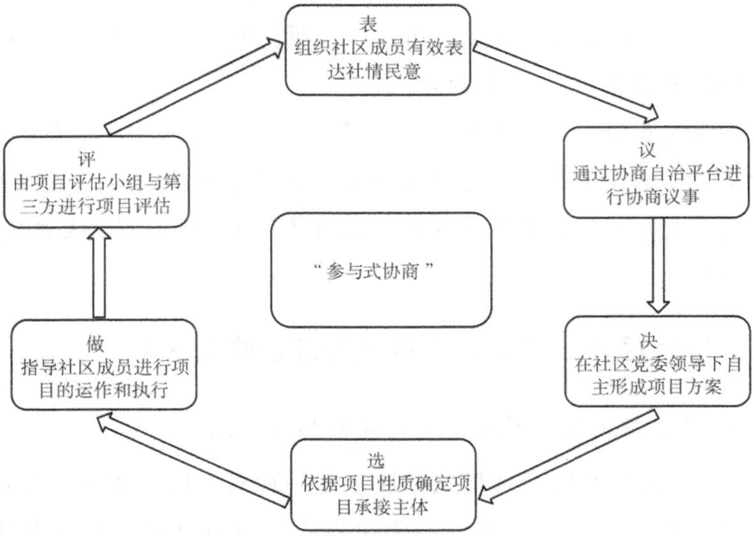

图2　Y社区“参与式协商”流程图

2. “创益大赛”

创益大赛是社区居民就辖区内关注的问题，通过个人或者团队提出解决该问题的办法，并参与实施，以达到预期目标的一个解决辖区问题的方式，也是一个收集社区治理“金点子”的有效方式。创益大赛强化了居民对社区的认识，增进了居民对社区的了解，打开了居民参与社区服务活动的思路，让居民有了体验社区治理的机会和途径。参与创益大赛的居民能够得到社区人力、物力、财力的支持，不仅解决了居民实际问题，还得到了居民的认可，也吸引了更多的居民参与社区事务，实现从简单的“参加”转变为“我计划”“我实施”的“参与”。

3. “公益认领”

Y社区当前处于社区居委会、社会工作者、社区居民和社区团队共同治理阶段，社区以文艺团队转型为抓手，以“公益认领”的方式培育服务型社区社会组织。让居民主动参与社区治理，逐步培养社区居民的公益意识和服务意识，为社区治理营造奉献服务精神，树立公益理念，促使社区治理工作向“共建、共享、共治”方向发展。

（二）“公益认领”模式的目标

“公益认领”模式作为一种居民自治建设的新尝试，目标在于打造以社区为平台、以社会组织和社区自组织为载体、以社会工作者专业人才为支撑、以志愿者队伍为补充力量的“四社联动”新格局（见图3）。

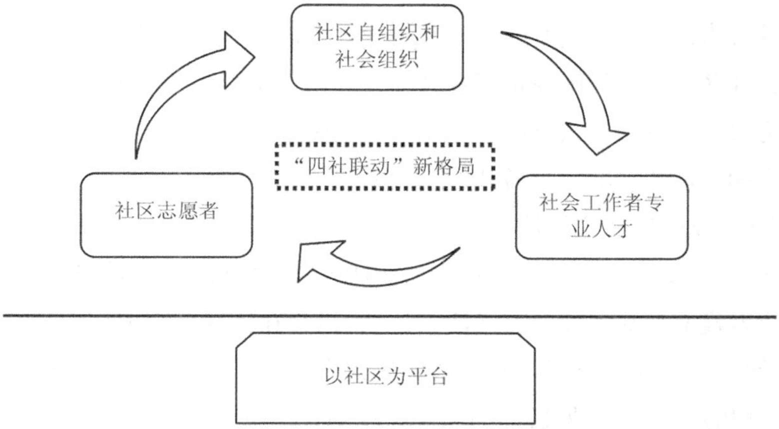

图3　Y社区“公益认领”社区治理模式治理目标示意图

同时，Y社区的社区党委、社区居委会和社区服务站作为公益认领模式的提出者和践行者，还有以下七点长远的考虑：

第一步，推销“自己”即动员辖区居民认识居委会和服务站；

第二步，建立机制，即建立居民需求评估及处理机制；

第三步，服务活动化，即以活动为主要形式开展社区服务；

第四步，活动项目化，即相同类的活动以项目运作与管理的思路来设计实施；

第五步，项目组织化，即通过项目化运作方式培育社区社会组织；

第六步，组织公益化，即引导社区社会组织从常规的自我服务组织向公益组织转型；

第七步，公益社会化，即社区社会组织的公益服务立足社区但又走向社会。

截至2013年，Y社区顺利完成前四步；截至2017年12月，Y社区成功实现了从第四步到第六步的跨越，并开始探索和规划第七步的发展。2018 年是 Y 社区对于第七步的全面尝试和实践，社区已经开始积极着手于为服务走出社区、走向社会做准备工作。

(三)“公益认领”模式的设计

基于相关顶层制度[①]设计的要求和社区居民自下而上的需求以及社区问题的解决，Y 社区为了更加深入地探索社区居民参与社区建设的路径和模式，社区居委会和服务站探索出了一条以满足居民需求和解决社区治理难题为目标，以参与式协商为主要方法，引导社区居民有序、有效参与社区建设的新模式，即“公益认领”模式。

“公益认领”模式就是社区党委、居委会或服务站基于社区及其居民的实际问题和需求，使用社区公益资金或社区服务相关费用，将社区问题或需求转化为若干基本服务内容（活动或项目），在辖区范围内面向社会组织、社区社会组织、社区单位和社区居民开放认领申请，并采取项目化方式进行运作管理的一种广泛动员社区力量参与公共事务的社区自治模式。

“公益认领”模式旨在逐步推动居民从简单的“参加”，转变为“我计划”“我实施”的“参与”，并进一步迈向有序自治。居民通过“参与”，在寻找共识的过程中，学会尊重、退让、妥协，在采取“共同行动”中学会责任、友爱和互助。居民参与平台的搭建，不仅默默地改变着邻里关系，而且强化了居民对社区的认识和了解，打开了社区建设的发展思路。社区居委会主动鼓励、支持和引导一部分居民个体和社区自组织领袖参与其中，这不仅促进了社区社会组织的发展，还丰富了社区服务内容，而且逐步形成了居民有序参与社区建设的内生力量。

(四)“公益认领”模式的运作流程

Y 社区“公益认领”模式的运作流程从成立项目小组到项目的评估和总结共计五个阶段，详见图 4。

---

① 2015 年 7 月，民政部和中组部联合发布《关于进一步开展社区减负工作的通知》。2016 年 3 月，北京市民政局和中共北京市委组织部联合印发《关于进一步开展社区减负工作的意见》，北京市委、市政府办公厅印发《关于深化街道、社区管理体制改革的意见》。

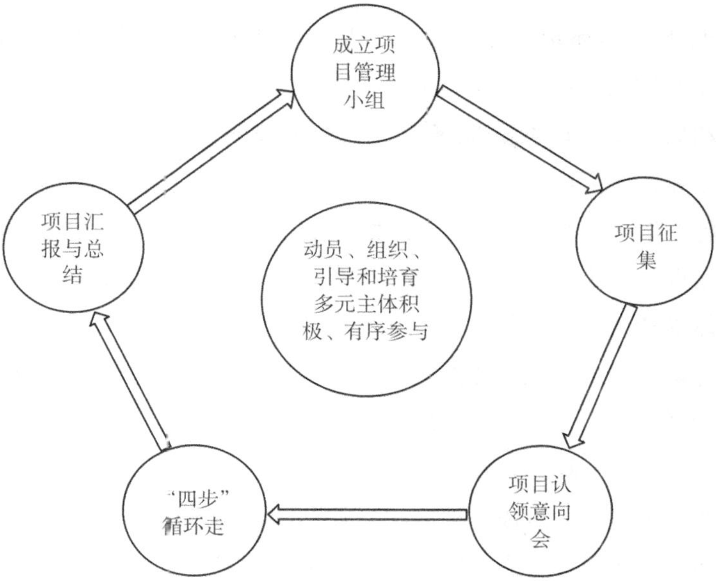

图 4　Y 社区“公益认领”社区治理模式运作流程图

在成立项目管理小组阶段，项目管理小组主要由社区居委会和服务站主要成员组成 5 人项目管理小组。其中设置总负责人 1 名，负责对项目的全局把控；策划督导专员 2 名，负责项目的策划、跟进；综合事务 1 名，负责项目宣传、外联、筹备道具等相关事宜；财务专员 1 名，主要负责项目财务相关事宜。

在项目征集阶段，社区通过召开居民代表座谈会、居民组长会、驻街单位座谈会等，让社区的不同利益代表表达各自的社区需求并分享自己的社区资源。在平时日常工作中，社区注重广泛收集、听取居民提出的“金点子”，策划人员对收集到的社区需求进行分类汇总，将需求转化为项目方向，为认领做准备。

在项目认领阶段，社区会召开“项目认领意向会”，面向社区进行项目整体需求公示，并联系社区骨干、居民自组织负责人，召开项目发布会，提出项目方向和执行要求，参与认领的社区单位、居民组织或个人需要表达自己的认领意向，并签订意向书，项目认领完毕后，在社区宣传栏进行公示。

在“四步”循环走阶段，社区主要聚焦于“培训、答疑、督导和执行”这四个步骤来保证社区项目的高效运行。其一，从思想认识层面培养团队成员和居民骨干的社区服务意识与公共精神，与社会组织或高校合作，邀请专业人士为社区骨干、团队进行项目培训，包括项目书的撰写和策划、实施方案优化指导以及具体执行指导、沟通技巧等专题培训。其二，基于培训采取集中式和分散式相结合的方式解答相关疑惑和问题，给大家以具体支持和鼓励。其三，督导专员对项目执行进行跟进和督导，这包括服务意识和服务方式两方面的督导。当然，对不同团队的引导方法和方向都有所区别，并评估项目进度以及监督是否达到各阶段目标。同时也需协助团队解决活动场地、资料收集及社区宣传等问题。

在项目汇报与总结阶段，社区项目评估小组以及项目策划、督导人员会对参与活动的居民进行满意度调查或者电话回访，同时审核公益认领的团队的项目总结材料以及项目负责人、项目团队成员的个人总结材料，还会在材料审核的基础上继续召开项目汇报总结会，公益认领的团队和个人对承接的项目进行分享汇报，项目小组及外聘专家对项目进行评估并就项目的发展方向作出指导并提出建议。

（五）“公益认领”社区治理模式的运作成效

1. 动员内生力量，壮大治理队伍

在“公益认领”社区治理模式下，社区居民、自组织以及驻区单位等多元主体被有效地动员、引导和组织，不仅有效提升了居民及其自组织参与社区事务的意识和能力，也激发了居民骨干自身的领导力和责任感，增强了服务团队的凝聚力，增进了社区居民的邻里互动和亲切感，使社区更具人情味。居民自组织的积极参与，带动了更多社区居民的进入和参与，社区内逐渐形成公益文化。截至2017年，Y社区志愿者队伍由2013年的300余人增加到1200余人。

在“公益认领”模式下，社区内多元主体的参与积极性和参与热情被充分地调动起来，各个主体的社区治理意识和社区治理能力进一步提高，“社区冷漠”被大大削减，社区治理队伍也逐渐庞大，更多的非党员社区

居民开始主动加入各个项目团队。(CASE7-F-项目核心成员-访谈记录)

2. 提升服务意识，增强服务能力

“公益认领”社区治理模式激发了社区发展的内生力量，提升了社区治理主体的服务意识和服务能力。“参与式协商”充分调动了社区多元主体的参与意识和参与积极性；“创益大赛”为社区多元主体提供了参与社区治理的机会，提升了他们的服务能力，增强了服务意识；“公益认领”的参与方式为社区营造了积极的参与氛围并能够不断培育新的社区治理主体。

综观该治理模式的从无到有、从小到大的发展历程，明显能感知到社区各个治理主体的服务意识和服务能力的提升，项目化的运营方式使得居民代表、项目负责人最先成长并能够带动他人成长，并逐渐开始具备运营和把控项目发展的能力。(CASE2-F-社区工作人员-访谈记录)

3. 整合社区资源，优化使用方式

“公益认领”社区治理模式在激活和利用社区资源方面能够发挥积极作用，不仅充分地挖掘社区治理“能人”、社区党员、社区志愿者以及社区场地等诸多内部资源，还极大地吸引了基金会、商会、专业社会组织等外部资源的流入，社区内的各项资源逐一在项目化运作过程中被挖掘和利用，使用方式和途径也随着项目的运作被多元化。最具代表性的案例就是社区公益金的使用，该模式为社区公益金的有效使用提供了新思路、新方法，使得社区公益金能够在项目化运作过程中真正地落在社区难题和社区实际需求上。

“社区是个宝，资源少不了。”该模式不仅丰富了社区服务内容，还找到了自我造血和可持续发展的路径，社区资源在该模式下被完全激活，充分涌流。(CASE4-F-项目负责人-访谈记录)

4. 实现减负增效，推动创新治理

“公益认领”社区治理模式有效实现了“减负增效”的社区治理目标。Y 社区每年的常规活动和项目在 36 项左右，公益认领解决了 60%的常规性社区活动，减少了社区工作者的工作负担和工作量，社区居民的服务意愿更加强烈，服务的主动性进一步增强，服务效果也普遍得到了社区居民的认可和称赞。

该社区在2016年、2017年、2018年的社区项目认领会上，分别有32个、24个、22个项目被认领，每年的认领比例占项目总量四成以上。这不仅解放了社区居委会，还满足了多元治理主体从自身角度出发解决共性问题，实现了社区治理的减负增效，推动了社区治理方法和治理思路的创新。（CASE2-F-社区工作人员-访谈记录）

5. 实现共建共享，营造共治氛围

“公益认领”社区治理模式解决了居民的实际问题，居民从简单的“参加”，转变为“我计划”“我实施”的“社区参与”。通过“社区参与”，居民在寻找共识的过程中，学会尊重、退让、妥协，在采取“共同行动”中学会责任、友爱和互助，建立了和谐的邻里关系，强化了居民对社区的认识，增进了居民对社区的了解，打开了参与社区服务活动的思路。“公益认领”模式的运行，帮助Y社区构建了良好的社区共治氛围，推动了社区共治意识的形成和发展，加深了社区内多元主体的“共建、共享、共治”意识。

参与社区治理工作多年，项目认领无疑是与当下社区发展状况契合度最高的治理模式，虽然“社区冷漠”现象依旧存在，但共建、共享的社区治理氛围已初步形成。我越发觉得成为一名社区骨干不仅仅是一份荣誉和责任，更是一份担当。每当我戴上红袖章、穿上大褂儿时，我就有一种自豪感，但也有一种紧迫感。因为我觉得当前社区内还有很多问题和困难有待解决，社区治理还有很长的路要走。（CASE3-F-项目负责人-访谈记录）

六、“公益认领”社区治理模式面临的挑战及对策

（一）“公益认领”社区治理模式下Y社区面临的挑战

1. 多元主体积极、有序参与社区共治需进一步提高

通过访谈得知，在Y社区居民层面，当前因时间冲突、工作压力、个人喜好和个人需求无法满足等原因不参与社区活动的居民占社区总人数的60%左右，且参与人员以退休老年人、中小学生为主，年轻人参与社区活动的人数在缓慢增加但数量依旧较少。在社区组织层面，当前诸多社区组

织成立 5~7 年不等，基本形成了相对成熟的运行体系和管理机制，在社区范围内具有较高的声誉度，但就如何实现由自娱自乐型社区组织向服务型社区组织的转变依旧有待思考。在社区驻区单位层面，当前能够积极参与社区治理并发挥重要作用的驻区单位数量依旧较少，且多数情况下以参与者的身份出现，未能以主导者的身份参与社区治理。此外，当前社区需求的收集过程存在个性化明显、普遍性不足的问题，多数需求的提供者仅仅以满足自身需求为出发点，未能从社区治理与服务的层面进行考虑。因此，如何组织、引导社区多元主体从社区治理和社区服务方向提出与自身需求契合度较高的要求，也是社区当前需要解决的重要问题。

2. 模式有待完善，缺乏政策性支持

基于当前 Y 社区的治理状况，虽然“公益认领”模式在经历了较长时间的沉淀和发展后已经初具规模，具备了清晰的发展思路和全面的发展格局，但随着社会经济的发展、社区实际状况的改变以及社区需求的复杂化和多元化，考量到 Y 社区“公益认领”社区治理模式由社区一方独自运行和管理，模式的完整度和政策的支持力度还有待进一步提升。

在模式自身方面，Y 社区当前缺少对社区工作者、社区居民骨干、社区自组织以及社区志愿者等多元主体的成长、鼓励和关爱平台。正如社区负责人所言：

当前能够为社区工作者、社区居民骨干等“公益认领”社区治理模式的主导者提供的专业化程度较高的培训和成长途径比较有限，基本全靠个人在实践中不断摸索，各个主体的自我效能感比较低。随着模式的不断发展，实现各个主体的持续性参与和培养社区志愿者的公益精神成为我们面临的重要问题，我们也期望政府能为我们提供一些解决思路和便利。

在政策支持方面，该模式当前所能享受到的政策较少，模式所有运营和整合主要依靠社区自己完成，政府对模式发展和完善关注度较少，社区在不断推动模式的创新和发展的同时还要投放大量精力在社区建设、社区组织以及各类评比活动中，所以在推动社区治理、完善该模式方面略显精力不足，陷入发展思路受阻等问题，同时在资金使用方面也缺少相关的政策引导和支持。

3. 模式的创新及规范化运作需进一步提升

Y社区当前在模式运作过程中面临着创新度和规范化运作不足的情况。就模式的创新而言，随着社区治理工作的快速推进，虽然“公益认领”社区治理模式在现阶段依旧能够为社区治理工作提供持续动力，但逐渐出现了由于项目运作的重复性而导致参与积极性不足等问题，所以Y社区在模式的创新方面需要依据社区现状作出突破，不断应对社区发展新状况。在模式的规范化运作方面，当前Y社区“公益认领”社区治理模式之所以能够在社区治理工作中保持稳定的运作状态，很大原因在于原班人马的参与运营和维护。因此，有待进一步将运作方法和运作历程标准化、专业化，保证社区治理模式在社区共治主体更替过程中不会出现模式运营的困境。

（二）应对策略

1. 培养共治理念，丰富项目内涵

基于Y社区当下的发展状况，针对Y社区多元主体积极、有序参与社区共治有待提高的问题，主要从两方面入手：

一方面是构建社区文化，营造社区共治氛围，培养社区共治理念。社区文化是Y社区在后续的社区治理工作中需要丰富的重要方面，当前Y社区还未形成带有本社区发展特色的社区文化，也未能明确社区发展精神及发展理念。所以，Y社区可以从社区文化氛围的营造工作做起，构建社区文化圈，将社区广场、楼道、公告栏以及垃圾箱等公共场所进行装饰和修整，并针对社区文化开展相关主题的社区治理活动，从文化氛围的营造和文化实践活动的开展两方面着手进行提高。不断引导和培育社区多元主体的公民意识和公共精神，不断增强居民的社区认同感，让“共建、共享、共治”意识深深地扎根于每个共治主体的内心深处，努力实现社区文化“惠民、便民、乐民、富民”。提升区域发展软实力，为社区发展提供强大的精神力量，推动社区公共文化的大发展、大繁荣。

另一方面是丰富项目内涵，提升项目自身对社区居民的吸引力。在社区居民层面，针对社区居民的时间冲突、需求未能满足以及个人喜好等原因而不来参加社区活动的原因，社区在治理过程中可以不断地收集这类信息和资料，从问题视角出发，针对问题逐一提出解决和应对策略。譬如，针对时间冲突的居民，社区可以经过协调和合理规划后在合适的时间段安排相关活动；针对需求未能得到满足的居民，社区可以进一步澄清居民的实质需求，依据普遍性原则为这一部分居民创造契合度较高的社区活动；针对个人喜好不同的问题，社区可以分门别类地先整理出这一部分居民的具体喜好，然后再有针对性地提出与他们的喜好匹配度较高的社区治理活动。在社区自组织方面，为了实现社区自组织由自娱自乐型向服务型功能的转变，各个自组织需要培养组织自身的开放意识和能力，每一个自组织首先要具备自己的组织特色和服务品牌；其次，社区也要为这类自组织创造更多的交流机会，让它们在自我成长意识和自我发展能力上都有所提升。在社区驻区单位层面，社区需要依据社区需求为驻区单位创造更多的参与途径和参与方式。这对于社区而言，不仅能够盘活社区资源，还能够吸引更多的驻区单位参与社区治理工作。

2. 积极完善模式，表达政策诉求

针对Y社区“公益认领”模式有待继续完善和政策性支持不足的问题，Y社区可以在后续的社区治理工作中有针对性地进行提升。

在模式的完善方面，Y社区需要搭建一个能够为社区多元共治主体提供成长、鼓励和关爱的平台，让社区众多积极参与者获得尊重、鼓励和支持，并能在参与过程中不断增强自身参与社区共治的能力。具体而言，在成长和学习方面，社区需要将请进来与走出去相结合，不断创造并提供外出交流和参观的机会；在尊重与关爱方面，社区需要为社会工作者、社区居民骨干以及众多社区志愿者定期开展团建活动，给他们减压，进行心理慰藉，对于生病、家庭变故的成员更需要加强关心慰问，让每一位成员都有爱与被爱的感觉，让每一位成员都具备较好的自我效能感；在鼓励方面，社区可以建立团队发展档案并辅助以奖励措施，让每一支团队都能够清晰地记录下自身的成长轨迹，让每一位社区骨干和社会工作者都能够在参与社区共治的过程中找准自己的定位，发现自己的优势，更好地参与社区共治。

在表达政策诉求方面，社区需要在平时的工作中不断探究并发现社区当前所面临的挑战与发展困境，并学会向政府合理地表达自己的诉求，从而为模式的完善和社区治理工作的进一步创新做铺垫。此外，社区还要继续推进社区“减负增效”工作，减少社区各类意义较小的评比、创建活动，不断剔除与居委会工作无关的工作，将各类政策、资源以社区党组织为主渠道捆绑打包下放到各个参与社区共治的主体手中，让他们与社区居民一起实现自治与自管。

3. 创新服务模式，服务精准投放

Y社区在社区治理发展历程中始终保持着较高的创新热情。在未来的社区治理工作中，Y社区需要继续保持积极的创新意识，从社区治理现状出发，不断总结实践经验，不断提升理论认识，让社区治理工作在理论和实践层面都有所突破，保证社区在提供服务的过程中能够实现服务的精准投放。同时，社区在拓宽社区议题收集途径、保证社区居民诉求的最大化满足和收集，增强项目负责人的责任意识和分工意识、协助项目负责人实现项目的精细化管理等方面要作出更多、更深刻的思考和探索，让“公益认领”社区治理模式在社区建设、社区组织、社区工作和社区制度完善方面发挥实质性作用。

七、结论与反思

综观Y社区的治理和发展历程，其自始至终贯彻并执行了“以行动改变引领思想改变，用思想改变反哺行动改变”的动员思路，让多元治理主体在认领并执行社区活动的过程中不断地实现自我满足和自我提升。2009—2017年，“公益认领”社区治理模式经历了三个发展阶段，第一阶段为夯实发展基础，树立社区服务品牌；第二阶段为掌握社区发展机遇，推动“公益认领”社区治理模式快速发展；第三阶段为实现“公益认领”模式的常态化和模式化。经过9年的沉淀与发展，该模式在Y社区的创新和完善下基本具备了全面的模式体系，有着明确的指导思想、目标和运作流程，是Y社区良好运行的重要保障。

“公益认领”社区治理模式对Y社区治理工作的开展具有重要意义。在社区多元共治队伍建设方面，“公益认领”社区治理模式动员了社区内生力量，实现了社区多元共治队伍的壮大，提升了各个社区共治主体的服务意识与公益精神，增强了共治主体的服务能力，协助其更好地参与社区共治活动；在社区资源的利用和挖掘方面，“公益认领”社区治理模式盘活了社区资源，实现了社区资源的整合，提高了社区资源的利用效率，丰富了社区资源的使用方式，优化了社区资源的利用方式；在社区规划方面，“公益认领”社区治理模式协助社区实现了“减负增效”，推动社区不断创新社区治理思路和社区治理方法，让社区在面对发展问题的过程中能够更加灵活地作出反应和决策；在社区共治氛围方面，“公益认领”社区治理模式营造了“共建、共享、共治”的社区发展氛围，推动了更多的社区居民参与社区共治实践活动。

当前，Y 社区“公益认领”社区治理模式面临着诸多挑战，本文笔者在了解 Y 社区治理现状和“公益认领”社区治理模式运行情况后有针对性地提出了应对策略。针对社区共治主体的积极性与有序性不足的挑战，Y 社区需要不断培养各个参与主体的共治意识，提升项目内涵的丰富性和全面性，营造共建、共享社区治理格局；针对模式的不完善和政策性支持不足的挑战，Y 社区需要依据社区治理现状积极探究模式的完善，向政府合理地提出自身发展诉求；针对模式的创新及规范化不足的挑战，Y 社区需要主动创新服务模式，实现模式的规范化运作，提升模式的专业化程度，实现服务的精准投放。

回顾本研究，笔者在探究 Y 社区“公益认领”社区治理模式的过程中存在以下不足：一是对模式的探究不够深入和细致；二是在模式的提炼上还需要进一步完善和凝练；三是对模式的内核与关键点的总结不够到位，诸多不足都需要在后续实践中不断完善。此外，基于 Y 社区已经取得了较好的治理成效，展望未来，Y 社区在后续的社区治理工作中可以从“问题视角”出发，对社区治理过程中出现的新问题、新现象有针对性地予以解决和应对，不断创新社区治理模式，主动走出社区、走出街道、走向社会，将社区治理品牌向外推广，实现服务范围和服务质量的进一步拓展和提升。同时，社区党委、社区居委会等治理主体也要积极提升自己的风险意识和危机应对能力，为社区治理工作的开展和治理模式的创新保驾护航。

参考文献：

[1] 胡振光．社区治理的多主体结构形态研究［D］．华中师范大学，2015.

[2] 张永理．社区治理［M］．北京大学出版社，2014：107.

[3] 张平，雷洁琼．社区服务、社区建设、社区管理、社区治理的概念辨析[J]．淮北职业技术学院学报，2017，16（1）：84-88.

[4] 赵小平，陶传进．社区治理：模式转变中的困境与出路［M］．北京：社会科学文献出版社，2012：4-5.

[5] 施雪华，孔凡义．美国社区治理及其启示［J］．山西大学学报（哲学社会科学版），2008（4）：90-95.

[6] 陈伟东，吴岚波．行动科学视域下社区治理的行动逻辑及生成路径研究[J]．吉首大学学报（社会科学版），2018（39）：41-48.

[7] 李文静，时立荣．"社会自主联动"："三社联动"社区治理机制的完善路径［J］．探索，2016（3）：135-141.

[8] 严志兰，邓伟志．中国城市社区治理面临的挑战与路径创新探析［J］．上海行政学院学报，2014，15（4）：40-48.

[9] 陈天祥，杨婷．城市社区治理：角色迷失及其根源——以H市为例［J］．中国人民大学学报，2011，25（3）：129-137.

[10] 康宇．中国城市社区治理发展历程及现实困境［J］．贵州社会科学，2007（2）：65-67+92.

[11] 付诚，王一．公民参与社区治理的现实困境及对策［J］．社会科学战线，2014（11）：207-214.

[12] 史云贵．当前我国城市社区治理的现状、问题与若干思考［J］．上海行政学院学报，2013，14（2）：88-97.

[13] 袁德红．社区治理中的公民参与及相关问题分析［J］．人才资源开发，2016（22）：251.

[14] 马丽华．我国城市社区问题的破解之道（下）［J］．杭州（我们），2016（2）：36-40.

[15] 宋贵伦．社会治理需要积极动员社会参与［J］．小康，2017（1）：26-28.

[16] 石奎，徐行．传统社会动员模式：特征与挑战［J］．人民论坛，2013（31）：66-67.

[17] 刘成良．行政动员与社会动员：基层社会治理的双层动员结构——基于南京市社区治理创新的实证研究［J］．南京农业大学学报（社会科学版），2016，16（3）：

137-145+160.

［18］蒋满元．社会动员的适度性问题探析［J］．中共山西省委党校学报，2007（6）：32-34.

［19］代海军，解永照．社会动员问题研究：以群防群治为视角［J］．铁道警官高等专科学校学报，2010，20（2）：18-22.

［20］陈叶纪．社会动员的要素、运作方式与特点［J］．中国农村卫生事业管理，2000（3）：50-53.

［21］甘泉，骆郁廷．社会动员的本质探析［J］．学术探索，2011（6）：24-28.

［22］张骞文，杨琳．社会动员的理论内涵和实践路径［J］．学术论坛，2015，38（8）：47-51.

［23］甘泉，骆郁廷．社会动员的本质探析［J］．学术探索，2011（6）：24-28.

［24］郑永廷．论现代社会的社会动员［J］．中山大学学报（社会科学版），2000（2）：21-27，2016（20）：84-87.

［25］陈怡．基层党组织在社区多元治理中的功能转型及实现路径［J］．求实，2010（11）：18-21.

［26］程李华．城市社区多元治理模式的构建［J］．长白学刊，2013（4）：64-67.

［27］石永义．现代政治学原理［M］．中国人民大学出版社，1999.

［28］王海光．旋转的历史——社会运动论［M］．上海人民出版社，1995.

"选择性吸纳"与"有意地脱嵌"

——项目制下社会工作机构嵌入社区治理体系研究

学生：侯同佳（2019 届）　指导教师：陈　锋

【摘要】 在政府购买服务的政策环境中，社会组织与政府、社区的合作为社区治理转型迎来新的契机。作为基层政府的街乡对社会组织从原初的"分类控制"向"选择性吸纳"转变，在依赖居委会落实行政事务的同时，引进社会工作机构开展项目、提供服务，以实现职能上的互补。但社会工作机构与社区也并非完全受行政权力摆布，相反，它们基于自身或公或私的利益考量，反塑着国家与社会的关系。其中，作为嵌入主体的社会工作机构遵循服务市场化的逻辑，最大限度地利用了项目制的事本化和工具化特性。而作为嵌入对象的社区则以利益内部化的方式应对社区服务的转型，最终共同形塑社会工作机构"有意地脱嵌"于社区治理体系，未能实现社区公共治理的实质性改善。国家与社会作为一个宏大的理论解释框架，不能简化为对某一国家性组织和某一社会性组织间的单向度关系进行分析，更要在实践场域中，关注在国家性组织之间、社会性组织之间的多层次互动。

关键词： 项目制　社会工作机构　社区治理体系

一、绪论

（一）研究背景及问题

近十年来，在社会治理创新的背景下，社会组织方兴未艾，获得了发展机遇，取得了长足进步。2014 年，为进一步转变政府职能，更好地发挥市场在资源配置中的决定性作用，中华人民共和国财政部、民政部和工商总局联合出台了《政府购买服务管理办法（暂行）》。2016 年 3 月，《中华人民共和国国民经济和社会发展第十三个五年规划纲要》进一步指出要“加快政府职能转变，持续推进简政放权、放管结合、优化服务，提高行政效能，激发市场活力和社会创造力”。P 市 S 区为响应上级政府号召，推动社区治理创新，鼓励社区居民自治，自 2014 年启动“社区创享计划”，通过发掘社区领袖，调动居民积极参与社区建设，培育和发展社区社会组织，以实现社区治理创新。

“嵌入”是近几年学者提出的协调政社关系的新思路，最早来自波兰尼（2007），后来被王思斌借用于社会工作领域，指一种专业社会工作与传统的社会工作实践间复杂、交织的状态[22]。很多的学者将“嵌入”看作是实现社会治理创新的路径、目标[28,38]，它体现着一种新型政社关系[27]。面对复杂的社会现实，嵌入的程度和效果极大影响着人们对概念的判断。王思斌（2011）认为实质的嵌入需要专业社会工作融入社会服务或治理体系，处于核心领域，并能独立自主发挥作用。这就需要社会组织与社区居民建立良好的信任和情感关系，以满足居民需求、解决社区问题为核心目标，能够参与社区的重大事件决策和民生事务管理，最终成为社区治理不可或缺的一环。

无论是学界还是政府，都对政府购买服务的效果充满期待，认为专业社会工作引入社会治理体系将会优化社区治理，提升社区服务效果。但是在具体的实践中，社会工作机构嵌入社区治理体系的成效与困境有待揭示，进而完善政府购买服务的相关政策，推动基层社区治理体系的改善，进而实现社会工作机构嵌入社区，以更好地解决社区问题和满足社区居民的需求。

（二）研究现状

1. 国家与社会理论下的政社关系研究

有关政府和社会组织的研究，学者大多从国家与社会关系理论框架进行探讨，主要运用多元主义和法团主义两个竞争性理论框架。二者既有联系也有差异，区别主要表现在对利益团体和国家的角色以及其间关系的理解上[34]，前者认为利益多元的社会形成不同的竞争性群体，从而形成市民社会，强调独立于国家之外的社会空间及其对国家权力的制衡与约束；后者则认为社会的自主活动不足以形成秩序，强调国家对于市民社会的参与、控制以及国家与社会之间制度化的联系渠道[15]。

具体来讲，多元主义假定权力的分布是多元分散的、非单一集团控制的，个人通过参加某一群体，与其他利益和价值相冲突的群体竞争，从而影响政策[44]。公民社会作为利益集团的竞争舞台，是一个存在“不受国家力量支配、完全可以自我建设及自我协调、能有效影响国家政策方向”的民间团体时的秩序形态[42]，它能促使整个社会因社会组织的存在而富有和谐性、包容性、多样化和承受力[19]。在对国家与社会、私人与公共两个关系的处理方面，多元主义的公民社会理念是典型的“社会中心论”[34]，坚持的是社会对国家的抗衡，维护社会的独立自主性。而在法团主义者眼里，社会和国家应该是融合的，二者融合所形成的法团化组织应该是整个社会良好运作的中介[3]。

法团主义是一种利益或观点表达系统，是一类特定制度化组织模式或理想类型，人们可以通过它将公民社会中以协会形式组织起来的利益，与国家决策机构联系起来[45]，这就需要法团主义制度下的社会有一定数量的、能够作为国家一部分的利益集团[41]。由此，法团主义认为应把利益群体整合进国家，受到国家的控制和约束。与多元主义相比，法团主义主要有维护社会整合与团结、公正性较高和效率优势[3]。特别是法团组织的经济效率优势被认为是东亚经济起飞的重要因素[46]。

多元主义和法团主义被广泛运用于解释社会组织发展和政府购买服务实施过程中政府与社会组织的关系。有学者认为当代中国国家与社会的互动关系呈现出一种“从社会管控到社会治理”的宏观态势和过渡形态，而“国家主导下的社会治理”则蕴含了当代中国社会治理机制的生成逻辑[29]，政府实际主导着社会组织的发展进程，具有国家合作主义的特征。政府购买服务作为一种嵌入手段在不同的环节上维持或消解着传统大政府模式[6]，其带来的具体实践是国家与社会的关系在新领域中的强化，并未颠覆原本的治理路径。为此有学者认为应该以公民社会组织作为国家与社会的良性互动关系的中介，来促进公民社会的成熟完善乃至国家与社会良性互动关系的构建[35]。

但随着理论和经验研究的推进和完善，学者对运用多元主义或法团主义探讨基层治理体系主体间关系的适用性产生了怀疑[43,25,10]。首先，这两个理论的中观解释能力有限。虽然可以在理想类型的意义上为人们思考当代中国社会管理创新提供一种初步的分析框架和认知路径，却无力在中观层面揭示出社会管理实践中诸多组织机制间的复杂因果链条和微妙互动关系[13]。其次，两个理论的适用性和本土化问题有待商榷。诸如公民社会等概念和相关的理论与实践设想，并不适用于中国的制度和文化环境[40]。

整体而言，国家与社会是学者研究社会组织及其与政府关系的常用理论框架，该框架下的多元主义和法团主义两种取向，为学者提供了看待经验的理论范式。但在将中国经验嵌套于西方理论的一段时期后，学者发现了理论本身的漏洞，以及运用于中国本土时的不适应。

2. 嵌入视角下的社会组织参与社会治理研究

“嵌入”是法团主义的一个概念，这一国家与社会的互动形式，有利于推动社会工作、社会组织发展和社会建设。对于这一概念，一些学者将其理解为社会治理变革的一个阶段[31,18]；而大部分学者将“嵌入”看作是实现社会治理创新的路径、目标[28,38]。本文更沿用后者的概念，将“嵌入”理解为理论和实务预想中社会治理变革的最终结果。

随着社会组织在社会治理中的作用不断推进，一些学者依据实务经验发现，在政府购买服务的背景下，存在政府反向嵌入社会组织，从而实现社会组织纳入社会治理体系的现象[12,24]；另一些学者了解到，政府与社会组织的“双向嵌入”成为一种新的发展趋向[33,9]。可见，多数学者或多或少承认了社会组织“嵌入”社会治理体系中是既成现实，并认为更好地“嵌入”有利于社会治理体系的改革和优化。但也有少数学者对“嵌入”的效果，即是否真正地推动社会治理发展提出了质疑[1]，朱健刚、陈安娜（2013）从权力视角指出，外部服务行政化、内部治理官僚化和专业社会工作建制化限制了专业社会工作深度嵌入基层治理，失去了专业社会工作的影响。

总而言之，学界对社会工作嵌入社会治理体系具有较高期待，在实务发展的过程中有学者注意到了嵌入的新变化，但也有学者质疑社会工作嵌入社会治理的效果。

3. 对既有研究的评述

学者对社会工作嵌入社会治理的效果考察较少，已有的文献单从权力的视角呈现了社会工作机构在嵌入社区治理体系当中的弱势地位和被动性，但这样的考察难免忽略社会组织对其自身角色的定位以及相应作出的自主性调适。当前，推动社会组织参与社会治理创新成为新的时空背景，政府购买服务为社会组织发展输送了大量资源，社会组织发展环境和社会组织的弱势地位有所改善。那么，社会组织嵌入社会治理体系的过程和效果如何？社会组织与政府及其他主体（如社区）之间形成怎样的互动关系与互动机制？这些问题无论在实践上还是理论上均需要重新审视。

前人对国家与社会理论框架和对“嵌入”的探讨，多限于各类国家（最典型的是政府）与社会（比如社会工作机构、居委会、社区社会组织等）间的互动和关系，这一分析路径既简化了“国家”，也简化了“社会”。事实上，任何要素的加入、退出或变化都会导致整个社会治理系统发生变动。这就意味着在社会治理体系中，每个属于“国家”（比如各级政府）或“社会”（比如社会组织、社区居委会等）范畴的主体之间都会产生互动联系，进而影响嵌入的过程和效果。但多数研究仅关注街乡级政府与社会组织、街乡级政府与居委会或社区社会组织的互动，忽略了社会组织与社区中主体（比如居委会）间的互动和关系，从而无法把握属于“社会”范畴的社会组织与社区间的互动状况，难以展现社会工作机构嵌入社区治理体系的全貌。

因此，本文将通过对社会工作机构嵌入社区治理体系的经验研究，意在从中观层面揭示政府、社会组织与社区之间互动的运作机制，在政府购买服务的背景下，尤其从社会工作机构与社区互动中，重新审视“社会”本身的主动性和异质性，以及各种“社会”主体如何反塑政府与社会之间的关系。

(三) 研究方法与思路

1. 研究方法

本研究属于质性研究，笔者主要采取的是个案研究的方法，以海品社区内鸣和社会工作机构与社区居委会、街道的三方博弈为研究对象，海品社区范围内围绕社会工作机构、社区居委会和街道的博弈与平衡，这一整体性事实构成了本文意义上的个案。

就个案研究的旨趣而言，其较为强调理解社会的多样性和复杂性，进而形成对既有理论的反思与重新建构，并不追求代表性和普遍性。对于个案研究而言，它更重视研究样本的典型性[20]，通过精心选取的典型个案，可以揭示出社会事实的丰富性与复杂性，而这正符合本次研究的要求。在具体的调研方法上，笔者主要采取的是半结构式访谈法与参与式观察法。

（1）半结构式访谈法。一般来说，访谈法分为结构式访谈、半结构式访谈和无结构式访谈。结构式访谈又被称为“标准化访谈”，“对所有受访者提出的问题、提问的次序和方式，以及对被访者回答的记录方式等是完全统一的。为使这种统一性得到保证，通常采用事先统一设计、有一定结构的问卷进行访问”[30]。这种结构式访谈方法常常用于量化的统计分析。与之相对，无结构式访谈则是访谈者与访谈对象围绕某一访谈主题进行较为自由的谈话，充分发挥双方的主观能动性。半结构式访谈法兼具结构式与无结构式访谈的优点，既具有提前准备好的访谈纲要，又给予双方较为自由的空间，不仅使研究者得以追问，尽可能去澄清或扩充访谈内容，也让受访者能更充分地表达观点。这是本研究开展过程中的重要方法。通过半结构式访谈，笔者获取了不同身份的参与者对政府购买服务过程与效果的看法，这为深入理解讨论社会工作机构作为嵌入主体、项目制作为嵌入手段、社区作为嵌入对象所共同形塑的社会工作机构嵌入社区治理体系的运作机制，提供了经验支持。

（2）参与式观察法。参与式观察法，指观察者亲自投身到所观察的社会现象和社会生活里去，在自身成为社会生活的一员的同时所进行的观察[30]。这种方法多采用无结构式观察法，是人类学和民族志最常用的研究方法，通过采用这种方法，研究者可以最大限度地挖掘所研究群体和社区的资料。笔者利用参与观察法，以社会工作机构实习生的身份参与观察政府购买服务过程中社会工作机构工作人员与街道、社区工作者、社区居民间互动的各个面向。这为分析社会工作机构、街道与社区间关系提供了直观材料。

2. 研究思路

P 市作为中国的政治经济中心，社会组织发展处于快速成长期，越来越多的社会组织通过政府购买服务的方式，试图嵌入社会治理体系，尤其是社区治理体系，以改善和优化社会治理结构。本文集中探讨社会工作机构嵌入社区治理体系的特征与问题，并以此为切入点，进一步分析政府、社会工作机构和社区三者间的互动，重点讨论社会工作机构作为嵌入主体、项目制作为嵌入手段、社区作为嵌入对象所共同形塑的社会工作机构嵌入社区治理体系的运作机制。具体思路见下图：

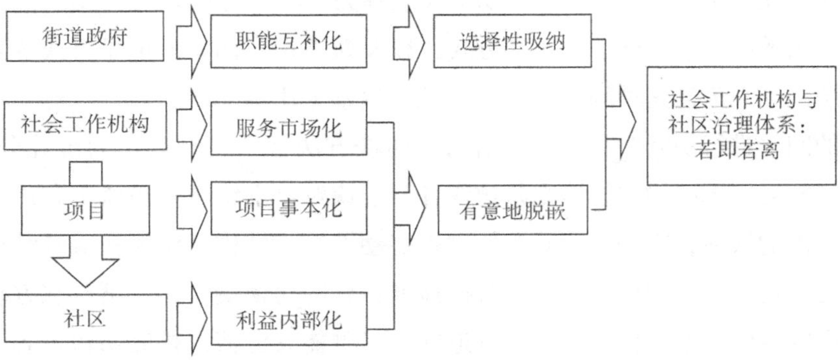

图 1　论文脉络图

3. 田野概述

本文选择社会工作机构发展较快的 P 市 K 街道海品社区作为调研地点[①]。该社区位于 P 市三环，处于繁华商业区，属于老旧社区，大多是 20 世纪七八十年代的建筑。社区共 2700 户，7700 人（含流动人口）。海品社区居委会成立于 2000 年，因社区治理效果较好，海品社区多次被选作试

① 本文涉及的所有地点、组织、访谈者等名称都已进行匿名化处理。

点，自 2013 年与和鸣社会工作机构对接推动社区治理工作。和鸣社会工作机构已经在 F 街道承接社会治理项目的过程中取得了较为成熟的经验，得到了 K 街道领导的信任和肯定。本研究选取了与社会工作机构嵌入社区治理体系相关的社区工作者 5 人，社区居民 10 人和社会工作机构工作人员 3 人，这为笔者研究社会工作机构嵌入社区治理体系的效果，理解社会组织与政府的互动和关系，获得了丰富的一手资料。

表 1　个案基本情况

个案编号	化名	性别	年龄	身份
case1	孔诗	女	26	怡思社区居委会主任、原海品社区党委副书记
case2	粟梅	女	29	海品社区专管“DB 计划”居委会干部
case3	刘畅静	女	45	海品社区主任
case4	袁复	男	50	海品社区党委书记
case5	杨圆	男	44	亮山社区主任
case6	孙阿姨	女	71	海品社区居民支部书记、“DB 计划”项目提案人之一
case7	杜阿姨	女	72	海品社区居民支部书记、“DB 计划”项目提案人之一
case8	王叔	男	74	海品社区居民支部书记、“DB 计划”项目提案人之一
case9	贾阿姨	女	72	海品社区居民支部书记、“DB 计划”项目提案人之一
case10	张阿姨	女	75	海品社区居民
case11	张奶奶	女	79	海品社区居民
case12	董阿姨	女	69	海品社区居民
case13	郭阿姨	女	60	海品社区居民
case14	鲍奶奶	女	83	海品社区居民
case15	孙奶奶	女	80	海品社区居民

续表

个案编号	化名	性别	年龄	身份
case16	郝亿	男	33	和鸣社会工作机构站点负责人
case17	钱洁	女	26	和鸣社会工作机构站点工作人员
case18	雷邢	男	34	和鸣社会工作机构副总干事

（四）核心概念界定

1. 嵌入

“嵌入”这一概念最早由波兰尼（2007）在《大转型：我们时代的政治与经济起源》中提出，王思斌（2011）将这一概念引入中国社会工作领域，并提出实质的嵌入并非社会工作机构表面地提供服务或从事辅助的工作，而是需要专业社会工作融入社会服务或治理体系，并处于核心领域，能够独立自主发挥作用。为此，社会组织应能够与社区居民建立良好的信任和情感关系，以满足居民需求、解决社区问题为核心目标，能够参与社区的重大事件决策和民生事务管理，并成为社区治理不可或缺的一环。

2. 社会性组织与社会组织

为避免概念混淆，“社会性组织”指包括居委会、工会等准政府组织在内的所有相对于国家领域的社会领域中的组织，是广义的“社会组织”概念，以区别于狭义的“社会组织”概念。后者指在社会转型期由各个不同社会阶层的公民自发成立的、在一定程度上具有非营利性、非政府性和社会性特征的各种组织形式及其网络形态[19]。

3. 政府购买服务

政府购买服务指政府将公共服务外包给非营利组织，旨在弥补政府自身生产公共服务的不足或局限性，改善公共服务的质量和效率，促进公共财政体系建设，转变政府角色和职能，促进社会组织发展，实现公共服务均等化，从而实现社会和谐与持续发展[17]。

4. 社区治理体系

社区治理是指在一定区域范围内政府与社区组织、社区公民共同管理社区公共事务的活动[23]。社区治理主体间的互动及所形成的组织、结构、制度之间的关系集合体即社区治理体系。传统的社区治理体系主体有三种：第一种是直接管辖社区的街道办事处；第二种是社区党居站；第三种是社区居民。这类主体按照在参与社区事务过程中是否具有自主性，又分为“居民精英”和普通居民。为了创新社区治理模式，学界和政策界意图使社会组织嵌入传统的社区治理体系中，改变原有自上而下的“街道—社区党居站—社区居民”管理体系，以实现多元主体的共同参与，提升社区治理效果。

二、貌合神离：社会工作机构嵌入社区治理体系的特征与问题

P 市 S 区为响应上级政府号召，推动社区治理创新，鼓励社区居民自治，自 2014 年启动“社区创享计划”，通过发掘社区领袖，调动居民积极参与社区建设，培育和发展社区社会组织。为此 S 区从 2017 年起设立专项资金，分别在 2017—2019 年投入预算 10 万元①、54. 2 万元②和 51. 48 万元③，这为各街道各社区推动“创享计划”的落实提供资金保障。

为实现社会治理创新，分担部分政府职能，并建立街道智囊团，K 街道以政府购买服务的项目制形式，引进和鸣等社会组织。和鸣社会工作机构的创办人曾在体制内工作，具有较好和较广的社会网络；和鸣最先在 F 街道承接社会治理项目，取得了较为成熟的经验；再加上和鸣社会工作机构提供的服务相对专业，机构工作人员素质良好，因此得到了 K 街道领导的信任和肯定。一方面，和鸣社会工作机构以项目制承接了 K 街道的社会治理创新中心，统筹所有在承接 K 街道政府购买服务项目的社会组织；另一方面，它又以政府购买服务形式为海品等社区提供服务，诸如在社区中作为承担“创享计划”的实施主体。为深入探讨社会工作机构嵌入社区治理体系的效果，本文将聚焦于第二种实现社区治理

---

① P 市 S 区社会建设工作办公室 . 2017 年社会办预算公开 [EB/OL] . http://jb. bjchy. gov. cn/sub/news/435840/887. htm.

② P 市 S 区社会建设工作办公室 . 2018 年社会办预算公开 [EB/OL] . http://jb. bjchy. gov. cn/sub/news/484276/887. htm.

③ P 市 S 区社会建设工作办公室 . 2019 年社会办预算公开 [EB/OL] . http://jb. bjchy. gov. cn/sub/news/525678/887. htm.

的项目承接类型。

海品社区是和鸣社会工作机构对接项目的社区之一，也是K街道管辖的典型的老旧社区之一。海品社区地域广大，占地面积0.6平方千米，大部分居民楼建于20世纪七八十年代，基础设施仍待完善；社区居民近8000人，其中流动人口占三分之一；社区缺乏独立物业，“脏乱差”问题较为突出。在社会组织介入社区前，海品社区主要有三种治理主体：一是直接管辖社区的K街道办事处；二是海品社区党委、居委会和社区工作站；三是海品社区居民。作为老旧小区的代表性社区之一，海品社区被街道选为政府购买服务的试点，与和鸣社会工作机构对接开展项目，意在发动居民精英推动社区自治。

通过“创享计划”的申请和运作，和鸣社会工作机构分担了社区居委会在活动开展方面的任务，并提出了规范、丰富且具有创新性的方案，推进了社区治理创新；在社区居委会的帮助下，优化社区生活，增进邻里交流，提高社区居民参与社区事务的积极性和自主解决问题的意识与能力。但值得反思的是，在与社区对接的五年间，和鸣社会工作机构并未实质性地嵌入社区。

（一）社会工作机构在社区的不稳定性与社会工作者的高流动性

和鸣社会工作机构与社区项目合作的不稳定性和社会工作者的流动性，使社会工作机构难以成为社区治理中常态化的治理主体之一。社会工作机构与社区依靠项目对接，而项目以政府政策导向为标准招标，这就导致一旦政府决定不再购买这类服务，且该机构未有其他项目可以跟进时，社会工作机构就不再对接社区并撤离社区。与此同时，在项目制的运作背景下，政府购买服务项目少，而社会组织数量多，供过于求的现状导致社会工作机构间竞争激烈，在优胜劣汰的市场环境下，社会工作机构的项目合作并不具有稳定性的保障。另外，政府购买服务项目具有时间限制，与社区相关的项目一般是一年。在对接时间短且不能保证未来几年内都能对接该社区的情况下，社会工作机构并不会将过多精力花费在与社区居委会和居民的联系上，也就不愿意与社区建立紧密联系。这又进一步导致社区居民对社会工作机构的熟悉、了解与信任成为问题，更加剧了社会工作机构对接社区开展项目合作的不稳定性，从而使社会工作机构与社区的关系陷入了恶性循环。

除了社会工作机构的项目合作本身具有不稳定性以外，社会工作机构工作人员的流动性也造成了社会工作者与社区难以形成常态化的对接。

居民对社会工作机构工作人员的流动性大十分不满：和鸣社会工作机构都不知道来多少人了，也就郝亿待的时间长一点，其他的一般待一年就走了。再加上实习生又多，我们好多人都不认得，刚刚认识一个吧，过几个月找他办事，跟他打电话，他跟我们说他已经离开好久了，早就不归他管了。你说办事多麻烦啊！（贾阿姨，72岁，海品社区“DB计划”项目提案人之一，2017101710）

社会工作机构人员流动性大与社会工作机构工作人员工资普遍较低有很大关系。据了解，离开社会工作机构的员工，多因工资低而选择跳槽。以和鸣社会工作机构为例，站点负责人平均月收入4500元，普通社会工作者平均月工资3500元。根据国家统计局2016年省年度数据显示，P市城镇居民人均消费支出为38255.52元，平均每月3187.96元。工资低很难维持基本生存，从而导致人员流失。人员流动性大使社会工作机构中的社会工作者难以与社区建立长期、稳定的关系，从而使社会工作机构与社区缺乏长期、稳定的关系，由此社区居民难免会对人员流动性大的社会工作机构产生不信任感。

（二）社区居民与社区工作者对社会组织缺乏信任感

近年来社会工作取得了长足发展，但社会工作机构对不少社区与居民而言仍是新鲜事物，加上社会工作机构自身和人员的不稳定性，导致社区居民与社会工作机构并未建立良好的信任关系，甚至对社会工作机构的知晓度仍然很低。

笔者在居民开展“DB计划”项目活动时，随机与几个社区居民闲聊发现，只有项目提案人（都是居民精英）知晓和鸣社会工作机构，并能说出机构站点负责人的名字，但并不清楚社会工作机构到底是做什么的；部分居民只是听说过和鸣社会工作机构的名字；更多的居民甚至根本没听说过“和鸣”二字。可见居民对社会工作机构的认知度很低，也就更难以建立信任关系。不仅如此，社区工作者对社会工作机构也缺乏信任感，从社区主任、副书记到对接社会工作机构的普通职员，受访者大都认为社会工作机构是来“圈钱”的，社区与社会工作机构对接不仅增加了工作负担，也未能为社区治理带来多少实质性的改变。

（三）社会工作机构更关注项目策划目标而非居民需求

和鸣社会工作机构以生存作为承接项目的核心目标，而非把社区当作命运共同体。但社区则以服务对象为本位，满足居民需求、解决社区问题，实现社区善治。调研中发现，社会工作机构工作人员对项目的态度与社区对项目的态度存在显著差异。

机构按照项目的要求做完了项目，各个指标都达到了，按说可以不再继续做服务，可以结项了。但是社区居委会和居民们不愿意啊，非得按照结题时间来算，可是我们的服务已经达标了啊，所以没有必要继续做。（郝亿，33岁，和鸣社会工作机构在K街道的站点负责人，2018032014）

因此，和鸣社会工作机构以生存作为承接项目的核心目标，更看重项目实施的效率和结项效果与项目策划中目标的契合度，而非关注社区居委会和居民是否喜爱这个项目，能否真正满足居民的需求，解决居民问题，这就导致一些项目目标和社区需求与社区问题的脱节。

（四）社会工作机构的参与仅止于所购买的服务项目

和鸣社会工作机构仅参与社区活动项目，几乎未参与社区的重大事件决策和民生事务管理工作。笔者通过与社会工作机构工作人员和社区居委会工作人员访谈了解到，在政府对社会工作机构与社区居委会为职能互补化的定位下，社会工作机构从未负责民生事务管理工作和社区党委、居民委员会等换届选举活动，不参加任何与社会工作机构或政府购买服务项目无关的社区会议，仅仅负责帮助社区居民与和鸣居委会对接项目，开展活动，提供服务。

综上所述，无论是从社会组织与居民所建立的关系，还是从社会组织是否以满足居民需求与解决社区问题，抑或是能够参与社区的重大事件决策和民生事务管理，社会工作机构都未实现“嵌入”的目标，无法成为社区治理不可或缺的一环。相反，社会组织在社区治理的“负向”作用却在一些社区居民与社区工作者当中不断地放大，进而阻碍了社会组织在社区进一步开展相关专业服务。

三、选择性吸纳：发展型环境背景下的政社互动

2016 年 3 月，《中华人民共和国国民经济和社会发展第十三个五年规划纲要》指出，“加快政府职能转变，持续推进简政放权、放管结合、优化服务，提高行政效能，激发市场活力和社会创造力。”① 2016 年 11 月，《P 市“十三五”时期社会治理规划》出台，明确提出，“创新公共服务提供方式，能由政府购买服务提供的，政府不再直接承办；能由政府和社会力量合作提供的，广泛吸收社会力量参与。”② 2017 年，S 区社会建设工作办公室购买社会组织服务预算合计 1775 万元③，2018 年政府购买社会组织服务预算合计 1782 万元④，可见各级政府对发挥社会组织作用的重视。K 街道对上级政府要求十分重视，主要以政府购买社会组织服务的方式提供社区公共服务。

康晓光等（2005）通过考察国家对多种社会组织的实际控制，提出“分类控制体系”的概念，并指出对政府而言，社会组织具有挑战和辅助的“双重属性”，因此对不同类型的社会组织采取不同的控制，比如对工会和居委会等“准政府组织”采取信任态度，对草根组织、非正式组织等采取“底线控制”。K 街道基本遵循这一行为逻辑，对居委会较为信赖，而对社会工作机构这种民政部注册的社会组织进行了一定管理和限制，但也十分重视帮助社区开展活动和提供服务的社会组织的培育发展，在运用制度手段削弱社会组织的挑战性质的同时，更强调社会组织的辅助性质，即将很多活动外包给社会组织开展。

---

① 新华社．中华人民共和国国民经济和社会发展第十三个五年规划纲要[EB/OL]．http://www.xinhuanet.com/politics/2016lh/2016-03/17/c_1118366322_4.htm.

② P 市社会建设工作办公室．P 市“十三五”时期社会治理规划［EB/OL］．http://zhengwu.beijing.gov.cn/gh/dt/t1459653.htm.

③ P 市 S 区社会建设工作办公室．2017 年社会办预算公开［EB/OL］．http://jb.bjchy.gov.cn/sub/news/435840/887.htm.

④ P 市 S 区社会建设工作办公室．2018 年社会办预算公开［EB/OL］．http://jb.bjchy.gov.cn/sub/news/484276/887.htm.

街道对社会工作机构和社区居委会各有定位，并传达给了各个社区干部：街道引进社会工作机构主要是为了给政府和社区减负，因为街道不会把政策办理类的职能分给社会组织，比如保险、优抚、计生等居委会的本职工作的内容，只会把社区的一些活动交给社会组织来做。因为居委会策划的社区活动往往单一无趣，而它们做的项目形式多样、内容充实、品质较高，还可以壮大社区服务队伍。因此在我看来社会组织和社区居委会是互补的关系，或者说是一种资源整合。（孔诗，26岁，怡思社区居委会主任，原海品社区党委副书记，2018032309）

由此居委会和社会组织趋向于职能互补化：社会组织今后可能承接更多的社区活动项目，无论是文体、慰劳等民生项目，还是社区工作者团建和党建活动，都会以项目制的形式减轻社区居委会的负担，承担居委会开展活动的职能；居委会则更多地负责本职工作，比如政策办理类职能，为社区居民服务。之所以居委会和社会组织是互补关系，而非社会组织完全取代居委会，是因为二者在根本上分属两个领域：社会组织作为外生性组织，只是以项目制介入部分活动；而社区居委会是内生组织，“事实上是执行政府特定政策的‘准政府组织’，它们高度依附于政府机关，几乎没有什么自主性”[11]，居委会本身由街道办事处管辖，其工作人员由政府选拔、招聘，编制归入隶属于街道的社区，工资由政府专项拨发，需要学习上级工作精神，贯彻落实上级指示。因此在街道以政府购买服务的形式，将很多社区活动交给社会组织承接的同时，居委会越来越行政化，承担民生事务办理的功能，逐渐成为街道下属的“政府”，更加固化原有的“街道—居委会—居民”这一自上而下的社区治理体系。

由此，政府有意使社会工作机构和居委会形成职能互补局面的态度，呈现出“选择性吸纳”的运作机制，这一机制与“分类控制”或与“甄别性吸纳”[4]不同，政府对这两类社会组织并非只有管理视角，既要对其进行控制，以实现维稳的目标；更在新时代环境中鼓励各类社会组织的发展，增权赋能，吸纳不同特点和优势的社会组织促进社会建设和治理。职能互补化作为政府引入社会工作机构的目标，正体现了“选择性吸纳”的运作机制。

四、有意地脱嵌：政府购买服务背景下社会工作机构与社区间的互动

政府购买社区服务，作为一种自上而下、由外向内逐步推行的理想化的治理模式，最终难以实现有效地嵌入社区治理体系，这就需要对这一模式本身及相关执行主体加以分析，毕竟制度的设计更加有赖于制度的实践。在前文中，我们可以发现，社会工作机构与社区的互动对社会工作机构嵌入社区治理体系的效果产生了重大的影响。因此，政府购买服务背景下社会工作机构与社区的行为逻辑及其互动机制恰恰形塑了社区的治理样态。

（一）服务市场化：社会工作机构作为嵌入主体的外生性

“服务社会化”有别于“服务行政化”和“服务市场化”，指社会组织提供服务具有公益性和非营利性，是政府提出的对社会组织服务的期望。“服务行政化”是指社会组织提供的服务主要遵循政府的行政意志；而“服务市场化”则是指社会组织提供服务遵照市场的逻辑，其主要目的是营利。在政府购买服务的政策越来越规范的情况下①，社会组织难以见缝插针，违法“圈钱”；而是通过在保证项目达标的情况下，拿到尽可能大和多的项目，获得更多的收益。由此，实现社区善治、满足居民需求并非社会组织承接项目的根本目标，完成指标、拿到项目才是社会组织的最终目的。

在政府购买服务的背景下，社会工作机构与社区有着密切的互动，和鸣社会工作机构在K街道的站点负责人经常与社区的主任与书记聊天②，以找寻申请项目的契机。然而，在项目实施上，社会工作机构与社区领导

① 郝亿曾告诉笔者，K街道为防止社会组织在承接政府购买服务项目时出现的“圈钱”牟利行为，出台了“只要一个项目出现问题，整个社会工作机构将列入社会组织承接项目黑名单，五年内不能承接项目，甚至直接注销该社会组织”的严格惩罚措施，这对社会工作机构来说产生了很大的震慑力。

② 郝亿坦言：“我会时不时到社区去和社区（居委会）的主任或（党委）书记聊天，问他们最近居民们有什么需求，其实就是看看有没有可以申请的项目……”（郝亿，33岁，和鸣社会工作机构在K街道的站点负责人，2018032013）。

却有着截然不同的立场：

最近××机构的“创享计划”，我觉得做得不错，不是和现在我们做的这样，一年一个项目，而是一个季度主打一件事，比如1月就出“金点子”，2—3月就实施计划，4月结项。这样做项目效率高（拿到的项目就多，拨给的资金就多）。（郝亿，33岁，和鸣社会工作机构在K街道的站点负责人，2018032015）

那不行，那样做项目太频繁了，而且活动不能持续。像我们社区这种免费给老人剪头发的项目，总不能第一个季度给人家剪，后面不给人家剪了吧？（刘畅静，45岁，海品社区主任，2018032015）

由上可以看出，社会工作机构主动联系社区也是为了寻找“商机”，发掘可以开展的项目，而在社区开展项目十分注重效率与效益，而非真正以居民需求为导向。也因此，社区领导对于一些项目开展的意义产生了质疑。换言之，当前的政府购买服务虽然以“服务社会化”作为理想形式，但在实践中却凸显“服务市场化”的导向。服务市场化虽然可以激励社会工作机构积极发现社区服务的新项目，进而改善社区治理现状，但也可能导致社会工作机构在优胜劣汰的市场竞争中，过分关注自身生存问题与承接项目的数量和资金多少，而忽略了满足居民需求的公益目标，导致社区居民和居委会对社会工作机构产生疏离感，从而使社会工作机构难以嵌入社区，难以达到原初的优化社会治理体系的目标和效果。

社会组织如此强烈的服务市场化导向，与其所处的发展阶段及其社会环境紧密相关。当前，我国社会组织发展仍处于起步阶段，资源来源单一，筹集和整合社会资源的能力不足[39]，很多社会工作机构的运营资金主要来自政府购买服务项目。在社会组织繁多，项目数量较少的情况下，政府购买服务使得社会组织间的竞争性提高，维持机构生存成为机构工作人员的首要任务。

和鸣社会工作机构的高层领导和K街道站点主管，都曾多次向笔者讲到社会工作机构生存的不易，明确表示向政府“争资跑项”是第一要务。K街道站点负责人郝亿甚至将社会组织和政府的关系称作“供需关系”。

政府想做公益，于是作为服务购买方通过各社会组织的项目策划书预测实施效果，购买某些社会组织服务，让这些社会组织替政府为社区提供专业服务，即为社区购买“产品”。社会组织是服务提供方，以服务口碑和完备的项目策划书为筹码推销自己的服务，向政府“卖产品”，在拿到了政府的资金后，替政府做公益。当社会组织的项目策划书符合政府的预期时，买卖双方即达成协议，社会工作机构就开始按照项目策划书提供服务。在项目完成时，政府根据项目策划书（交易合同）与能够证明实施效果的材料进行比对，如果能够达到目标甚至超过预期，就说明供给方给购买方提供了良好的服务，卖给了购买方一款好“产品”，从而完成交易。否则终止交易，以后也不再购买该社会组织的“产品”。

从郝亿对政府购买服务的理解中可以看出，社会工作机构在承接和运作政府购买服务项目时的市场性导向。正是如此，以服务市场化机制运作的社会工作机构，更看重项目的数量和金额大小、实施的效率和结项效果与项目策划中目标的契合度。这与社区对项目和社会工作机构的期望形成了巨大张力，使得社会工作机构与社区间产生隔阂，影响了社会组织与社区居委会、居民间的深层次社会关系的建立，导致社会工作机构难以嵌入社区治理体系。

（二）项目事本化：项目制作为嵌入手段的工具性

在社会工作机构嵌入社区治理体系的过程中，项目制成为社会工作机构与社区的基本嵌入手段，然而项目制本身的事本主义性质和特点[36]，就是阻碍社会组织嵌入社区治理体系的重要原因。

所谓的事本主义，指的是主张就事论事，只触及行政体制的工具性层面而非既有体制，即依靠行政体制，按照既有规范完成项目任务，并不改变行政体制中的权力运行机制[14]。一方面，与人本主义相对应，并非注重以人为本，增进人的福利，而是在制定社会政策中以考核为目标，以达标为动力[5]；另一方面，为保障项目运行质量和效率，仅因事务建立联系、产生互动。社会服务项目在社会工作机构的服务市场化机制的影响下，产生了事本化运作特征。然而，社会工作机构在筹集和实施服务项目过程中，面对兼具情感性关系和工具性关系的熟人网络和工作场域的圈子现象，为更好地提供服务，社会组织通常需要嵌入已有的社区关系网络，与社区居民和社区工作者保持较亲密的联系，并通过正式和非正式的平台建构新的熟人网络，获得长期适应的能力[32]。事本主义逻辑则恰恰与社区的情感性交往的逻辑存在明显的张力，对于社会工作机构的事本化，社区工作者表达了他们的不满：

社会工作机构在“DB计划”前两期都不来参加项目中的活动，现在他们虽然穿着制服（和鸣社会工作马甲）来了，但也不是从头跟到尾，签完到，跟居委会干部和居民提案人打个招呼，拍个照片，露个脸，也就走了。（栗梅，29岁，海品社区专管“DB计划”的居委会干部，2017111309）

由于活动签到表和照片是项目评估的重要依据，社会工作机构工作人员一旦完成了对这些资料的收集，就可以以此说明他们参与了这一活动，达成项目运作的印证。对于与居民的近距离接触及深度互动，社会工作机构的工作者却缺乏动力，甚至在认知层面即无意于改变既有社区治理结构。不仅如此，社会工作机构也并不以情感往来作为促进与社区实现长期合作的策略，甚至将私人关系和感情交流当作申请和实施项目的阻碍。

有这么一句话：“谈钱不伤感情，谈感情才伤感情。”用钱说话的时候，让我给你做一个事情，我就帮你做一个，没有情感影响，服务可以按照预先设定的方案做，以客观的心态介入，质量可以得到保证。但用感情说话就麻烦了，让我给你做十个事情，我碍着关系也都不得不做，拿不到钱不说，受到情感影响，服务也不一定能按照策划做，质量也不一定能得到保证。（郝亿，33岁，和鸣社会工作机构在K街道的站点负责人，2018032013）

由于政府购买服务的资金多是直接来自区级或街乡，而非社区本身，因此，社会工作机构通过在上级政府手中获取项目，并通过政府的逐级压力传递获得了社区居委会的工作支持，使其即使未与社区建立私人关系和情感联系的基础上，基础性的项目工作也能得以开展。相反，在社会工作机构的工作人员看来，受到情感影响，社会工作机构的服务在实施过程中可能会被私人关系左右，难以按照预先设定的方案执行，质量难以得到保障，且社会工作机构碍于私人关系，可能要承担额外的工作，从而影响到既定工作量和效果的达成，因而不与社区建立紧密联系。此外，在项目评估中，政府主要考核的是项目的完成度而非建立机构与社区的情感联结，这也导致社会工作机构在人际关系网络层面很容易脱嵌于社区，进而影响到社区对社会工作机构的认可度。从项目承接来看，政府购买服务项目的有无、方向、大小和多少都与政府政策导向有关。当购买服务的取向发生变化，政府的资金投入就会发生变化。因此在K街道并未明确提出要改革社区治理结构，而是仅仅在致力于“职能互补化”、政府职能“脱钩”的社会治理创新的背景下，政府都将以项目制形式，有效限制社会组织的行动，使其在社区治理中主要扮演辅助性的角色。

从项目评估来看，目标管理责任制作为项目评价的主要手段[36]，使得社会工作机构也会按照政府的要求严格行事。政府对项目的评估的重要依据，主要在于社会组织提交上来的诸如照片、签到表等评估材料，而对于社会工作机构促进社区善治的实质效果却难以判断，因而政府往往聚焦于可见的、可测量的指标。这就导致社会工作机构在实施项目过程中，产生出“指标化”的行动策略[8]，即更加关注项目效果能否达到指标，而非与社区居民实际的关系联结，尤其是情感联结如何。

项目事本化运作机制之所以能够发挥作用，与政府购买服务主体的作用密切相关。政府作为政府购买公共服务的主体，产生了两种截然不同却相伴而行的结果：一方面，政府在社会服务购买上的巨大资源以及政策自主性的投入展现出促成性效应；另一方面，更值得注意的是，政府设定的各种评估制度以及对社会组织的监控产生了约制性效应[26]。作为政府购买服务规则的制定者，政府对项目具有绝对的主动性和最终的解释权，这就导致市场化背景下的制度形式常常遵从政治逻辑[47]，即社会组织在参与政府购买服务的招标、服务供给和评估过程中，都受到政府组织的制度性约束。这种运用“模糊发包”式的互动机制，使政府的权力实际上渗透到社会组织的场域[7]。政府通过制定项目规则，对社会组织的行为进行有效控制；事本主义逻辑又通过强调对规则的遵守，使项目实施在既有规则范围之内运作，从而进一步增强了政府对整个过程的可控性[14]。

由此，政府通过项目制既可以为社会工作机构提供资金支持，维持运作；又可以通过项目制的规则约束和时间限制，对社会工作机构的行动进行管理，使社会工作机构与社区遵循事本主义的行动逻辑。如此一来，项目的事本化也强化了社会工作机构注重项目数量、大小和达标状况的服务市场化运作机制，形成社区对社会工作机构的不信任，最终导致社会工作机构越加脱嵌于社区治理体系。

（三）利益内部化：社区作为嵌入对象的排他性

社区作为社区治理的主体和受益者，对社区的生活环境和社会氛围最为关心，面对社会工作机构的市场化运作和项目制的兴起，社区并非简单地被动接受来自外界的影响，而是尝试在合法的范围内主动参与，获取并留存更多的裨益。

海品社区人数多、活动项目多、社区需求和问题也多，在K街道政府提倡社区治理创新的背景下，社区自治是社区居委会的重要工作。但推动社区自治需要充足的资金；而社会工作机构作为一种外生组织，社区对其具有强烈的不稳定性和难以消除的不信任感。在政府购买服务成为重要服务提供方式甚至在短期内难以逆转的环境下，社区萌生出自己创办社会组织的想法。

这几天一些阿姨和叔叔（居民精英）商量，我们打算今年不想让××机构给我们做××项目了，我们今年想到民政局自己注册一个组织，自己承接项目。（刘畅静，45岁，海品社区主任，2018032015）

在社区领导看来，社区自己成立社会组织承接项目，而非让社会工作机构承接项目对接社区，既可以实现社区自治，又有利于将原来给社会工作者和志愿者的费用集中在社区。这种尽可能将最多的利益保留在内部，从而减少外部组织“分羹”社区资源，体现了社区“利益内部化”的强烈冲动。

“内部化”本是一个经济学概念，娄成武、甘海威（2017）将该理论概念应用于公共服务购买中，指政府在选择承接对象过程中，以非竞争取向、非独立的承接主体为特征的购买方式，将本应从外部购买的公共服务项目，交给与政府有内部关联的社会组织。整个过程实质由政府主导公共服务生产，社会组织逐渐成为政府部门的延伸[21]。从实践来看，不仅政府具有这一意向，社区同样也有意以自身为基础成立社会组织，争取将更多资源留在社区内部，以实现利益的内部化。

值得一提的是，对于社区自己计划注册成立组织、自己承接项目的提议，社会工作机构却并未形成强烈的抵制态度，反而对其持支持态度，甚至介绍经验为其申请注册组织出谋划策。这一悖论在于社会工作机构已经做好了相应的应对策略。

如果社区真的申请注册了社会组织，在他们经验不足的情况下势必要请督导，到时候我们就不是一线社会工作者的身份了，而是督导的身份。政府购买督导服务的费用要比普通社会工作者多很多，以后我们就可以不用像现在这样拼死拼活地做项目，还能拿到更多的费用。（郝亿，33 岁，和鸣社会工作机构在 K 街道的站点负责人，2018032016）

由上可以看出，当社区主动提出自己创办社会组织时，社会工作机构并非将其当作对自己“商机”的威胁，恰恰将其当作能承接收益更高的项目的契机，这也客观上促进了社区利益内部化的可能。虽然目前社区工作者或社区居民自身注册社会组织直接对接项目并不占多数，更多只是表现出对社会组织的反感甚至不配合，但通过与社区有密切关联的社会组织来实现利益内部化则可能是一种新的趋势。不过，在社区中，参与社区事务的居民往往是离退休老人而非中青年人，受制于年龄、精力、受教育程度等因素，在社区中往往也缺乏足够的领导力、创造力和声望，因此最终能够实现注册的社会组织，必然是以社区工作者及其相关人员作为主导。如此一来，在客观上依然固化了既有的“政府—社区党居站—居民”为主导的治理体系。如若社会工作机构从服务者的身份转向督导的身份，则更加以非主体性的身份介入社区，实现社会工作机构嵌入社区治理体系的目标也变得更加遥远。

综上所述，社会工作机构作为嵌入主体，以项目制为手段，与作为嵌入对象的社区建立互动和联系。社会工作机构与社区虽然在立场、目标、行为逻辑方面均存在明显的差异，但是均使社会工作机构趋同于“有意”让社会工作机构与社区保持在若即若离的状态。这种若即若离的状态并非单纯的合作或对抗，而是在政府限定的合法行动范围内，即在政府的职能互补化的定位下，以各方利益或需求满足最大化的原则行事，也就必然形成社会工作机构“有意地脱嵌”于社区治理体系。

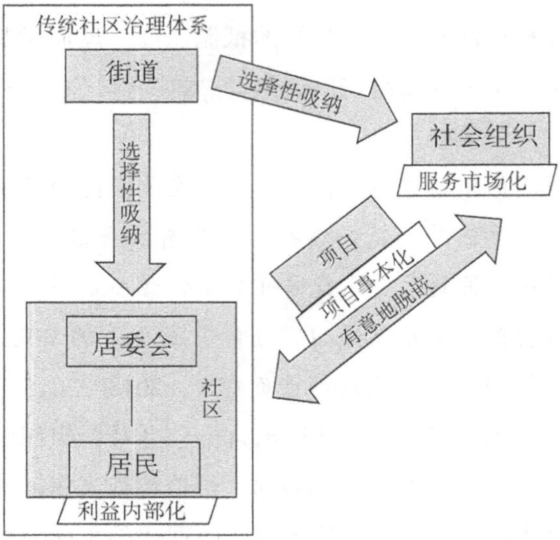

图2　社会组织嵌入社区治理体系互动关系图

五、结论

（一）“如胶似漆”抑或“若即若离”

在政府购买服务的政策环境中，社会组织与政府、社区的合作为社区治理转型迎来新的契机。作为基层政府的街乡对社会组织从原初的“分类控制”向“选择性吸纳”转变，在依赖居委会落实行政事务的同时，引进社会工作机构开展项目、提供服务，以实现职能上的互补。但社会工作机构与社区也并非完全受行政权力摆布，相反它们基于自身或公或私的利益考量，反塑着国家与社会的关系。其中，作为嵌入主体的社会工作机构遵循服务市场化的逻辑，最大限度地利用了项目制的事本化和工具化特性，而作为嵌入对象的社区则以利益内部化的方式应对社区服务的转型，最终共同形塑社会工作机构“有意地脱嵌”于社区治理体系，未能实现社区公共治理的实质性改善。

（二）社会工作机构如何嵌入社区治理体系

社会组织以项目制进入社区，取得了一定的成效，但社会组织难以嵌入社区治理体系也是不可否认的事实。社会工作机构嵌入社区治理体系主要是两种方式：一是以岗位制的形式吸纳专业社会工作者个人进入街区网络，二是以项目制的形式承接社区服务。相关研究表明，前者通常因为复杂的权力关系而难以发挥作用[37]，而后者在本研究中也发现遭遇种种困境。从实践层面来讲，嵌入作为社区治理创新的一种路径面临着困境而难以得到真正的实现，但社会组织与社区治理体系间若即若离的互动关系，并未阻碍社会工作机构为社区提供基本的社区服务，并实现了部分服务的专业化。但社会组织是否仅仅止于这一角色和功能，以及社会工作机构提供社区服务的质量提升问题则需进行新的考量，如此一来，方能实现服务的社会化，最大限度地满足社区居民需求或解决社区问题。在当前政府购买服务仍然作为社区治理的主流方式之一的情况下，防止社会工作机构的市场化与项目的事本化，急需改进政府购买服务的体制机制，增强所购买的公共服务的稳定性，以及强化以居民需求满足与社区问题为导向的评估机制。针对社区内部利益化的问题，可以充分挖掘社区社会组织在与居民亲和性方面的优势，但同时也要警惕可能存在的社区权力寻租与专业化程度不足的问题，再次固化原有的社区治理体系。

（三）社会性组织如何反向塑造国家与社会的关系

本研究虽然是个案研究，但在政府购买服务的背景下通过对社会工作机构与社区之间互动机制进行揭示也有助于我们重新反思国家与社会理论框架在既有研究中的应用问题。无论是强调国家对社会有控制作用的法团主义，还是强调社会对国家有制衡作用的多元主义，往往仅关注某个国家性组织与某个社会性组织间的双向关系。然而，现实的复杂性意味着国家性组织与社会性组织具有复杂性和层次性，国家与社会作为一个宏大的理论框架，不应止步于单纯的双向分析，而应更加深入地考察不同国家性组织之间、不同社会性组织之间的多向度互动，展现多种主体间相互交织的互动全貌。此外，受西方理论的影响，中国学者容易将“社会”定义为“市民社会”，这往往使学者将“社会”置于“国家”的对立面，认为国家与社会间的关系是简单的对抗，而当两者关系缓和就是简单的合作或功能互补。本文基于实证研究发现，政府对不同类型的社会性组织的“选择性吸纳”，验证了法团主义所强调的“国家”对“社会”起到主导作用的特点，但在政府购买服务背景下，通过社会工作机构和社区这一不同类型的社会性组织也在互动过程中消解“国家”对“社会”的作用，进而难以实现原初国家设计的预定目标。因此，在这里，国家与社会的关系并非简单的如法团主义所认为的“国家”与“社会”的控制与被控制关系，亦非多元主义所倡导的“社会”对“国家”的约束作用，而是在“国家”为“社会”划定了合法性界限后，不同类型的社会性组织的行为依据自己的目标和利益最大化的原则展开，并在有意无意中共同消解了“国家”对“社会”的影响。当然，国家性组织同样也存在内部的异质性，限于本文所获资料的有限，无法展现各层级政府对待政府购买服务的项目制和社会组织的态度，有待今后的研究对此进行补充。

参考文献：

［1］卞文忠，梅梅．从“嵌入式”转向“合作式”发展：治理背景下社会工作的发展路径［J］．人民论坛，2016（2）：50-52.

［2］（英）波兰尼．大转型：我们时代的政治与经济起源［M］．杭州：浙江人民出版社，2007.

［3］陈家建．法团主义与当代中国社会［J］．社会学研究，2010（2）：30-43+243.

［4］陈天祥，应优优．甄别性吸纳：中国国家与社会关系的新常态［J］．中山大学学报（社会科学版），2018（2）：178-186.

［5］范明林．从社会政策的过程观谈社会政策的价值取向［J］．社会，2002（2）：24-27.

［6］管兵．政府向谁购买服务：一个国家与社会关系的视角［J］．公共行政评论，2016（1）：131-150+185.

［7］黄晓春．当代中国社会组织的制度环境与发展［J］．中国社会科学，2015（9）：146-164+206-207.

［8］黄晓星，熊慧玲．过渡治理情境下的中国社会服务困境：基于Z市社会工作服务的研究［J］．社会，2018（4）：133-159.

［9］纪莺莺．从“双向嵌入”到“双向赋权”：以N市社区社会组织为例：兼论

当代中国国家与社会关系的重构［J］. 浙江学刊，2017（1）：49–56.

［10］纪莺莺. 当代中国的社会组织：理论视角与经验研究［J］. 社会学研究，2013（5）：219–241+246.

［11］康晓光，韩恒. 分类控制：当前中国大陆国家与社会关系研究［J］. 社会学研究，2005（6）：73–89+243–244.

［12］李春霞，巩在暖，吴长青. 体制嵌入、组织回应与公共服务的内卷化：对P市政府购买社会组织服务的经验研究［J］. 贵州社会科学，2012（12）：130–132.

［13］李友梅. 中国社会管理新格局下遭遇的问题：一种基于中观机制分析的视角［J］. 学术月刊，2012（7）：13–20.

［14］李祖佩. 项目制的基层解构及其研究拓展：基于某县涉农项目运作的实证分析［J］. 开放时代，2015（2）：123–142+6.

［15］刘安. 市民社会？法团主义？：海外中国学关于改革后中国国家与社会关系研究述评［J］. 文史哲，2009（5）：162–168.

［16］娄成武，甘海威. 新制度主义视角下政府购买公共服务内部化问题治理研究［J］. 学术论坛，2017（2）：121–127.

［17］苏明，贾西津，孙洁，韩俊魁. 中国政府购买公共服务研究［J］. 财政研究，2010（1）：9–17.

［18］王春. 拒斥、嵌入、反噬：社会组织行动策略与制度适应逻辑：基于S市公益创投的观察与思考［J］. 浙江工商大学学报，2017（5）：107–115.

［19］王名. 走向公民社会：我国社会组织发展的历史及趋势［J］. 吉林大学社会科学学报，2009（3）：5–12+159.

［20］王宁. 个体主义与整体主义对立的新思考：社会研究方法论的基本问题之一［J］. 中山大学学报（社会科学版），2002（2）：125–132.

［21］王浦劬，莱斯特·M. 萨拉蒙. 政府向社会组织购买公共服务研究：中国与全球经验分析［M］. 北京大学出版社，2010：4.

［22］王思斌. 中国社会工作的嵌入性发展［J］. 社会科学战线，2011（2）：206–222.

［23］魏娜. 我国城市社区治理模式：发展演变与制度创新［J］. 中国人民大学学报，2003（1）：135–140.

［24］吴斌才. 从分类控制到嵌入式治理：项目制运作背后的社会组织治理转型［J］. 甘肃行政学院学报，2016（3）：80–87+128.

［25］吴建平. 理解法团主义：兼论其在中国国家与社会关系研究中的适用性

［J］．社会学研究，2012（1）：174-198+245-246.

［26］徐盈艳，黄晓星．促成与约制：制度嵌入性视角下的社会组织发展：基于广东五市政府购买社会工作服务的实践［J］．新视野，2015（5）：74-78.

［27］徐盈艳，黎熙元．浮动控制与分层嵌入：服务外包下的政社关系调整机制分析［J］．社会学研究，2018（2）：115-139+244-245.

［28］闫臻．嵌入社区治理中的专业社会工作介入：以天津KC社区为例［J］．华东理工大学学报（社会科学版），2016（1）：46-55+61.

［29］郁建兴，关爽．从社会管控到社会治理：当代中国国家与社会关系的新进展［J］．探索与争鸣，2014（12）：7-16.

［30］袁方．社会研究方法教程（重排本）［M］．北京大学出版社，2013.

［31］岳经纶，邓智平．依附、分立、嵌入：中国发展社会组织的三种逻辑［J］．探索与争鸣，2014（10）：67-70.

［32］张超，朱俊瑞．社会组织合法性的双重面相及其生成逻辑：基于杭州6家“引领型”社会服务组织的分析［J］．浙江学刊，2018（1）：102-109.

［33］张紧跟．NGO的双向嵌入与自主性扩展：以南海义工联为例［J］．重庆社会主义学院学报，2014（4）：86-94.

［34］张静．法团主义［M］．北京：社会科学文献出版社，2005.

［35］张卫海．国家与社会“良性互动”关系模式的实现路径探析：兼论我国公民社会组织发展的困境及对策［J］．西北农林科技大学学报（社会科学版），2011（1）：106-111.

［36］张振洋．当代中国项目制的核心机制和逻辑困境：兼论整体性公共政策困境的消解［J］．上海交通大学学报（哲学社会科学版），2017（1）：32-41.

［37］朱健刚，陈安娜．嵌入中的专业社会工作与街区权力关系：对一个政府购买服务项目的个案分析［J］．社会学研究，2013（1）：43-64+242.

［38］曾凡木．耦合与脱耦的平衡：社会组织进社区的实践策略［J］．中国行政管理，2017（6）：43-48.

［39］宗君．北京市政府购买社会组织服务管理现状研究：以促进社会组织发展为视角［G］．殷星辰，袁振龙，马晓燕，左袖阳．北京社会治理发展报告（2015—2016）［M］．北京：社会科学文献出版社．2016：17-29.

［40］祖密密．“公民社会”思潮及其理论和实践误区［J］．探索，2018（2）：91-100.

［41］Chalmers. 1997. Corporatism and Comparative Politics：The Other Great“Ism”by

Howard J. Wiarda. American Political Science Review, 91 (4): 221-997.

[42] Taylor, Charles, 1995. Invoking Civil Society [M] . Philosophical Arguments, Cambridge: Harvard University Press, 1995.

[43] Dickson, Bruce J. 2000—2001. Cooptation and Corporatism in China: The Logic of Party Adaptation. Political Science Quarterly, 115 (4): 517-540.

[44] Ham Christopher and Hill Michael. 1984. The Policy Process in the Modern Capitalist State. Harvester Wheatsheaf, 116 (3): 95-118.

[45] Schmitter P C. 1974. Still the Century of Corporatism? Review of Politics, 36 (1): 85-131.

[46] Unger, Jonathan & Anita Chan. 1995. "China, Corporatism, and the East Asian Model." The Australian Journal of Chinese Affairs, 33 (33): 29-53.

[47] William L. Parish and Ethan Michelson. 1996. Politics and Markets: Dual Transformations. The American Journal of Sociology, 101 (4): 1042-1059.

儿童社会工作

ERTONG SHEHUI GONGZUO

生态理论视角下
困境儿童社会支持网络研究
——基于北京市通州区困境儿童关爱项目的调查

学生：杨芮琪（2019届）　　指导教师：李翕然

【摘要】近年来，困境儿童问题凸显，引发学界、政府和社会的关注。关爱困境儿童成为党和政府改善民生的重要组成部分，许多地方政府尝试开展购买困境儿童社会工作服务项目，取得了显著成效。许多学者从困境儿童的界定、困境儿童福利制度以及困境儿童社会工作介入等方面开展理论与实务探索，取得丰富成果。但是，鲜见从生态系统理论视角出发，结合社会工作介入，对困境儿童社会支持系统进行实务研究。现有文献对困境儿童社会支持系统的研究缺少对社会支持内容的深度和广度分析，提出的对策建议缺乏整合观，内容针对性不足。对此，本文将困境儿童的社会支持纳入生态系统，构建了生态理论视角下的困境儿童社会支持概念框架。并基于该框架，以北京市通州区三家社会工作服务机构开展的困境儿童关爱项目为案例，运用文献研究法、参与式观察法、半结构式访谈法、问卷调查法，开展生态理论视角下困境儿童社会支持网络研究。研究表明，尽管关爱项目设立之初并没有从建立社会支持网络来考虑，实施后，在一定程度上起到了为困境儿童建立社会支持网络的作用。但是，由于家庭中的心理精神健康支持薄弱、朋辈群体支持不足、社区支持缺失、非正式专业支持十分有限，整个社会支持网络未能有效带动困境儿童与生态系统的良性互动，也就无法从根本上帮助困境儿童“脱困”。由此，需要重构困境儿童社会支持网络。通过多元供给，建立多元主体协同支持机制。利用TIE框架进行生态预估，以实施精准化的个案服务支持。从综融视角出发，整合服务资源支持网络。通过强化家庭支持网络，为困境儿童提供家庭关怀。调动多个支持主体补位，打造全方位的社区支持体系。

关键词： 困境儿童　生态系统　社会支持

一、绪论

儿童承载着民族的未来，保障他们健康生存与发展不仅是家庭应承担的义务，更是国家与社会的责任。2016 年国务院颁布《关于加强困境儿童保障工作的意见》，提出对困境儿童的权益进行兜底性保护。随后，辽宁、河北等多地相继出台地方性法规政策，以推动困境儿童保障工作顺利进行。

2016 年 5 月，北京市民政局、北京市财政局等发布《关于建立北京市困境儿童分类保障制度的意见》，明确指出要建立困境儿童分类保障制度，同时要发展面向全体儿童的适度普惠型儿童福利体系。2017 年北京市民政局数据显示，全市困境儿童近 1.1 万人。北京作为“首善之都”，保护困境儿童权益，提升他们的生活水平，能为全国其他城市起到示范带头作用。因此，本文以北京市通州区为例，通过梳理该区困境儿童关爱服务项目，反思目前存在的问题并提出相应解决路径，以完善该领域的社会工作服务。

困境儿童群体数量增加，且面临的问题愈加复杂，引发学界对该群体的关注。本文将从困境儿童的界定、困境儿童的福利制度以及困境儿童的社会工作介入三方面进行文献回顾。

（一）困境儿童的界定

界定困境儿童一直是学界探讨的重点问题之一。2013 年 6 月《民政部关于开展适度普惠型儿童福利制度建设试点工作的通知》中首次将儿童群体分为孤儿、困境儿童、困境家庭儿童、普通儿童，其中，困境儿童包括残疾儿童、重病儿童和流浪儿童，困境家庭儿童是指父母重度残疾或重病的儿童、父母长期服刑在押或强制戒毒期的儿童、父母一方死亡另一方因其他情况无法履行抚养义务和监护职责的儿童、贫困家庭的儿童。也有学者将困境儿童界定为暂时或永久性脱离正常家庭环境的儿童，以及生理、精神方面存在缺陷或遭遇严重问题的儿童[2]。还有学者进一步建构了“困境儿童”的三级概念体系，分为“生理性困境儿童”“社会性困境儿童”“多重困境儿童”[16]。也有学者明确了困境儿童的年龄范围，界定为由于不同原因导致儿童生存权、发展权和受保护权难以实现，且超出了家庭的应对能力，需要特殊保护的18周岁以下的未成年人[18]。

（二）困境儿童的福利制度

现有困境儿童政策的研究主要包括政策内容、存在问题及解决对策三方面。首先，我国已基本建立起困境儿童兜底保障制度，譬如政府提供替代性养护服务、搭建长期安置渠道[11]。

然而，部分学者认为现有的困境儿童福利制度仍存在缺陷。一是过度依赖家庭照顾，福利传递方式单一，不利于困境儿童家庭抵御风险[6]。二是现行制度对实施困境儿童保障工作的主体职责划分不明确，容易产生互相推诿、救助缺位的情况[7]。三是困境儿童救助理念重视最低生活保障，缺少应急救助意识，而仅依靠基础性救助仍无法解决突如其来的困难[30]。

针对以上问题，有学者认为国家保障制度建设的决策者与实施者应明晰儿童权利，形成自上而下的制度变迁模式[20]。政府需进一步明确主体责任，设立专门机构进行救助，完善儿童福利体系建设[1]。非政府组织要提高自身能力，加强与政府、其他非政府组织及社区间的合作，构建困境儿童救助预防机制[13]。学校里，教师应对困境儿童赋权增能，防止不当的教育方式使困境儿童陷入“困境叠加”的情况[31]。

（三）困境儿童的社会工作介入

困境儿童是社会工作帮扶的重点对象之一。民政部及其多个下设部门为困境儿童保护提供了正式资源。政府购买的社会工作机构专业服务则是正式资源中的重要部分[20]。社会工作机构提供服务的方式包括项目制与嵌入式两种[8]。社会工作机构在困境儿童帮扶领域基本形成固定模式，分为“识别—接案与需求评估—制订服务计划—服务介入—结案评估”五个阶段。服务方法上，有学者用小组工作方法帮助困境儿童提升抗逆力[4]；也有干预困境儿童的行为偏差[25]。还有学者用个案工作方法改善困境儿童同辈融入状况[28]，以及用个案管理对其进行精细化救助[23]。社区工作方法则运用较少，只有少数机构能将困境儿童帮扶与社区行政工作结合起来[9]。短期内，这些服务在困境儿童的行为纠正、挖掘个体潜能方面具有显著成效。长期来看，能重塑家庭结构以及提升家庭抗风险能力[24]。

然而，学界对构建困境儿童社会支持网络的研究仍不多见。有学者指出社会工作服务应用增权理论，从困境儿童个体、人际关系互动以及社会参与三个层面切入，为其打造"五位一体"支持网络[22]。有学者在此基础上阐述具体做法：完善儿童个人档案搭建个人支持网络、落实家庭福利政策以保障家庭支持网、修复人际关系以恢复朋辈支持网络、开展公益活动打造社区支持网络[21]。最后也有学者提到需增强困境儿童的内外部支持，即建立自我支持网络的同时，链接资源组建外部支持网络[5]。

（四）小结

综上所述，学界在困境儿童研究领域已取得丰硕的理论成果，但是仍然存在几点不足。第一，以往对困境儿童的研究视角集中在以个体为主的微观视角，忽略了与所处生态系统的互动状况。第二，研究内容偏重制度构建，缺少实务研究，随着困境儿童的境况发生变化，新的需求与问题随之产生，原有的政策制度存在局限。第三，缺少对困境儿童生态系统与社会支持的互动性研究，即要么仅关注困境儿童生态系统状况，要么仅分析困境儿童社会支持网络，没有将两者有效结合。第四，对困境儿童社会支持的分析并不完整，多聚焦于支持来源主体，缺少对支持内容的深度和广度分析。第五，构建困境儿童社会支持网络欠缺资源的整合意识，导致多样化的资源仍处于松散状态，未能有效发挥支持作用。第六，对构建困境儿童社会支持网络的反思缺乏完整的系统观，尤其是从宏观层面的反思不足，提出的构建对策不够全面，对策内容也欠缺针对性。

因此，本文采取生态系统理论与社会支持理论相结合的视角，对北京市通州区三个社会工作服务机构开展的困境儿童关爱项目进行实务研究。研究的重点问题有三个：其一，困境儿童在与所处生态系统的互动中获得了哪些社会支持；其二，若要"脱困"，还需要哪些社会支持；其三，未来社会工作该怎样介入困境儿童社会支持网络的构建。

本文有三个创新点：①构建了生态理论视角下的困境儿童社会支持概念框架，并从社会支持主体和具体内容两个维度提升对困境儿童社会支持分析的广度和深度。②运用问卷，尝试对困境儿童社会支持网络状况量化评估。③在反思基础上，从生态系统观出发，为重构困境儿童社会支持网络提供新的思路。

二、研究设计

（一）困境儿童概念诠释

综合学界对困境儿童的阐释，本文认为困境儿童概念包括三层含义：（1）困境儿童基本权利的实现受到阻碍且自身和家庭无力改变；（2）其困境缘于个体与生态系统间不良的互动关系，且当不良的程度越深时，儿童的困境状况越难以改变；（3）这种困境是暂时的，可以借助有效的社会支持网络改善其生态系统环境，从而改变困境状况。

（二）理论视角

1. 社会支持理论

Cassel 和 Cobb 提出“社会支持”概念，指使个体感受到被关心、被爱、有自尊、有价值、有归属的信息。也有学者认为它是一种潜在的、正向的，能使人保持身心健康以及缓解压力的关系[33]。还有学者指出这是一种能促进扶持或支撑事物的行为或过程，是个人对他人社会需要的反应[15]。

目前，学界对于社会支持的划分尚未达成共识。有学者将其分为工具性支持和表达性支持[34]。有学者认为社会支持包括：（1）客观的支持，如物质援助；（2）主观的、情绪上的支持；（3）个体对社会支持的利用情况[14]。而通常学者们认同两分法，即将其分为正式支持和非正式支持，正式支持是指国家、政府、社会组织等实施的组织化支持；非正式支持指个人关系网络所提供的非组织化支持[3]。还有学者则在此基础上，补充了以社区为主导的“准正式”支持，以及由社会工作者和组织提供的专业技术性支持[12]。

综上所述，本文认为社会支持应涵盖三个要素：社会支持主体，即社会支持的提供者；社会支持客体，指社会支持的获得者，在本文中具体指困境儿童群体；社会支持内容，是主体向客体传递支持的桥梁，譬如物质上与精神上的支持。

本文对于困境儿童社会支持的分析从两个维度展开：首先，依据支持主体属性划分为正式支持与非正式支持；其次，依据支持内容是否包含具有专业技巧的服务划分成专业支持和非专业支持，据此形成本文的社会支持分析框架（见图1）。在该框架中，A象限代表正式非专业支持，支持提供者主要是县级以上人民政府、街道（乡镇）、居委（村委），支持内容包括政策制度及物质资源。B象限是正式专业支持，指由社会工作机构、康复机构、福利院提供的需要借助一定技巧实现的服务，例如，技能培训、心理保健、亲职教育等。C象限是非正式非专业支持，主要由个体人际关系网络中家庭、朋辈、社区提供，借助互动产生的物质、精神层面的关怀。D象限是非正式专业支持，主要来源于学校和其他志愿团体，内容以具有启示意义的成长教育以及专业援助为主。

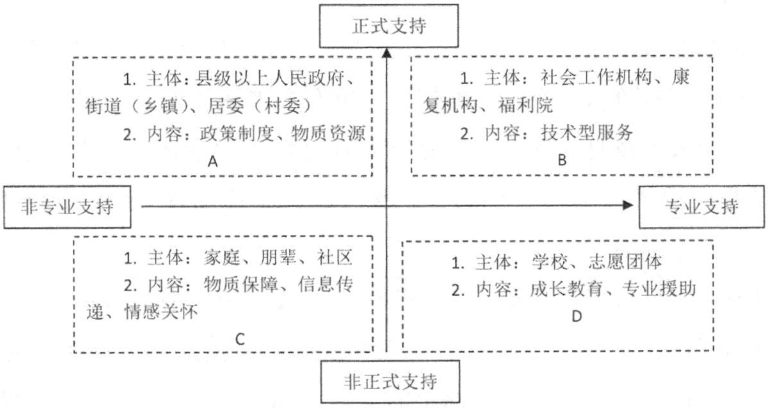

图1　社会支持分析框架

2. 生态系统理论

社会生态系统理论把人所处的社会环境看作是一种社会性的生态系

统，注重研究人与环境中各系统的互动关系。

查尔斯·扎斯特罗是生态系统理论的重要代表人物，他将人的社会生态系统分为微观系统、中观系统、宏观系统。微观系统是指处在社会生态环境中看似单独的个体；中观系统指小规模的群体，如家庭、职业群体等；宏观系统则指比小规模群体大一些的社会系统，如文化、社区等[17]。这三个系统相互作用，共同影响人类行为发展。而另一位代表人物布朗芬布伦纳增加了“外系统”概念，指个体不直接参与但会对其产生作用的外围系统，如父母工作单位、大众传媒等。此外，他认为在个体发展中，所有生态系统都会随着时间产生变迁，也会影响个体发展，因此需要关注长期系统[32]。

生态系统理论强调生态环境对于分析和理解人类行为的重要性。有学者基于此指出，留守幼儿情绪问题的解决需要家庭、幼儿园以及社会三系统共同出力[27]。还有学者提到应构建起以家庭系统为主导、社区照顾养老为基础、法律法规健全、社会舆论环境良好的失智老人社会支持体系[10]。

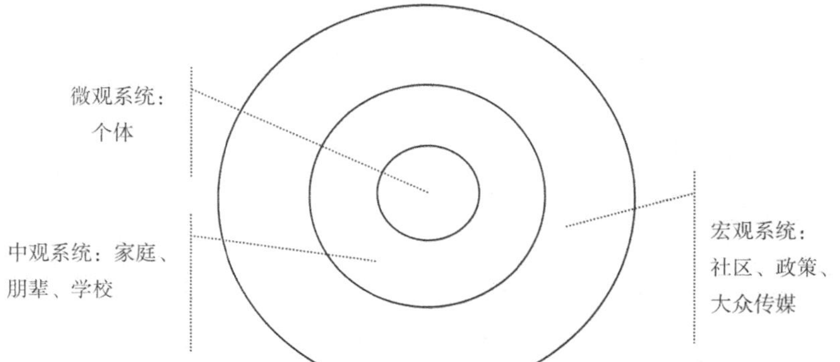

图 2　社会生态系统分析框架

综上所述，生态系统理论在社会支持网络建构研究中具有重要指导意义[19]。但该视角在困境儿童的研究中并不常见，仅有学者提到，增加国家经济帮扶、增强社会保护、提供心理疏导和情感关怀服务有利于缓解儿童陷入多重困境的趋势[29]。本文采取查尔斯建构的社会生态系统模型，致力于从微观系统、中观系统、宏观系统三个层次研究社会工作在困境儿童关爱服务中的实践，反思目前存在的困难与挑战，提出可行性建议，以完善该领域的社会服务。

（三）生态理论视角下困境儿童社会支持概念框架构建

社会支持与生态系统具有关联性，个体的社会支持网络从人与生态系统的互动中产生[26]。因此，建立良好的社会支持网络需要发挥生态环境的积极功能，个体社会支持网络的完善也有利于生态系统的巩固。结合两者确定论文研究框架，该框架包含两个层面：第一层是困境儿童社会支持分析，主要包括“正式非专业支持”“正式专业支持”“非正式非专业支持”“非正式专业支持”；第二层是困境儿童社会生态系统分析，具体指微观系统（个人）、中观系统［家庭、朋辈群体、学校、社区、居委（村委）、社会工作机构、康复机构、福利院、志愿团体］以及宏观系统（政策、大众媒体）。

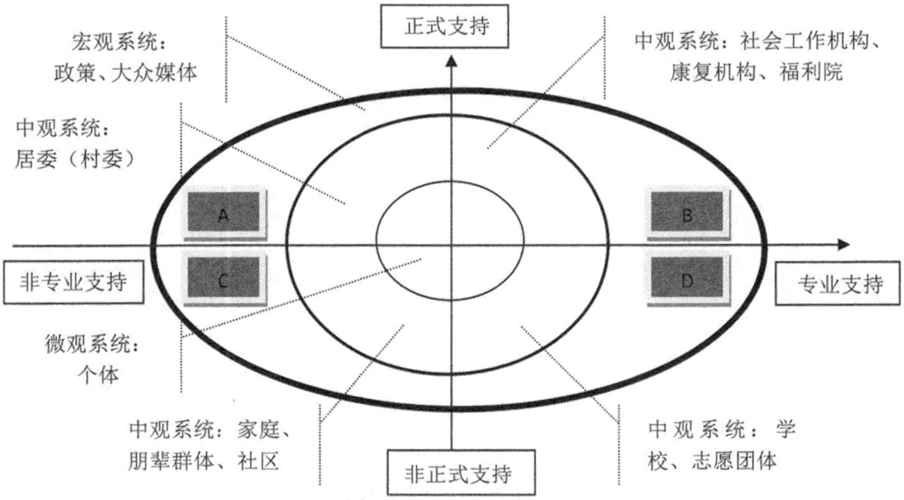

图 3　生态理论视角下困境儿童社会支持框架

（四）研究方法

本研究采用个案研究法，调研机构为北京市通州区开展困境儿童关爱项目的三家社会工作服务机构。资料收集方法为文献法、半结构式访谈法、参与式观察法、问卷调查法。

在调研前期运用文献研究方法，梳理2017—2018年机构的困境儿童关爱项目开展全过程。回顾困境儿童相关政策制度，了解我国困境儿童保护工作的情况。通过参与观察法，在导师带领下多次赴三家机构进行资料收集工作，并用课余时间参与小组活动，以增进对该项目的了解。调研后期通过半结构式访谈法，选取2名社会工作者、1名困境儿童及4名困境儿童家长进行深度访谈，以从不同角度获得针对该项目实施后的主观感受及意见，以及困境儿童社会支持网络改变情况。利用问卷调查法，向困境儿童发放“社会支持网络测试”调查问卷，共回收25份有效问卷，并对收集的数据进行描述统计分析。

表1　访谈对象基本信息表

个案编码	性别	身份	访谈重点
Case1-社会工作者Z	女	社会工作者	项目内容、结项评估
Case2-社会工作者J	女	社会工作者	项目内容、结项评估
Case3-小W父亲	男	家长	孩子的社交情况、服务反馈
Case4-小T奶奶	女	家长	孩子的社交情况、服务反馈
Case5-小G妈妈	女	家长	孩子的社交情况、服务反馈
Case6-小Z奶奶	女	家长	孩子的社交情况、服务反馈
Case7-小G	女	困境儿童	参与过的活动、感受

三、北京市通州区困境儿童关爱项目介绍

（一）项目概况

为加强困境儿童的社会保护，建立健全困境儿童帮扶机制，北京市通州区民政局通过政府购买服务的方式向该区三个专业社会工作机构购买困境儿童关爱服务。通过高效、合理、专业的社会工作服务介入，协助困境儿童走出困境。

（二）项目目标人群

该项目覆盖北京市通州区15个乡镇街道的困境儿童，包括低保、低收入

家庭儿童、残疾儿童、单亲家庭以及大龄孤儿。机构 A 共计服务 175 名困境儿童；机构 B 共计服务 164 名困境儿童；机构 C 共计服务 169 名困境儿童。

通过资料整理发现，困境儿童有四个突出需求。一是物质需求，包括困境儿童家庭的生活补贴以及医疗器械、学习用品等生活必需品的需求；二是医疗康复需求，残疾儿童家庭或是父母残疾的家庭在这方面的需求十分迫切；三是学业辅导需求，部分困境儿童的学业表现不佳，而其家长自身水平有限也无法进行辅导，更无法负担课外补习的费用，难以帮其走出学习困境；四是社交需求，这些困境儿童易因为自己家庭情况产生自卑心理，很少与人交流，但是他们仍然渴望进行社会交往。

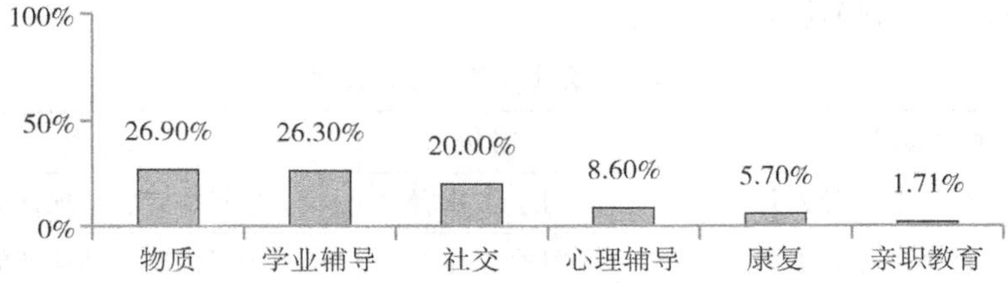

图 4　机构 A 困境儿童需求调研统计

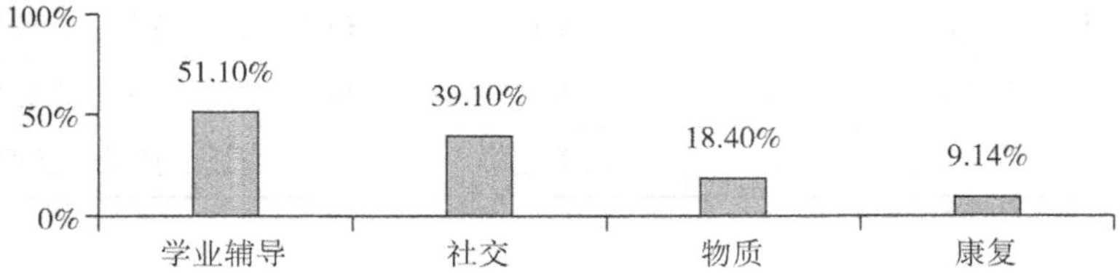

图 5　机构 B 困境儿童需求调研统计

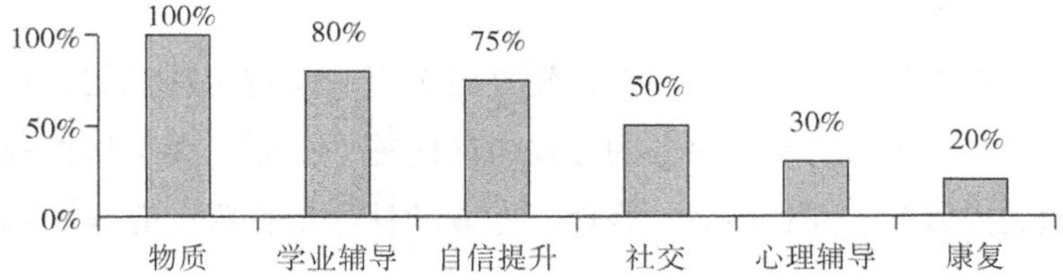

图 6　机构 C 困境儿童需求调研统计

（三）项目的流程

通过调查，三家机构实施项目的流程相对一致，包括“项目对接—需求评估—服务介入—结案评估”四个阶段。

首先，社会工作与民政等部门对接后对服务街道范围内的困境儿童进行入户走访，建立专业关系，了解其基本需求，建立困境儿童档案。在入户初期，社会工作者很难直接接触服务对象。因为以往困境儿童的帮扶工作多由街道村委等行政部门完成，受助家庭对于社会工作者的单独介入持有不信任态度，因此需要采取“层层对接”的方式。

其次，三家社会工作机构通过社会工作者入户走访、电话访谈等方式对服务范围内的困境儿童进行摸底调查，运用“普惠服务对象信息表、案主综合状态评估量表”对其基本需求进行评估。

最后，评估结束后，社会工作者与服务对象签订服务协议，针对服务对象的问题与需求展开社会工作服务介入。项目末期会进行结案评估，通过对服务对象、二作人员等参与者的问卷调查与访谈，评估服务的成效。

（四）主要服务内容

个案工作。机构前期通过走访调查，根据儿童生活的困难状况，从一百多名服务对象中挑选出十余名困境类型叠加的儿童开展个案辅导。包括：①每月一次入户随访，了解服务对象最近的学习生活情况。②不定期为服务对象链接生活物资。③为心理健康状况较差的儿童链接心理咨询服务。但目前开展的个案工作，性质更偏向于简单地探访，并不是真正的个案工作。

周末小组活动。每周六早上，社会工作者会到社区开展活动，内容包括作业辅导及社会工作小组游戏，但小组活动后的分享讨论环节较少。

寒暑假夏令营。在寒暑假会举办为期 5 天的封闭式夏令营活动，每期邀请 10 名孩子参加。活动主题包括“人际交往、自我认知”等。孩子家长会因此互加微信，但不会有太多联系。

外出参观。社会工作者带领困境儿童外出参观博物馆等公共文化场馆 10 次。

社区志愿者活动。社会工作者组建困境儿童志愿者队伍开展志愿服务。

志愿家庭“1+1”。社会工作者招募普通家庭与困境儿童家庭结成对子帮扶，但平时没有活动时家长群中也几乎没有对话交流。

亲职教育。社会工作者邀请专家为困境儿童家长开展教育培训、心理辅导讲座两次。

四、社会工作服务介入困境儿童社会支持网络构建的反思

（一）成效

社会生态系统与个体社会支持网络相互关联，生态系统的完整性与质量一定程度上决定了个体能获得的社会支持的数量与质量。因此，在困境儿童不同的生态系统中开展社会工作服务介入，改变了儿童与生态系统的互动方式，相应地，由生态系统产生的社会支持也随之得到补充完善。

1. 自我支持有所加强

服务开展后，困境儿童的自我支持度提升，这缘于他们自我认知上的改变。很多困境儿童因为家庭背景较差而长期处于低自尊水平，且随年龄增长他们越发坚定地认为自己能力不足，将“安于现状”的想法合理化。社会工作者通过开展小组活动，带领困境儿童挖掘自身价值。同时，让他们加入志愿活动，提供了一个发挥自己能力帮助他人的平台，从中获得他人的肯定，助推他们改变了自我认知。

我印象最深的活动就是上次做出行志愿者。我站在路口，看到有人想要闯红灯时我就说“红灯停绿灯行”，有路过的爷爷奶奶夸我，说我会维持秩序。我觉得我也没有做什么，那天因为讲这句话讲好多遍，回去嗓子哑了。但我觉得很开心，因为我提醒他们（路人）以后，就没有人再闯红灯了，感觉自己像另外一个红绿灯。（Case7-小G，女，12岁）

自我支持源自困境儿童的微观系统。长期接受援助服务会让困境儿童不自觉地忽视自身优势，将自己放在弱势地位，但当困境儿童的身份由“受助者”转为“助人者”时，他会对自己重新定位。困境儿童不断发掘出个人潜能使他对自己的认识逐渐清晰，他人的正向评价也会帮助其一步

步建立起自信心。逐渐充分客观的自我认知产生更强烈的自我支持，同时也促进困境儿童更主动地运用其他支持。

2. 正式支持网络略有改善

目前，国家已出台相应的困境儿童保障政策，社会工作者通过资源链接，将国家政策中生活费补贴、日常用品等有形支持有效落实；同时借用媒体的宣传唤起大众对困境儿童的关注，无形支持也逐步增强。

在我们所服务的对象中，两种情况比较突出，一个是申请生活费的补贴，比如说父母残疾、智力残疾、单亲家庭等，他们可以申请“事实无人抚养生活费补贴”，但是负责的村委那边可能不清楚，没有真正给到这个补助。这种情况福利院会给名单让我们去筛查，符合条件的话我们会帮他们申请这个补贴。另外一个就是申请残疾人器具，有些家庭不知道怎么申请，我们就会去了解情况，然后给他申请。(Case1-社会工作者 Z)

3. 非正式支持网络得到改进

困境儿童自身的社交网络范围有限，但不意味他们拒绝拓展社交网络。在参与服务过程中，他们与家庭、同伴以及社区等非正式支持主体产生互动。

首先，社会工作者为家长提供亲职教育让家长意识到除了物质上的保障，情感上的支持也是必不可少的。同时，纠正他们原有的错误观念，对孩子给予更多关注与鼓励，非正式网络中的家庭支持得以增强。其次，增加困境儿童与同辈群体间的交往加强了同伴支持。相似的成长经历更容易让他们之间产生共鸣，强烈的认同感与被接受感借助友谊得以传递，这有效缓解了他们的孤独感。

在学校里我有两个玩得好的同学，因为我们都很喜欢 A 明星，所以经常在一起讨论他。我和 X 是在夏令营的小组活动中认识的，都是五年级，但我们没有在一个学校，不然就可以天天在一起玩了。我喜欢和她一起来参加活动，什么都会和她讲，比如这周我妈又因为什么骂我了，她也会和我讲她怎么惹奶奶生气了，就是感觉和她特有话聊。但现在周末我俩来参加小组活动时才能见面。我最大的愿望就是有个手机，就可以随时找她说话了。(Case7-小 G，女，12 岁)

（二）不足

基于本文建立的社会支持分析框架，笔者对困境儿童进行回访时发现，目前社会工作服务在构建困境儿童社会支持网络上仍存在局限。

1. 正式非专业支持的内容单一

2006 年，民政部将困境儿童明确为失去父母和事实无人抚养的未成年人；2013 年，十八届三中全会提出“健全困境儿童分类保障制度”；2014 年，民政部增加适度普惠儿童福利建设的工作试点[7]。近年来政府不断完善儿童福利政策，为推动困境儿童保障工作提供政策支持。

国家政策的落实由各级民政部门负责。具体来说，困境儿童居住地村（居）委为其提供了必要的正式非专业支持。访谈发现，村居工作人员能为困境儿童提供金钱、生活用品等物质资源。

我们了解到村居基本会在逢年过节时给这些困境儿童家庭送温暖，送点米面或者其他生活用品，平常也没有什么活动。（Case2-社会工作者 J）

然而村（居）委提供的正式非专业支持停留在基础物质帮扶层面，缺少深层次的如情感、心理上的关怀。当困境儿童遭遇委屈、心情沮丧时，村（居）委能提供的支持评分仅为 2. 28 分（满分 5 分），是所有支持主体中的最低分。

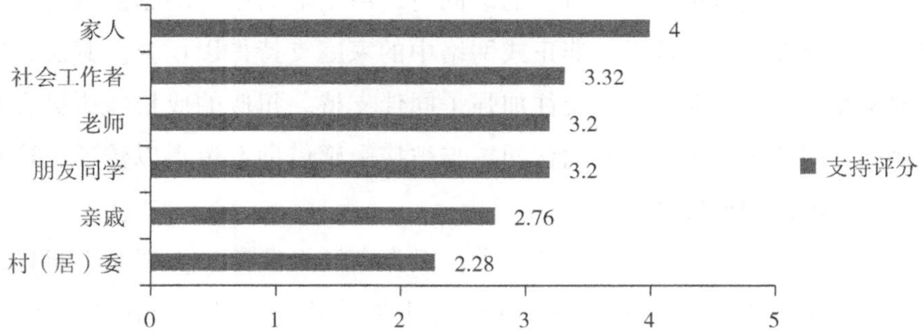

图 7 困境儿童“心情沮丧或受委屈时”对不同主体支持评分

2. 正式专业支持的专业性严重不足

首先，此关爱项目促使社会工作机构、福利院对困境儿童支持逐步得到保障，但是，来自专业康复机构的支持仍较匮乏。

对于残疾儿童，目前我们开展项目对他们的支持有限，残疾困境儿童的需求可能更多的是康复训练这类资源，但我们这方面资源比较少，很难去帮助他们链接，这也是我们觉得无能为力的地方。(Case2-社会工作者J)

残疾儿童是困境儿童中较为特殊的群体，康复训练是他们的首要需求。但首先社会工作机构没有这方面的资源，无法为这类困境儿童链接到合适的康复训练资源；即使能够链接到康复机构资源，康复费用的来源也是一个问题。此外，平常组织活动时，出于残疾儿童的安全考虑，活动招募对象往往会刻意避开这类儿童，且社会工作者缺乏一些残疾人照护方面的专业知识，对于残疾儿童家庭的帮扶也感到力不从心。

其次，现有社会工作服务专业性不足，即社会工作者为困境儿童开展服务时注重活动形式，缺少对社会工作理念的实际运用。经笔者的观察，这种专业性不足表现为：一是活动设计与困境儿童年龄脱节，没有针对不同年龄段的儿童的特点策划合适的活动内容。

在某一次周末小组活动中，参加活动的共有9个孩子，年龄分布为4~12岁。社会工作者共选取2个活动：一个是“动物与我”，即画出一个能代表自己的动物并与大家分享为什么是它；另一个是绘制生命曲线图，需要孩子回顾自己所经历的重要转折点并设想未来80年的人生轨迹。第一个活动孩子们参与度极高，很快在纸上画出代表自己的动物；到第二个活动时，明白社会工作者的意思并在纸上画出曲线图的只有2名，年龄较小的孩子并不能理解这个活动，只是照着社会工作者在黑板上的图模仿了一遍，就开始画其他的东西。

社会工作者活动并不是万能的，往往意义越深刻的活动越需要考虑多个因素，年龄是一个重要的限制。而实际服务中，活动参与者年龄差距较大，社会工作者仅根据活动的理想目标选择活动，但忽略儿童本身的阅历、理解能力，产生的影响也只能停留在表层，即体验游戏的快感，本质上并没有对其状态产生积极作用。

二是“教书式”的活动方式阻碍建立良好互动关系。困境儿童易在人际互动中处于被动，社会工作服务本应给予其力量改善这种弱势，但实际开展活动时，社会工作者角色定位出现偏差。据笔者观察，有社会工作者将服务对象看作是“学生”，自己则像“老师”，在活动时，往往采取说教而非引导式的交流。不仅社会工作者与困境儿童间没有形成有效沟通，儿童彼此之间的交流也被限制。困境儿童并不能从服务中掌握与他人建立关系的能力，而人际关系网的断裂会导致困境儿童得不到及时有效的社会支持，使其在困境中越陷越深。

3. 非正式非专业支持尚未形成良好的人际网络

非正式非专业支持是由个体人际关系网络中非正式群体提供的，困境儿童这方面的支持主要来源于家庭、朋辈群体、社区。

（1）家庭中的心理精神健康支持薄弱。

目前大部分困境儿童家庭已有低保补助，再加上家长有一定经济收入，儿童最基本的生活能够得到保障。而问卷结果显示，大部分困境儿童家长较关注孩子的身体健康状况（96%），但对精神健康状况的关注明显不足（52%），而有72%的困境儿童希望家长更多关注他们的心情，多给予一些心理上的支持。

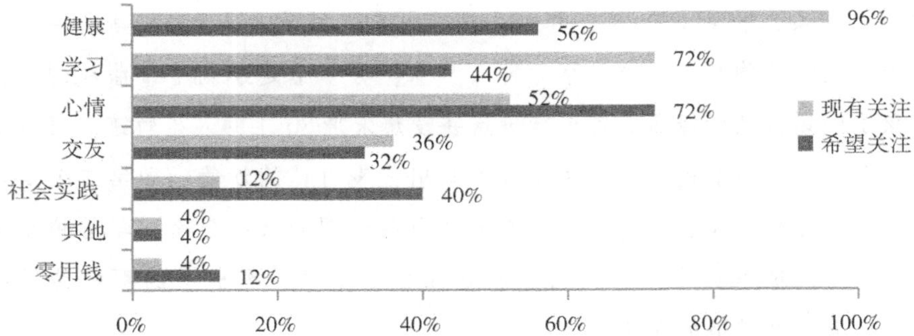

图 8　家长对困境儿童不同方面的关注对比

部分家庭照顾者为了提升家庭生活水平，往往身兼数职，导致缺乏足够的精力去关心孩子其他层面的需要，尤其在精神层面，与困境儿童期待的关注度相比存在明显差距。还有家长认为，教育是改变孩子最有效的途径，从长远考虑，孩子现阶段最重要的事情是学习，家长只能将大部分精力投入孩子的学习管理中。

孩子爸妈管不了她，但家里总得要有一个人来负责，所以平时都是我管她。每天上下学接送、放学回来监督她写作业。操心最多的就是她的学习，她上的是普通学校（小Z有听力残疾，需佩戴人工耳蜗），我担心她跟不上，所以每天做完老师的作业，我还要给她布置任务。她也会和我抱怨太累了，别人写完作业就可以玩儿而她不行。但是没有办法，如果现在我不抓紧，以后她和别人的差距就更大，难以在这个社会立足。（Case6-小Z奶奶）

为让孩子将来能够适应社会发展，让孩子承受较大的学业压力也是无奈之举。即使孩子在这个过程中心理产生不平衡感，也往往会被家长“合理化”。家长们重视教育，却忽略了孩子情感上可能产生的问题，他们对心理支持的重要性认识不足。

社会工作者为家长开展过心理减压和亲职教育类服务，但这样的机会非常有限，一个项目周期内仅完成两场。而意识的转变是个长期的过程，让家长们认识到心理支持的重要性，给予孩子充足的心理支持仍需长期的努力。

（2）朋辈群体支持不足。

社会工作服务虽然为困境儿童打造了交友平台，但从其实际交友情况来看，大部分儿童好友数量偏少，16%的孩子没有关系密切的朋友或同学，有44%的人仅有1~2个关系密切的朋友。此外，他们交友主动性较低，28%的孩子从不或较少会主动认识新朋友。

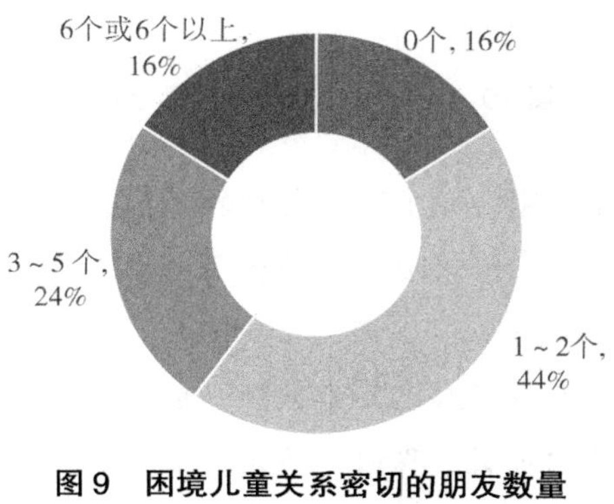

图9　困境儿童关系密切的朋友数量

每次活动都会建一个微信群，社会工作者、家长、儿童都在里面。平时大家的联系不算多，很多困境儿童也没有手机，活动里认识的小伙伴不一定以后还会联系，也有一直联系的，但比较少，基本上就是通过我们组织活动认识新朋友。(Case1-社会工作者 Z)

一些困境儿童受自己家庭背景影响，性格相对内向，缺乏主动与人交往的自信。参加社会工作服务一定程度上拓展了其朋友圈，但他与朋辈群体的关系是通过社会工作者作为“中间人”建立起来的，活动结束后社会工作者从中撤出，双方的联系自此减少，互动关系难以长久维系，困境儿童仍没有获得更多的朋辈支持。

(3) 社区支持缺失。

问卷调查结果显示，68%的困境儿童从不或较少参与社区组织的活动，已开展的社会工作服务也缺少对社区资源的链接，困境儿童的社区支持网络实际上并没有打通。

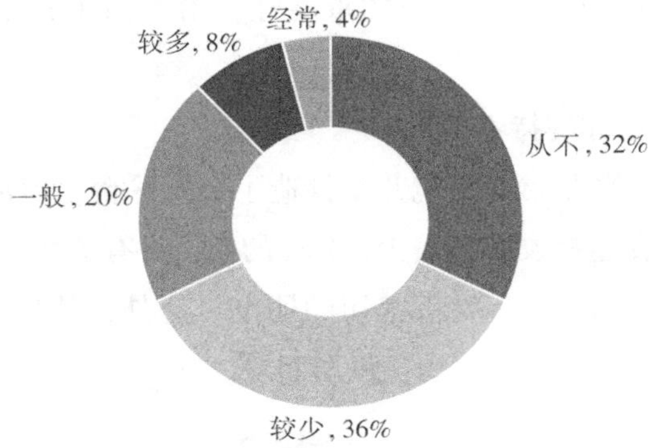

图 10　困境儿童参与社区活动统计

社会工作者表示，困境儿童居住分布较分散，机构与社区合作开展的活动次数有限，且双方合作仅限于场地租借问题，并未共同开展过社会工作活动。

我们服务的困境儿童相对比较分散，可能一个社区就 1 个，所以和社区合作开展活动也不太现实。我们一般是开展区级的活动，把他们召集起来一起在福利院或者其他场地开展。(Case2-社会工作者 J)

我们和社区的合作也有，就是需要借用他们的活动场地，但是实际开

展活动时是由机构的社会工作者负责，社区的工作人员基本不会参与。(Case1-社会工作者 Z)

总而言之，困境儿童的非正式非专业支持网络虽已建立，但家庭中缺少对心理层面的支持，同时，朋辈群体、社区层面的支持仍然薄弱。

4. 非正式专业支持十分有限

非正式专业支持是由学校和其他志愿团体提供的，包括具有启示意义的成长教育以及专业援助。

目前能为困境儿童提供这类支持的主要是其所在学校的老师。问卷调查显示，学校老师最关注困境儿童的考试成绩（68%）、身体健康（48%）、思想道德（48%），而儿童则希望老师更多关注心理健康（52%）、个人能力提升（48%），然后才是考试成绩与身体健康（44%）。

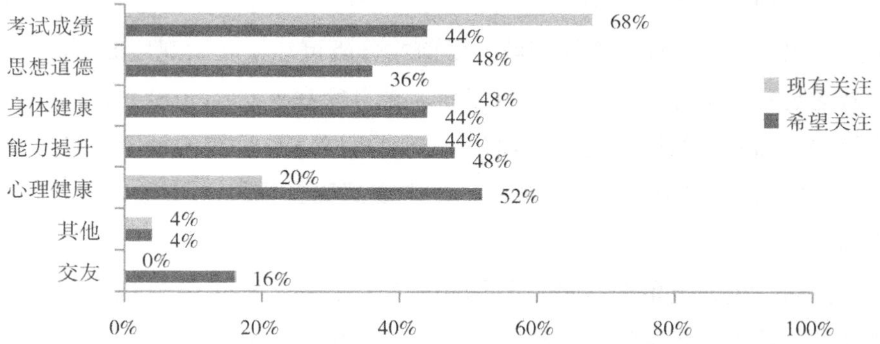

图 11　学校老师对困境儿童不同方面的关注对比

困境儿童及家长都希望学校能重视学生个人能力的提升，部分学校也有课后兴趣班，但课程种类设置单一，无法满足困境儿童多样化需求。

孩子在学校参加了画画班，本来她想学习书法，但是学校没有书法兴趣班，就给她报了画画。每周一次，1 至 6 年级的孩子一起上，在一个大教室里。也没有想着让她画得多好，让她体验一下就可以了。(Case6-小 Z 奶奶)

学校是重要的教育场所，但是学校对于困境儿童的综合素质发展并没有给予足够重视。综观整个服务过程，社会工作机构也并未与儿童所在的学校合作，社会工作者表示平时也不会和学校老师有接触。究其原因：一是考虑到学校老师本身工作量较大，与老师合作可能会增加老师的工作量；二是社会工作者也缺少一个“合适的”身份介入学校。

我们目前和学校没有什么合作，本身就是两个独立的机构，学校负责他们的校内学习生活，我们开展活动也是在课堂外开展。一个老师要负责所有学生，我们不能要求他兼顾课内课外，会增加他的工作量。而且老师会和家长联系，因为我们社会工作者不是监护人，老师有什么事也不会找我们。（Case2-社会工作者 J）

总之，学校层面给予困境儿童的非正式专业支持十分有限，社会工作服务也没能打通学校关系网络，为其争取更多的支持。

五、困境儿童社会支持网络的重构

生态理论视角下，儿童陷入困境缘于个体与所处的生态环境间各系统的互动出现问题，而非个体问题。由前文分析可知，在微观层面，困境儿童缺乏足够的个体支持；在中观层面，来自家庭、居委（村委）、社会工作机构、福利院的社会支持薄弱，来自朋辈群体与学校的社会支持不足、来自社区与志愿团体的支持缺失；在宏观层面，困境儿童救助政策不够完善。

然而，生态视角下，困境儿童的困境状况是暂时的，可以通过改变困境儿童与其生态系统间的互动关系实现“脱困”。由此，重构稳固有效的困境儿童社会支持网络，对于减小生态环境中对困境儿童成长、发展的不利因素，由内而外地推动个体与环境的互动关系改善，实现持久性“脱困”来说具有重要意义。本文认为，困境儿童社会支持网络的重构需从以下几个方面展开。

（一）多元供给——建立多元主体协同支持机制

我国困境儿童保障工作涉及多个领域、多个部门，而目前部门间缺少有效合作机制，每个部门所提供的资源仍然较分散，达不到全方位救助的效果。因此，需要建立多元主体协同合作的机制，加强政策逐层落实。打造“中央政府—省级政府、区县政府—街乡政府—社区居委/村委—社会工作机构”的递进支持网络，由上到下分工合作为困境儿童提供有效社会支持。首先，中央政府和省级政府从顶层完善困境儿童福利制度和救助政策制度的设计，不仅要注意困境儿童物质层面的兜底保障，更要关注其社会融入、能力提升、心理疏导等专业服务，以及正面成长支持系统的建立；同时，发挥良好的监督作用。其次，区县政府应不折不扣地落实中央政府和省级政府政策制度，加大政策宣传力度，发挥政策的影响力，按照各自职责负责本行政区域内的困境儿童救助管理和福利政策的实施保障工作；设立困境儿童社会工作服务政府购买服务项目，通过委托、承包、采购等方式，向社会组织购买服务，并将困境儿童救助与福利政策制度执行中的具体服务事项所需经费纳入本级财政预算；引进第三方平台对政府购买服务项目进行监督评估。再次，街道乡镇政府负责困境儿童救助申请受理、调查审核工作，社区居委及村委层面，应建立健全困境儿童信息库，形成独立的困境儿童档案，为发挥社会工作服务机构和社会工作者在社区、村开展困境儿童救助提供支持保障。最后，社会工作服务机构应关注困境儿童动态发展状况，定期到困境儿童家庭走访调查，及时向社区居委/村委反馈困境儿童近况，更新维护数据库；针对困境儿童的特征，采用专业方法做好社会工作服务。

（二）生态预估——实施个案服务的精准支持

生态预估指对服务对象本身、所处生态环境状况以及两者间的互动进行评估。当前社会工作服务介入前的评估存在两个明显问题，一是评估面较窄，仅关注其身体健康、家庭背景、学习情况，缺乏对困境儿童的心理状况、行为方式等方面的评估。二是多为静态评估，从评估中难以看出生态环境对于困境儿童持续性的影响。为了弥补这些不足，未来可尝试引入基于生态系统的 TIE 框架对困境儿童进行生态预估。

TIE 框架是由 Monkman 和 Allen-Meares 基于“人在情境中”的生态系统理念提出的适用于青少年评估的框架。其评估内容包括应对行为、接触环境质量及人和环境间的互动交流。基于该框架对困境儿童进行生态预估，首先应了解困境儿童的应对行为，包括：①生存行为，即从环境中获得以维持正常生活的行为，如生活保障、居所情况；②依附行为，即维持与他人间亲密关系的行为，如与学校、社区的交往；③成长行为，即促使个体智力与社交成熟的行为，如认知水平。其次，对其所处的生态环境品质进行评估，包括生态系统中已拥有的资源、社会机构提供的支持以及法律政策的保障。最后是人与环境的交流状况，一方面看困境儿童是否从生态系统中获得充分的支持，另一方面看这些支持对其生态系统有什么影响[35]。

为了获得全面、客观的生态预估结果，社会工作者应做到以下两点：①多种途径收集困境儿童资料。通过和困境儿童有互动往来的多个群体访谈，如家长、社区居委（村委）、学校老师等，多方了解困境儿童的人际关系网络与社会支持情况。利用观察法，观察困境儿童的行为方式。此外，借助量表提升预估准确度，如“社会支持量表”。②采用交互的视角，将个体放在生态环境中整体评估，根据他与各层次生态系统的互动状况，了解他当前的困难，包括生理、心理、社会交往层面，预估其未来可能出现的问题，对其综合困境程度进行划分。

困境儿童的困境类型多样，在社会工作服务介入前，借助生态预估，社会工作者对困境儿童的困境作细致了解与判断，从而更有针对性地制订服务计划，在推动服务对象普遍化的同时兼顾提升支持的精准性。

（三）综融视角——整合服务资源支持网络

困境儿童遇到的问题具有复合性特征，因此社会工作服务需采用综融视角，加强服务资源的整合，增强困境儿童的外部支持。对此，选择个案管理介入更符合综融服务的趋势。

个案管理主要运用于困难多重、需求多元的服务对象，它既要求协调整合多种服务资源向服务对象传递，又注重开发其内部支持网络。个案管理服务周期较长，参与人员由跨专业的团队组成，服务形式由“一对一”转变为“多对一”，最终目的是通过服务资源整合，解决服务对象遇到的多重问题。

具体来说，在构建困境儿童社会支持网络时，第一步，社会工作者进行走访调查，确定开展个案管理的困境儿童。第二步，对困境儿童进行生态预估。第三步，根据生态预估的结论，社会工作者协同困境儿童家庭、福利院及其他提供社会支持的主体共同制订服务计划。第四步，各主体按计划进行服务，社会工作者全程跟进，并及时向各个支持主体反馈服务对象的意见，适时调整服务计划。社会工作者需注意，在为困境儿童链接多方资源后需要帮助双方建立稳定持久的支持关系，以便当社会工作服务撤出时困境儿童的社会支持仍能得到保障。第五步，服务结束后对社会工作者进行评估，包括其社会支持网络状况、目标达成度等，形成独立的案例报告。

除了增强外在支持，还需挖掘个体动力，增强内在支持。困境儿童自身蕴含改变困境状况的潜力，社会工作者应注重挖掘其个体价值。首先，增加困境儿童参与社会活动的机会，尤其是志愿服务，能让其在活动中通过他人的正向评价意识到自身能力，减少对自己的负面评价，增强自我效能感。同时，开展成长小组等具有教育启示意义的活动，引导其更深入地了解自己，增强自身认同感。

（四）家庭关怀——强化家庭支持网络

家庭始终是困境儿童最主要的支持来源，因此，强化家庭支持网络，丰富家庭支持内容十分必要。

一方面，强化家庭支持网络应增加来自困境儿童亲属的支持。社会工作者在对困境儿童进行评估时应了解儿童与其他亲属的互动，寻找有条件有能力的亲属，获取亲属的支持。另一方面，强化家庭支持网络需引导家长增强对困境儿童的情感关怀，这依赖于家长教育观念的转变。因此社会工作者可以开展亲职教育，向家长宣传正确教育理念与方法，内容需具有深度，让家长们意识到物质保证与心理关怀同等重要，从而采取更合理的方式引导孩子成长。

（五）主体补位——健全社区支持体系

困境儿童的社区支持体系中不仅包括社区居委（村委），还包括邻里、社会志愿团体、学校等组织。由于部分主体“缺位”，困境儿童的社区支持体系实际上并不健全；因此，调动多个支持主体的积极性补足“缺位”是打造全方位的社区支持体系的关键。

第一，社会工作者可以提高主动性。由召集困境儿童开展“集中服务”向主动在困境儿童居住范围内拓展“在地服务”转变，加强与当地村

(居) 委的联系，共同为困境儿童创造更多的社区融入机会。第二，社会工作者应挖掘困境儿童家庭的邻里力量。通过走访、举办社区活动增加邻里互助，促使邻里支持常态化。第三，寻求社会志愿团体的帮助。例如，为困境儿童家庭一对一链接志愿服务家庭，通过结对帮扶的形式促进困境儿童家庭的整体转变。第四，营造和谐包容的社区文化。让公众接纳困境儿童积极参与社会活动，增强困境儿童社会融入的主动性。

六、结论

经过对困境儿童关爱项目的调研发现，现有的社会工作服务在一定程度上，帮助困境儿童初步建立起了社会支持网络，但该网络对于根本改善困境儿童的困境状况作用微乎其微。究其原因：其一，社会支持网络不健全，支持主体严重缺位，资源匮乏，支持内容单一且有效性不足；其二，社会工作服务的重点集中在社会工作服务为困境儿童解决问题，而不是帮困境儿童构建支持网络、恢复其解决问题的能力。

生态理论视角下，困境儿童的困境产生于个体与环境的交互中，因此需要从个体与环境的互动中切入，通过重构困境儿童社会支持网络，减小改善个体与生态环境互动的阻力，维持两者的良性互动，增强困境儿童解决问题的主动性，进一步推动困境儿童实现“脱困”。

重构困境儿童社会支持网络涉及多个主体的共同努力。第一，需要建立多元主体协同支持机制，由上到下为困境儿童打造全面的支持网络；第二，基于 TIE 框架进行生态预估的基础上提升支持的精准性；第三，整合服务资源支持网络，推进服务支持的“综融”发展；第四，增强家庭关怀，强化家庭支持网络；第五，弥补支持主体空位，健全社区支持体系，促进困境儿童社会融入。

回顾整个研究，在取得一定研究成果的同时，也存在着不足。首先，本文问卷调查对象集中在小学阶段，缺少对高年级困境儿童的细致研究，因此研究结果可能会因年龄不同而产生差异。其次，精准支持的有效落实不仅依赖于前期全面的生态预估，还应在后期开展“分类救助”，但目前我国困境儿童的分类救助体系并不健全。由于笔者时间精力有限，没有对此进行详细研究阐述，未来有机会可以继续在这个方向进行深入探讨。最后，构建社会支持网络并不是帮助困境儿童“脱困”的唯一途径，其使用群体也有一定局限性。例如，对于社会支持主体十分欠缺的困境儿童，如孤儿群体，仅通过构建社会支持网络实现“脱困”的难度较高，还需借助社会工作其他理论视角共同介入。

参考文献：

[1] 柏文涌，黄光芬，齐芳．社会管理创新视域下困境儿童救助策略研究：基于儿童福利理论的视角［J］．云南行政学院学报，2013（2）：137-140.

[2] 陈鲁南．“困境儿童”的概念及“困境儿童”的保障原则［J］．社会福利，2012（7）：27-28.

[3] 陈琦，何静．农村留守妇女社会支持研究综述：兼论社会工作的介入策略［J］．妇女研究论丛，2015（2）．

[4] 陈燕，袁传霞．提升困境儿童抗逆力的社会工作实务探究：以 X 项目为例［J］．现代交际，2018.

[5] 单希政．论困境儿童的社会支持网络重构和抗逆力提升［J］．黑龙江社会科学，2018，168（3）：102-106+165.

[6] 行红芳．从一元到多元：困境儿童福利体系的建构［J］．郑州大学学报（哲学社会科学版），2014（5）：37-40.

[7] 行红芳．困境儿童分类保障制度建构路径探析［J］．中州学刊，2016（8）：62-67.

[8] 黄君，彭华民．项目制与嵌入式：困境儿童保护的两种不同实践研究［J］．南通大学学报（社会科学版），2018，34（3）．

[9] 雷杰，邓云．“社区为本”的儿童保护服务本土化模式创新：以佛山市里水镇“事实孤儿”保护项目为例［J］．青年探索，2016（3）：41-49.

[10] 李筱，万博翔．失智老人社会支持体系构建研究：基于生态系统理论视角［J］．理论观察，2016（4）：77-78.

[11] 李莹，韩克庆．我国困境儿童托底性保障制度的建构［J］．江淮论坛，2015（5）：119-126.

[12] 林顺利，孟亚男．国内弱势群体社会支持研究述评［J］．社会工作，2009（11）：11-14.

［13］刘凤，于丹．非政府组织参与困境儿童救助的制约因素及出路［J］．学术交流，2015（4）：155-159.

［14］刘志芬．社会支持的研究综述［J］．文教资料，2011（30）：127-128.

［15］吕培瑶．关于社会支持理论研究的综述［J］．时代教育，2010（4）：109-109.

［16］尚晓援，虞婕．建构“困境儿童”的概念体系［J］．社会福利（理论版），2014（6）．

［17］师海玲，范燕宁．社会生态系统理论阐释下的人类行为与社会环境：2004年查尔斯·扎斯特罗关于人类行为与社会环境的新探讨［J］．首都师范大学学报（社会科学版），2005（4）：94-97.

［18］滕洪昌，姚建龙．困境儿童概念辨析［J］．社会福利（理论版），2017（11）：23-29.

［19］田萍．社会生态维度下弱势群体社会支持网络系统建构［J］．求索，2013（10）：238-240.

［20］童小军．儿童福利研究：国家亲权视角下的儿童福利制度建设［J］．中国青年社会科学，2018.

［21］汪玲萍，刘庆新．困境儿童概念、政策发展及社会支持网络建构［J］．价值工程，2017（36）：229-231.

［22］王琪．增权：困境家庭儿童社会支持网络的建构［J］．新西部：下旬·理论，2014（9）：12-13.

［23］王玥．困境儿童救助的个案管理研究［D］．苏州大学，2017.

［24］肖力于．社会工作介入困境儿童保护的实务研究［D］．江西财经大学，2017.

［25］徐晨轩．困境儿童的偏差行为干预研究［D］．首都经济贸易大学，2018.

［26］许爱花，贾志科．流动儿童的社会支持问题及对策：基于生态系统理论的视角［J］．南京工程学院学报（社会科学版），2013，13（4）：22-26.

［27］杨函露．生态系统视角下：农村留守幼儿情绪问题的形成［J］．科教导刊，2016（9）：167-168.

［28］杨蕙．困境儿童同辈融入的个案工作实践［D］．长春工业大学，2017.

［29］杨苹．社会生态系统下困境儿童多重困境分析［D］．南京大学，2018.

［30］张妤婕．论我国困境儿童临时救助制度的完善：以毕节儿童自杀事件为例［J］．中国青年社会科学，2016（3）：69-73.

[31] 周佳．困境儿童学校精准帮扶的审视与推进［J］．中国教育学刊，2018（11）：70-73.

[32] 卓彩琴．生态系统理论在社会工作领域的发展脉络及展望［J］．江海学刊，2013（3）：113-119.

[33] House J. S．Social Support and Social Structure［J］．Sociological Forum，1987，2（1）：135-146.

[34] Lin N.，Dean A.，Ensel W. M．Social Support Scales：A Methodological Note［J］．Schizophrenia Bulletin，1981，7（1）：73-89.

[35] Monkman M. M.，Kagle J. D. The transactions between people and environment framework：focusing social work intervention in health care［J］．Social Work in Health Care，1982，8（2）．

学龄儿童父子互动中父亲的角色研究

——以北京市F小学为例

学生：刘雅静（2019届）　指导教师：魏　爽

【摘要】近年来，中国的文化和社会经历了诸多重大变革，使得人们的家庭结构和性别角色相较于过去发生了很大转变。因此本研究旨在探讨当前中国文化和社会背景下，“80后”年轻父亲在父子互动中承担着怎样的角色，以及相关社会工作服务如何对应家庭的需求。本研究运用半结构化访谈的方法，收集了F小学9个家庭中9位父亲、9位母亲和4位孩子的访谈数据，并对数据进行文本分析，从而了解家庭成员对父亲角色的认知、父亲角色参与的现状，以及人们对相关社会工作服务的态度和参与情况。研究结果表明：（1）人们对父亲角色的认知在继承传统角色观念的同时，也吸收了当代的价值观念。（2）父亲角色参与的内容更加丰富，开始分担传统意义上属于母亲的角色，并和母亲一起承担时代赋予的新角色。但受到一些主客观因素的影响，父亲的角色参与程度还有待提高。（3）父母角色存在灵活分工，虽然父亲偏重与孩子进行身体上的互动和将孩子引向外部世界，但必要时父母的角色可以实现替代。（4）由于不同家庭成员对父亲参与的期待不同，其评价也存在差异，但他们普遍愿意父亲投入更多精力陪伴孩子并与孩子进行积极互动。（5）多数家庭对已有相关社会工作服务的了解和参与很少，但人们普遍对其持积极接纳态度并希望从中获益，故服务应当注重内容专业性和宣传针对性。

关键词：“80后”　父子互动　父亲角色　社会工作服务

一、绪论

（一）问题的提出

在中国传统家庭中，“男主外女主内”“父为子纲”等观念深入人心，因而传统父子关系中的父亲角色往往显得严厉，许多父亲和孩子之间也缺乏感情交流。得益于20世纪70年代以来的改革开放和独生子女政策，中国传统的家庭结构开始发生转变，人们的观念越来越受到西方自由独立等价值观的影响，许多家庭开始扩大他们的教育目标，在注重学习成绩的同时，也关注孩子的其他社会技能[16]。近年来，许多“80后”的年轻人已经成为父母，越来越多女性深入劳动力市场使得双职工家庭逐渐成为主流，因此孩子教养的分工合作就显得更加重要。同时，从全民关注的《爸爸去哪儿》综艺节目、“全面二孩”政策“可增加配偶（男性）陪产假15天”的条例，以及微博热搜和公众号推送中不时出现的对父子关系的吐槽都可以看出，社会对于父亲角色的关注和形塑已经开始通过媒体网络和公共政策体现出来。

然而值得注意的是，当前我国社会正处于快速发展的转型期，人们的家庭教育观念和亲子互动实践与过去相比已有了不小的转变，文化堕距和发展不平衡问题也使得不同家庭的互动状况存在差异，因而目前社会上对父亲角色的期望难免存在不同的声音，对“积极的父亲参与”的意涵和具体做法也并未形成普遍共识。这样一来，日常生活中常出现的对于父亲的讨论就显得众说纷纭，难下定论。

对此，本研究基于当前的社会背景，提出如下问题：

1. 当前“80后”年轻父亲在父子互动中承担着怎样的角色？

2. 相关社会工作服务应当如何对应父亲在承担角色方面的需求？

（二）研究意义

1. 理论意义

迄今为止，大量学者已经从诸多角度对母子关系作了丰富的研究，但人们对父子关系的研究兴趣从20世纪80年代才开始逐渐显现出来。虽然经过了三十余年的发展，大量西方学者的研究使得人们对父亲参与的内容、作用和影响因素等诸多方面已经有了基本的了解，但不同社会、经济和文化背景的差异性仍使得研究不够全面，尤其是关于中国父亲的实证研究存在较大空白，故本研究将立足于我国当前社会背景，用定性研究的方法讨论父亲角色的议题。儿童在进入小学以后，许多方面的特征开始发生变化，包括身体和运动发育、语言、冲动控制、社会认知理解、自我概念、认知执行过程和自主的愿望等，这些特征对亲子互动的性质和质量有显著影响[44]。在这个阶段，父亲与孩子的总互动时间相较于婴儿时期有所下降[45]，故而父亲参与的质量和有效性就显得更加重要。而以往父子关系的研究以父亲和婴幼儿互动的议题居多，父亲和学龄儿童的互动还存在不少发掘空间，因而本研究将儿童的年龄段限定为学龄期，确有理论必要性。

2. 现实意义

清晰全面地认识目前人们对父亲角色的看法以及父亲参与角色实践的真实状态可以帮助人们反思与孩子的互动情况，有助于人们发现当前家庭父子关系中存在的典型问题，以便为家庭提供解决问题的有效方案，从而促进儿童、家庭和社区的发展。同时，深入了解父亲的角色还有助于促进相关社会服务领域的发展。目前针对父亲参与儿童互动的社会服务尚处于起步阶段，不仅数量有限、质量也有待提高，公众对这类服务的认识和接纳还需要进一步加强。因此，深入了解父亲角色能够发现父亲的切实需求，有助于提供针对性的服务，提高儿童发展领域的社会服务水平。

二、文献综述

（一）国内文献综述

1. 研究概况

在中国知网上输入关键词：“父亲角色”“父亲参与”，共出现 222 篇文献，其中被引用 164 篇。主题包括父亲参与、父亲角色、影响因素、家庭教育、性别角色、父亲缺失、亲子关系等，其中绝大多数为社科基础研究，小部分为社科政策研究和行业指导等。

2. 角色认知和现状

国内对父亲角色的研究大多基于中国的文化和社会背景，探讨在文化和社会的变迁中，父亲角色如何被人们认知。已有研究认为从传统文化到现代文化的演变过程，伴随了父亲意象的嬗变，现代父亲角色更加全面和以人为本[19]、承担了更多养育责任、表现出更强的夫妻合作[7]，其中父亲最突出的角色意识是对家庭的接纳感和责任感[11]。王丛桂（2000）通过定性和定量的实证研究将父亲角色总结为经济支持、和谐关怀、教育子女、子女发展和生活照顾五方面，而李慧美（2003）则认为父亲角色包括关怀陪伴、发展能力、养家与日常照顾。

对此，我国学者孙彦针对宝鸡地区的研究发现，城市幼儿的父亲参与教养频率总体偏低，虽然大多数父亲能够与孩子母亲一起管教孩子，但父亲参与时间总体偏少。一项针对吉林长春 3~13 岁儿童父母的随机调查显示，对于 7~13 岁的儿童来说，每天陪伴孩子两小时以上的母亲占比达到约 81%，而父亲占比仅约 47%（东北师范大学儿童发展与教育中心，2005）。同样，第三期中国妇女社会地位调查在天津市的调查结果显示，六七成父亲从不或很少照顾孩子的日常生活、辅导孩子功课。

3. 影响因素

父亲的参与受到了众多因素的影响。宏观上包括社会文化和环境、人际网络等因素，中观上包括家庭中成员的态度、夫妻关系以及孩子的社会人口特征等因素，微观上包括角色态度、养育技能和经济水平等因素[19]。

我国社会传统的性别角色观念仍然影响着诸多父亲的角色参与，许多父亲认为孩子的教养适于母亲，因而即便有时间和精力也不愿意投入儿童的教养活动中，而作为家长的威严使得他们选择与孩子保持相对的疏离[8]。同时，父亲的经济和文化水平、工作情况和压力体验都会影响其角色参与程度[15]。

在家庭中，夫妻关系的融洽有助于双方在相互养育子女方面的支持性，从而增加父亲角色的投入程度[13]。邹扬（2006）的实地研究也显示，母亲的文化程度、时间和对父亲参与儿童教育的支持性等因素也至关重要。此外，周素珍（2007）的研究指出，父亲在儿童教养中通常是完成母亲的要求，但必要条件下，父亲会分担母亲的照顾工作。就父亲自身而言，其原生家庭中父亲的角色、自身与家庭的关系、成为父亲时的年龄，以及其社会支持网络都对其角色形成有重要影响[2,3]。

4. 对儿童的作用

已有研究显示，父亲参与对孩子的认知发展起到至关重要的作用。父亲的社交和工作特点给孩子提供了更丰富的知识、经验和创造力，与孩子一起进行的各项游戏可以培养孩子的兴趣爱好、动手能力、想象力和独立思考能力，同时激发孩子的好奇心和求知欲、帮助孩子调节负面情绪，从而有利于孩子的智力发展[19]。

父亲对孩子人格发展的重要性不可忽视。陈建翔（2007）指出，父亲在游戏中表现出的独立、创新、进取等良好品质会影响孩子。而孩子通过模仿父亲的行为，学会了良好的品质特征[10]，经常与父亲接触的孩子表现出更高的激情和更多勇敢、自信、坚强等积极品质[2,3]。

父亲参与儿童的情感和社会化发展有密切的关系。有研究表明，父亲的情感表达及其与孩子的互动能够预测儿童的社会性行为，而父亲的参与、支持和管束行为有助于抑制儿童的行为问题[17]。而孩子在确定自己是受到保护的前提下，能够从与父亲的游戏中得到激励，其克服缺点和学会利用机会的需要能够得到满足[16]。

（二）国外文献综述

1. 研究概况

自20世纪70年代末80年代初到20世纪90年代中期，国外对于父亲参与和父亲角色的研究开始运用系统论的观点，他们将父亲置于社会背景与家庭系统和家庭成员既主动又被动、既直接又间接的互动网络中加以考察，讨论不同环境中父亲的角色内容、父亲角色对儿童发展的影响，以及父亲角色变化的影响因素。这些新的研究不仅受到了新思潮的影响而具有新时代的特性，还具备了更科学的研究方法和更全面的解释角度。以下综述简要概括与本研究有关的角色认知和现状、影响因素和对儿童的作用三方面。

2. 角色认知和现状

许多早期的研究表明，父母的角色有非常明显的不同，传统的角色二分法将父亲视为将儿童引向外部世界的指导者和养家糊口的人。同时，许多文化将男性主要视为为孩子提供刺激和兴奋的玩伴[63]。一些研究也发现，母亲与孩子的相处重在日常照料，而父亲则更愿意与孩子进行游戏，并往往伴随着剧烈运动和大量的身体接触[52]。

关于父子互动的时间长度，许多研究显示，父亲与儿童相处的平均时间少于母亲。例如，Russell（1983）关于澳大利亚各阶层家庭的研究报告称，父亲每周和孩子互动的时间为 11 个小时，而母亲则高达 32 个小时。此外，我国父亲在对孩子的日常照顾、学校生活、教育投入等方面的平均关注和母亲相比仍然不够。当然，这样的分工模式并非具有绝对意义上的普遍性，泰国一项研究[65]显示父亲和母亲在玩耍和儿童照顾方面没有明显的差异。Montemayor（1982）在美国犹他州的研究也发现，与母亲相似，父亲每天花费 1 小时与孩子互动，大约相当于家人一起吃饭和做家务的时间。

随着女性越来越多地参与劳动力大军，以及人们对男性和女性的态度发生转变，传统的角色二分法逐渐被弱化。尤其是在西方发达国家，有研究显示父亲的参与度、可接近性和责任感都在增加[51]，父亲角色与母亲角色之间的差异被不断弱化，男性越来越多地参与喂养、清洁、养育、抚慰以及许多以前被视为母亲专属的活动。

3. 影响因素

许多实证研究都表明，父亲的角色受到多种因素的调节，其中包括个人、家庭以及外部环境等。

研究显示，父亲的个人心理因素会影响父子互动的情况。Volling 和 Belsky（1991）指出，自尊水平和共情能力更高的父亲，与孩子有更积极的互动。同时，父亲社会地位和受教育程度也影响着父亲的角色参与[30]，受教育程度更高的父母对孩子的教养更为自信，较少出现过分的溺爱、独裁或情感忽视，而更容易尊重孩子，理性地与孩子沟通[1]。此外，Fthenakis 认为父亲角色的意识还与其幼年感受到的父亲行为和父子关系有关，幼年获得更多关爱的人更容易认同父亲是“教育者”的角色，与父亲关系不理想的人通常会补偿性地高度重视父亲的“社会作用”。

值得注意的是，家庭对父亲的角色参与有明显的影响。在配偶方面，孩子母亲的职业、受教育程度和夫妻婚姻质量与父亲参与儿童教养的程度有关[40]，母亲的支持有助于父亲履行自己的职责[29]。在孩子方面，许多研究发现父亲的角色受到儿童性别的影响。例如 Russell 和他的同事对 305 名澳大利亚学龄前儿童的父母进行了研究，发现当被讨论的孩子是男孩时，父亲更容易认同独裁的互动模式。不过，类似的性别差异在 Bretherton 等人（2005）对受过良好教育的美国父母的研究中并不明显。

4. 对儿童的作用

父亲对儿童发展的影响历来是学者们研究的重点之一。许多研究表明父亲的积极参与能够为孩子带来更大的成就。Flouri 和 Buchanan（2002）报告说，父亲参与更多的英国孩子在 7 岁时的智商更高。至少在学龄前，在互动中给予支持的父亲似乎能帮助孩子在语言和认知测试方面做得更好。一些其他研究也得出了类似的结论，Shannon 和 Tamis-Lemonda（2002）发现，积极的父子互动有助于提升儿童的认知水平，降低其发生认知迟缓的概率。同时，父亲有助于帮助儿童形成更高的自我价值感、良好的情绪调节能力[54]、对性别的基本认识和与他人交往的能力。那些始终有父亲参与教养的儿童通常具有更高的开放性，善于融入朋辈群体[31]。

Paquette（2003）对父子依恋关系的研究在一定程度上可以为上述结论提供解释。Paquette 发现，儿童与父亲之间的依恋关系多产生于游戏，且与陌生情境下的母子依恋关系不同，被称之为“激活关系”，儿童对父母依恋关系的差异表现在，母亲在照顾上的敏感性满足了孩子获取舒适的需求，而与父亲的游戏满足了孩子探索外部世界的需求。在父子游戏中，儿童需要面对更复杂的环境，进行更剧烈的身体和思维活动，并且能够达到更兴奋的情绪状态，因而有助于促进儿童身体机能、认知水平和情绪调节能力的进一步发展[49]。

（三）国内外研究述评

现有研究在父亲角色的内容、模式、作用和影响因素等方面取得了诸多成果，但这些文献在丰富对人们对父子互动中父亲角色理解的同时，仍存在许多尚待厘清的内容。

首先，通过文献综述可以看出，父亲角色的内容在不断变化。这主要是由于人们对父亲角色的理解和实践受到诸多主客观因素的影响，使得针对不同群体、不同地区或不同时期的研究，得出结论往往差异较大。以往研究（尤其是实证研究）以外文文献居多，且主要关注西方发达国家的中产阶级父亲，还有数量可观的一部分研究关注中低收入地区的贫困父亲，而基于中国文化背景和现阶段社会发展状况的本土化分析还十分欠缺，即便是现有的中文文献，其发表的年份也大多较早。因此可以说，有关当前“80后”父亲在和学龄儿童互动中的角色研究存在较大空白，值得进一步探讨。

其次，多数研究重在讨论父亲角色的外在表现，即父亲实际做了什么，而少有研究去探析人们对父亲角色的认知，即人们认为父亲应该做到什么，这可能会导致一些理想和现实的差距被忽略。也就是说，人们可能因此难以确定导致父亲参与不足的真正原因是观念的问题还是客观因素的限制。这样一来，服务方案的供给可能难以与案主的需求准确匹配。因而笔者认为，同时了解父亲对角色的认知和参与有助于深入理解父亲承担角色的现状，从而促进相关社会工作服务的发展和资源的有效分配。

最后，许多研究只关注到父亲参与的数量，而缺乏对质量的深入探讨，仅观察父子互动的总时长或活动类别这类浅层的客观事实可能难以完全反映父亲参与的有效性，从而妨碍了人们对父子互动状况的准确把握。因此笔者认为，有必要通过了解家庭成员对父亲参与的评价反馈来进一步了解父子互动的质量，从而更深入地理解父亲的角色。

三、研究设计

（一）理论依据

社会学领域对角色的研究最早可以追溯到德国社会学家齐美尔，他指出个体的社会联系和社会活动受到一系列条件的制约。此后米德将“社会角色”的概念引入社会学研究中，讨论个体和社会结构如何相互作用。戈夫曼在《日常生活中的自我呈现》一书中将社会角色定义为：对系于特定身份之上的权利与职责的规定。迄今为止，社会学对角色的研究已经发展出一套包含众多概念在内的系统详尽的理论。本研究将运用这些理论来分析当前“80后”年轻父亲的角色，涉及的概念主要包括角色参与、角色认知、角色评价和理想角色等。

角色认知，即个体对自己所承担角色的理解。由于人们思想道德水平、价值观念以及所处的环境的不同，对同一角色的理解也常有差别。本文将讨论角色认知的以下两个维度：理想角色和角色评价。理想角色也称角色期望，是指对社会中处于特定地位上的人所受到的一套权利义务和行为规范的规定。角色评价，指的是人们对个体在角色扮演中实际状态的认识和看法。

角色参与，即个体如何扮演角色。郑杭生（1987）等人对此的解释是：一个人具备了充当某种角色的条件，去担任这一角色，并按这一角色所要求的行为规范去活动。Pleck（1997）的角色参与模型，对角色参与的阐释包括以下五个维度：（1）积极投入活动；（2）温暖与响应；（3）控制；（4）间接照护；（5）过程责任。在此基础上，个体的角色认知和角色参与需要通过角色学习来构建，即个体通过各种途径了解和掌握其角色的权利义务、情感和行为要求，并进行恰当的角色扮演。角色学习具有操作性、综合性、互动性和连续性的特点，是个体社会化的重要途径。

（二）研究方法

1. 数据收集方法

本研究的数据收集方法主要为一对一的半结构化访谈法，用到的测量工具为半结构化访谈提纲。

本次访谈从北京市F小学的学生中选取被访对象，学生在1~6年级，父母均为"80后"家长。研究根据学校老师提供的资料，在了解学生及其家庭情况后，筛选出9个双职工核心家庭中的9位父亲、9位母亲和4位儿童，分别对他们进行时长40到90分钟的半结构化访谈。

表1 被访家庭筛选标准及参与访谈成员信息表

序号	孩子年级	孩子性别	孩子成绩	父亲年龄	参与访谈成员
F1	高	男	好	38	孩子、父、母
F2	高	男	中	37	父、母
F3	高	女	差	39	父、母
F4	中	男	差	37	孩子、父、母
F5	中	男	中	35	孩子、父、母
F6	中	女	好	36	父、母
F7	低	男	差	36	父、母
F8	低	女	好	39	父、母
F9	低	女	中	34	孩子、父、母

2. 数据的分析方法

本研究的数据分析方法为文本分析，具体的研究过程为：首先对访谈录音进行逐字稿转录。利用NVIVO11.0软件，对转录的文本进行初始编码。其次，根据本研究的理论基础和研究框架，运用演绎法、归纳法等文本分析方法对初始编码进行分类整理。最后，对访谈和分析结果进行讨论，并给出具有可行性的建议。

（三）研究框架

在深入社会实践了解情况后，笔者发现目前我国学龄儿童发展中父亲的参与存在诸多问题。通过文献的检索、阅读和分析，笔者将研究问题聚焦为父亲的角色研究，并找到其与社会工作专业的交叉点，即相关社会工作服务如何满足人们的需求。接下来，笔者通过阅读文献确定本研究的理论基础为社会角色理论，理论框架见下图。

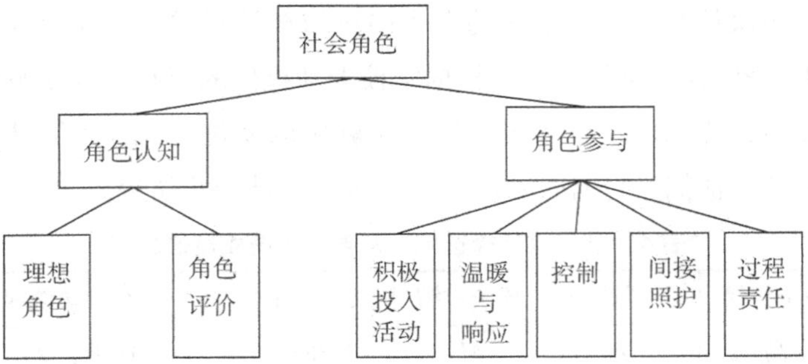

本研究通过半结构化访谈法的方法收集数据以把握父亲角色，包括了解人们对父亲角色的认知和父亲的角色参与情况。其中，在角色认知部分探讨人们对父亲理想角色的看法和对父亲实际角色的评价；在角色参与部分探讨父亲如何投入和孩子的互动、为孩子提供温暖并响应孩子的互动请求、对孩子进行控制、为孩子提供间接照护，以及主动履行父亲的过程责任。接下来，运用角色理论对父亲角色的认知和参与现状进行分析阐释，回应以往研究并提出改善父亲角色的建议。

同时，通过访谈了解人们对相关社会工作服务的认知评价、参与情况、态度意愿，以及期望等方面的内容，探讨服务供给对应需求的情况，并由此提出改进社会工作服务的建议。

四、人们对父亲角色的认知

（一）理想角色

总体来说，父亲对理想角色有多维度的丰富认知。根据访谈结果显示，在被访父亲眼中，理想情况下，父亲应该在和孩子的互动中做到以下五个方面：投入、给予自由、给予关爱、规训引导和作为榜样。同时，父亲自身也应该足够优秀，即具有资本和社会地位为孩子提供支持、有良好的素质和能力为孩子指引方向，并且在未来不断学习进步以保障孩子的可持续发展。相对而言，母亲们则对父亲角色没有太多预设的要求，更多是对父亲已有行为的评价。

重心肯定应该更多放在家庭上，孩子也是在家庭里面嘛。我们执行任务的时候，谁家孩子小呀，基本就不往外派。

要跟孩子多沟通；让她自己作决定；方方面面都应该涉及，包括创造一个好的家庭氛围，提供必要的物质条件；培养她良好的生活习惯。自己要以身作则给孩子树立一个榜样，因为她也在模仿你。你所有不好的习惯，能改一定要改。

具体而言，在与孩子的互动方面，积极主动地投入精力和时间陪伴孩子，参与和孩子的互动，并和孩子良好沟通，这三部分是绝大多数父亲最关注的。同时，给予孩子自由也被许多父亲提及，他们认为理想的父亲应该顺应（而不是压制）孩子的天性，鼓励他们做自己喜欢和擅长的事，给予他们充分的平等和尊重。此外，关爱和规训两部分在父亲的理想角色中占比相似，父亲们在重视给予孩子温暖的同时，也很关注孩子各种规范的建立。最后，还有一小部分父亲强调了作为榜样在父亲角色中的必要性。

首先陪伴很重要，陪他玩，陪他学习，因为孩子成长这个角色你真的不能少了。(F5-父亲-访谈记录)

你要跟孩子沟通他真实的想法，有时候可能孩子的出发点真不是咱们想的那样。(F6-父亲-访谈记录)

根据孩子他本身的兴趣习惯，还有他的特长优势，给他提供这些条件去发挥他好的这个地方。(F1-父亲-访谈记录)

也别说现在就是太放养，将来需要自己去独立生活的时候了，想起来当年我爸没怎么样，还是要有规矩。(F4-父亲-访谈记录)

（二）角色评价

1. 父亲评价

在被问及“自认为哪些方面做得比较好”或“在你提到的，父亲的理想角色应该包括的内容里，你已经做到的有哪些”时，不同被访的孩子父亲给出的答案不尽相同，包括：尽量满足孩子的要求，用言行影响孩子，给予孩子平等和尊重，不给孩子过分压力而是让孩子自然地成长，努力提升自己以便给孩子做榜样，以及有能力给孩子提供实际的帮助，等等。当然，也有一些父亲对自己的评价比较笼统，其中一部分父亲认为过程令人满意，另一部分父亲认为结果令人满意。

在被问及“你觉得目前的父子互动存在什么问题”或“自己作为父亲哪

些地方还有待改善”等问题时，父亲们普遍提到了投入和关爱两方面的欠缺。其中，所有父亲都表示自己目前对孩子投入的精力不足。近半数父亲承认自己对孩子的关爱不足，多数的父亲都承认自己在发脾气的时候会动手打孩子。此外，不少父亲都指出：很多时候，问题并不在于哪些方面没有做，而是做的程度不够。当被问及原因时，大多数父亲表示时间和精力有限和不太懂恰当的方法。对于时间和精力有限的问题，一些父亲表示今后需要将放在工作上的心思腾出一部分放在家庭中，而另一些父亲则倾向于“在精力允许的情况下多关心关心她”。而对于不太懂得方法的问题，一部分父亲强烈地表达了他们困惑的心情并迫切希望获得改进的建议，另一部分父亲则仅仅指出这个问题难以解决或对此感到没有办法。

2. 母亲评价

综合本次访谈结果发现，被访的孩子母亲们对于“父亲的理想角色”需要做到的内容并没有统一的看法，但普遍包括：积极的陪伴和沟通，为孩子提供足够的物质支持，有足够的耐心和温暖，多参与孩子的教育，平等和尊重，等等。

当被问及对孩子父亲的评价，出于对客观因素的考量，大多数被访的孩子母亲都表示自己大体上比较满意孩子父亲的角色参与现状。“觉得他做得挺好的……他工作比我还要忙，根本就没有这么长的时间，人的精力是有限的。”此外，也有两位被访的孩子母亲明确指出孩子父亲对孩子的投入时间、教育方法或主动性不够令人满意。

进一步而言，不同被访的孩子母亲对“孩子的父亲哪方面做得比较好”这个问题虽然给出了不同的回答，但“基本能够满足孩子的要求”和“不能主动去做，但你跟他说了这件事情，他就把这些事情都给你做好”这两点被多次提到。接下来，当被追问“你觉得孩子父亲哪些地方做得不够好”时，许多被访的孩子母亲都表示孩子父亲的投入和主动性不足。此外，还有一部分被访的孩子母亲表示孩子父亲“耐心不够”“神情上不够容易亲近”，而指出的原因大多都是“跟性格有关系”，但同时也普遍表示“现在脾气比以前好多了”。

总体而言，不少孩子的母亲认为孩子父亲已经基本达到了“合格父亲”的标准（不同人标准不同），认为现状是可以接受的，并不会迫切地要求父亲某方面改变，但也有少数被访母亲表现出较强烈地对孩子父亲改善的期望。

3. 孩子评价

对于父亲积极投入活动这一维度，被访孩子提及的内容普遍比父母少，主要局限于外出活动、在家玩耍和体育锻炼三方面。虽然孩子们也都提到了学习方面，但大多表示父亲管得不多或不如母亲细致严格。同时，几乎所有孩子都提到和父亲在一起的时间有限，其中半数孩子表示父亲陪伴的时间严重不足。究其原因，有时是因为父亲的主观意愿：“我叫他，他一直说过一会儿，过一会儿。”有时也是由于客观限制：“他 24 小时里有差不多 13 个小时都在（工作）。”综合访谈结果发现，和父亲的互动较为积极的孩子往往表现出对父亲较高的满意度和亲密感。

当被问及“你比较喜欢和爸爸一起做什么”时，被访孩子普遍表示喜欢和父亲一起嬉戏玩耍，而这不仅是因为孩子对做的事情本身感兴趣，一些孩子也回答说开心是因为和爸爸一起，与一起做的事情不完全有关。

那天跟我爸爸一起种树很开心，但种树（本身）不好玩（F9-孩子-访谈记录）。是因为跟爸爸去玩有意思。（F4-孩子-访谈记录）

而对于“不喜欢和爸爸一起做的事”或“和爸爸一起做什么时会感到不开心”这类问题，一个共性的回答是父亲不擅长这个领域，而这直接阻碍了父子之间的活动。对此，一些孩子表示其实他们希望和爸爸讨论相关话题，只是现实情况不允许。

游泳，他根本就不会。我爸都搞不懂咋玩的，还不如我妈。（F5-孩子-访谈记录）

五、父亲的角色参与情况

（一）积极投入活动

总体上，大多数被访者都表示父亲角色参与的总时间有限，工作日一般为十几分钟到两三个小时不等，周末比工作日时间稍长，但通常视父亲的工作情况和孩子上课外班的情况而存在浮动。此外，相对于母亲而言，父亲角色参与的时间普遍更短。研究根据访谈结果总结了被访者提及的父亲积极投入的活动，主要包括六大方面：孩子课内外学习、聊天、外出活动、体育锻炼、在家玩耍和接送孩子。

详细而言，大多数父亲在体育锻炼、外出活动和孩子课内外学习三方面的参与程度较为一致，即参与体育锻炼和外出活动程度高，参与孩子课内外学习程度低。究其原因，一是学校对孩子每天要锻炼的特定运动项目有要求，二是因为父亲自己更感兴趣也更擅长。外出活动参与程度高是因为其通常为全家出动，所以一般都会参加；而对于孩子的学习，许多父亲都提到，因为孩子的学习主要由妈妈负责，所以自己只需偶尔有空管管即可。

就平时晚上把她接回来；学习上现在抓的不是很紧，下午她自己在那写作业，到时候会去看一眼写得怎么样；基本上会陪着玩（乐高、拼图等），但就在边上待着陪着，基本也插不上手。（F8-父亲-访谈记录）

大部分出去都是叫我遛弯，周末的时候带我去放风筝或者去公园玩。有时候跟我爸爸玩些比如积木什么的。小时候我爸跟我干仗，逗着我玩，比现在还要多一点。（F8-孩子-访谈记录）

在一些其他互动上，被访父亲表现出参与程度的差异。首先，在和孩子聊天方面，三位父亲表示自己经常会和孩子说很多话，而有两位父亲则反映自己和孩子沟通也比较少。其次，父亲对和孩子一起玩耍或娱乐的参与程度差异主要体现在：有四位父亲都认为和孩子一起玩耍是身为父亲的责任，所以会主动发起游戏或积极回应孩子的游戏请求；也有三位父亲则表示自己比较懒或对小孩子的游戏不太感兴趣，所以参与较少。

值得注意的是，大多数被访者都提到了父亲的角色参与和孩子的互动反馈相关。例如，一些父亲表示孩子不愿意出门，他们也没办法。也有一些父亲提到，自己愿意坚持带孩子锻炼是因为感受到孩子的变化。

我是感觉我们家孩子对这种活动，小时候还是比较感兴趣，四年级以后到五年级越来越不爱出去了，你这死活去赶着也不出去了，搁在家里玩玩这玩玩那。（F8-父亲-访谈记录）

效果还是挺好的，我就鼓励她说你看坚持就一定会提高，（我）就一直带着她跑。（F6-父亲-访谈记录）

（二）温暖与响应

1. 温暖

总的来说，父亲们向孩子提供温暖感受的方式有三种。

第一种是积极向孩子表达感情。有三位父亲表示他们主要通过肢体接触和语言来表达亲密，第二种是通过规避给孩子带来惩罚以使孩子获得慰藉。有两位父亲表示，自己跟孩子亲是因为不管孩子学习，所以相对减少了和孩子发脾气的概率。第三种是缺乏表达温暖的行为或做出相反的行为。近半数的父亲表示，自己并不习惯向孩子表达温暖和亲密。其中有三位父亲给出的理由都是他们认为孩子应该经历挫折，并将其命名为“挫折教育”，即尽量少地表达温暖甚至不时给一些打击，以便孩子在外受挫时不至于无法承受。

就亲亲脸搂胳臂啊，给她梳头发。（F6-父亲-访谈记录）

我不生气，谁管学习谁生气嘛，所以也不是说我做得有多怎么样。（F2-父亲-访谈记录）

我也会关注到他精神方面的需求，但关注完了不会去解决。你永远跟他说的都是爱啊什么的，他没有一点心理承受能力不行。（F4-父亲-访谈记录）

同时，虽然许多父亲逐渐开始形成向孩子表达亲密的角色意识，但表达方式比较传统和单一，有时会还存在忽视孩子互动请求的情况。

最近这一年确实他俩关系飞速发展，因为他爸有两天都没回来，第三天晚上的时候孩子就问我，我爸今天晚上还不回来啊？（F9-母亲-访谈记录）

说白了就属于跟她妈比着献殷勤。比方说买东西，她在她妈那行不通的时候，在我这都能行得通。（F9-父亲-访谈记录）

2. 响应

在被问及“如何响应孩子的互动请求”时，所有被访者都提到了父亲对孩子陪伴请求的响应。首先在行为方面，大部分父亲（和母亲）都表示父亲基本能做到在不忙的时候应邀去陪孩子玩（因为孩子主要就是想让爸爸陪着玩）。而存在分歧的是，许多被访孩子提到虽然爸爸很多时候确实来陪自己玩了，但并非完全投入，而是同时在做其他事情，例如玩手机。其次在响应的态度方面，一部分父亲表示他们在某些时候确实存在态度不好的情况，例如语气不耐烦或直接驱赶孩子离开。这一点也在对应家庭的孩子那里得到确认，但双方均表示这样的情况不太多，多数时候父亲的响应态度还是积极的。

另一个普遍提及的话题是如何在沟通中回应孩子。当孩子提出物质要求时，绝大多数父亲表示会采取“延迟满足”的策略，即和孩子约定如果他（她）能够达到父亲提出的要求（一般是学习成绩），就能得到想要的东西。对此，本次被访的孩子都表示能够接受这种方式。而在与孩子的谈话中，父亲的回应方式则存在明显的两极差异。

他跟你说他喜欢的东西的时候，我就很崇拜地看着他，说哇这你都知道。(F1-父亲-访谈记录)

有时候他就想和你讲话嘛，但他在那吵来吵去就有点烦……他就自己在那说，我也没有理他。(F2-父亲-访谈记录)

（三）控制

在对孩子各项事务决策的参与方面，被访父亲在不同程度上表现出对孩子想法的尊重。约半数被访者提到，父亲会询问孩子对于一些决策的意见，在把握原则和大方向的基础上尊重孩子的选择。而另一部分被访者虽然也表示会参考孩子的态度，但倾向于认为“孩子还小”“没什么想法”。在给孩子报课外班的例子上，绝大多数父亲表示会和孩子母亲一起商量和决定是否报名，其中对于文化课的辅导，孩子态度的作用较小，而兴趣特长班则多数参考孩子的意见。

像语数外，这个肯定是要报的了。他不想上课，家长还得逼着他去上，这他自主不了。(F7-父亲-访谈记录)

学那个机器人、围棋，没有哪个硬让他去的，最开始都是他想去的，虽然他也说不爱去，但他到了那里也挺投入的。(F1-父亲-访谈记录)

在被问及“你会监控孩子哪些方面的情况”时，大多数父亲都关注对孩子完成作业的监督。同时，安全也是一个常被提及的方面，父亲们大多会给孩子圈定一个安全活动范围，并规定在未经家长允许的情况下不许脱离家长。

我们因为就只在一个屋子里，不敢给她放到书房里去，就随时能看见。基本上如果你看她好长时间什么也不动，就不知道走神玩什么去了，她如果认真学习的话，过一会就会有动静的。（F6－父亲－访谈记录）

（四）间接照护

在访谈中，所有父亲都提到了为孩子所做的那些不需要与其互动的事务，主要包括两方面：给孩子报课外班和对孩子的物质供给。

所有的父亲都表示，他们（和孩子妈妈一起）给孩子报了至少一项课外班，大多数都包括文化课辅导，除此之外还涉及体育、艺术、IT等多个领域。但不同父亲对报课外班这件事持不同的态度，有一些父亲（2位）明确表示他们并不希望孩子上课外班，但迫于周围环境或孩子妈妈的坚持而作出了妥协，并表现出对孩子缺乏“美好童年”的担忧。但大多数父亲认为上课外班是有必要的。

被访父亲会在不同程度上满足孩子提出的物质要求。除了一位父亲提到会为了弥补不能陪孩子的缺失而几乎有求必应外，所有父亲都表示当孩子达到他们给孩子提的目标时就可以满足要求。但有趣的是，不遵守约定的情况在本次访谈中并不罕见。

一般像我们家孩子，比如说是看到什么东西想要的话，我们一般都是不会直接就给买，我们会给他设立一个小目标，达到了以后，我们作为奖励，去给他买。（F5－父亲－访谈记录）

一般什么生日啦或者平时表现好了，肯定是有点小惊喜，因为孩子还需要一些小关怀之类的。（F5－父亲－访谈记录）

（五）过程责任

在主动了解孩子需求满足情况这方面，被访父亲则普遍显得主动性不足（至少比母亲少很多）。超过半数父亲表示自己对孩子各项情况的掌握主要是通过孩子自己或孩子母亲告知，可能会自己观察和询问一些情况，但这种主动性不太高。同时，几乎所有被访者也都回答说，父亲极少主动和学校老师或其他人沟通孩子的情况，其原因在于时间和精力不够。

还是他妈问得比较多，平时我会观察观察，或者看出来的就去问，如

果没发现有什么的话，也没有特地去了解。（F5-父亲-访谈记录）

真正放在这方面的精力心思很少，没有琢磨过，也没有想到过。（F9-父亲-访谈记录）

沟通还需要再加强，有时候你想问也问不出来什么，他也不太主动跟你说，有时候他都不知道自己有什么需要。（F5-父亲-访谈记录）

六、相关社会工作服务

（一）认知和参与情况

在被问及“是否了解过亲子类的活动或项目”时，部分被访者提到自己在微信公众号、群聊或朋友圈等地方看到过一些活动广告，或者“都是别人推荐什么的，家长互相之间聊起来的”。至于自家孩子（尤其是小时候），一些被访者提到他们参加过一些由学校、社区发起的需要家长配合的活动。大多数被访者都表示孩子没有和父亲一起参加过专门的亲子类服务项目，且几乎所有被访者都表示他们没有参与过专业的，通过提升亲子关系或父母教养技能来促进儿童发展的服务或活动。

对此，当被问及“如果现在有这样的项目，你会如何看待它”时，大部分家长认可其意义：“挺好的。”“像我们这种家庭就需要这样。”“可以促进一下（父子关系）。”“能关注一个什么点，让我们着重怎么去做，教会我们回来以后能长期这么去做。”……但有两位被访者都认为市面上现有的亲子项目商业气息浓重，实际效果不理想或不值得期待。

商业气息太浓了，真正能给家长灌输一种很好的，孩子能健康成长的角度，特别特别少。（F1-父亲-访谈记录）

我觉得意义不是特别大，那些项目主要都是营利的，非营利性的项目也是属于试验阶段，最后还是要过渡到营利。（F9-父亲-访谈记录）

（二）参与意愿和期望

对于“自己是否愿意参加这样的活动”，不同被访者则给出了不同的回答。被访的孩子母亲普遍表示在孩子时间和精力允许的情况下，愿意让父亲带孩子参加，大多数父亲也持同样的看法。但有一部分被访的孩子父亲出于各种原因表示可能不会愿意参加。例如，“我对出去玩没有兴趣，你哪怕让我去单位上班也比出去玩好。”“就觉得自己家里的（亲子互动）已经不少了。”同时，不少被访者一致表示，当信息的获取渠道来源于朋友已经去过后推荐，或有熟人同行时，他们的参与意愿会更高。

有陌生人的时候，比如说这次搞个亲子活动，一个人不认识，可能不愿意去。我们班谁谁参加了，那可能兴致很高。(F2-父亲-访谈记录)

在此基础上，对于进一步的问题：“你希望从这样的亲子活动中获得什么”，被访者们普遍分为两种不同的态度。一部分表示父子一起玩开心就好，获得什么是次要的，另一部分则详细陈述了他们的期望。

家长能和孩子有一些更深入的交流，找到两人相处的那个度，现在他好多不跟你说。(F2-父亲-访谈记录)

像这个沟通方面，孩子怎么跟其他小朋友交往；还有你每天跟他生活在一块，纯属就是咱父子俩今天吃什么或者去参加什么活动，不用想我还要去挣钱。(F4-父亲-访谈记录)

七、讨论与建议

（一）基于角色理论的讨论

父亲作为一种先赋角色，形成于孩子出生的那一刻。因此，每位父亲都需要经历一个进入角色的过程，并不断根据与环境之间的互动调整自己的角色，本质上这就是持续将社会赋予的角色权利和义务内化为自身信念的角色学习过程，即社会化的过程。正如戈夫曼在《日常生活中的自我呈现》中所说，作为一个社会角色，在观众面前表演时必须保持相对稳定的状态。桑塔耶纳也指出，社会化过程在于使精神变得确定。然而，中国当前正处于文化和社会剧烈变革的转型期，传统父亲角色扮演的稳定状态已经被打破，新的稳定状态又尚未完全形成，这既使得父亲角色的诸多内涵变得模糊摇摆，又给人们提供了反省和改善父亲角色的巨大可能性。

文化和社会环境既为父亲创造了向环境中其他家庭进行观察学习的机会，又在一定程度上抑制了父亲在家庭内部通过和孩子互动反馈进行操作性学习的过程。详细而言，我国当前社会文化和价值观念对人们进一步认识父亲角色起到了积极作用。“80后”年轻父亲通过和环境中的人交流，了解其他人对父亲角色的看法，或模仿其他家长的行为，逐渐注重将重心从工作向家庭转移，增加与孩子的直接互动和情感联系。然而，社会环境也给父亲带来了不小的工作压力，使得他们和孩子在一起的时间有限，阻碍了他们从与孩子的相处中发现积极之处或存在的问题，进而强化良性互动模式的过程。

父亲的理想角色认知和实际角色参与之间的差异反映了人们的行为习惯落后于人们的观念。其原因在于，虽然人们对性别角色的认知受到时代的影响而发生转变，但这种转变大多限于宏观层面，对更系统的角色行为模式的认知不足使得父亲的实际行为在很多时候仍然求助于传统家庭角色行为模式的指导。因此，了解父亲角色的详细行为模式对系统的角色学习至关重要。家庭应当积极重视这个问题、共同参与对角色权利义务的约定，提升自己的角色参与技能（即承担角色所需要的智慧、能力、技术、经验的总和），并相互监督实施。社会工作服务可以参与每一个过程，为家庭提供科学有效的建议、激励家庭坚持下去，从而帮助家庭获得改变。

（二）对角色认知的讨论和建议

总体而言，人们对父亲角色的认知仍然带有传统色彩，但融入了更多新时代的价值观。具体而言，“男主外”的性别角色观念仍旧被延续，被访者对父亲角色参与的讨论普遍基于“工作之外对家庭的投入”这一前提。但在此基础上，当前人们对父亲角色的认知范围已经广泛扩展，社会对性别角色和人际互动的观念也逐渐渗透到家庭对父亲角色的看法中。如今人们还赋予了父亲的理想角色以更多期望，包括给予孩子足够的尊重、平等、关爱、接纳、照顾……这也与世界上其他国家数十年来的整体发展趋势相一致，即父亲的参与内容、可接近性和责任感都在增加[48]。

然而，不同的人对父亲的理想角色的认知存在一定差异，其原因在于人们对角色的认知是在个体经验中构建起来的。许多孩子的母亲并未主动地预先思考过“完美父亲”的角色，而更多是看到丈夫已经做出的行为，对其进行评价。由此可见，许多家庭一方面对“父亲的理想角色”可能性的了解有待拓宽和加深，另一方面也缺乏较好的自我内省机制。对于前者，社会工作服务项目可以运用个案工作、小组工作等方式给家庭提供丰富全面的信息，帮助家庭了解儿童良好的成长发展需要父亲的何种角色参与，澄清他们对父亲角色的认知。对于后者，家庭之间共同进行的小组活动有助于给参与者们创造一个充分沟通的机会，以便反思和改善目前父子关系存在的问题。

（三）对角色参与的讨论和建议

在父亲的角色参与中，大多数父亲对于积极投入活动、温暖与响应、控制和间接照护四个维度的角色参与都有不同程度的自觉意识并付诸行动，但对于过程责任维度的意识和参与都比较低（该维度分类参考 Pleck 和 Lamb 在 2010 年提出的修正版父亲角色参与模型）。

这首先意味着，父亲参与的主动意识有待提升。正如访谈结果显示，很多时候父亲并不了解如何发现孩子的需求，而是母亲先发现问题或孩子主动表露出请求时，父亲才被动行动。对此，社会工作服务可以向家庭澄清父亲主动发现并满足孩子需求的必要性，同时帮助家庭了解合适有效的方法。

其次，在积极投入活动这一维度，如今父亲与孩子之间有了更多的积极互动，在一定程度上分担了原属于传统母亲的角色责任，从而意味着孩子的抚养责任逐渐从主要由母亲承担转向由父母共同承担。这个研究结果与一些以往研究一致，即父亲在家庭中的角色正在发生变化，例如更富于情感，更多参与照顾孩子[37]。父亲角色的总体参与频率和涉入深度都比母亲要低得多。父亲更倾向带孩子外出活动、运动锻炼、在家中玩耍，和为孩子提供大方向的引导。

最后，在温暖与响应这一维度，不少父亲的观念和行为方式都存在不同程度的问题。具体表现为三类：第一类可以被称为“积极的问题”，即父子双方对互动的期望和达成方式持不同看法，父亲主动作出的互动行为并不适当，因而容易造成激烈的冲突。对此，父亲对孩子期望的细心观察、对游戏进程的良好把握，以及对孩子输赢观念的合理引导等，都是解决这类问题的有效方式。第二类可以被称为“消极的问题”，即父亲对于孩子的互动请求缺乏积极有效的回应。例如在访谈中，挫折教育的观念多次被提到，一些父亲也会对孩子的互动请求不予理睬或无限期推后。第三类问题可以被称为“缺失的问题”，即父子之间缺乏沟通和互动。例如一些父亲过多专注于自身事务，甚至不给孩子发起互动请求的机会，就用“快去学习”或“自己玩去”一类的借口断绝互动的可能，久而久之孩子也没有动力主动去找父亲了。对此，父母积极的鼓励认可、有效的激励和良好的互动回应都对儿童精神健康和人格健全发展起到至关重要的作用，并有助于其今后面对各类挫折和困境，而许多父亲对相关知识还需要进一步加强学习。

（四）对相关社会工作服务讨论和建议

首先，父子互动项目应该有别于传统的亲子互动项目，关注父亲角色的特性。本研究反映了家庭中父亲与子女的互动经验和偏好，这有助于针对性地设计相关社会工作服务。对此，父子互动项目应当关注到父亲的性别特征、父子互动的独特性和多样性等。这一观点在一定程度上与一些已有干预服务理念一致。例如乌干达一项父亲养育计划的参与者反映，项目实行单一性别小组（小组成员全为父亲），相较于混合性别小组更受欢迎的原因在于，它在男性同胞中创造了一个开放和安全的环境[59]。

其次，父子互动项目也应该考虑到母亲的参与。由于在家庭中，孩子母亲是父子互动中不可忽视的重要影响因素，相关社会工作服务的设计需要注意不仅让父亲与孩子双方参与，还应该进一步考虑母亲的加入。对此，美国一项已有的父子互动项目评估显示，干预服务对父亲与子女的互动、子女问题行为等均有正向影响，而有母亲参与的小组比只有父亲的小组表现出更一致、更长期的积极影响[33]。

最后，对已有父子互动项目进行针对熟人社群的宣传推广，使其和家庭精准对接是相对高效的解决方案。目前我国已经存在不少亲子互动项目，但由于信息的不对称，以及很多人对熟人推荐这一传播渠道存在依赖，使得多数家庭没有机会了解和参与已有服务。因此，相关社会工作服务在注重内容专业性的同时也应该分出足够的精力宣传推广，尤其应当侧重关注社群维护和口碑传播。例如，服务项目可以和学校或青少年活动中心等官方教育机构建立合作，以获得稳定的参与者来源。

八、结论

中国社会在过去几十年里经历了重大的经济、社会和文化变革，这些变革对家庭角色和人际互动产生了诸多影响。同时，自改革开放以来，大量的国际交流让人们看到了不同文化背景下父亲角色的差异，这些都使得如今的父亲角色相对于过去已经有了改变。

本研究基于社会角色理论，运用半结构化访谈的方法对北京市丰台区F小学低中高年级共9个家庭进行访谈，被访对象包括9位父亲、9位母亲和4位同学。研究旨在探讨中国当前学龄儿童父子互动中父亲的角色，以及相关社会工作服务如何对应人们的需求。首先，对父亲角色的探讨分为两个方面：（1）人们对父亲角色的认知，包括对理想角色的描绘和对现实角色的评价；（2）父亲的角色参与情况，包括积极投入活动、温暖与响应、控制、间接照护和过程责任五个维度。其次，对相关社会工作服务的探讨分为两个方面：（1）对相关服务的认知和参与情况；（2）对相关服务的态度和期望。

综合对访谈内容的定性分析，本研究得出以下结论：（1）人们对父亲角色的认知虽然在不同程度上仍承袭着传统的家庭角色观念，但同时也吸纳了当代自由平等、人本主义等价值理念，期待父子之间具有更紧密的情感联系、更平等的权利关系，以及更主动和相互尊重的积极互动模式。（2）父亲角色参与的内容更加丰富，不仅包括传统意义上父亲对孩子的物质支持，还增加了更多亲密的父子互动。同时，父亲开始分担传统意义上原属于母亲的角色责任，并和母亲一起承担新时代赋予的角色。但父亲的角色参与程度还有待提高，其原因主要在于时间精力、能力技巧、参与意愿和改变动力的不足。（3）父亲角色与母亲角色存在较为稳定的差异，父亲更偏重于与孩子进行身体上的互动和将孩子引向外部世界，但这种角色分工是灵活可变的，必要时父母的角色可以实现相互替代。（4）由于不同家庭成员对父亲参与的期待不同，其评价也存在差异，但他们普遍愿意父亲投入更多精力陪伴孩子并与孩子进行积极互动。（5）对于目前已有的，与父子互动相关的儿童发展社会工作服务项目，多数家庭认知甚少且几乎不曾参与。但人们普遍对相关项目持积极的接纳态度，并希望从中获得亲子关系、互动技能或儿童特定方面能力素质的提升。因此相关社会工作服务应当同时关注到内容的专业性和宣传推广的针对性。

参考文献：

［1］白丽英，叶一舵．亲子关系对儿童发展影响的研究综述［J］．宁波大学学报（教育科学版），2002（1）：45-49.

［2］陈建强．恪尽父职的标尺："父亲参与"的主要内涵、特点与影响要素［J］．家庭教育（婴幼儿家长），2002（5）：36-37.

［3］陈建强．新世纪的父亲角色：父亲研究的新视角与新发展［J］．家庭教育，2002（1）：4-7.

［4］陈建翔．应该重视的父性教育［J］．中华家教，2007（1）：4-7.

［5］丁水木．社会角色论［M］．上海社会科学院出版社，1992.

［6］戈夫曼．日常生活中的自我呈现［M］．杭州：浙江人民出版社，1989.

［7］黄蓓．徘徊在传统与现代之间：试析转型期社会中的父亲形象［J］．基础教育，2005（9）：34-36.

［8］纪成双．父亲不能淡出家庭教育［J］．现代家教，2000（8）：6-8.

［9］刘秀丽，赵娜．父亲角色投入与儿童的成长［J］．外国教育研究，2006（11）：13-18.

［10］蒲少华，卢宁．父亲教养的研究进展［J］．中国健康心理学杂志，2008，16（10）：1194-1197.

［11］桑标，唐剑．父母意识的结构与内涵初探［J］．心理科学，2000，23（3）．

［12］孙彦．城市父亲参与幼儿教养的现状研究［J］．（Doctoral dissertation，西南大学），2011.

［13］王莉．国外父亲教养方式研究的现状和趋势［J］．心理科学进展，2005，13（3）：290-297.

［14］王向贤．亟需变革的家庭内社会再生产：以天津市第三次妇女地位调查为例［J］．山西师大学报（社会科学版），2013（3）：121-125.

［15］许岩．城市父亲参与儿童教养的影响因素［D］．山东师范大学，2006.

［16］尹霞云．儿童与父亲的关系：影响因素及儿童的心理适应［D］．中南大

学，2012.

［17］余舒．父亲教养行为及与2—6岁幼儿社会性行为的关系研究［D］．华东师范大学，2011.

［18］翟媛媛．父亲：儿童成长不可或缺的力量源泉［J］．科教文汇，2009（19）．

［19］张富洪，申荷永．传统文化与心理学视野下的父亲意象研究回顾［J］．河南师范大学学报（哲学社会科学版），2008（4）．

［20］张亮，徐安琪．父亲参与研究：态度、贡献与效用［M］．上海社会科学院出版社，2008.

［21］张青青．父亲在儿童成长中的作用［J］．当代学前教育，2007（5）：33-34.

［22］周素珍．学前儿童父亲教养行为研究综述［J］．前沿，2007（3）：183-186.

［23］邹扬．上海市父亲参与孩子早期教育的现状及问题研究［D］．华东师范大学，2006.

［24］李慧美．已婚男性对其父亲形象知觉、背景变项与实际父职角色［D］．嘉义大学家庭教育研究所，2003

［25］王丛桂．促进父亲参与父职因素的探讨［J］．应用心理学，2000（6）．

［26］郑杭生，李强．试论区分社会运行类型的主要原则——对社会学基本理论的一点探讨［J］．中国社会科学，1987（01）：181-192.

［27］Amato，P. R.，& Rezac，S. J.（1994）. Contact with nonresident parents，interparental conflict，and children's behavior. Journal of Family Issues，15（2）：191-207.

［28］Baumrind，D.（1975）. Early socialization and the discipline controversy. Morristown，NJ：General Learning Press.

［29］Belsky，J.，& Youngblade，L.（1991）. Patterns of marital change and parent-child interaction. Journal of Marriage & Family，53（2）：487-498.

［30］Bogenschneider，K.，Wu，M. Y.，Raffaelli，M.，& Tsay，J. C.（1998）. Parent influences on adolescent peer orientation and substance use：the interface of parenting practices and values. Child Development，69（6）：1672-1688.

［31］Burgos，L.（2003）. The effect of the father-child relationship on the social conduct of 2 1/2 year old children in preschool. European Journal of Psychology of Education，18（2）：135-155.

[32] Carrillo, Sonia, Bermúdez, Milton, Gutiérrez, Liliana Suárez, María Camila, & Delgado, Ximena. (2016). Father's Perceptions of their Role and Involvement in the Family: A Qualitative Study in a Colombian Sample. Revista Costarricense de Psicología, 35 (2): 37-54.

[33] Casey P., Cowan P. A., Cowan C. P., Draper L., Mwamba N., Hewison D. Parents as partners: a U. K. trial of a U. S. couples-based parenting intervention for atrisk low-income families. Fam Process, 2017, 56 (3): 589-606.

[34] Cowan P. A., Cowan C. P., Pruett M. K., Pruett K, Wong J. J. Promoting fathers' engagement with children: preventive interventions for low-income families. J Marriage Fam. 2009, 71 (3): 663-679.

[35] Crowley, K., Callanan, M. A., Tenenbaum, H. R., & Allen, E. (2001). Parents Explain More Often to Boys than to Girls During Shared Scientific Thinking. Psychological Science, May, 2001, 12: 258-261.

[36] Cummings, E. M., & O'Reilly, A. W. (1997). Fathers in family context: effects of marital quality on child adjustment.

[37] Day, R. D., & Lamb, M. E. (2004). Conceptualizing and measuring father involvement: Pathways, problems, and progress. In Day R D, Lamb M E. Conceptualizing and Measuring Father Involvement [M]. Lawrence Erlbaum Assoc. Pub. 2015.

[38] Doherty, W. J., Kouneski, E. F., & Erickson, M. F. (1998). Responsible fathering: An overview and conceptual framework. Journal of Marriage and the Family, 60 (2): 227-292.

[39] Flouri, E., & Buchanan, A. (2002). Father involvement in childhood and trouble with the police in adolescence: Findings from the 1958 British cohort. Journal of Interpersonal Violence, 17: 689-701.

[40] Joshua, Jeong, Saima, Siyal, Günther, & Fink, et al. (2018). "his mind will work better with both of us": a qualitative study on fathers' roles and coparenting of young children in rural pakistan. BMC public health, 18 (1): 1-16.

[41] Kazdin, A. E. (1987). Treatment of antisocial behavior in children: current status and future directions. Psychological Bulletin, 102 (2): 187-203.

[42] Lamb M. E. (Ed.) The role of the father in child development. Hoboken: Wiley.

[43] Lamb, M. E., Frodi, A. M., Frodi, M., & Hwang, C. P. (1982). Characteristics of maternal and paternal behavior in traditional and nontraditional Swedish families. In-

ternational Journal of Behavioral Development, 5: 131-141.

[44] Maccoby, E. E. (1984). Middle childhood in the context of the family. Development during middle childhood: The years from six to twelve, 184-239.

[45] Mackey, W. C. (1985). Fathering behaviors: The dynamics of the man - child bond. New York: Plenum.

[46] McBride, B. A., Schoppe-Sullivan, S. J., & Ho, M. H. (2005). The mediating role of fathers' school involvement on student achievement. Journal of Applied Developmental Psychology, 26: 201-216.

[47] McBride, B. A., & Rane, T. R. (1997). Role investments and paternal involvement. Early Childhood Research Quarterly, 12: 173-197.

[48] Montemayor, R. (1982). The Relationship between Parent-Adolescent Conflict and the Amount of Time Adolescents Spend Alone and with Parents and Peers. Child Development, 53: (6) 1512-1519. doi: 10.2307/1130078.

[49] Paquette, D., René Carbonneau, Dubeau, D., & Tremblay, B. R. E. (2003). Prevalence of father-child rough-and-tumble play and physical aggression in preschool children. European Journal of Psychology of Education, 18 (2): 171-189.

[50] Parsons, T., & Bales, R. F. (1955). Families, socialization and interaction process. New York: Free Press.

[51] Pleck, J. H. (1997). Paternal involvement: Levels, sources, and consequences. In M. E. Lamb (Ed.), The role of the father in child development (3rd ed.). New York: Wiley.

[52] Power, T. G. (1985). Mother and father - infant play: a developmental analysis. Child Development, 56 (6): 1514.

[53] Russell, G. The Changing Role of Fathers? St. Lucia, Queensland: University of Queensland Press, 1983

[54] Ryan, R. M., & Deci, E. L. (2001). On happiness and human potentials: a review of research on hedonic and eudaimonic well-being. Annual Review of Psychology, 52 (1): 141-166.

[55] Shannon, J. D., Tamis-Lemonda, C. S., London, K., & Cabrera, N. (2002). Beyond rough and tumble: low-income fathers' interactions and children's cognitive development at 24 months. Parenting, 2 (2): 77-104.

[56] Silverstein, L. B. (1996). Fathering is a feminist issue. Psychology of Women

Quarterly, 20: 3-37. Strauss, A., & Corbin, J. (1990). Basics of qualitative research: Grounded theory procedures and techniques. Newbury Park, CA: Sage.

[57] Sinno, S. M., & Killen, M. (2009). Moms at work and dads at home: Children's evaluations of parental roles. Applied Developmental Science, 13: 16-29.

[58] Sirignano, S. W., & Lachman, M. E. (1985). Personality change during the transition to parenthood: the role of perceived infant temperament. Developmental Psychology, 21 (3): 558-567.

[59] Siu G. E., Wight D., Seeley J., Namutebi C., Sekiwunga R., Zalwango F., Kasule S. Men's involvement in a parenting Programme to reduce child maltreatmentand gender-based violence: formative evaluation in Uganda. Eur J Dev Res, 2017, 29 (5): 1017-1037.

[60] Stanley, B. K., Weikel, W. J., & Wilson, J. (1986). The effects of father absence on interpersonal problem-solving skills of nursery school children. Journal of Counseling & Development, 64 (6): 383-385.

[61] Stearns, P. N. (1998). The modernization of fatherhood: a social and political history. by ralph larossa. American Journal of Sociology, 103 (4): 1158-1160.

[62] Stein, R. B. The changing role of fathers? by graeme russell. American Journal of Sociology, 90 (3): 671-672.

[63] Summers, J. A., Raikes, H., Butler, J., Spicer, P., Pan, B., & Shaw, S., et al. (1999). Low - income fathers' and mothers' perceptions of the father role: a qualitative study in four early head start communities. Infant Mental Health Journal, 20 (3): 291-304.

[64] Tamis Le-Monda, C. (2004) "Conceptualizing Fathers" Roles: Playmates and More'. Human Development, 47: 220-227.

[65] Tulananda, O., & Roopnarine, J. L. (2001). Mothers' and fathers' interactions with preschoolers in the home in northern Thailand: Relationships to teachers' assessments of children's social skills. Journal of Family Psychology, 15: 676 -687.

[66] Volling, B. L., & Belsky, J. (1991). Multiple determinants of father involvement during infancy in dual-earner and single-earner families. Journal of Marriage & Family, 53 (2): 461-474.

[67] Zeigler, M. (1980). The father's influence on his school-age child's academic performance and cognitive development. Unpublished doctoral dissertation. Ann Arbor, MI: University of Michigan.

民众戏剧在流动儿童社会工作服务中的应用[①]

学生：刘宛昀（2020届）　指导教师：杨　荣

【摘要】 我国城乡二元制度和地区之间发展的巨大差异促进人口由农村向城市流动，农民工举家搬迁的潮流产生了流动儿童这一人数庞大的群体。流动儿童社会工作服务取得丰富实践和研究成果的同时，也存在服务方法单一的问题。本文以××社会工作服务机构的民众戏剧活动为例，采用质性研究方法，运用访谈和参与观察的方式收集资料，针对流动儿童缺乏安全庇护和社会关注、家庭和学校教育方式不当和流动带来的社会适应问题，以及8~13岁流动儿童在人际交往、认知发展和获得自信心与成就感方面的需求，描述民众戏剧在流动儿童社会工作服务中应用的具体过程，分析民众戏剧对展示儿童现实困境、满足儿童发展需求的积极作用，总结民众戏剧与流动儿童社会工作相结合的挑战与对策。

关键词： 民众戏剧　流动儿童　社会工作服务

一、绪论

（一）问题的提出

1. 研究背景

我国不同地区经济发展不平衡，城乡之间的巨大差异让农民工涌入城市，因不忍亲子分离，大部分流动人口带着自己的子女流入城市，由此产生了一个特殊的群体——流动儿童。

① 感谢北京协作者社会工作发展中心对本研究的支持。

该群体在生活中面临诸多问题。首先是缺乏安全庇护，流动儿童经常在缺乏看护的情况下发生人身安全事故。其次是入学困境，许多流动儿童就读于自费入学的民办学校，其与公立学校在教学水平、教学方式、师资力量、硬件设施等方面存在差异。再次是流动儿童父母收入较低且不稳定，对子女采取权威性教育方式。最后是流动带来的社会适应问题，初中毕业后需返乡参与考试，因此需要面对学业、文化、人际等方面的适应问题。

××社会工作服务机构（以下简称××机构）自2003年成立以来为农民工、流动儿童和困境儿童提供个案救助、社区照顾、社区参与、社会融合和能力建设等服务，并探索出“民众戏剧”的公众教育方式，促进了主流人群对边缘群体的接纳，发挥了政策倡导的作用。

针对流动儿童缺乏安全庇护、家庭和学校教育方式不合理和流动带来的社会适应问题，以及8~13岁流动儿童在人际交往、认知发展、自信心和成就感获得方面的需求，本文探索民众戏剧在流动儿童社会工作中应用的具体方法，归纳民众戏剧对展示流动儿童困境，满足流动儿童发展需求的作用，总结民众戏剧与流动儿童社会工作相结合的挑战与对策。

2. 研究意义。

（1）理论意义。

其一，社会工作者要善用跨学科的视野去认识复杂社会环境下的个体、群体和社区问题[17]。探讨民众戏剧在流动儿童社会工作服务中的应用，是对其他学科方法和理论的迁移。其二，民众戏剧与流动儿童社会工作服务相结合的话题是实务案例和前人研究中都较少涉猎的部分，对该过程进行描述能够为社会工作实务手法的创新提供思路。

（2）现实意义。

首先，实地观察儿童在戏剧活动中的表现能够明确戏剧活动对儿童发挥作用的具体方式。笔者自2017年起在××机构参与志愿服务和专业实习，全程参与戏剧活动，对流动儿童十分熟悉，这是本文在收集资料上的优势。其次，本文聚焦年龄8~13岁的流动儿童，尝试解释其在民众戏剧中的变化，能够使读者增强对该年龄段流动儿童心理和行为特征的了解。

（二）文献综述

1. 文献回顾

（1）民众戏剧。

民众戏剧最早发源于巴西，是伴随着民主运动而诞生的戏剧形式，是社会上受压迫的民众寻找情感宣泄的艺术表达方式[3]。其在世界各地的发展有所不同，相关研究大多是以梳理民众戏剧的理论流派和代表人物为主要内容，还有归纳各地民众戏剧的实践形式为主要内容。在理论上，有研究介绍法国知识分子和戏剧人的观点及行动，呈现了民众戏剧有关理论在20世纪上半叶的发展脉络[11]。在实践上，有研究介绍了中国台湾、中国香港与新加坡地区民众戏剧的发展变化、实践方法、剧团特点和效果[21]。

尽管各地民众戏剧呈现多样化特点，但也有研究概括了不同地区民众戏剧的共性，介绍了民众戏剧的实践要求和本质特点。民众戏剧虽然形式多样，风格多元，但扎根底层，面向困难群体，将戏剧与社会运动、社区建设结合是其共性[4]。民众戏剧工作必须增权而不是去权，教育而不是反教育，工作坊和活动必须是参与式民主学习的形式[12]。民众戏剧实际是戏剧人为了追求人生自由平等或社会公平正义，或基于对困难族群的关怀而走向民间、走向民众的文化行动[6]。

（2）戏剧在儿童领域的应用。

民众戏剧在社会工作服务中应用的文献数量很少，但戏剧疗法和教育戏剧在儿童领域应用的文献很多。心理学将戏剧当作体验式的治疗方式，认为戏剧疗法能促使个人和群体在体验中学习，经历并再认知人生中的事物，促进人格成长[8]。教育戏剧是指以教育为目的、以戏剧为主要形式的教育手法，不仅能够为儿童语言、逻辑、音乐等多元智能的发展提供趣味性强且效果显著的途径[20]，还能增强儿童的人际交往能力，改善其同伴关系[29]。

在社会工作领域对戏剧手法进行研究的文献呈现出两个特点，一是论述心理学和教育学与社会工作的密切关系，认为戏剧疗法和教育戏剧能够对社会工作实践领域有借鉴作用。二是关注戏剧如何与社会工作三大方法相互结合形成儿童实务领域的框架。戏剧疗法和社会工作均以心理学理论为参考，二者具有价值的一致性，且在社会工作情境当中具有广泛的应用价值[14]。戏剧教育的终极目标是致力于人格教育，这一基本理念与社会工作助人自助的专业价值理念可以相互融合[15]。

虽然在社会工作领域使用戏剧手法的情况并不常见，但戏剧是让儿童自然认识和探索周围世界的有效方法，其与团体社会工作相结合能够促进更多改变[30]。因此有很多实务性文章关注戏剧如何与小组社会工作相结合，描述了将戏剧手法运用在儿童社会工作实务中的方法、过程、效果和不足。有研究关注戏剧在社会工作服务中的局限性，认为在应用过程中，社会工作者要不断提高自身综合能力，还要注意戏剧在适用群体、专业标准、技术保障等方面的缺陷[7]。

（3）流动儿童社会工作。

与流动儿童社会工作有关的研究成果众多，内容广泛，本文结合流动儿童面临的现实困境，主要梳理流动儿童在家庭、学校、社会和个体心理这四个层面的文献。

成员关系和教育方式是家庭层面的主要研究议题。流动儿童家庭亲子互动较少，沟通内容单一[9]。同胞之间存在冲突与竞争，陪伴和互助行为较少[23]。父母容易忽视流动儿童的情感需求，甚至对孩子看法片面[25]。

在学校层面有很多研究关注流动儿童的学业状况和同辈群体之间的互动。流动儿童在学习态度、动机、方式、情绪等方面表现出不同程度的不良行为[5]。虽然渴望社会交往，但辱骂、打架和欺凌的行为，使其与同伴关系不甚融洽[16]。

流动儿童社会适应和社会融入是以往研究中的又一内容。有研究通过检索国内外数据库文献，综述流动儿童城市适应的概念、理论、现状和影响因素[19]。还有研究分析流动儿童面临的社会排斥困境和社会融入需要，从流动儿童个人、家庭和社区层面分析影响其社会融入的保护因素和风险因素[22]。

还有很多研究关注流动儿童的心理状况。首先是对心理问题的归纳，很多流动儿童都面临自卑、焦虑、抑郁等不良情绪问题[2]。其次是通过社会工作方法提高流动儿童积极心理要素的实务研究。例如小组工作能培养流动儿童解决问题、情绪控制、团队合作、人际沟通能力，增强流动儿童乐观感、效能感和归属感[24]。

2. 文献述评

与民众戏剧有关的研究主要包括主要代表人物及理论流派、不同地区的民众戏剧实践形式及特点、民众戏剧的本质和原则这三个部分。国外和中国港台地区对民众戏剧的运用更多，但参与群体多是成年人，几乎没有研究论述该手法如何在儿童身上进行应用。

有研究关注戏剧手法在儿童社会工作领域的应用，但多以“戏剧疗法”和“教育剧场”为主要形式，分别以“治疗”和“教育”为目标，这其实与社会工作的理念并不完全相符，在实际操作过程中也没有充分体现社会工作服务的特点。

流动儿童社会工作服务的文献数量多为案例研究，因此内容和结构较为固定。先分析流动儿童在家庭、学校、社会和心理层面的问题，再分析原因并设计服务方案，接着评估服务效果和不足，最后倡导家庭、学校、社区、社会多元主体的积极改变。

社会工作与众多社会科学学科有着密切联系，在解决具体问题的过程中，相关学科的知识发挥重要作用[18]。民众戏剧的实务案例较少，但其在心理学和教育学中被证明对儿童具有积极作用，故而对民众戏剧与社会工作服务相结合的研究是有价值的。

本文与前人研究不同点有二。一是本文关注如何借鉴戏剧的形式来展示流动儿童的困境，从而让社会增加对这一群体的关注，改善对这一群体的看法。二是分析流动儿童个体在参与民众戏剧活动中的积极变化，并尝试分析这些改变是如何发生的。

二、研究设计

（一）概念界定

1. 民众戏剧

目前在学界对民众戏剧尚未有统一定义，结合实际调查和有关文献，笔者赞同董琳的说法，认为民众戏剧是以基层民众生活为中心，运用戏剧元素在公共场所向观众展示自己的生活现状，表达自己意愿和心声的活动[3]。

2. 流动儿童

《流动儿童少年就学暂行办法》和《全国农村留守儿童城乡流动儿童状况研究报告》都认为流动儿童是随父母或其他监护人在流入地居住半年以上的儿童，区别在于对该群体年龄的限定。结合接触到的流动儿童实际年龄，本文认为流动儿童是指随父母或其他监护人在非户籍所在流入地居住半年以上的8~13岁的儿童。

3. 流动儿童社会工作服务

本文参考国务院对儿童社会工作服务的定义，认为流动儿童社会工作服务是指社会工作者根据流动儿童的生理、心理特点和成长、发展的需要，以专业的价值观为指导和科学的理论为基础，运用社会工作的专业方法和技巧对流动儿童开展的服务①。

（二）理论视角

1. 心理发展阶段理论

埃里克森认为个体发展需经过一系列过程，每个阶段都需要面对特殊的目标、冲突和任务，如果能处理好某一时期的关键任务便会顺利地进入下一发展阶段。6~12岁的学龄期儿童进入学校学习，如果能够在与同伴的竞争中获得胜利或者学习相应的社会交往技能，便会感到自信，更加积极进取，否则会产生强烈自卑[13]。

2. 认知发展理论

皮亚杰强调儿童获得技能不仅需要生理成熟和前一阶段的发展作为基础，还需要与外部环境进行交互作用才能够逐渐掌握[13]。8~10岁的儿童只能将图式运用在具体情境或事件上，11~12岁的儿童能对他人的心理和行为产生的原因有更丰富的理解，也会考虑个体行为对自己和他人可能造成的结果[26]。

---

① 民政部．儿童社会工作服务指南，2019. http://www.nwccw.gov.cn/2017-05/24/content_158034.htm.

（三）研究方法

1. 研究方法

质的研究方法适用于对故事、事件、过程的描述，主要用归纳的方法进行理论建构和资料分析，并且适用于理解特定社会情境下的社会实践[1]。选择质性研究方法是出于对研究内容的考虑，本文的研究重点是描述民众戏剧活动的开展过程，分析流动儿童在参与民众戏剧过程中的变化，这与质的研究方法解释性和归纳性的特点相符合。

质性研究对伦理道德问题非常关注，流动儿童群体各方面的发展都尚不成熟，受他人评价和环境影响更大，因而更应当注意研究伦理。笔者在进入××机构研究前签订了保密协议，与儿童访谈前事先与家长取得联系，说明了研究目的和研究内容，在获得家长和儿童的许可后才展开资料收集工作。

2. 收集资料方法

（1）访谈法。

访谈是一种研究性交谈，是研究者通过口头谈话的方式从被研究者那里收集第一手资料的一种研究方法[1]。笔者与负责民众戏剧的2位社会工作者、4名参与民众戏剧的流动儿童和1位志愿者访谈。其基本信息见表1。

表1　被访谈对象基本情况

编号	化名	性别	年龄	流动/工作情况	民众戏剧中饰演的角色/主要工作
1	小若	女	13	山东籍流动儿童	被父母冤枉弄丢妹妹橡皮的孩子
2	小新	女	11	山东籍流动儿童	在京生活困难且面临返乡的孩子
3	小嘉	男	10	山东籍流动儿童	因孩子考试没考好而生气愤怒的父亲
4	小臣	男	12	河南籍流动儿童	因工作繁忙忽视给孩子兑现承诺的父亲
5	H社会工作者	女	27	工作3年	主责社会工作者，民众戏剧策划者和领导者
6	C社会工作者	女	24	工作1年	协助社会工作者，饰演被老师无故指责的孩子
7	小岩	男	16	高一学生	志愿者，饰演随意指责他人的老师

两位社会工作者分别是总负责人和重要协助者，不仅对民众戏剧活动的全程有清晰把握，也对流动儿童在民众戏剧中的变化有所了解。访谈重点询问社会工作者在民众戏剧活动设计、推进、呈现过程中的问题与解决方案，以及社会工作者捕捉到的儿童的积极变化。

4位流动儿童和1位志愿者不仅是民众戏剧中的主要演员，也是为剧本创作提供素材的儿童。访谈重点询问流动儿童和志愿者参与民众戏剧的动机、感受和收获。

（2）参与型观察法。

在参与型观察中，观察者和被观察者一起生活、工作，在密切的相互接触和直接体验中倾听和观看他们的言行[1]。笔者以实习生身份与流动儿童共同排练和演出，观察并记录流动儿童在民众戏剧活动前后情绪、行为、认知等层面的变化。

（四）研究内容

本文首先归纳流动儿童在个体、家庭和学校层面遇到的问题以及相应的发展需求。其次是描述民众戏剧在流动儿童社会工作中应用的具体过程，及其对展示流动儿童问题，满足流动儿童需求的作用。最后总结民众戏剧在流动儿童社会工作中应用的挑战与对策。

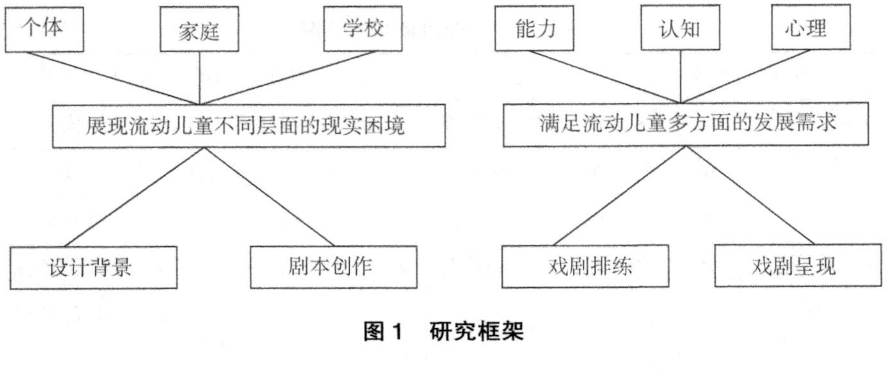

图1　研究框架

三、流动儿童的现实困境与发展需求

（一）现实困境

1. 个体层面

（1）人际交往能力不足。

流动儿童渴望人际交往但是缺乏建设和维护同辈关系的能力，冲突发生时采取言语辱骂和肢体攻击的方式反击他人，情绪控制能力较差的流动儿童还会用激烈的方式表达不满。

攻击行为的出现不仅无法使流动儿童建立健康稳定的同辈关系，同时也不利于个体融入集体当中，从而学习到与他人相处的技能。儿童因为自己的不当行为和多变情绪受到其他儿童的排斥，当其他儿童展示出对自己的不满与厌烦时，个体的攻击行为和激烈情绪又会再次出现，如此循环往复使得个体无法与其他儿童良好相处，更无法在与他人的互动中学习人际交往技巧、获得他人对自己的积极评价，逐渐建立起自我认同。

我本科毕业后就来这里工作，在这些孩子托管时，我们经常需要解决孩子之间的冲突。而且有一些孩子，你和他沟通是有困难的，矛盾发生时他一直在自己的情绪里，你说什么他都听不进去。（C社会工作者）

（2）对返乡的负面情绪。

户籍制度限制流动儿童未来必须返乡参与升学考试，各地区在学习环境、教学策略、升学制度、课业难度上的差异使得流动儿童对返乡有无力感、焦虑和不平等。部分流动儿童认为无法改变制度，被迫接受返乡的现实。一些流动儿童通过多种渠道主动了解老家学校的情况，不断设想自己返乡后可能面临的种种困境并做好心理准备。另有儿童对政策制定感到强烈不公，但是却避免思考或与父母讨论有关返乡的话题。

对于回老家还是有一些担心的，我想了很多可能发生的事情，比如我进到新学校，会孤独、没有朋友。老家的教材也和北京不一样，老家题也

难。但是没办法，因为没有学籍也不得不回去，早点回去也好吧，早点回去早适应，免得跟不上老家的进度。(小若)

2. 家庭层面

(1) 父母教育方式欠妥。

流动儿童的父母因自身文化程度较低故而对子女学业要求严格、期待较高，儿童成绩不佳时父母就采用批评和打骂的管教方式，还会将自己的孩子与其他孩子进行比较。

学龄期儿童需要在与其他儿童的竞争中获得肯定，从而建立起个体的勤奋感。但流动儿童父母大多是对子女进行有选择的积极关注，只有看到子女学习成绩好时才会给予夸奖和鼓励，反之则会责怪儿童。对子女的批评无法帮助儿童解决学业困难，与其他孩子比较来刺激儿童的方式也只会强化儿童认为自己学习能力差的想法，久而久之儿童便会真正对学业丧失信心和兴趣。

大人总给儿童施压，让他上补习班，督促他做作业，说今天你必须给我背会一单元，你背不会一单元看我怎么修理你，总是说你今天必须，一定得做这个事情。我爸爸也总说你看别人家的孩子怎么怎么样，每次说这个我就觉得为什么要拿我和别的孩子比。(小嘉)

(2) 父母无法平等对待儿童。

流动儿童家中大部分是有2~3个同胞兄弟姐妹，父母因工作繁忙将照顾弟妹的任务交给年龄最大的孩子，弟妹犯错会责怪长子长女。当年龄大和年龄小的孩子之间发生冲突时父母多要求长女长子退让，导致年龄大的孩子无法理解父母，情绪也受到影响。阿德勒强调出生顺序影响人格的形成，认为第二个孩子出生后头生儿童就必须和新的家庭成员分享父母的关爱，故而头生儿自卑感比较强。

我爸妈有时出去工作很忙就让我看着我弟弟，我弟弟老招我，就欠儿欠儿的，没事儿就动你两下那种，有时候我烦的时候就想和他急，但是我爸妈就说你让着点你弟弟。我就不知道为什么，都讲究人人平等，我也觉得不应该偏嘛。(小若)

3. 学校层面

部分流动儿童不满足异地入学条件，因此只能就读于民办学校，上千元的学费对流动儿童家庭而言是不小的开销。民办学校教师更关注儿童的学业表现，对学生管理严格，教学方式也比较机械，部分老师甚至出现打骂学生的情况。教师对儿童的态度影响儿童对自己的评价，教师无法管理学生时所采取的请家长行为只会使流动儿童受到父母更严厉的责罚，但父母除管教和督促以外也无法帮助儿童解决学业问题。

我们班主任是全校最严格的，有谁上课走神他就拿棍子敲你后背，打得特别狠。而且喜欢请家长，我有一次作业没记全第二天老师就请我爸来学校告状说我没写作业，我爸回去就问我怎么连个作业都记不清楚，不会快点写字啊。其实我爸也总是督促我写作业，考不好就说我，但是其实他从来没有给我讲过题。(小臣)

（二）发展需求

1. 提高人际交往的能力

个体成长也是社会化的过程，流动儿童在机构或学校与同辈互动是其成长的必经之路。教育者机械制止不合理的人际交往行为只能起到短期的效果，儿童一旦脱离教育者的督促，就又会出现类似行为。因此要协助儿童建立起良好的同辈关系，关键是要让流动儿童人际交往能力得以提高，引导其自身改善人际交往方式，特别是学习如何处理与他人的冲突，如何在团队中与他人合作，才能够更好地融入社会，学习更多技能。

我们在学校经常是你骂我一句我就得骂回去，或者两个人玩急了就动手，但现在我们不敢在课间打架了。因为班主任是扣分制，如果扣满 3 分就叫家长，如果老师发现同学课间打闹就扣分。但是其实老师不在的时候还是有人会打架，其他同学还会看热闹。(小臣)

2. 促进认知改变与发展

流动儿童无法理解父母和教师对自己要求严格的原因是他们只注重个体感受，忽视他人行动背后的意义，因此流动儿童应学习如何站在他人角度思考并理解他人的意图。

我爸每次说别人家孩子好的时候，我就很不理解为什么。学校老师也

总说学不好就没出路。我就觉得为什么大人只能看到我们的学习呢，一定要学习好才行吗？（小嘉）

3. 宣泄个体的负面情绪

流动儿童问题背后是城乡二元制度和城市化进程的结果，随着年龄的增长，流动儿童会逐渐学习从结构上思考问题背后的社会原因。但现阶段的认知无法帮助儿童认识现实，他们感受到的只有返乡带给自己的负面影响，这种焦虑和不平等需要借助合理途径宣泄出来。

我觉得我比较容易受情绪影响，容易有一些烦心事儿。比如要回老家，被爸妈批评，我就得和好朋友说，只有说出来我才能转移注意力，让自己有心情去做别的事情。（小若）

4. 获得自信心与成就感

父母及教师大多过于注重流动儿童的学业表现，忽视了儿童的努力。但对儿童批评管教甚至打骂的方式容易使儿童自卑，怀疑自己的能力。当儿童在学业上很难取得进步时，他们就需要以其他方式获得成就感，才能逐渐建立起对自己的积极评价。

我也不知道自己有什么优点，因为我学习也不好，老师说我老想着玩儿，但也说我干活儿很积极。我妈就总说你干活儿那么积极，能不能学习也积极一点儿呢？（小臣）

四、民众戏剧的开展背景

（一）戏剧主题

民众戏剧以儿童保护为主题，以流动儿童在生活中遇到的现实困境为剧本素材，通过艺术手法让外界了解流动儿童的生存现状，希望增强社会对流动儿童群体的关注和理解，同时发挥戏剧对儿童的积极作用。机构选择主题时主要基于以下三点考虑。

其一，顺应政府政策导向。2019 年民政部印发《关于进一步健全农村留守儿童和困境儿童关爱服务体系的意见》，为社会工作者在儿童保护、儿童福利、儿童关爱等方面的服务提供机遇与保障。积极响应政策，能够为社会工作服务机构的运行和发展提供更多机遇。

其二，机构宣传倡导需要。年会不仅展示××机构“建立儿童资源保护联合体”的发展目标，也能向给予机构支持的爱心人士展示服务成效，从而使机构获得更多支持。

其三，反映儿童现实状况。虽然近年来政策在大力推动儿童保护事业，但是具体落实到位还有一段距离。××机构在走访中发现现实中儿童依然缺乏庇护、社区儿童之家不健全、儿童主任配备不到位、社会对流动儿童面临问题关注度较低等问题，所以选择这一主题。

（二）参与人员

民众戏剧共有12位流动儿童参与，其中男孩5位，女孩7位，儿童年龄在8~13岁，分别来自河北、河南、山东、安徽。这些流动儿童大部分就读于民办学校，家长从事保洁员、货车司机、快递员、搬运工等对体力要求较高且薪资不稳定的工作。

民众戏剧活动的工作人员配备充足，分工明确，共有5位社会工作者、1位实习生和2位志愿者参与其中，其中社会工作者平均从业年限2年左右，这是一个年轻化的团队。

（三）实施计划

结合儿童需求、政策导向、机构传统、儿童参与状况和××机构工作人员配置等因素，社会工作者结合以往戏剧表演的经验制订民众戏剧的具体实施计划，见表2。共分为剧本创作、戏剧排练和戏剧呈现三个阶段，通过八次活动完成认识主题、收集故事、确定角色、排练剧本、戏剧演出这五个环节。

表2　民众戏剧活动实施计划

阶段	时间	主题	具体内容
剧本创作	2019. 12. 14	认识民众戏剧 了解儿童保护	带领儿童观看民众戏剧演出，讨论民众戏剧的特点 儿童用绘画描绘自己理想的和现实的儿童世界
	2019. 12. 21	收集故事 展示故事	社会工作者分组带领儿童收集故事，询问儿童观察和经历过的不平等待遇、误解、责骂等负面事件作为剧本素材

续表

阶段	时间	主题	具体内容
戏剧排练	2019. 12. 28	确定角色分工 分组熟悉剧本	社会工作者共同讨论确定儿童演员及饰演的角色，分组熟悉剧本的情节、台词、动作、神态等，并进行初次排练
	2020. 1. 1	分组排练	中央戏剧学院志愿者分组进行表演技术指导
	2020. 1. 4	分组排练	社会工作者对儿童的表演进行指导，以增强舞台效果
戏剧呈现	2020. 1. 9	模拟演出	全体参演演员集体排练，包括配乐、背景、道具、上下场、灯光、诗歌和结束造型的完整演练
	2020. 1. 10	模拟演出	在年会现场进行彩排
	2020. 1. 11	正式演出	在年会现场公开演出

五、民众戏剧在流动儿童社会工作中的应用过程与效果

（一）剧本创作

在剧本创作阶段社会工作者首先带领儿童回顾生活中自己亲身经历的有关儿童保护的事件，引导儿童叙述故事的经过和当时的感受。儿童说出的人物对话、动作、表情等细节都被记录下来作为剧本创作的素材，再经过社会工作者的填充与整合形成戏剧演出的剧本，最终筛选出能够展示流动儿童现实困境的片段并串联起整场戏剧。

1. 多种方式引导流动儿童叙事

考虑到儿童思维的局限在只能对具体事件有所认识，社会工作者在引导儿童叙事时采取了符合儿童认知特点的方式，本文将其概括为情景再现、集体图画和故事填充。

情景再现是指让儿童观看去年年会的演出视频，从而直观地把握民众戏剧中的演员身份、演出服装、辅助道具和剧情内容等，并理解本次戏剧活动的目标。集体图画是让儿童通过绘画的方式画出自己眼中儿童的世

界，自己希望的儿童世界，以了解儿童在家庭中的现实状况和对未来的期望。故事填充是指以“一个小孩儿倒霉的一天”为主题，让儿童分组进行故事回忆，说出自己遇到的与儿童保护主题有关的真实故事。

整个活动遇到的最大困难就是前期收集故事收集不上来，一个是孩子太小，还有就是和孩子的关系建立不够。我们经过几轮的挖掘，带孩子看去年年会视频，让他们画自己眼中儿童的世界，又分组讨论一个小孩儿倒霉的一天，才挖掘出几个可以改编的故事。（H社会工作者）

2. 社会工作者填充并整合已有素材

作为公众教育的方式，民众戏剧选材需要保证事件真实性、代表性和民众参与性。社会工作者通过与家长交流和针对性访谈，对收集到的素材进行填充与整合。

经过几轮素材收集，儿童讲述了2个自己与父母之间发生的故事，主要涉及流动儿童遇到的父母教育方式和亲子沟通的问题。为真实还原事件，解释戏剧表演的意图，并让家长了解儿童的想法，社会工作者与流动儿童父母联系。

其实联系家长不是必需的，但是当时带孩子们围一圈分享故事，孩子们也没说出来什么，主要是他们回忆不出来家长说了什么，所以咱们只能单独跟家长聊，同时也向家长解释一下问这个事情的原因和这个戏剧的事情。我们不是为了挖掘你家的家丑，让别人知道你是一个怎样的爸爸或者怎样的妈妈，还是希望孩子这些问题让更多人看到。（H社会工作者）

流动儿童在学校教育和社会适应方面的问题也同样突出，为展示出流动儿童在社会层面遇到的问题，社会工作者有针对性地访谈了即将返乡的流动儿童小楠和小楠父亲，加入小楠刚来北京时遇到的入学和同辈交往困境，以及目前因经济拮据不得不返乡的内容。

我们和孩子聊完之后发现可用的故事都很少，而且比较表面化，所以后来我们也是有针对性地找了小楠，她正好是今年马上要回老家，所以加了流动儿童返乡的故事。希望这个戏剧能够承载的东西更深刻，内容更丰富。（C社会工作者）

3. 确定剧本内容以展示流动儿童困境

民众戏剧《儿童的世界》共分为两幕，第一幕展示流动儿童在学校教育、家庭教育上的问题，第二幕反映流动儿童进京和返乡过程中在入学、人际和生活上的困境。

第一幕有三个故事片段。儿童因没记清楚作业而被教师严肃批评，教师未给予儿童解释的机会，反映了流动儿童就读的民办学校在教学方式上的不足。儿童因考试成绩不佳而被父亲打骂，展现了流动儿童父母教育方式的欠妥。父亲忙于工作时子女向其要礼物，父亲忙碌之下答应，但当子女去找父亲兑现承诺时，父亲却忘记承诺，体现亲子沟通的问题。

第二幕讲述流动儿童小楠入京后又被迫离开的过程。小楠与腿部残疾的父亲共同生活，来京后只能去学费高昂的民办学校，校长了解情况后决定给予学费减免这才让小楠入学。但起初小楠在学校没有朋友，想和同辈玩耍也遭到拒绝，经过一段时间终于和同学们关系有所好转，但却又因父亲在北京找不到工作无法支撑生活而被迫返乡。

（二）戏剧排练

社会工作者结合儿童发展需求和以往服务经验选择适宜儿童和儿童所喜爱的排练形式，最终采取角色互换、分组排练、训练巩固作为民众戏剧的主要表演方式。

1. 角色互换促进儿童认知发展

民众戏剧的第一幕采取角色互换形式，由儿童饰演家长，社会工作者饰演儿童。儿童需要观察家长的行为并模仿出来。故事结束后的心灵独白环节让演员说出所饰演角色的心路历程，该过程也让儿童理解父母语言背后的想法和情绪，使自己站在成人角度来思考。通过角色互换，儿童理解了父母对自己要求严格的背后是对自己的深切期望与爱护。

流动儿童小嘉在角色互换中的变化较大。收集故事阶段小嘉谈到父母因为考试成绩不佳而打骂自己的时候，自己感到郁闷、不解与委屈。一方面自责自己成绩为何始终不理想，另一方面不理解父亲为何在批评自己的同时也指责妈妈没有管好自己，更重要的是父亲只关注结果而忽视自己的努力，一味否定自己学习不好却不帮助自己，还拿自己与别的孩子比较，因此越发缺乏信心。小嘉期待中的儿童世界是父母能够不给子女施压而是能够帮助他们。但小嘉反串饰演父亲后，说出台词：“要是不好好学习难道要像我们一样起早贪黑地给人打工，看人脸色?! 路那么窄嘛!”还有心灵独白：“我们文化程度低，孩子作业看不懂，只能督促他们完成作业。这可怎么办呀?”小嘉最终理解了父亲的苦心和无奈。

我这次演爸爸明白了当时他打我是为我好，希望我长记性，让我好好学习，以后不像他一样工作那么辛苦。我当时没有站在他的角度想。大人的角度和小孩儿的角度是不一样的。我们从小孩儿的角度和大人的角度来换位思考，这样就能理解别人，演出别人的想法，然后才能让你自己知道原来他是为我好。(小嘉)

皮亚杰认为认知发展是指儿童能够系统地思考事件、计划以及后果，经过自己的推理和想象、分析与权衡，最终作出理性决策。角色互换的方式让儿童在身临其境中体会他人的行为及其背后的动因，当儿童饰演自己的父母时，需要观察成人行为、理解成人语言、体会成人情绪，将自己放在成人的角度思考问题，从而促进儿童对父母的理解。此时儿童从只关注个体感受变为分析父母行为背后的原因，其认知得以发展。

2. 分组排练改善人际交往方式

确定角色后，社会工作者根据儿童的演出场景将其分组，由社会工作者和志愿者带领儿童分组练习，在这个过程中流动儿童解决冲突和与团队融合的人际交往能力得以提升。

排练初期大部分儿童还是以自我为中心，排练间歇也比较容易发生冲突。此时社会工作者需要解决儿童之间的矛盾，帮助他们分析争执点在哪里，倾听彼此的想法，探讨解决冲突的方式。当儿童隶属于不同小组且获得角色后，每个儿童就需要承担起完成演出任务、提高演出效果的责任，儿童会出于对集体目标和小组规则的维护，选择冷静和退让，避免冲突进一步激化，社会工作者也可以利用好这一特点来引导儿童理智思考。

孩子发生争吵是正常的事情，因为他们还是以自我为中心，不太能理解对方的意图，或者更容易去误会对方。首先让他们互相说自己的心路历程到底是什么样的，我们作为社会工作者的作用可能是帮他们分析争执点到底在哪里。再有就是重申我们演出的任务，每个人都要为团体努力。当孩子去理智思考的时候，他们会有自己的是非判断。(C社会工作者)

小臣刚参与民众戏剧时，排练不够投入，参与度很低，经常离开团队独自玩耍，时常违反纪律，频繁与其他儿童发生冲突。但是当小臣被分配到重要角色去反串饰演自己的父亲时，他的行为渐渐开始发生转变。他逐渐融入团队并专注于戏剧排练，认真听取社会工作者和志愿者的指导建议。在分组彩排时主动维护秩序，独自与其他儿童沟通来解决冲突。

我有一次骂了小森两句给他说哭了，当时姐姐处理这件事时就说我们是一个整体，需要彼此包容，遇到问题要先找自己的问题，再去指责别人。我感觉以前的那些事情，不光是小森的错也有我自己的错，在这儿也给他道个歉。后来姐姐让我们说完自己的想法之后让我们冷静一下，我就想到小森年龄小，我需要谦让。我后面还得参加排练演好角色，所以我就给他拿了杯水，拍了拍他的后背，主动向他道歉了。(小臣)

埃里克森认为儿童需要广泛参与学校和社会机构活动，在与同辈的互动中学习人际交往的技巧。民众戏剧作为一项集体活动，所有参与者都有着共同目标，各自都有需要承担的责任，不仅要演好角色，还要保证团体的荣誉。共同演出的任务和团队意识，让儿童在与彼此的交流中成长起来。他们学习倾听他人意见，共同讨论细节，互相给出表演建议的合作方式。他们也认为冲突发生时首先需要澄清自己的意图，反思自己的行为，并作出退让，从而体会了独立解决冲突的方式。

3. 训练巩固增强儿童自信心

戏剧表演对于儿童来说是一项充满挑战的活动，但经过多次磨合与排练，儿童能够加深对人物和事件的理解，调动起曾经的生活经验、个体想象力和创造力，从而丰富自己的表演，达到理想的效果后儿童便会建立起对演出的自信。而社会工作者也会给予儿童鼓励和支持，比如提出建议、亲自示范、儿童模仿、演技训练等使得儿童对完成任务更有信心。

小新是第二幕的主要演员，在本次民众戏剧中取得很多突破。性格内向的她先担任小礼仪给嘉宾颁奖，接着作为主要演员完成第二幕的演出，在舞台上唱歌朗诵之后还负责串场引出下一环节。面对反复修改的剧本，大量的台词和角色的复杂情绪，小新起初感到有一些困难。但在社会工作者的支持下，小新出色地完成所有演出任务，也增强了对自己的信心。

我一开始演不出来小楠那个着急想哭的状态，我就想象我回老家会发生什么，可能再也见不到北京的朋友了，那遇到这些问题我会怎么办。然后后面还一直在改剧本，我们之前排的那些都没法用了，台词和环节更复杂了，我觉得我有点承受不了。但是姐姐们一直鼓励我，说我做得很棒，帮我去练习。我觉得我自己最后演得特别好。(小新)

(三) 戏剧呈现

经过多次排练，流动儿童的民众戏剧演出十分成功，政府部门领导、高校专家学者、社会爱心人士、流动儿童父母等约400人现场观看。凤凰网也对年会现场进行了直播。

1. 投入演出让儿童情绪得以宣泄

流动儿童郁闷、孤独、不平和焦虑等负面情绪长期积累不利于其心理健康。当儿童在舞台上演出时，即被赋予了宣泄情绪的合理契机，儿童表演得越投入，戏剧就会越发引起公众思考，儿童去展现角色的语言、动作、神态，实际上也是在表达自己，宣泄情绪。

小若作为家中长女，弟妹出生后开始承担起照顾他们的工作，与弟妹发生冲突时父母首先会护着弟妹，责怪自己，这让小若觉得不公平。此外，小若马上要返回老家上初中，她对返乡后的生活有一些担忧。期末小若感到学习压力大，作业很多，起初不想参与民众戏剧活动，但还是在父母的鼓励下来了，最终也在表演的过程中宣泄了自己的负面情绪。

有一次我弟弟拿了我妹妹的橡皮，然后我爸妈就认为是我拿的，还不给我解释的机会。当时我心里乱糟糟的，感觉什么都不想干，什么都干不下去，而且那个时候也是期末，那段时间真的很烦躁。但是这次我把这个事情给演出来了，现在再想那个事情，就觉得是一个很小的事情，像这么小的事情，其实不用那么去说，也不用那么去理。(小若)

2. 完成演出任务使儿童获得成就感

能够坚持完成任务并且相信自己可以解决问题使得儿童成为一个高成就者。[27]流动儿童群体的出现及其现实困境很大程度上与我国的制度和社会发展进程有关，儿童无法改变生存环境更无力倡导政策发展。但社会工作赋权增能的理念正是要鼓励困难群体以行动来改善自己的处境。民众戏剧让儿童演绎自己的经历、表达个体的期望，儿童用艺术的形式向外界展示自己的困境，说出自己的心声。此时儿童意识到自己面对现实并不是完全脆弱无力的，而是可以通过行动改善他人对自己的印象，呼吁他人尊重并理解自己，甚至帮助其他困难儿童获得社会各界的关注与帮助。

我很喜欢民众戏剧的形式，因为我可以发表自己的感受，让别人都注意到我。我演出小楠的故事，能让领导专家看到他家的困难，还有哥哥姐姐帮助我们这些困难小孩，觉得我为我自己骄傲。我以后要好好学习，这样也能够帮助更多像小楠一样的困难小孩。(小新)

六、民众戏剧在流动儿童社会工作中应用的挑战与对策

(一) 挑战

1. 儿童认知水平限制影响了戏剧疗愈作用的发挥

儿童参与戏剧活动的动机主要是个体兴趣、获得快乐和与同伴交往，这种心态使得其无法完全理解戏剧活动的设计理念，具体表现在以下几个方面。首先是缺乏对于压迫事件的体会，无法叙述出可供加工的故事情节。其次是儿童个体的情绪多变和群体之间的频繁冲突使得小组排练多次中断。最后是儿童对民众戏剧目标理解不充分，认为这只是社会工作者布置的任务和让自己玩乐的有趣活动，而未曾意识到戏剧对自身的疗愈作用。

这些问题的出现主要是与儿童的年龄、天性、认知结构、理解能力等因素有关，最终戏剧虽然促进了儿童认知发展和人际交往方式的改变，也让儿童进行情绪宣泄，获得自信心和成就感，但没有让儿童对压迫事件本身有新的认知，也没有让儿童学会与家长沟通和向社会表达的合理方式。

2. 民众戏剧活动对社会工作者的能力要求较高

民众戏剧应用在儿童社会工作服务中的案例和理论成果都很少，因此无法提供较多经验上的借鉴，这种注重儿童在参与过程中改变的方法对社会工作者综合能力要求很高。

首先，引导儿童叙事，需要与儿童建立深厚的信任关系，社会工作者要对儿童十分熟悉。其次，儿童在排练过程中兴趣不足、不够投入、感觉

疲惫、发生矛盾等事件时有发生。社会工作者需要处理突发问题的同时也需要保证排练顺利推进，因而需要具备与儿童相处的经验。最后，年会上公开演出和宣传倡导的目标对儿童表演有较高要求，为顺利完成演出且取得良好效果，需要让儿童多次重复相同步骤反复排练来强化记忆，社会工作者需要在对儿童严格要求和尊重儿童意愿之间作出平衡，有时无法照顾儿童的感受。

3. 客观环境因素增加了民众戏剧活动推进的压力

民众戏剧活动不仅需要对剧本、演员、艺术形式进行斟酌，还需要考虑时间、人员和场地等客观环境因素，这些客观因素的变化增加了民众戏剧活动推进的压力。

首先是时间安排紧，本次民众戏剧活动从前期筹备至最终演出跨度较短，每次排练时间较长，对儿童的体力和耐心都是考验。其次在人员配置上，儿童临近期末考试学业压力大，志愿者后期也无法到场指导，都对活动推进造成压力。最后，演出场地的多次变化和剧本的反复修改，需要儿童不断适应，这些临时变动也给儿童造成了压力。

（二）对策

1. 戏剧目标设定应当明确

诸多研究证明戏剧能够在艺术、心理、教育等不同领域发挥作用，但戏剧的核心目标一定是要发挥戏剧对儿童本身的积极作用。因此民众戏剧开展前，应当对活动的目标进行明确。如果将其作为一项儿童社会工作的服务手法，就需要以儿童为中心，注重对儿童的心理疗愈作用，让儿童在参与活动的过程中学习技能，满足儿童获得快乐和自信的需求。

2. 考虑到儿童的认知状况

儿童在认知和行为上尚不成熟，其表达、理解、自我管理、情绪调控等能力也处于发展当中，戏剧活动对儿童而言不仅是获得乐趣，也是应对挑战的过程。对戏剧活动的目标澄清、情节阐释、人物解读、多次排练等环节的推动，需要站在儿童视角上，运用儿童能够理解的方式来进行，使用儿童能够接受的语言来沟通，同时还要给予儿童鼓励与支持。

3. 关注儿童参与中的感受

流动儿童对外界的评价较为敏感，在引导儿童对过往情境的回忆时，需格外注重流动儿童的感受，避免再次回顾负面事件对儿童造成的二次伤害或者增加儿童的心理负担。在收集流动儿童现实困境有关素材时要观察儿童表现，尊重儿童的意愿，儿童不愿表达时及时中止询问。民众戏剧活动结束后社会工作者应继续跟进儿童，详细了解儿童的心理状况。

4. 提升领导者的综合素质

戏剧活动因周期较长、人员众多、受外部环境影响较大等原因，比一般社会工作服务的推进过程更为复杂，活动领导者也需要具备多方面的能力。只有领导者自身对民众戏剧活动抱有足够兴趣和信心，才能够利用自己的热情带动儿童的投入和参与。

5. 构思评估活动效果的方案

民众戏剧与流动儿童社会工作相结合的形式虽然引入戏剧作为载体，但其本质上仍然是一项针对儿童的服务，完整的社会工作服务项目不应忽视评估的环节。尽管展示儿童现实困境、呼吁公众改变看法、倡导政策落实等目标的效果在短期内无法进行有效评估，但本文认为评估民众戏剧对儿童的积极影响是十分必要的。

七、结论与讨论

本文的结论有三。一是民众戏剧可以展示流动儿童在家庭、学校、社会中的现实困境。二是民众戏剧在流动儿童社会工作中应用的方法和效果。剧本创作阶段应结合流动儿童困境，选择有代表性的社会议题，引导流动儿童叙事，将素材筛选整合填充最终形成剧本。在戏剧排练过程中，角色互换、分组排练、巩固训练的方法能在改善儿童人际交往方式、促进儿童认知发展、增强儿童自信心上发挥作用。戏剧表演本身对儿童就是一种疗愈的过程，儿童投入演出能够宣泄情绪并获得成就感。三是民众戏剧的挑战与对策。儿童认知水平、社会工作者能力和外部环境因素对民众戏剧的影响较大，因此要明确戏剧目标，考虑儿童认知状况，关注儿童感受，提升社会工作者素质，并设计评估民众戏剧活动效果的方案。

本文也存在很多不足。其一，选择质性研究方法和访谈及参与式观察的方式收集资料，可能使得本文结论的普遍性不足。其二，由于笔者能力有限，对儿童现实困境和个体需求的分析不够全面，缺乏深度。其三，因为笔者只作为协助者和表演者参与民众戏剧排练，故而尚未提炼出将其与儿童社会工作者相结合的模式。

但本文案例证明民众戏剧能够对展现流动儿童现实困境和满足流动儿童发展需求有积极作用，而将其他学科理论和方法进行迁移和创新也是社会工作取得发展的重要任务。因此未来的研究重点应是深入分析民众戏剧对流动儿童发生作用的机制，归纳出可借鉴的经验，提炼出可供复制的模式，从而丰富流动儿童社会工作服务的实务手法。

参考文献：

［1］陈向明．质的研究方法与社会科学研究［M］．北京：教育科学出版社，2000（1）：8-9，165，228.

［2］陈盈．小组工作介入流动儿童情绪管理的研究［D］．华中科技大学硕士学位论文，2015.

［3］董琳．以民众戏剧的形式探索民众教育来自农村社区的本土实践［J］．中国戏剧，2014（4）：70-82.

［4］江棘．作为“村社文化场”的民间与新剧艺的开拓：以民众教育戏剧运动的历史反思为中心［J］．戏曲研究，2011（1）：50-61.

［5］靳羽佳．社会工作介入流动儿童学习行为问题的实务研究［D］．北京工业大学硕士学位论文，2018.

［6］李婴宁．风云世界的民众剧场：Augusto Boal 访问记［J］．戏剧艺术，1995（4）：26-32.

［7］刘斌志，罗秋宇．社会工作实践中的戏剧疗法：运用指引与反思［J］．社会工作，2018（4）：55-68.

［8］刘慧兰．戏剧治疗在心理病房中的应用［J］．精神疾病与精神卫生，2011（1）.

［9］刘敏燕．社会工作介入城市流动儿童家庭亲子关系研究［D］．新疆大学硕士学位论文，2019.

［10］刘玉兰．儿童权利视角下近30年流动儿童研究轨迹与政策发展［J］．常州

大学学报（社会科学版），2018（3）：71-79.

［11］罗湉．民众戏剧之争：二十世纪上半叶法国戏剧普及运动［J］．戏剧，2009（2）：79-82.

［12］莫昭如．寻找民众戏剧［J］．戏剧艺术，2003（6）：46-61.

［13］彭华民．人类行为与社会环境（第三版）［M］．北京：高等教育出版社，2016（10）：61.

［14］沈圣杰，于晔，张瑜雪．戏剧治疗在中国社会工作情境中的应用研究［J］．戏剧之家，2017（23）：6.

［15］宋婷．论社会工作视角下的社区戏剧教育［J］．青年与社会，2014（3）：167-168.

［16］汪琴．心理社会治疗模式介入流动儿童同辈群体交往研究［D］．华中科技大学硕士学位论文，2016.

［17］王思斌．社会工作导论（第二版）［M］．北京：高等教育出版社，2013：11.

［18］王思斌．社会工作概论（第三版）［M］．北京：高等教育出版社，2014：18.

［19］王中会，等．流动儿童城市适应及影响因素：过去20年的研究概述［J］．北京师范大学学报（社会科学版），2016（2）：37-46.

［20］肖覃．戏剧教育手法在儿童多元智能发展上的应用［J］．中国社会工作，2017（33）：47.

［21］张际家．浅析中国台湾、香港与新加坡地区当代民众戏剧与公众的互动［J］．戏剧之家，2019（1）：11-12.

［22］张佳佳．社会排斥与社会融入：J社区流动儿童社会工作介入研究［D］．南京大学硕士学位论文，2017.

［23］张世敏．社会工作介入流动儿童同胞关系的实务研究［D］．云南大学硕士学位论文，2018.

［24］赵天雨．流动儿童抗逆力养成中的小组社会工作研究［D］．苏州大学硕士学位论文，2016.

［25］赵婷婷．社会工作介入学龄流动儿童情感忽视问题的研究［D］．南京大学硕士学位论文，2016.

［26］David R. Shaffer，Katherine Kipp. 发展心理学［M］．北京：中国轻工业出版社，2017（10）：229.

［27］John W. Santrock. Child Development (7th Edition)［M］. Brown & Benchmark，1996.

［28］Mina Kejani，Zohreh Raeisi. The effect of drama therapy on working memory and its components in primary school children with ADHD [J]. Current Psychology, 2020 (1): 10.

[29] Richard Walsh-Bowers, Robert Basso. Improving Early Adolescent Peer Relations through Classroom Creative Drama: An Integrated Approach [J]. National Association of Social Workers, 1999: 23.

[30] Susanne E. Dutton. Urban Youth Development - Broadway Style: Using Theatre and Group Work as Vehicles for Positive Youth Development [J]. Social Work with Groups, 2001 (4): 39-56.

医务社会工作

YIWU SHEHUI GONGZUO

生态系统理论下肿瘤患者的心理支持服务研究

——以××肿瘤医院为例

学生：李歌诗　指导教师：赵丽琴

【摘要】 目前肿瘤疾病已经成为威胁人类健康的严重疾病。肿瘤患者不仅要承受生理上的痛苦，而且还会有心理上的煎熬，需要面对疾病给家庭、工作和经济等方面带来的压力，往往会伴有抑郁、焦虑等负面情绪。因此，解决患者的心理问题就成为医疗社会工作在肿瘤患者服务中的一项重要工作内容。本文基于××肿瘤医院的患者心理服务项目，以生态系统理论与社会支持理论为理论框架，通过对医院社会工作和患者的访谈，对××肿瘤医院提供的患者心理支持服务进行了探究。本文并尝试从个案、小组和社区服务的实践、服务效果及有待改进之处对其进行评价。

研究发现，××肿瘤医院在开展的患者心理服务中充分利用专业志愿者资源，在患者生活的不同层面建立起心理支持系统，在解决他们的心理问题上发挥了积极的作用。但该医院的各种心理支持服务仍然存在着缺乏完整服务系统与后续跟进评估的问题，存在服务保密性、效率与效果的伦理原则挑战。因此在对肿瘤患者的未来服务工作中，社会工作者需要不断提升专业水平，克服医院的条件限制，建立肿瘤患者的“个案管理”机制，从而满足患者的多种心理需求。

关键词： 肿瘤社会工作　心理支持　生态系统理论

一、导言

（一）研究背景

近年来，我国恶性肿瘤的发病率及死亡率总体呈现上升趋势，已成为影响居民健康的主要原因之一。根据相关统计数据显示，2019 年，我国部分地区城市居民恶性肿瘤死亡人数占全部死亡人数的 25.73%（《中国统计年鉴》，2020），北京市居民恶性肿瘤死亡人数占全部死亡人数的比例则达到 26.5%（《北京统计年鉴》，2020），排在死因顺位第一名。

随着医患矛盾和医疗冲突的不断发生，传统的生物医学模式的局限逐渐显现，“生物-心理-社会”的“全人”照顾医学模式的兴起，使得人们开始意识到在治疗过程中不只需要关注患者的生理、病理状态，同时还要关注患者的心理状态及其所处的社会经济条件和社会关系。多项对肿瘤患者情绪状态的研究表明，负面情绪会使得患者的免疫力下降，直接影响患者治疗的有效性，进而影响其生存期。情绪既可以“致病”，也能够“治病”，情绪在疾病的发生、发展过程中可能发挥重要的作用。良好的情绪状态对患者有着支持作用，能明显提高患者的生活质量和治愈概率。

肿瘤疾病作为一种由诸多因素导致的复杂疾病，治疗难度大、时间长、费用高等特点给患者带来了身体和心理的双重负担，也给其家庭和社会带来了沉重的压力。肿瘤患者在康复服务上有多方面需求，尤其是心理问题的疏解必将成为未来肿瘤疾病防治及治疗过程的重要趋势，作为社会工作者也应当秉承着“身心社灵”的全人康复理念，充分发挥自身优势为肿瘤患者开展心理服务，使其得到全方位的康复和发展。

（二）研究目的与意义

目前在中国大陆肿瘤社会工作仍是新兴领域，为肿瘤患者提供服务的多为抗癌协会与康复俱乐部，与患者服务的机构模式相比，医院开展的肿瘤患者专门服务还相对较少[11]。本文对肿瘤患者心理服务展开研究，存有以下希望。第一，笔者希望旨在通过实地的调查与访谈，对××肿瘤医院为患者提供的心理服务进行系统梳理，探究医院社会工作者是如何帮助患者构建心理支持网络的，服务效果如何，能否对患者的康复治疗有所助益。

第二，笔者希望通过梳理，总结出肿瘤患者心理服务的医院服务模式及其特征。第三，笔者希望能为××肿瘤医院患者心理服务的完善提供一些建议，使得服务模式能够得到进一步推广，被更多医院或医疗机构借鉴，从而帮助更多的肿瘤患者摆脱疾病的阴影，积极正确地面对治疗和生命。

二、文献综述

（一）肿瘤社会工作概述

肿瘤社会工作，又称为癌症社会工作，是指专门为肿瘤患者及其家属开展宣传与临床服务的社会工作实务。肿瘤社会工作兴起于20世纪80年代的美国，旨在促进患者更好地利用卫生保健系统，发展应对策略并调动社区资源来达到对患者的最大支持[1]。

在肿瘤社会工作的服务内容上，社会工作者关注肿瘤患者生理、心理、社会、灵性全方位的康复和发展，在开展患者和家属的心理关怀、社会支持、灵性关怀、患者增能、协调医患关系、研究倡导等服务上发挥了关键作用[12]。

在肿瘤社会工作的服务方法上，社会工作的三大工作方法被充分应用于解决肿瘤患者及其家属的困境，并且对社会工作者的素质有一定的要求，需要对肿瘤治疗的相关专业知识有详尽的了解。在社会工作三大方法的基础下，肿瘤社会工作的服务通用的模式可以分为运用心理社会治疗模式进行服务的个案工作、注重患者间互动模式的小组工作和以社区照顾模式为主的社区工作模式[22]，其中在美国及中国台湾“团体”形式的服务因在患者情绪适应及社会功能的恢复上有独到的作用而广为应用。除了肿瘤患者，还有部分研究者关注到了患者家属，作为患者最重要的照顾者，其在减压、情绪调节、护理知识学习上的需求，并对家属小组活动的效果进行评估和反思，也进一步拓展了肿瘤社会工作的服务范围。

肿瘤社会工作者在服务中既是直接服务者，又扮演着资源调动者和协调者的角色[9]，另外社会工作者还是资源的挖掘者、链接者与使能者[16]。社会工作者在服务当中不断进行资源协调、整合与利用，致力于维持患者、家属和社会工作者三方的沟通关系，承担着病人及家属的社会心理照顾功能，还起到了协助医疗团队运作的作用[10]。

（二）肿瘤社会工作的实践研究

1. 支持系统的建立

研究表明，社会支持能够减轻肿瘤患者的不良心理反应。很多研究都指出社会工作在构建肿瘤患者社会支持系统中的作用，并且运用社会支持网络理论、生态系统理论来对肿瘤患者的支持网络结构进行分析。许丽英（2013）根据肿瘤患者的需求将其支持系统分为医疗、照顾、情感、信息、资源五部分，社会工作者则需要积极有效地调动这五个子系统，促进患者与医护人员、家属、病友等系统成员的良性互动。社会支持系统还要做到正式与非正式支持网络兼具，包含了微观、中观、宏观三个体系。在完善这一体系中要加强制度建设、推进体制改革，充分发挥社区的支持作用，推进医患沟通，倡导人文关怀，积极动员社会力量和开展死亡教育[9]。

多位研究者对肿瘤患者的支持系统的建立展开了实践探索。黄丽等（1996）对206名癌症病人的社会支持与心身症状的相关性进行了研究，结果显示社会支持，尤其是家庭外源性支持具有减轻癌症病人心理症状的作用。许丽英（2013）在对个案的分析中也发现社会工作者在患者不同层次的支持系统上开展工作，能够帮助患者解决各类问题，发挥了心理支持的作用。郁建立与梅雪峰（2007）通过对北京肿瘤医院乳腺癌患者的个案访谈，归纳出要从增加医患交流、提高社会福利、发动全社会支持三大部分为肿瘤患者提供支持。王腾飞（2013）进一步扩充为链接政府与社会资源，挖掘社区资源，运用社会工作专业方法和支持技巧，把握患者心理、帮助患者克服死亡恐惧，多维度综合运用给予社会支持。

2. 心理照顾

肿瘤患者的心理问题频发使得心理照顾成为肿瘤社会工作的一项重要服务内容。研究者就肿瘤患者的心理状态展开了调查，指出肿瘤患者在治疗过程中抑郁、焦虑反应的发生率高[13]，往往还伴随着强迫症、精神衰弱和疑心病症状。

在针对肿瘤患者的心理照顾中，社会工作者运用了大量的心理学治疗技术，主要包括认知疗法、行为疗法、支持−表达式、暗示催眠和音乐疗法[20]，以及使用倾听、接纳、同理、关注、鼓励等访谈技巧来缓解患者的焦虑等情绪。除此之外，社会工作者在服务中还发挥其专业特性，通过自我、家庭朋友、工作学习、宗教信仰几个维度来缓解患者焦虑，开展健康教育及集体小组治疗来消除患者对疾病的恐惧[23]。

多项实践研究表明，通过心理治疗技术进行心理疏导可以很大程度上减少患者的负面情绪体验。丁晓林等（2011）对41例肿瘤患者进行了对照实验，发现在进行小组心理干预后患者焦虑、抑郁、愤怒的情绪有明显的改善。薛岚等（2002）对62例住院化疗的肺癌及乳腺癌患者进行了3个月小组心理治疗，干预后的测查结果显示病人躯体功能、角色功能、情绪功能、认知功能有明显的提高。

（三）肿瘤社会工作研究的问题与发展趋势

尽管研究角度不同，但研究者们一致认为肿瘤患者面临着多重困扰，社会工作者在肿瘤患者的治疗康复过程中发挥着独特的作用。在理论研究中，研究者们纷纷依据国外经验对肿瘤社会工作的发展进行了介绍，对肿瘤社会工作的服务内容、作用及社会工作者角色展开剖析。在实践研究中，研究者们侧重于研究肿瘤患者的心理状态，开展各种相关研究，通过实验前后的心理状态改变来说明心理干预对情绪的影响作用。然而仅仅通过实验数据来进行服务效果的评价，有一定的片面性。目前研究中主要是对于患者个案、小组、社区实践活动的服务分析与评价，探讨社会工作者在实务服务中是如何运用社会支持策略的研究还比较少。通过理论与实践的研究，研究者们进而对肿瘤社会工作面临的问题及发展趋势进行了阐释。

1. 伦理困境亟待解决

在肿瘤患者的服务中，社会工作者也会面临着诸如患者知情权、同意权引发的选择困境，效率与效果的冲突、资源有限性的冲突，以及安乐死等伦理问题。目前学界对于这一问题的讨论还比较少，且缺乏一定的伦理规范来指导医院社会工作者的工作。然而这些伦理矛盾在服务中是确实存在、不容忽视的，因此社会工作者更应当积极寻求出路迎接挑战。在哲学层面上，社会工作者要以患者的幸福为行动目标；在价值层面上，要依据公平原则进行适当的价值排序；在实务层面上，则要求社会工作者积极积累经验，以促进伦理守则的不断完善[15]。

2. 多方联合与支持

肿瘤患者的康复是一项复杂的牵涉面广的工作，不能完全依赖社会工作者来独立承担和完成，还需要社会保障、卫生、民政等行政部门和公共财政的支持，以及各种社会资源、各类人员和组织的共同帮助。因此肿瘤社会工作在医院能否获得长足发展，关键要看其是否具有整合现有资源的能力。然而这也需要获得从中央到地方政府的政策环境与法律环境的支持，不只是整合包括管理部门、各临床科室专业部门和医院支持系统在内的内部资源，也需要走出医院，联合政府、社会和广泛的非政府组织等外部资源。只有这样，肿瘤社会工作在医疗变革的时代才可能获得创造生机和活力的活动平台[6]。

3. 肿瘤社会工作“个案化”

目前中国大陆地区社会工作者为肿瘤患者提供的服务只是单一地解决了其某一方面的问题，存在服务形式过于单一且未形成体系的问题。肿瘤患者在身心煎熬的重大压力下，需具有个别性的完整照护，而肿瘤个案管理则是很好地解决了这一问题。中国台湾地区的癌症治疗就鼓励运用个案管理模式，使得病人获得连续性、整体性的医疗照顾。以台北荣民总医院的实证研究为例，个案管理为患者提供癌症预防及筛检咨询、护理指导，以及协同其他单位提供相关医疗照护，架起了医疗团队、病人、家属间的沟通桥梁，为提高患者治疗效果和生活质量起到了很大作用[3]。由此观之，个案管理模式也是未来肿瘤社会工作甚至是医疗社会工作发展的新方向。

三、研究设计

（一）理论视角

1. 生态系统理论

生态系统理论主张问题的产生都是缘于系统的不和谐，因此在社会工作实务中，社会工作者要做的是帮助案主修复与其他环境系统的互动方式，并协助其创建与资源系统的新联系，在这一过程中最重要的是对人们的生态系统进行评估。生态系统理论的重要创始人之一的布朗芬布伦纳认为，人们面对的系统从内到外可以划分为微系统、中系统、外系统、宏系统以及长期系统五部分。查尔斯·扎斯特罗对其观点进行了进一步的完善，在《人类行为与社会环境》（第六版）一书中将生态系统模型归纳为微观系统、中观系统和宏观系统三种基本类型。其中，微观系统指的是处于生态系统中的个人；中观系统则指的是与个人直接接触的小群体，比如家庭、单位、朋辈群体；宏观系统指的是个体不直接接触，比小群体更大的社会系统，比如社区、组织、政府及文化。三个系统之间相互联系、相互制约、相互影响[7]。

2. 社会支持理论

社会支持是指借助外部的力量帮助他人获得情感性或物质性资源以克服人生中的困难的行为[14]，这一概念最早产生于精神病学研究中，被看作是面对社会困难群体的困难和需求，能够给予其帮助的人际交往或社会连接。社会支持理论主张个人问题的产生缘于支持的不足，因而需要社会工作者通过界定案主问题，以社会支持网络的评估为依据，分析出案主需求，协助其重构社会支持网络，弥补缺失的支持系统。此外，社会支持理论更关注环境系统对个人的正面支持及这些正面支持是如何产生并发挥作用的。

社会支持理论认为环境可以为人们提供不同性质的资源，包括金钱、劳务在内的客观可见的工具性支持，提供主观体验的情感支持，以及社会成员身份和信息支持。提供这些社会支持的主体除了正式系统外，非正式系统也发挥了不可替代的作用。在研究框架上，一般认为社会支持可以从宏观——社会整合、中观——社会网络、微观——亲密关系三个层次进行研究。

肿瘤患者面临着巨大的精神压力，充分支持能够降低患者的无助感，缓解内心的焦虑和压力。因而在解决肿瘤患者心理问题上，社会工作者需要对患者的生态支持系统进行分析（如图 1 所示），从微观系统中的自身调节，患者所生活的中观系统中的医护人员、病友，以及社会组织与社会文化的接纳入手，并帮助患者建立和恢复各系统对其的支持关系。

（二）研究方法与分析框架

本文运用质性研究方法，通过参与式观察和半结构式访谈进行资料收集。资料来源于笔者在××肿瘤医院亲身参与各类患者服务活动。在生态系

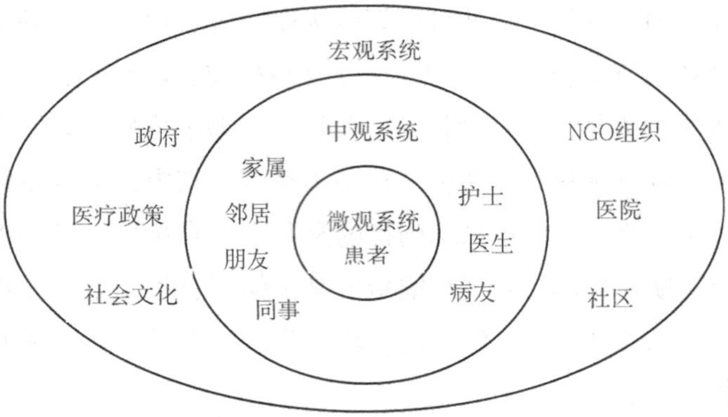

图 1　肿瘤患者社会支持的生态系统

统理论的分析框架下，笔者对涉及患者微观、中观和宏观系统的心理服务提供者进行了访谈，包括心理咨询师、癌症康复者和医院社会工作者，并征求了患者在服务中的感受和意见，以对服务效果进行评价。

（三）研究对象情况

为了了解××肿瘤医院在对肿瘤患者开展心理服务上的状况及效果，在生态系统和社会支持系统的分析框架下，本文在肿瘤患者的微观、中观和宏观三个系统中各选取了一项医院为其开展的心理服务，分别为一对一心理咨询、癌症康复者交流与医院患者关爱活动，并对三组服务的开展状况进行了调查。在每一组的访谈中，笔者选取的访谈对象既包括服务的提供者，即志愿者或社会工作者，还包括直接参与服务的患者，并尝试从双方的角度出发充分了解其各自在服务中的感受，以此来对社会工作者介入的效果进行评估。具体访谈对象情况如表 1 所示：

表 1　访谈对象具体情况汇总表

访谈个案编号	案主代号	性别	身份	备注
调查组 1：一对一心理咨询				
Case1. 1	田老师	女	心理咨询师	心理咨询师三级；参与患者服务 1 年
Case1. 2	王老师	女	心理咨询师	心理咨询师二级；参与患者服务半年

续表

访谈个案编号	案主代号	性别	身份	备注
Case1. 3	王女士	女	肿瘤患者	20 岁；职业为幼教；患有原始神经外胚层恶性肿瘤；高中时期检查出患有抑郁症
Case1. 4	姜女士	女	肿瘤患者	32 岁；乳腺癌患者；保乳手术一年后病情复发，癌细胞转移，心情焦虑
Case1. 5	郑女士	女	肿瘤患者家属	60 岁；其女儿 32 岁，年初检查出患有乳腺癌；女儿患病后心情抑郁，家属情绪也十分焦虑，与女儿的沟通出现障碍
调查组 2：癌症康复者病房探访				
Case2. 1	丁爷爷	男	癌症康复者——北京抗癌乐园成员	69 岁；直肠癌；癌龄 21 年
Case2. 2	伍阿姨	女	癌症康复者——北京抗癌乐园成员	53 岁；卵巢癌；癌龄 11 年
Case2. 3	顾阿姨	女	癌症康复者——北京抗癌乐园成员	60 岁；肾癌；癌龄 6 年
Case2. 4	赵奶奶	女	癌症康复者——抗癌乐园成员	70 岁；肝癌；癌龄 11 年
Case2. 5	王阿姨	女	粉红丝带乳腺癌康复中心	43 岁；乳腺癌；癌龄 14 年
Case2. 6	杨女士	女	肿瘤患者	乳腺癌（初入院）
Case2. 7	钱女士	女	肿瘤患者	乳腺癌（初入院）
调查组 3：医院关爱患者心理活动				
Case3	高医生	女	癌症基金会——肿瘤医院社会工作部社会工作者	服务时间 6 年

四、研究内容分析

（一）××肿瘤医院的社会工作服务总体概况

××肿瘤医院开展的医院社会工作主要是针对肿瘤患者，与其他医院的社会工作服务相比有其特殊性，主要涉及就医帮手、健康教育、康复交流、患者关爱、心灵关怀、专业咨询、捐助项目几类。××肿瘤医院的社会工作服务采取的是社会工作者与志愿者联动机制，由社会工作者负责统筹策划，具体的活动执行则很大程度上依赖专业志愿者的力量。目前医院已经拥有2300余名注册志愿者，累计服务达万余人次，超过13万余小时，是医院社会工作服务的重要支持力量。

××肿瘤医院的患者心灵关怀服务主要包含专业心理辅导、癌友支持小组、病房主题慰问、心理支持讲座、患者愿望实现、患者陪伴项目以及假发捐助项目。在“全人”服务的医疗理念下，医院关注患者在各个层面的受支持情况，并尝试通过各类活动帮助患者建立不同层面的社会支持网络。通过患者微观自我情绪的调整，中观系统中病友间的关爱与支持，以及宏观层面的社会支持来帮助患者缓解心理压力，积极面对疾病，配合治疗。

（二）心理支持服务中的个案工作

在肿瘤患者的微观系统中提供心理支持，最重要的是要让患者做好心态的转变，学会情绪的自我调节。因此，××肿瘤医院以患者服务中心为平台，建立了以专业心理咨询师志愿者团队为主导的一对一的心理咨询服务，帮助患者及其家属解决心理困扰。

在服务中，医院社会工作者主要负责心理咨询师志愿者团队的管理，进行经费的预算和支出，另外还包括重要的接案工作，根据来访者或各个科室护士长在患者服务中心的预约，安排具体的咨询时间和咨询师，并且还要对咨询过程进行记录，在咨询结束后对咨询师填写的咨询日志进行归档和定期整理。

1. 心理咨询的服务实践

××肿瘤医院开设的一对一心理咨询服务主要分为两类，一类是在患者服务中心的“心灵小屋”中进行，“心灵小屋”为标准咨询室配置，空间私密，患者能够在不受外界打扰的情况下，向咨询师倾诉自己的情绪，进行各种放松训练；另一类是针对行动不便的、正在接受治疗的住院患者，心理咨询师会直接进入病房中提供咨询服务。咨询时间为每周二的下午，每次能够接待2~3个个案，每个个案时长约为60分钟。由于在病房进行咨询要照顾到患者的身体情况，不能耽误其休息及治疗，因此咨询时间会缩短至40分钟左右。

（1）咨询师。

××肿瘤医院的心理咨询服务主体为具有国家心理咨询师等级证书及从业资格的专业心理咨询师。心理咨询师之间的信息交流使得他们了解到了××肿瘤医院在为肿瘤患者开展心理咨询服务，出于兴趣及帮助他人的热情使得他们选择在空余时间以志愿者的身份参与服务。参与服务的心理咨询师采取的是轮换制度，每周由一位咨询师负责咨询，每两个月能够轮换到一次。

（2）咨询对象。

在咨询对象上，一对一心理咨询最主要的是面向肿瘤患者，一些改变意愿较强的患者会主动了解并来寻求咨询。在治疗过程中医生和护士也会密切关注到患者的情绪状态，一些有较为严重的抑郁焦虑情绪的病人，医护人员便会向其推荐医院的心理咨询服务，征求其意愿。

另外，同样承受了巨大心理压力的患者家属也是咨询中较为常见的对象。与患者相比，家属往往都是主动来寻求咨询的，改变意愿强，咨询中的态度更为积极和主动。

（3）咨询方法。

根据笔者亲身参与观察的3个心理咨询辅导的个案，笔者对针对肿瘤疾病患者及家属的心理咨询流程进行了以下总结：

①通过陪伴与倾听来了解案主情况。

在接案之初，医院社会工作者会对案主情况进行大致了解，主要包括患者年龄、性别、所患疾病，以及患者的心理状态、咨询目的和咨询内容等。这些基础信息会汇集到咨询师手中，但这些基本资料还远远不够对案主的问题进行深入的分析，因此在咨询开始的阶段则主要是倾听患者及家属对其问题的叙述，从中进一步详细了解案主的情况。

在这一阶段，一些患者或家属的表达意愿很强，会一直不停地讲述自己患病及就医过程以及自身的情绪感受，同时也是一种情绪的发泄。而另一些患者一直处于情绪低落的状态，不愿开口，这种情况就需要心理咨询师对其进行引导，使其将自己的情绪表达出来。

②使用共情和积极关注等访谈技巧与来访者建立信任关系。

在了解了患者情况后，咨询师就要对患者的问题进行回应，在这一阶段通常会使用大量的共情和积极关注等访谈技巧。在患者倾诉的过程中，咨询师充分关注患者当下的情感体验，并把自己对来访者内心体验的理解传达给对方，引导来访者对其感受作进一步思考。这种对患者面临的状况及心理状态的充分理解可以使得双方产生强烈的情感共鸣，使患者心灵上获得安慰。

以姜女士的咨询个案为例，面对姜女士焦虑和自责的情绪，咨询师首先对其进行了情绪的安抚，并利用咨询师自身曾经被误诊为乳腺癌的亲身实例，对姜女士目前的心理状态表示了充分理解，自己在面对疾病时也有着同样纠结的心情。这一举动一下就拉近了二人的距离，姜女士也向咨询师倾诉了更多她在治疗和检查中的想法与感受，也使得咨询师能够更好地结合姜女士的情况为其提供帮助。

③以焦点治疗和认知行为疗法为主来开展工作。

由于来××肿瘤医院就医的患者来自五湖四海，多数患者疗程结束后会选择返回家乡，因此多数患者都只咨询一次，在有限的咨询时间中如何使得患者获得最大的收益，最大限度上帮助其解决问题就成了咨询的重点。在干预方法的选择上，咨询师更倾向于快速介入案主问题，焦点问题治疗及认知行为疗法成为心理咨询师在对肿瘤患者进行咨询中最常使用的治疗方法。

短程的心理治疗我们主要采取的就是短期焦点治疗方法。可能就不像长期做一些很细致的收集资料的工作，这些短期内都做不到。我们希望能尽快地进入咨询的过程中，让他有一个自我情绪疏导的方法。我们就是做一个陪伴和倾听，其他的也做不了太多，这也是短期治疗咨询的一个局限。……因为我们在做的时候，有一些患者是在康复或等治疗结果的阶段，那些不了解的人呢就会突然发现，哦，原来我之前的一些想法是错误的。有些想法其实是合理的，就是帮助他们去认识到那些理性和非理性的想法。(Case1.1 心理咨询师田老师访谈记录)

肿瘤患者出现各种负面情绪与其自身存在诸多不合理信念及认知有关。很多人有谈癌色变的恐惧心理，这种对癌症的片面认知带来的焦虑及抑郁的情绪会影响到治疗的积极性与主动性，治疗效果也会大打折扣，有的甚至会延误治疗的最佳时机。随着科学技术的发展，一些癌症的早期治愈率及存活率是相当高的，一些患者显然存在着过度的、不必要的担心。认知行为疗法中的 ABC 理论强调不合理信念会导致负面情绪的产生，因而心理咨询师从改变患者的认知入手，使他们正确认识肿瘤疾病，尝试让患者了解到自己的某些想法是片面的、极端的，从而使其产生行为及情绪上的改善。

以姜女士的咨询个案为例，姜女士在接受了乳腺癌保乳手术一年后病情复发，她认为由于对术后复查的忽视才未能更早地检查出病情的复发，直至近期肿瘤变大才查出，对此她感到万分的懊恼与自责。且姜女士正处于中年，父母和孩子都是其最重要的牵挂，尤其是想到年仅 6 岁的儿子，姜女士更是难以接受病情复发的事实。咨询师就从其对病情复发的不合理信念入手：引导她了解除了自身的调节外还有很多其他因素会导致病情的反复，也不能完全归咎于姜女士自己，并且病情复发也是经常出现的情况，能够在复发早期就检查出来并积极进行治疗要比已经大面积转移后才发现幸运得多，存活率也高很多，以此来减缓姜女士由于错误归因而导致的负疚感。另外，咨询师还引导姜女士换个角度来看待癌症给其家庭带来的正面影响。姜女士一直十分牵挂自己 6 岁的儿子，但在姜女士患病的一年中孩子明显成长了不少，更加懂得照顾和体贴他人了，性格更加成熟；姜女士的丈夫在其患病期间一直陪伴照顾左右，患病的经历也让夫妻感情更为深厚，使其了解到癌症在家庭关系方面还带来了积极的效应。

尽管有着诸多局限，传统的精神分析法在对肿瘤患者的心理咨询中也发挥着其特有的作用，尤其体现在家庭关系和人格分析对患者问题的深层分析上。对于一些情绪比较低落的患者，咨询师会运用精神分析法，和患者及其家属一同回溯其童年经历，找出其负面情绪和问题出现的根源，从患者及其家属的关系上来寻找突破口，进而改善其情绪状况。以王女士的咨询个案为例，高中时期被确诊为抑郁症，在得知患病后情绪一直不稳定，咨询师从王女士的抑郁症入手，追溯抑郁情绪的根源，通过精神分析了解患者的童年经历，发现患者性格的形成是缘于其家庭关系，幼时对母亲的依赖性过强使得其养成了要强、自我要求高的性格特征。因此咨询师建议在母女关系中有进一步的改变，明确二者之间的界限，进而从根本上改变其性格特征，缓解抑郁情绪。传统的精神分析法强调追本溯源，尤其是年幼时期的经历，从根本上作出改变。然而在咨询时间受限的条件下，精神分析法要通过多次的咨询收集大量的案主童年经历的资料，很难通过一次咨询就达到效果，因此在医院的心理咨询服务中的应用并不广泛。

④适当的放松练习。

在不同的心理学派对案主的心理问题进行分析后，则是要着手协助患者改善不利于其发展的因素。由于多数来进行咨询的患者都呈现出焦虑状态，咨询师则常带领患者进行肌肉放松或催眠训练。通过呼吸法、冥想法等放松方法的传授，营造出一个轻松的氛围让患者在生理和心理上都能得到暂时的放松，紧张的精神得以缓解，也使得患者在接下来再出现焦虑、沮丧情绪的时候能够自己进行放松，自己解决问题。

⑤提供建议并布置家庭作业。

由于咨询时间有限，因此缺乏长时间咨询所必须经过的过程，为了能达到咨询的效果，并且保证在一定时期内咨询效果还能够持续下去，能够真正在生活中帮助到患者，咨询师需要协助案主发展自我调节、自我疏导的能力。咨询师往往都会提出一些建议给患者参考，并给患者布置一些家庭作业。比如，为了引导患者转移对疾病的关注和注意力，咨询师会推荐患者读一些比较轻松愉悦的书籍，或是引导其做一些手工，培养适当的兴趣爱好。

2. 心理咨询的服务效果

(1) 通过倾诉，抒发压抑的情绪。

××肿瘤医院提供的一对一心理咨询服务充分关注到患者排解心理压力的需求，咨询为患者带来的情绪上的缓解是心理咨询作用最为直接和重要的体现。从原本的愁眉不展到带着笑容离开，患者情绪的变化本身就是对咨询效果的肯定。一些患者或家属承担了很大的压力，但却无人可以倾诉，只能将情绪压抑在心中，更不利于身体健康，心理咨询则为他们提供了排解负面情绪的出口。在咨询师的陪伴与倾听中，患者或家属能够倾诉自己的困扰。有些来访者会通过哭泣来释放自身的压力。

以郑女士的咨询个案为例，其女儿在检查出患有乳腺癌后，一直存在否认、怀疑的态度，对母亲也极为依赖，存在退行行为，这使得患者的母亲的压力很大。在咨询过程中咨询师扮演了倾听和陪伴的角色，多数时间是由患者的母亲讲述自己的困扰。咨询过程中患者的母亲几度落泪，能够充分感受到其焦虑和无能为力的情绪，而咨询对其也是一种压力排解的方式。

我觉得她一定是有收获的。因为她去把这个事情说出来肯定就是一种发泄，这可能对她的情绪是有一定的帮助。刚刚的来访者她来的时候情绪不太好，咨询过后至少她是笑着走的。(Case1. 2 心理咨询师王老师访谈记录)

我觉得吧，跟咨询师说完了之后，明显心里好受多了。在家里就我跟孩子两人，我感觉烦了也不能跟孩子说呀。跟咨询师聊聊也挺好的，心里舒坦了。(Case1. 5 患者家属郑女士访谈记录)

(2) 增加对心理咨询的了解，找到解决情绪问题的方法。

心理咨询服务对不同类型的患者有着不同的影响。一些来访者在参与咨询服务前对心理咨询并不了解，只是抱着试一试的心态来参加。通过服务能够使这些原本对心理咨询不了解的患者或家属认识到这是一种能有效缓解情绪的途径，并使其有积极改变自己的想法。

有些（患者或家属）本身是对这个了解，他自己对这个有需求，又知道医院有这方面的服务，就会主动找过来，这样的病人就比较积极。有一些就是有时候医院会开展一些活动，做宣传的时候，就会在病房里找一些病人。……从整体上来说效果都还是不错的，至少通过咨询还是影响了他一些东西的。一方面，对于那些不了解的，让他们了解了心理咨询，知道了自身存着一些问题；另一方面，那些了解的，我就可以直接切入主题，真正对他的认知做工作。(Case1.1 心理咨询师田老师访谈记录)

(3) 增强自我认识，学会反思和自我情绪调节的方法。

对于那些已经对心理咨询有一定了解的患者，相比之下咨询内容会更加深入，咨询师不用再花费时间做过多解释，而是更直接地切入主题，对来访者开展工作，使其对自身展开反思，调整自身的认知。

患者的情绪很大，尤其是在说到自己丈夫的时候，感到缺乏支持，情绪更为激动。我两次问她："是不是你和女儿之间存在什么问题，需要你在你们的相处模式中有所改变呢?"她都沉默了。虽然她没有回答，但我相信这些问题会引起她的一些反思，而且她又是一个比较善于反思的人，可能这个方面比较适合她，对她也比较有帮助。(Case1.2 心理咨询师王老师访谈记录)

在郑女士的咨询个案中可以反映出，尽管一次咨询很难使得来访者有实质性的改变，但却促使其开始学会反思自己的问题，这是来访者行为改变的一个很好开端。对于一些处于焦虑状态下的来访者，简单的放松训练学习使其在遇到压力时能够自我调整，是自助能力的一种培养。

3. 心理咨询服务的不足

(1) 碎片化的咨询无法保障长期效果。

根据××肿瘤医院的统计数据，医院年门诊量达到67万余人次，60%~70%的患者来自全国各地。面对着巨大的就诊量和病患数量，医院不得不压缩病人住院的时间，以争取更多的住院床位，救治更多的病人。病人的流动性大，这为开展长期的心理咨询服务带来了不小的阻碍。

刚刚通过访谈你也知道我们现在的咨询都是短期的。可能你也了解，心理咨询毕竟是需要一个较长的过程，效果才会明显。因为医院的病人很多，床位很紧，患者手术过后几天就要出院，流动性比较大，所以咨询过的病人未必下次还能够在。再有，咨询师也是轮换制的，患者接不接受下一个为他做咨询的咨询师，也是一个问题。(Case1.1 心理咨询师田老师访谈记录)

参加过咨询的病人由于出院等原因，无法继续参与咨询服务，且咨询师采取的是轮换制度，患者想要在医院提供的咨询服务中再找到之前的咨询师是十分困难的。病人流动性大、咨询师不固定等因素导致了咨询时间有限，咨询过程中也很难深入了解案主的详细资料，对其出现的问题进行深入剖析。咨询师能做的只是倾听与陪伴，使患者能将内心压抑的情绪抒发出来并提出一些简单的建议，并不能从根源上解决患者的问题，长期的影响和效果还是比较有限的。

(2) 缺乏后续跟进与效果评估。

在心理咨询服务后，社会工作者会对咨询过程记录与咨询师反馈进行整理归档，并对患者进行服务满意度的调查，却并没有对患者后续情况进行跟进。社会工作者无法了解心理咨询对患者的长期影响，在服务改进中造成了一定困难。

(3) 服务保密性难以保证。

由于多数患者在治疗中行动不便，较多咨询会安排在私密性较差的病房进行，无法为患者提供一个安静的咨询环境。因咨询内容属于患者隐私，患者在其他病友在场的情况下会有所顾虑，不仅涉及个人隐私的泄露，也会使得咨询师不能深入了解导致患者问题的原因，对咨询效果产生一定影响。

(三) 心理支持服务中的小组工作

在中观层面，病友是肿瘤患者重要的支持力量。群体动力理论以及互动理论认为朋辈群体之间有相互影响的作用。一些癌症康复者也充分了解到了病友间的相互支持对患者康复的独特作用，因而自发成立了以关爱癌症患者群体为目标的公益组织，如北京抗癌乐园以及专门为乳腺癌患者服务的粉红丝带志愿者组织。××肿瘤医院充分动员了这些癌症康复者加入志愿者的行列中，为同样患有肿瘤疾病的患者进行心理疏导。

1. 癌友支持小组的服务实践

肿瘤患者癌友支持小组服务已经在××肿瘤医院持续开展了 4 年，是由医院社会工作者与癌症康复者组成的志愿者团队共同组织的。癌症康复者是小组中重要的组成部分，医院社会工作者则是癌症康复者组织与患者之间的桥梁，负责宣传、招募组员，并与病房的医护人员进行服务时间和场所的协商与安排。

（1）小组成员的招募。

参与小组的成员主要是通过病房的宣传得知小组活动信息而自愿参与小组活动，这些成员又以刚刚检查出患有肿瘤疾病或是入院准备手术的病人居多。

好多都是刚得病的病人嘛，通过我们的心理疏导，他们心里的好多结都解开了。因为刚得上这种病，都不知道怎么治疗。好多人都特别有负担，你看那些癌症病人，特别害怕呀，连家属都是那样的。都是一个过渡嘛，我们也都是从那个过渡期过来的。好多患者都觉得手术之后应该这样治疗，他们对这个有一个初步的了解了，心里头有谱了，有点底了。你要不跟他说这些，他根本就不知道。（Case2. 3 癌症康复者顾阿姨访谈记录）

患者不是好多都是新患者嘛，他们一般做完了手术正在打化疗，在这个期间呢来我们这里，了解一些抗癌知识。我们就是介绍介绍尽量吃点中药，学学郭林气功。（Case2. 5 癌症康复者王阿姨访谈记录）

面对患病的消息，多数刚刚确诊的肿瘤患者一时间都会难以接受，会呈现出否认、逃避的心理特征。这一阶段也是肿瘤患者心理问题最为集中的时期，因而对此类患者进行心理支持十分必要。在服务过程中，逐步形成了新患者入院后的一项固定服务活动，每两周会在新患者入院时进行一次聚会。

（2）小组活动内容。

同样受制于医院患者流动性大的特征，参与癌友支持小组的成员也十分不固定，因此医院社会工作者无法按照规范的小组形式开展一系列的服务活动，一般只开设一节，每次聚会的时长为 1 个小时，活动内容也相对固定，主要可以分为经验介绍和分组讨论两部分。具体活动流程如下表所示。

癌友支持小组活动安排

日期及整节活动时间：每月第 2 和第 4 个周一，14：30—16：00

活动主题与目的：通过癌症康复者之间的经验交流，使得肿瘤患者能够正确认识癌症，缓解负面情绪，并且以癌症康复者的康复经历鼓舞患者信心，使其能够积极面对治疗。

活动具体方案流程：

活动时间	地点	目标	活动内容及流程
5 分钟	各个科室病房的会议室	让参与小组活动的患者们了解本次小组的活动目标及内容	社会工作者介绍志愿者团队，并向参与小组的患者介绍小组活动安排
30 分钟		通过癌症康复者分析自己的抗癌经历，一方面传授给小组成员一些治疗、饮食、锻炼上的康复经验；另一方面也激励了新患者治愈的信心	癌症康复者每个人向小组成员讲述自己的患病及治疗过程，以及自己的想法
50 分钟		进一步更有针对性地对每个小组成员的问题进行解答，缓解患者抑郁、焦虑等负面情绪	小组成员自由分组，与癌症康复者进行更加深入的交流，主要是癌症康复者根据小组成员自身情况进行答疑解惑，在过程中用自己的实例帮助患者进行情绪疏导
5 分钟		巩固活动效果	社会工作者对整体活动进行总结，并鼓励患者积极面对治疗，多多与朋友交流

从小组活动的流程以及与癌症康复者的访谈中可以发现，癌友支持小组主要是以癌症康复者的经验介绍、现身说法作为切入点。一方面，癌症康复者利用自己治愈的亲身实例来向小组成员传授经验，包括采取的治疗方案、饮食及运动方法等，使其了解如何有效地配合治疗。另一方面，通过癌症康复者分享治疗的心路历程，在解答小组成员疑问的过程中也对其进行心理上的疏导，解决其心理困扰。

先说一下我患病的情况，完了再传递给大家一些正能量，就是因为我现在也很好嘛，主要就是心态好啊，要有自信啊，就这样。完了就是每天要保持身心愉悦做运动啊，饮食休息要有规律啊。在病房探访的话会跟他们有一些肌肤上的接触，传递给他们正能量。（Case2. 5 癌症康复者王阿姨访谈记录）

我们就是给他们开导开导，跟他们讲讲治疗方案，因为我们都是过来人嘛，我们怎么能生存下来、怎样能更好地生活、怎么走出这个误区就是讲这些。还有就是那个医院，假如说跟我有同种病的，我在哪治疗、怎么治疗的、手术完了怎么康复、吃什么喝什么、哪种锻炼方法就这些。（Case2. 3 癌症康复者顾阿姨访谈记录）

我们都是病人，本身就有得病的经历。我们都是义务咨询，病人咨询呢，我们就是把我们的经验说一说，现身说法，能够帮助到别人就行了。比如康复啊、怎么能治愈什么啊、饮食上怎么注意啊，这个后期应该怎么去调理。我们也就是将过程中经历了什么跟病人分享出来。（Case2. 4 癌症康复者赵奶奶访谈记录）

2. 癌友支持小组的服务效果

（1）对患者的影响。

①了解治疗过程及相关知识，规避错误，减轻治疗痛苦。

癌症康复者在小组活动中会与患者交流很多成功治愈的经验，以及治疗过程中的实用知识，能够使新患者规避很多错误，帮助其正确配合治疗，也在一定程度上减轻了患者治疗的痛苦，有利于达到更好的治疗效果，增强治愈概率。

②纠正错误认识，积极看待癌症，缓解患者负面情绪。

首先，患者在小组活动中将自己的身体情况和心理困扰与病友和癌症康复者一起交流，也是释放压力和负面情绪的一种方式。面对一些情绪问题或是大家共同存在的困扰，通过病友间的共同讨论，更有利于问题解决，还能够减少患者的无力感。在人际交往和沟通中更建立了病友间的支持系统，在小组结束后依然能够发挥其作用。

其次，癌症康复者的经验介绍纠正了患者很多错误认识，有助于缓解患者的焦虑情绪。以小组活动中对于放化疗副作用的讨论为例，新患者由于缺乏对放化疗的了解，对其有着恐惧和排斥。癌症康复者就通过亲身体验向新患者讲解放化疗并不像想象中那样的痛苦，还会有一些抗反应的药物来帮助患者缓解不适感。类似此类经验的分享打破了新患者的担心和恐惧，减轻了心理压力，使其能积极地面对治疗。

在患者的心理疏导中，癌症康复者的特殊身份成为他们与肿瘤患者交流的一大优势。与社会工作者、心理咨询师、医护人员以及志愿者不同的是，癌症康复者也曾经是病人。从受助者到助人者，同样的心理过程使其在与肿瘤患者沟通中更加具有“同理心”，更能体会患者的心情。

因为我们是康复者呀，我们有患病的经历、治疗的过程。我们跟他谈就比没有患病的那些人交流起来要自由的多啊，因为他们会说你们（非患者）劝人会劝，你们说话站着不腰疼，自己不了解不理解还只会说的这种心理，所以我们主要对他们进行心理疏导。因为我们也是从挺害怕、惶恐那种状态经历过来的，很理解他们。所以他们害怕是必然的，谁没有害怕呢？（Case2.5 癌症康复者王阿姨访谈记录）

因为我刚刚住院，开始两天的心情是有点不好，但我本身性格就挺开朗的。刚刚老师也讲了她自己的例子，我就挺有感触的。老师也说自己如果得了这个病，自己的情绪很不好，意志很消沉，你自己的家人跟着提心吊胆的。我就想到了我女儿跟女婿，他们才刚刚有了孩子，我又得了这个病，他们一边要照顾孩子一边还要照顾我，也是挺辛苦的。我就更不能让他们两人担心我了，不能因为我的这个病，我的情绪不好，完了给其他家人带来困扰。（Case2.7 肿瘤患者钱女士访谈记录）

患者在与病友及康复者的交流中会因为彼此间相似的经历而更容易产生共鸣，面对相似问题时的处理方法也会给患者带来一定参考意义，更容易使患者接受这些建议。患者钱女士从癌症康复者的做法中体会到要以积极的态度面对治疗和家庭关系，也使其思想观念上有所转变。

③癌症康复者自身的成功抗癌经验，给患者带来了康复的信心与生命的希望。

班杜拉的学习理论强调模仿与学习对行为形成有重要影响，癌症康复者本身就是就肿瘤患者学习的榜样，其成功抗癌实例、良好的身体及精神状态为很多已经放弃的患者重新带去了生存下去的希望，鼓舞了他们战胜病魔的信心。

嗯，没参加这个之前吧，就是对这个事不了解嘛。自己可能也年轻一点，承受力不是很好，所以就心里很忐忑。然后听完这个吧，反正就是现身说法嘛。看到那些中晚期的都能治好，想我这个早期比较轻，肯定也能治好，心里就像吃了一颗定心丸一样的。……影响就是潜移默化的嘛，就觉得肯定能战胜它，肯定能好的，肯定是有帮助的。（Case2. 6 患者杨女士访谈记录）

对呀，有的病人都不想活了，是不是？属于破罐子破摔了，认为得了癌症跟判了死刑似的。其实癌症就是慢性的，你要是控制好了，肯定没问题的。我们这里有好多医生都说只能活一年半年了，你看现在照样还活着呢，没事。（Case2. 3 癌症康复者顾阿姨访谈记录）

我们就是做一些正能量的心理疏导，他们会放下负担，他们会向我们靠近，向我们学习。（Case2. 5 癌症康复者王阿姨访谈记录）

以北京抗癌乐园为例，参与服务的癌症康复者中癌龄最长的有 21 年，最短的也已经成功治愈了 6 年。这传递给肿瘤患者一个信息，即癌症并不能跟死亡画等号，只要积极配合治疗，就能像这些癌症康复者一样拥有健康的身体。恰如患者杨女士所说癌友之间的交流带来的是潜移默化的影响，学习癌症康复者积极的心态，对未来充满希望。

（2）对癌症康复者自身的影响

癌友康复小组除了帮助肿瘤患者解决疑惑、舒缓情绪外，也为癌症康复者带来了成长、快乐和成就感。癌症康复者也曾经历过艰辛的治疗过程，更加希望能够将自己的经历分享给更多同样受到病痛折磨的病友们，医院组织的小组活动为他们提供了机会，实现了他们助人的愿望。

我也挺高兴的。我把我的抗癌经验传授给了更多病友我也很高兴，我让更多的人走出误区了。……得病那会儿不行，得病之前我挺内向的，得病之后和病友经常待在一起，感觉就从内向变成外向了。（Case2. 3 癌症康复者顾阿姨访谈记录）

像我们这些戴上癌症帽子的，然后跟那些正常人玩吧，玩不到一块儿去。跟人家说是癌症病人，人家还会害怕。在这里都是这些癌症病人，说话不拘束，在一块儿感觉特别高兴，特别开心。（Case2. 2 癌症康复者伍阿姨访谈记录）

我觉得参加这个活动，心里感觉我为大家做了一些正能量的事情，我

心里很开心、很高兴的。(Case2.5 癌症康复者王阿姨访谈记录)

3. 癌友支持小组服务的不足

由于受到医院的限制，××肿瘤医院开展的癌友支持小组在活动内容的安排上缺乏系统性。癌症康复者的抗癌经历在患者的情绪疏导和信心激励上起到了积极作用，但活动内容仍然较为单一，且小组活动时间较短，在循序渐进的活动中培养患者自我发展的能力和相互支持的病友系统有一定困难。

(四) 心理支持服务中的社区工作

在肿瘤患者的宏观系统中，医院作为患者治疗过程中的重要生活系统，在其中开展的服务活动也为患者心理支持系统的建立发挥了重要作用。一方面，医院服务营造了和谐的医患氛围，缓解了患者治疗过程中的不良情绪；另一方面，也通过服务唤起了社会大众对肿瘤患者心理问题的关注。

××肿瘤医院近年陆续开展了包括心理知识讲座、病房主题慰问、帮患者实现一个愿望、患者陪伴服务、假发捐助项目以及希望马拉松等患者关爱活动。笔者以假发捐助活动为例，对医院的患者关爱项目进行分析和评价。

1. 医院患者关爱项目的服务实践

在肿瘤患者的治疗中，化疗带来的脱发问题对于爱美的女性来说是一个不小的困扰。一些女性肿瘤患者因为失去了秀发而产生自卑、抑郁等心理问题。为了帮助因化疗而脱发的癌症患者重拾自信，××肿瘤医院社会工作者联合中国癌症基金会、中国轻工工艺品进出口商会发制品分会，面向全社会号召，共同开展了假发捐助项目。

一方面，医院积极展开宣传，通过电视网络等媒体以及在医院开展大型宣传活动向社会大众征集符合要求的头发，再由假发制品企业加工成假发；另一方面，企业也会向医院直接捐助成品假发。这些捐助的假发会由医院社会工作者进行统一整理和保管，有需求的患者可以在患者服务中心进行登记，社会工作者会对患者的家庭状况、病情情况、经济收入等进行评估后，按患者登记时间及需求程度将假发分配给患者。在假发捐助活动中，社会工作者也充分考虑到了贫困患者的需求，积极学习中国台湾希望基金会的相关经验，使用更为价廉物美、循环利用率高的化疗发帽进行代替。

为了能够满足更多患者对假发的需求，医院采取了循环利用的措施。在患者的头发重新生长出来后会将假发及假发帽返还到患者服务中心，并送至假发制品企业进行清洗后再提供给有需要的新患者。

2. 医院患者关爱项目的服务效果

（1）充分联合多方资源，患者从中受益。

在假发捐助项目中，医院社会工作者充分发挥了其链接资源的优势，联合了慈善组织，行业协会及假发制品企业共同为患者开展服务。从活动宣传、假发征集与保管，再到现场的假发捐赠仪式都有多方联合参与，也体现了社会大众对肿瘤患者的关注与支持。自 2013 年 4 月开始接受假发捐助到 2014 年 10 月，已经有 45 名志愿者捐赠了真发，由公益厂家制作成假发，同时 14 家假发制作企业也捐赠了 500 顶假发。××肿瘤医院还联合了北京大学肿瘤医院、北京朝阳医院等 9 家医院共同建立了假发资源中心，将捐赠的假发进行资源的共享，直接受益患者多达 198 名。

（2）为患者带去了自信，解决了心理困扰，增进了人际交往。

医院开展的假发捐助不仅使得患者更美丽更自信，也促使其更多地与人交流。有了假发后，肿瘤患者便不会担心自己与众不同，不会因肿瘤患者的身份而受到歧视，会更多地参与户外活动，培养兴趣爱好的过程中结识更多的朋友，促进身心健康。

戴上假发让我更乐观了，平时在小区里和大家一起跳舞，锻炼身体，现在拥有了这样美丽的头发，自己也会跳得更加自信。感谢郭大姐让我重获美丽，也因为这小小的发丝连接起了我们之间的情谊。（接受捐助患者胡女士访谈记录）

（3）唤起社会大众对肿瘤患者心理问题与需求的关注。

在医院患者心理关怀服务过程中，开展了大量的宣传活动，提升了社会大众对肿瘤患者心理需求的关注，并积极参与服务活动，成为肿瘤患者的支持力量。

1959年春末夏初的时候，我当时在苏联列宁格勒大学读书。当时就是不太想留长发了，就让同学在宿舍帮我把两条长辫子给剪了，也算是青春的纪念。不久之前我在报纸上看到医院有捐发活动，因为我也曾经被癌症击倒过，十几年前我得了乳腺癌，幸亏发现得还算及时，病情也没有扩散，手术之后又进行了放疗，现在身体还挺硬朗的。因为没有化疗，所以当时治疗的时候没有经历过掉头发，不过有一位化疗的病友给我印象很深，她每次来治疗的时候都戴着假发，很精神的那种，脸上充满了自信。所以我也特别希望自己捐出来的头发做成的假发能给化疗中的姐妹带来自信，让她们能振奋地过好每一天。(假发捐助者刘奶奶访谈记录)

3. 医院患者关爱项目服务的不足

（1）项目实施中缺乏明确的规范。

在假发捐助项目中，虽然对于假发的发放及回收有一定规定，但还是缺乏更加具体的实施规范。例如医院在选定假发捐助的对象时，会参照预约顺序和家庭贫困程度优先发放，但在实施中却没有对家庭贫困作出具体界定。不仅是假发捐助活动，患者陪伴、完成患者的愿望等医院心理关怀活动同样在服务对象的选定上存在着不规范的问题，也是未来服务策划过程中需要特别予以明确的部分。

（2）享受服务的患者人数仍然较少。

面对庞大的饱受脱发困扰的癌症患者群体，目前假发资源库中的假发数量仍不能满足所有患者的需求，患者在预约后则进入了漫长的等待期，不能及时享受服务。另外在活动中医院社会工作者侧重于寻找社会资源，而在医院内的服务宣传相对不足，导致一些有需要的患者对医院服务了解程度不高。例如，在笔者参与的病房服务活动中，就有一些患者因为对医院服务的不了解，将其与推销产品混为一谈，对服务产生了排斥心理。

五、反思与建议

（一）肿瘤患者心理支持服务特征

1. 整合专业志愿者力量及各类资源

××肿瘤医院的患者心理服务充分运用了各类专业志愿者来为患者提供

服务，医院社会工作者则是负责整体协调的部门，主要承担组织者、协调者、管理者的角色，而志愿者则在服务中发挥了他们的特长，如心理咨询师在利用更为专业的方法为患者开展心理疏导，癌症康复者利用其共情和榜样优势在小组活动中鼓励新患者作出积极改变。另外，医院社会工作者不仅组织志愿者开展专业化服务，还积极动员非营利组织、行业协会、企业、社会人士等社会力量，为患者提供了更多帮助及资金支持。

2. 多层面为患者建立心理支持

肿瘤医院为患者提供的心理服务可以按生态系统理论划分为三类，医院从患者的微观、中观、宏观系统入手提供服务，建立家属朋友、社会大众及患者自身在内的心理支持体系，在不同层面帮助患者缓解心理问题。

3. 服务缺乏系统性与后续跟进

由于受到医院特点的诸多限制，××肿瘤医院的心理服务时间有限，使得服务内容也会相对缩减，服务缺乏系统性。患者往往只会参与一次个案或一次小组服务，咨询师或社会工作者会更加直接地针对案主的问题开展工作，而在一定程度上缺乏了案主自身进行反思和自我发展能力培养的过程，所建立的支持体系也并不牢固。此外，服务过后缺乏对服务对象的跟进，无法了解服务的持续效果。

（二）肿瘤患者心理支持服务的改进策略

1. 加强服务队伍的专业性与社会工作理念的融入

一方面，要加强志愿者与社会工作者对医疗知识的了解，掌握肿瘤病情的发展以及患者躯体症状，在服务中将心理康复和身体康复有效结合。另一方面，医院社会工作者也需要学习更多的社会工作专业知识，更多将社会工作理念融入服务设计中，从而更加科学有效地为患者提供支持与帮助。

2. 促进服务的规范化

在服务内容上，融合社会工作专业理念通过更科学的手段促进患者全方位的发展是服务规范化的一种体现。在服务操作环节上，在服务策划中则需要考虑到服务对象如何选定、如何招募提供服务的志愿者、如何检验志愿者上岗前的培训效果，活动物资如何保管和使用等问题，这就需要建立明确的制度规范来对社会工作服务进行约束。另外，服务规范化也体现在服务的硬件设备上，如在病房设定专门用于为患者开展各类服务的活动室，能够避免很多伦理矛盾。

3. 大力开展服务的宣传

加强患者对医院服务的认识，可通过对医护人员开展患者服务的介绍，提升他们关注患者心理状况的意识，使其在工作中能够及时发现有需要的患者，并推荐他们参与符合他们需求的服务。另外，在患者经常出入的病房摆放宣传手册、活动海报及服务安排通知也能够起到很好的宣传效果。

4. 建立肿瘤“个案管理”机制

在解决医院服务缺乏系统性的问题上，最为重要的是建立肿瘤个案管理机制，从而解决每位患者只参与一项服务、忽略案主全方位发展的问题。刘继同（2008）对肿瘤社会工作实务过程进行了阐述，要经历接案、评估、会谈、问题评定、设定目标、设计干预计划、进行服务效果评估及跟进的过程。然而在医院的服务实践中则是以项目形式开展的，而非“个案”形式。这需要社会工作者在服务中增加接案机制，对患者问题进行评估，再推荐其进行相应种类的服务，这也是医院未来工作的重点，逐渐向规范的肿瘤社会工作靠近。

六、结论

笔者通过亲身参与××肿瘤医院的患者心理服务，并与服务的提供者和受益者进行了访谈，对医院心理支持服务进行了系统梳理。××肿瘤医院对患者心理问题高度关注，并积极开展大量的心理服务工作，在患者的微观、中观、宏观系统三个层面为其建立心理支持体系。在微观系统中，通过心理咨询对患者进行认知纠正及反思引导，使患者建立自我情绪调节、自我支持机制；在中观系统中，利用小组中病友间的相互影响和癌症康复者的榜样作用，促进治疗信息的相互传递，达到相互支持作用；在宏观系统中，以大型医院活动为媒介，链接各方资源吸引社会大众为肿瘤患者提供帮助。

在观察与访谈中笔者发现，医院提供的患者心理服务在缓解患者负面情绪上起到了积极的作用，尤其表现在帮助患者抒发情绪上，短期内效果明显。然而医院患者数量多、流动性大、治疗时间长等特点也为服务带来了诸多限制。服务时间有限使得服务缺乏系统性，服务的长期效果难以保证，缺少专门的服务空间也造成了服务保密性的伦理挑战。

进一步提升××肿瘤医院的患者心理服务质量。首先，服务的提供者需要不断增强志愿者团队及医院社会工作者的专业性，不仅要对医学知识有所了解，还要在服务的策划设计中更多地融入社会工作理念，提升服务专业化水平。其次，服务内容上要更加具有系统性，建立肿瘤个案管理机制，全方位地帮助患者解决其问题。最后，服务执行中还需要更加规范化，制定服务管理制度，对服务开展过程中的各个环节进行规范。

参考文献：

［1］Patricia Fobair, Grace Christ et al. Historic al Threads in the Development of Oncology Social Work［J］. Journal of Psychosocial Oncology, 2009：272.

［2］城市居民主要疾病死亡率及死因构成（2013 年）［J］. 中国统计年鉴，2014：699.

［3］陈玉枝，邹怡真. 台北荣民总医院肿瘤个案管理经验分享［J］. 中国护理管理，2010（3）：21-22.

［4］丁晓林，林白云，王建红. 小组心理干预对癌症患者负性情绪的影响［J］. 当代护士（专科版），2011（1）：135-137.

［5］国家统计局：城市恶性肿瘤死亡人数占总死亡人数的比重［EB/OL］. http：//data. stats. gov. cn/workspace/index？a = q&type = global&dbcode = hgnd&m = hgnd&dimension = zb&code = A0O0G0204&region = 000000&time = 2013，2013.

［6］何铁强. 中国癌症社会工作发展的可能路径［J］. 中国医院，2008（5）：9-10.

［7］何雪松. 社会工作理论［M］. 上海人民出版社，2007（4）：84-88.

［8］黄丽，姜乾金，任蔚红. 应对方式、社会支持与癌症病人心身症状的相关性研究［J］. 中国心理卫生杂志，1996（4）：160-161.

［9］黄楠楠. 社会工作视角下癌症患者社会支持网络研究［D］. 山东大学（硕士学位论文），2013.

［10］李义军. 医务社会工作对疾病治疗康复的介入思考［J］. 医学与哲学（人

文社会医学版)，2009（7)：36-38.

[11] 刘继同．医务社会工作导论［M］．北京：高等教育出版社，2008（7)：342-348.

[12] 刘枭，贺彩霞．医务社工在癌症患者服务中的角色和功能［J］．社会福利(理论版)，2014（11)：49-53.

[13] 闵军霞．癌症患者心理反应调查分析及相关性研究［J］．中华护理杂志，1999（3)：51-53.

[14] 文军．社会工作模式：伦理与应用［M］．北京：高等教育出版社，2010（3)：320.

[15] 王田．社会工作介入癌症患者的伦理困境及可能出路［J］．理论观察，2014（10)：58-59.

[16] 王腾飞．医务社工在实务中运用社会支持策略的研究［D］．华中师范大学(硕士学位论文)，2013.

[17] 郁建立，梅雪峰．乳腺癌患者的心理体验与社会支持——以北京肿瘤医院的乳腺癌患者为个案［J］．石家庄铁道学院学报（社会科学版)，2007（2)：56-60.

[18] 薛岚，梅志红，刘扬，杨玉萍．心理干预对癌症病人生活质量的影响［J］．中华护理杂志，2002（10)：67-68.

[19] 许丽英．社会工作介入癌症患者支持系统的探讨［J］．福建医科大学学报(社会科学版)，2013（4)：31-34.

[20] 杨海芹，刘春文．恶性肿瘤患者心理反应的相关因素及心理干预研究进展［J］．护理学杂志，2006（22)：79-81.

[21] 颜艳，欧阳学农．癌症治疗中心理支持作用的分析［J］．中国医药导报，2008（5)：17-19.

[22] 张丽芬，肖飞．社会工作介入肿瘤患者的行动研究［J］．社会工作，2013（1)：105-112.

[23] 张曼华，段薇，王晓红，孙雪松．妇科恶性肿瘤病人小组心理干预研究［J］．中国健康心理学杂志，2007（8)：692-694.